ସାହିତ୍ୟ : ସୀମା ଓ ସୀମାତୀତ

ସାହିତ୍ୟ : ସୀମା ଓ ସୀମାତୀତ

ପ୍ରଫେସର ମଣୀନ୍ଦ୍ର କୁମାର ମେହେର

ପୂର୍ବତନ ବିଭାଗ ମୁଖ୍ୟ, ସ୍ନାତକୋତ୍ତର ଭାଷା ଓ ସାହିତ୍ୟ ବିଭାଗ
(ଓଡ଼ିଆ, ଇଂରାଜୀ ଓ ଉର୍ଦ୍ଦୁ)
ଫକୀରମୋହନ ବିଶ୍ୱବିଦ୍ୟାଳୟ, ବାଲେଶ୍ୱର

ବ୍ଲାକ୍ ଇଗଲ୍ ବୁକ୍ସ
ଭୁବନେଶ୍ୱର, ଓଡ଼ିଶା

BLACK EAGLE BOOKS
Dublin, USA

ସାହିତ୍ୟ : ସୀମା ଓ ସୀମାତୀତ / ପ୍ରଫେସର ମଣୀନ୍ଦ୍ର କୁମାର ମେହେର
ବ୍ଲାକ୍ ଇଗଲ୍ ବୁକ୍ସ : ଭୁବନେଶ୍ୱର, ଓଡ଼ିଶା • ଡବଲିନ୍, ଯୁକ୍ତରାଷ୍ଟ୍ର ଆମେରିକା

BLACK EAGLE BOOKS

USA address:
7464 Wisdom Lane
Dublin, OH 43016

India address:
E/312, Trident Galaxy, Kalinga Nagar,
Bhubaneswar-751003, Odisha, India

E-mail: info@blackeaglebooks.org
Website: www.blackeaglebooks.org

First International Edition Published by
BLACK EAGLE BOOKS, 2023

SAHITYA: SEEMA O SEEMATITA
by **Prof. Manindra Kumar Meher**

Cover & Interior Design: Ezy's Publication

ISBN- 978-1-64560-495-2 (Paperback)

Printed in the United States of America

ଉତ୍ସର୍ଗ

ଉତ୍କଳ ବିଶ୍ୱବିଦ୍ୟାଳୟର ପୂର୍ବତନ କୁଳପତି
ବିଶିଷ୍ଟ ଶିକ୍ଷାବିତ୍ ଓ ଶିକ୍ଷା ସଂସ୍କାରକ
ପ୍ରଫେସର ଅଶୋକ କୁମାର ଦାସଙ୍କୁ
ଆନ୍ତରିକ ଭକ୍ତି ନିବେଦନ

ବ୍ୟାସ ବିହାର — ସ୍ନେହାଶ୍ରିତ

୨୦.୦୫.୨୦୨୨ — **ମଣୀନ୍ଦ୍ର କୁମାର ମେହେର**

ଅସୀମ ଆହ୍ୱାନ

ବାଲ୍ୟକାଳରୁ ସାହିତ୍ୟ ପ୍ରତି ନିବିଡ଼ ଆକର୍ଷଣ ଅନୁଭବ କରିପାରିଥିଲି ସଚେତନ ଭାବରେ । ଯଦିଓ ଓଡ଼ିଆ ସାହିତ୍ୟରେ ସ୍ନାତକୋତ୍ତର ଶ୍ରେଣୀରେ ପ୍ରବେଶ କରିଥିଲି, ମୋ ହୃଦୟ ପରୀକ୍ଷା-କୈନ୍ଦ୍ରିକ କେବେହେଲେ ହୋଇପାରି ନଥିଲା । ସାହିତ୍ୟକୁ ଗ୍ରହଣ କରିଥିଲି ମୁଁ ଆତ୍ମିକ ବିକାଶର ଏକ ମହାନ ପ୍ରେରଣା ଭାବରେ । ଅନେକ ସମୟରେ ଯେତେବେଳେ ସାହିତ୍ୟ ବ୍ୟତୀତ ଅନ୍ୟାନ୍ୟ ମାନବ-ବିଦ୍ୟା ସଂପର୍କରେ ଚିନ୍ତା କରିଛି, ସେତେବେଳେ ସବୁ ବିଷୟର ସ୍ପର୍ଶରେ ଲାଭ କରିଛି ସାହିତ୍ୟିକ ସ୍ପନ୍ଦନ । ସାହିତ୍ୟର ଦିଗନ୍ତ କେତେ ବିସ୍ତାରିତ, ତାହା ଅନୁଭବ କରି ମୁଗ୍ଧ ଓ ସ୍ତବ୍ଧ ହୋଇଯାଇଛି ମୋ ଅନ୍ତର । ଅନେକ ବର୍ଷର ଅଧ୍ୟୟନ ଅଧ୍ୟାପନା ଓ ଅନୁଶୀଳନ ପରେ ନିଜସ୍ୱ ଚେତନାରେ ଅନୁଭବ କଲି ଏକ ଅଭିନବ ପ୍ରେରଣା, ଯାହାହେଲା ସାହିତ୍ୟ ସହିତ ଅନ୍ୟାନ୍ୟ ବିଦ୍ୟାର ସଂପର୍କ ଆଧାରିତ ଏକ ଏକ ସ୍ୱତନ୍ତ୍ର ଆଲେଖ୍ୟ ପ୍ରସ୍ତୁତ କରାଯାଇପାରେ । ମୁଁ ବିଜ୍ଞାନର, ଦର୍ଶନର ବା

ଅର୍ଥନୀତିର ଛାତ୍ର ହୋଇନପାରେ କିନ୍ତୁ ସେହିସବୁ ବିଷୟ ସହିତ ସାହିତ୍ୟର ରହିଛି ଯେଉଁ ନିଗୂଢ଼ ଓ ନିବିଡ଼ ସଂପର୍କ, ତାହା ଅଳ୍ପଜ୍ଞାନ ଅବଲମ୍ବନରେ ମଧ୍ୟ ଅନୁଭବ କରିପାରେ। ଏହି ପ୍ରକାର ଚିନ୍ତନରୁ ଉଦ୍‌ଭୁତ ହୋଇଛି ଯେଉଁସବୁ ଲେଖା ତାହାକୁ ବର୍ତ୍ତମାନ ଏକତ୍ର ସଂକଳିତ କରିବାର ଆବଶ୍ୟକତା ରହିଛି ବୋଲି ହୃଦ୍‌ବୋଧ ହେଲା। ଏଥିରେ ସ୍ଥାନିତ ଲେଖାଗୁଡ଼ିକ ଯେତେବେଳେ ଦୈନିକ 'ସମାଜ', 'ନିତିଦିନ', ସେଇଠୁ ଆରମ୍ଭ 'ଧରିତ୍ରୀ', 'ଧ୍ୱନି ପ୍ରତିଧ୍ୱନି', 'ନିର୍ଭୟ' ଆଦି ପତ୍ରପତ୍ରିକାରେ ପ୍ରକାଶିତ ହେଲା, ସେତେବେଳେ ଅନେକ ସହୃଦୟ ପାଠକ ଏହାକୁ ଅତ୍ୟନ୍ତ ଆଗ୍ରହର ସହିତ ପଢିବା ସଂଗେ ସଂଗେ ଏ ଲେଖକ ସହ ଭାବ ବିନିମୟ ମଧ୍ୟ କରିଛନ୍ତି। କୌଣସି ପ୍ରାମାଣିକ ପୁସ୍ତକ ଆଧାରରେ ଏଗୁଡ଼ିକ ରଚିତ ହୋଇନାହିଁ ନିଜସ୍ୱ ଉପଲବ୍ଧକୁ ଭିତ୍ତିକରି ଏହି ରଚନା ସବୁ ପ୍ରସ୍ତୁତ ହୋଇଛି ସ୍ୱତଃସ୍ଫୂର୍ତ୍ତ ଚିନ୍ତନ ଓ ମନ୍ଥନ ପ୍ରକ୍ରିୟାରେ। ଆପଣାର ଜ୍ଞାନ ବା ପାଣ୍ଡିତ୍ୟ ପ୍ରଦର୍ଶନରୁ ମୁଁ କ୍ଷାନ୍ତ ରହିଛି, କାରଣ ବାସ୍ତବରେ ତାହା ମୋ ପାଖରେ ଅବର୍ତ୍ତମାନ। ଅନୁଭବ ଓ ଅନୁଧ୍ୟାନ ଭିତ୍ତିକ ଏହି ପ୍ରବନ୍ଧଗୁଡ଼ିକ ଯଦି ପାଠକମାନଙ୍କ ହୃଦୟକୁ ଆଲୋଡ଼ିତ କରିବାରେ ସକ୍ଷମ, ତା'ହେଲେ ମୁଁ ଆପଣାକୁ ଭାଗ୍ୟଶାଳୀ ବୋଲି ମନେ କରିବା ଏକାନ୍ତ ସ୍ୱାଭାବିକ।

ଏ ପ୍ରସଙ୍ଗରେ ଦୁଇଟି କଥା ଉଲ୍ଲେଖ କରିବା ପାଇଁ ଚାହୁଁଛି। ପ୍ରଥମ ପ୍ରସଙ୍ଗ ହେଲା ଯେଉଁ ବିଷୟ ଗୁଡ଼ିକ ସହିତ ସାହିତ୍ୟର ସମ୍ବନ୍ଧକୁ ଏଠାରେ ବର୍ଣ୍ଣନା କରାଯାଇଛି, ତାହା ଅଧିକ ସଂପ୍ରସାରିତ ଭାବରେ ଉପସ୍ଥାପନ କରାଯାଇପାରେ ଓ ଆହୁରି ଅନେକ ବିଦ୍ୟା-ବିଭବ ସହିତ ସାହିତ୍ୟର ସମ୍ବନ୍ଧ ନିରୂପିତ ହୋଇପାରେ। ଦ୍ୱିତୀୟ ପ୍ରସଙ୍ଗଟି ହେଉଛି, ଏ ପୃଥିବୀର ଯାହାକିଛି ମାନବୀୟ ବିଦ୍ୟା ରହିଛି ସେସବୁ ମଧ୍ୟ ବିଭିନ୍ନ ପ୍ରକାରର ସାହିତ୍ୟିକ ବିଶ୍ଳେଷଣ ଭାବରେ ଗ୍ରହଣ କରାଯାଇପାରିବ। ଉଦାହରଣ ସ୍ୱରୂପ ବିଜ୍ଞାନ ହେଲା ବୈଜ୍ଞାନିକ ସାହିତ୍ୟ, ଇତିହାସ ହେଲା ଐତିହାସିକ ସାହିତ୍ୟ, ଅର୍ଥନୀତି ହେଲା ଅର୍ଥନୈତିକ ସାହିତ୍ୟ, ଭୂଗୋଳ ହେଲା ଭୌଗୋଳିକ ସାହିତ୍ୟ ବା ଦର୍ଶନ ହେଉଛି ଦାର୍ଶନିକ ସାହିତ୍ୟ। ଏହିସବୁ ବିଷୟକୁ ସାହିତ୍ୟ ପରି ସରସ, ସୁନ୍ଦର ଓ ଆଗ୍ରୋହୋଦ୍ଦୀପକ ଭାବରେ ମଧ୍ୟ ଉପସ୍ଥାପନ କରାଯାଇପାରିବ। ସଂପ୍ରତି ଯେଉଁ ରୂପରେଖ ନେଇ ଏହି ବିଦ୍ୟା ସମ୍ବଳିତ ଗ୍ରନ୍ଥସବୁ ରଚିତ, ତାହା ମଧ୍ୟ ବୃହତ୍ତର ଦୃଷ୍ଟିରୁ ବିଚାର କଲେ ସାହିତ୍ୟିକ ପରିମଣ୍ଡଳ ପର୍ଯ୍ୟାୟଭୁକ୍ତ ବୋଲି ଅଭିହିତ କରାଯାଇପାରେ। ତେବେ ବହୁ ଗଭୀରଜ୍ଞାନ ଓ ଜଟିଳ ତତ୍ତ୍ୱ ସବୁକୁ ସରଳ, ସରସ ତଥା ବୋଧଗମ୍ୟ ରୂପ ଦେବା ନିମିତ୍ତ ଅଧିକ ନିଷ୍ଠା, ଏକାଗ୍ରତା ଓ ସୌନ୍ଦର୍ଯ୍ୟ ସଚେତନ ଅଭିରୁଚିର ଆବଶ୍ୟକତାକୁ ଅସ୍ୱୀକାର କରିହେବ ନାହିଁ। ଭବିଷ୍ୟତରେ ସମସ୍ତ ଜ୍ଞାନ ବିଜ୍ଞାନର

ବୈଭବ ଅଧିକ ଶୃଙ୍ଖଳିତ, ପରିମାର୍ଜିତ ତଥା ହୃଦୟଗ୍ରାହୀ ଭାବରେ ଉପସ୍ଥାପିତ ହୋଇପାରିବ ବୋଲି ଏ ଲେଖକର ଦୃଢ ବିଶ୍ୱାସ।

ଏହି ପୁସ୍ତକର ପ୍ରବନ୍ଧ ଗୁଡ଼ିକ ପାଠକ ତଥା ଜ୍ଞାନସିଦ୍ଧ ଶିକ୍ଷାବିତ୍ ଓ ସମାଜର ବିଭିନ୍ନ ବର୍ଗରେ ଥିବା ଅଭିଜ୍ଞ ଚିନ୍ତାଶୀଳ ସଜ୍ଜନମଣ୍ଡଳୀଙ୍କୁ ଯଦି ଆନ୍ଦୋଳିତ କରିପାରେ, ତଥା ଅସନ୍ତୋଷ ସୃଷ୍ଟିରେ ନେଇପାରେ କିଞ୍ଚିତ୍ ତାତ୍ପର୍ଯ୍ୟପୂର୍ଣ୍ଣ ଭୂମିକା, ତା'ହେଲେ ମୋର ଶ୍ରମ ସାର୍ଥକ ହୋଇଛି ବୋଲି ଆଶ୍ୱସ୍ତ ହେବି।

ସମଗ୍ର ପୁସ୍ତକଟିକୁ ନିଜସ୍ୱ ନିଖୁଣ ଅକ୍ଷରରେ ଲିପିବଦ୍ଧ କରିଛନ୍ତି ମୋର ଅତ୍ୟନ୍ତ ପ୍ରିୟତମ ଛାତ୍ର ତଥା ବର୍ତ୍ତମାନ ଫକୀରମୋହନ ବିଶ୍ୱବିଦ୍ୟାଳୟର ଭାଷା ଓ ସାହିତ୍ୟ ବିଭାଗର ଗବେଷକ, ବିଶିଷ୍ଟ ଯୁବକବି ଓ ଲେଖକ ଶ୍ରୀ ମାଧବାନନ୍ଦ ପାତ୍ର। ନିଶ୍ଚୟ ତାଙ୍କ ନିକଟରେ କୃତଜ୍ଞ ହୋଇ ରହିବି ଚିରଦିନ। ଏହି ପୁସ୍ତକର ପ୍ରକାଶ ହେବା ପାଇଁ ବ୍ଲାକ୍ ଈଗଲ୍ ବୁକ୍ସର ନେତୃତ୍ୱ ଗ୍ରହଣ କରିଥିବା ବିଶିଷ୍ଟ କବି ଆମେରିକାରେ ରହି ଓଡ଼ିଆ ଭାଷା ସାହିତ୍ୟ ଓ ସଂସ୍କୃତିକୁ ବିଶ୍ୱବ୍ୟାପୀ କରିବାର ସଂକଳ୍ପରେ ନିଃସର୍ତ୍ତ ଆଉ ନିଃସ୍ୱାର୍ଥ ଶ୍ରଦ୍ଧାରେ ସମ୍ପୂର୍ଣ୍ଣ ସମର୍ପିତ ମୋର ପରମ ହିତୈଷୀ ସମ୍ମାନନୀୟ ଶ୍ରୀଯୁକ୍ତ ସତ୍ୟ ପଟ୍ଟନାୟକ ଯେଉଁ ଅନୁରାଗସିକ୍ତ ଆଗ୍ରହ ପ୍ରକାଶ କରି ମୋତେ ଚକିତ କରିଛନ୍ତି, ତାହା ମୋ ଜୀବନର ଏକ ଉଲ୍ଲେଖନୀୟ ଅଧ୍ୟାୟ ହୋଇ ରହିଯିବ ନିଶ୍ଚୟ। ଏ ଶୁଭ ଅବସରରେ ତାଙ୍କୁ ମୋର ବିନମ୍ର ପ୍ରଣାମ ଓ କୃତଜ୍ଞତା ଜ୍ଞାପନ କରୁଛି।

ସହୃଦୟ ପାଠକମାନଙ୍କ ସକାଶେ ଏଥର ଦ୍ୱାର ଉଦ୍‌ଘାଟନ କରିଦେଇ ବିରାମ ନେଉଛି ଏତିକିରେ।

ବିନୟାବନତ

ତା: ୨୫.୧୨.୨୦୨୩ **ମଣୀନ୍ଦ୍ର କୁମାର ମେହେର**

ବ୍ୟାସ ବିହାର

ସୂଚୀପତ୍ର

ସାହିତ୍ୟ ଓ ଶିକ୍ଷା

ସାହିତ୍ୟ ଯେପରି ବିଶ୍ୱବିଦ୍ୟାଳୟ ସ୍ତରରେ ଅଧ୍ୟୟନର ଏକ ବିଷୟ, ଶିକ୍ଷା ବା Education ମଧ୍ୟ ସେହିପରି ଛାତ୍ରଛାତ୍ରୀମାନଙ୍କ ନିମିତ୍ତ ଏକ ଆକର୍ଷଣୀୟ ପାଠ୍ୟକ୍ରମ। ଏହି 'ଶିକ୍ଷା' ସହିତ ସାହିତ୍ୟର ସଂପର୍କ କି ନିବିଡ଼, ତାହା ଉଭୟ ବିଷୟର ବିଦ୍ୟାର୍ଥୀ, ଗବେଷକ ଓ ଅଧ୍ୟାପକ ଅଧ୍ୟାପିକାମାନେ ଗଭୀର ଭାବରେ ଅନୁଭବ କରିପାରିଥାନ୍ତି। ତେବେ ଏ କ୍ଷେତ୍ରରେ ମଧ୍ୟ ଦେଖାଯାଏ ଅନେକ ବ୍ୟତିକ୍ରମ। Educationର ଶିକ୍ଷକମଣ୍ଡଳୀ ସାହିତ୍ୟ ପ୍ରତି ଯେତିକି ଅନୁରକ୍ତ ହେବାର ଆବଶ୍ୟକତା ରହିଛି, ତାହାର ଅଭାବ ପରିଲକ୍ଷିତ ହୁଏ। ତା' ଫଳରେ ଶ୍ରେଣୀ କକ୍ଷରେ ସେମାନଙ୍କ ବକ୍ତବ୍ୟ ନିରସ ହେବା ସଂଗେ ସଂଗେ ଛାତ୍ରଛାତ୍ରୀମାନେ ମଧ୍ୟ ସାହିତ୍ୟର ରସାସ୍ୱାଦନ କରିବାରୁ ବଞ୍ଚିତ ରହନ୍ତି।

ଶିକ୍ଷାର ସଂଜ୍ଞା କେତେ ବ୍ୟାପକ, ତାହା ପ୍ରତ୍ୟେକ ବିଦ୍ୟାର୍ଥୀ ଜାଣନ୍ତି ଭଲ ଭାବରେ। ଅଥଚ ତା'ରି ମଧ୍ୟରେ ଯେ ପରିପୂର୍ଣ୍ଣ ହୋଇ ରହିଛି ସାହିତ୍ୟର ମାଧୁର୍ଯ୍ୟ, ଏହା ଅନୁଭବ କରିବାରୁ ସେମାନେ ହୁଅନ୍ତି ବଞ୍ଚିତ। ଉଦାହରଣ ସ୍ୱରୂପ ସ୍ୱାମୀ ବିବେକାନନ୍ଦଙ୍କ ଭାଷାରେ 'ଶିକ୍ଷା' କହିଲେ କ'ଣ ତାହା ଦେଖାଯାଉ। ସେ କହିଛନ୍ତି 'ମଣିଷ ଭିତରେ ଯେଉଁ ପରିପୂର୍ଣ୍ଣତା ବିଦ୍ୟମାନ, ତାହାକୁ ପ୍ରସ୍ଫୁଟିତ କରିଦେବା ହିଁ ହେଉଛି ଶିକ୍ଷାର ଲକ୍ଷ୍ୟ।' ଏହି ଗୋଟିଏ ଦୃଷ୍ଟାନ୍ତ ହିଁ ଯଥେଷ୍ଟ, ଶିକ୍ଷା ସଂପର୍କିତ ବାକ୍ୟ ଉଚ୍ଚାରଣ ଭିତରେ ସାହିତ୍ୟ କିପରି ଗର୍ଭିତ ହୋଇରହିଛି। ମହାତ୍ମାଗାନ୍ଧୀ, ଶ୍ରୀଅରବିନ୍ଦ, ଶ୍ରୀମା, ଉତ୍କଳମଣି ଗୋପବନ୍ଧୁ ଦାସ ପ୍ରମୁଖ ମହାପୁରୁଷମାନଙ୍କ ମଧ୍ୟରେ ଶିକ୍ଷା ସମ୍ପର୍କିତ କିପରି ବିଚାର ଓ ଅନୁଭୂତି ପୂରି ରହିଛି, ତାହାର କ୍ୱଚିତ ବିଶ୍ଲେଷଣ କରାଯାଏ।

'ଶିକ୍ଷା' ସହିତ ଯେ କେବଳ ସାହିତ୍ୟର ସଂପର୍କ ରହିଛି ତାହା ନୁହେଁ, ଏହା ସହ ଦର୍ଶନର ସମ୍ବନ୍ଧ ମଧ୍ୟ ଅତିନିବିଡ଼। ଶିକ୍ଷା ବିଷୟରେ ଆଲୋକପାତ କରିବାକୁ ଯାଇ ପଣ୍ଡିଚେରୀର ଶ୍ରୀମା କହିଥିଲେ, 'ଏକ ଲକ୍ଷ୍ୟହୀନ ଜୀବନ ଅର୍ଥହୀନ।' ଅର୍ଥାତ୍

ଯାହା ଜୀବନର ମହାନ ଉଦ୍ଦେଶ୍ୟ ସଂପର୍କରେ ଆମକୁ ସଚେତନ କରିଦିଏ, ତା' ଭିତରେ ଦାର୍ଶନିକ ଚିନ୍ତନ ଯେପରି ଗୁମ୍ଫିତ, ସାହିତ୍ୟର ଆତ୍ମା ସେପରି ଝଂକୃତ। 'ଶିକ୍ଷା' ସଂପର୍କିତ ସଂଜ୍ଞାଗୁଡ଼ିକୁ କଣ୍ଠସ୍ଥ କରିବା ପାଇଁ ଛାତ୍ରଛାତ୍ରୀମାନେ ଯେତିକି ଧ୍ୟାନଶୀଳ ହୁଅନ୍ତି, ତା'ବଦଳରେ ଏହାକୁ ସାହିତ୍ୟ ମନେକରି ଯଦି ଆତ୍ମସ୍ଥ କରିପାରନ୍ତେ, ତା'ହେଲେ ସେମାନଙ୍କର ଆନନ୍ଦାନୁଭୂତି ଅଧିକ ପ୍ରସାରିତ ହୋଇଯାଆନ୍ତା।

ଯାହା ସାହିତ୍ୟର ଉଦ୍ଦେଶ୍ୟ, ତା' ମଧ୍ୟରୁ ନିଃସୃତ ଏକ ବଳିଷ୍ଠ ଧାରା ହେଉଛି 'ଶିକ୍ଷା'। ସାହିତ୍ୟ ରଚନା, ଅଧ୍ୟୟନ ଓ ଅଧ୍ୟାପନା ଯେପରି ସରସତାପୂର୍ଣ୍ଣ ହୋଇପାରେ, ଶିକ୍ଷା ସେହିପରି ରସାର୍ଦ୍ର ହୋଇପାରେ ନାହିଁ। ଅବଶ୍ୟ ଏହାର ମୂଳ କାରଣ ହେଉଛି ଶିକ୍ଷା ସମ୍ପର୍କିତ ଯେଉଁ ଗ୍ରନ୍ଥ ଗୁଡ଼ିକ ପ୍ରଣୀତ, ସେ ସବୁର ବିଷୟ ଅତ୍ୟନ୍ତ ବୈଚିତ୍ର୍ୟହୀନ ଭାବରେ ଉପସ୍ଥାପିତ। ଯେଉଁ ଅଧ୍ୟାପକ ଅଧ୍ୟାପିକାମାନେ ଏହାକୁ ଶ୍ରେଣୀକକ୍ଷରେ କରିଦେଇପାରନ୍ତେ ପ୍ରାଣବନ୍ତ, ସେମାନଙ୍କ ଚେତନାସ୍ତର ମଧ୍ୟ ସୀମିତ। ତେଣୁ ଶିକ୍ଷାପରି ଅତ୍ୟନ୍ତ ଉପାଦେୟ ଓ ଆକର୍ଷଣୀୟ ବିଷୟ ସାହିତ୍ୟିକ ଶୈଳୀ ସ୍ପର୍ଶରେ ସେପରି ମର୍ମସ୍ପର୍ଶୀ ହୋଇପାରନ୍ତା, ତାହା ଏପର୍ଯ୍ୟନ୍ତ ସମ୍ଭବ ହୋଇନାହିଁ।

ପୃଥିବୀର ବା ଭାରତବର୍ଷର ସୁପ୍ରସିଦ୍ଧ ମହାପୁରୁଷ ଦାର୍ଶନିକ ଓ ଶିକ୍ଷାବିତ୍‌ମାନଙ୍କ ଚିନ୍ତାଧାରା ଶିକ୍ଷା ବା Educationର ଯେପରି ଅନ୍ତର୍ଭୁକ୍ତ କରାଯାଇଛି, ସେହି ଅନୁପାତରେ କବି ଓ ସାହିତ୍ୟିକଙ୍କ ରଚନାର ତାତ୍ପର୍ଯ୍ୟପୂର୍ଣ୍ଣ ଅଂଶଗୁଡ଼ିକ ଚୟନ କରାଯାଇପାରିନାହିଁ। ବିଶ୍ୱକବି ରବୀନ୍ଦ୍ରନାଥ କିମ୍ବା ଉତ୍କଳମଣି ଗୋପବନ୍ଧୁ ଦାସଙ୍କ ଶୈକ୍ଷିକ ଚିନ୍ତନ Educationର ଅନ୍ତର୍ଗତ ହୋଇଛି, ସେମାନେ କବି ବା ଲେଖକ ହୋଇଥିବା ଦୃଷ୍ଟିରୁ ନୁହେଁ। ରବୀନ୍ଦ୍ରନାଥଙ୍କ ଦ୍ୱାରା ଶାନ୍ତିନିକେତନର ପ୍ରତିଷ୍ଠା ଓ ଗୋପବନ୍ଧୁଙ୍କ ଦ୍ୱାରା ସତ୍ୟବାଦୀ ବନବିଦ୍ୟାଳୟର ଶୁଭାରମ୍ଭ ହୋଇଥିବାରୁ ଏ ଉଭୟ କବିଙ୍କୁ ଶିକ୍ଷାବିତ୍‌ର ମାନ୍ୟତା ପ୍ରଦାନ କରାଯାଇଛି। କିନ୍ତୁ ସୂକ୍ଷ୍ମ ଦୃଷ୍ଟିଭଙ୍ଗୀ ନେଇ ନିରୀକ୍ଷଣ କଲେ ପ୍ରତ୍ୟେକ ଶ୍ରେଷ୍ଠ ସାହିତ୍ୟରେ ଶିକ୍ଷାର ସନ୍ଦେଶ ଯେପରି ପ୍ରତିଫଳିତ, ତାହାକୁ ଏ ପର୍ଯ୍ୟନ୍ତ ପାଠ୍ୟପୁସ୍ତକ ପ୍ରଣେତାମାନେ ନିର୍ଦ୍ଧାରଣ କରିପାରିନାହାଁନ୍ତି। ଏହି କିଛି ବର୍ଷ ତଳର କଥା। Educationର ଜଣେ ଅଧ୍ୟାପକ ସ୍ୱଭାବକବି ଗଂଗାଧର ମେହେରଙ୍କ ଶୈକ୍ଷିକ ଚିନ୍ତାଧାରା ସମ୍ପର୍କରେ ଇଂରାଜୀରେ ଗବେଷଣାତ୍ମକ ନିବନ୍ଧ ଲେଖି Ph.D.ଡିଗ୍ରୀ ଲାଭ କରିଛନ୍ତି। ତାଙ୍କ ମତରେ ଗଂଗାଧରଙ୍କ ସାହିତ୍ୟରେ ଯେଉଁ ଶିକ୍ଷା ସମ୍ପର୍କିତ ମନନଶୀଳତା ପ୍ରତିବିମ୍ବିତ, ତାହା ପାଠ୍ୟକ୍ରମର ଅନ୍ତର୍ଭୁକ୍ତ କରାଯାଇପାରିବ। ଦୁଃଖର ବିଷୟ ଏହି ଯେ, ସେହି ତରୁଣ ଅଧ୍ୟାପକଙ୍କର ଅକାଳ ବିୟୋଗ ଆମକୁ ମର୍ମାହତ କରିଛି। ସେ ଏ ସଂପର୍କରେ ବିଭିନ୍ନ ବିଶ୍ୱବିଦ୍ୟାଳୟର ବୋର୍ଡ଼ ଅଫ୍ ଷ୍ଟଡ଼ିଜ୍‌ରେ ଏକଥା ଉପସ୍ଥାପନ କରିବାପାଇଁ ଯେଉଁ ମହାନ ଉଦ୍ୟମ ଆରମ୍ଭ କରିଥିଲେ,

ତାହା ଅସମ୍ପୂର୍ଣ୍ଣ ହୋଇ ରହିଗଲା। ବ୍ୟାସକବି ଫକୀରମୋହନଙ୍କ ସାହିତ୍ୟରେ ନିହିତ ଶୈକ୍ଷିକ ଚିନ୍ତନକୁ ନେଇ ମଧ୍ୟ ପ୍ରସ୍ତୁତ ହୋଇଛି Ph.D. ଡିଗ୍ରୀ ନିମିତ୍ତ ଗବେଷଣା ନିବନ୍ଧ।

ମହାକବି ସାରଳାଦାସଙ୍କ ଠାରୁ ଆରମ୍ଭ କରି ସୀତାକାନ୍ତ ମହାପାତ୍ର ଅଥବା ମନୋରମା ବିଶ୍ୱାଳ ମହାପାତ୍ରଙ୍କ ପର୍ଯ୍ୟନ୍ତ ଯେଉଁ ଅଗଣିତ କବି ଓ ଲେଖକ ଅମଳିନ ସାହିତ୍ୟ କୃତି ରଖିଦେଇଛନ୍ତି ଓଡ଼ିଆ ଜାତି ପାଇଁ, ସେଥିରୁ ସାର ସଂଗ୍ରହ କରି Education ପାଠ୍ୟ ଖସଡ଼ାକୁ ତାହା ନେଇ ଆସିବାର ଉଦ୍ୟମ ଏପର୍ଯ୍ୟନ୍ତ ଆମ ଶିକ୍ଷାବିତ୍‌ମାନଙ୍କ ମନକୁ ସ୍ପର୍ଶ ସୁଦ୍ଧା କରିପାରିନାହିଁ। ଏ ପରିସ୍ଥିତିରେ ଆନନ୍ଦର ବିଷୟ ହେଉଛି ଓଡ଼ିଶାର ଫକୀରମୋହନ ବିଶ୍ୱବିଦ୍ୟାଳୟର Education ପାଠ୍ୟ ଖସଡ଼ାରେ ଫକୀର ମୋହନ ସେନାପତି ଓ ଗଂଗାଧର ମେହେରଙ୍କର ଶୈକ୍ଷିକ ଉପଲବ୍ଧିକୁ ସ୍ନାତକୋତ୍ତର ସ୍ତରରେ ପ୍ରଚଳନ କରିବାର ନିଷ୍ପତ୍ତି ହୋଇଛି। ବାସ୍ତବରେ ଯେଉଁମାନେ ଉଚ୍ଚକୋଟୀର କବି ଓ ଲେଖକ ସେମାନେ ମାନବିକ ଚେତନାର ବିକାଶ ନିମିତ୍ତ ଯେଉଁ ଦିଗ୍‌ଦର୍ଶନ ଦେଇଥାନ୍ତି, ସେଥିରେ ଯତ୍ନର ସହିତ ସଂରକ୍ଷିତ ହୋଇ ରହିଥାଏ ଶୈକ୍ଷିକ ଉପାଦାନ। ତେଣୁ ଏସବୁକୁ ତନ୍ନ ତନ୍ନ କରି ବିଶ୍ଳେଷଣ କରିବା ଓ ତନ୍ମଧ୍ୟରୁ ପ୍ରେରଣା ଗର୍ଭିତ ବାଣୀ ଚୟନ କରିବା ଏଇ ସ୍ରଷ୍ଟାମାନଙ୍କ ପ୍ରତି ଉପଯୁକ୍ତ ସମ୍ମାନ ହୋଇପାରନ୍ତା। ଉଭୟ ସାହିତ୍ୟ ଓ ଶିକ୍ଷା ବିଷୟରେ ଅଧ୍ୟୟନରତ ଛାତ୍ରଛାତ୍ରୀମାନେ ଏହା ଦ୍ୱାରା କେତେ ଯେ ଉପକୃତ ହୋଇପାରନ୍ତେ, ତାହା କଳନାତୀତ।

ଏପରି ନୂତନ ପାଠ୍ୟଦାନର ଶୈଳୀ ଉଦ୍ଭାବନ କରିବା ଏକବିଂଶ ଶତାବ୍ଦୀର ହେଉଛି ପ୍ରକୃତ ଆହ୍ୱାନ। କାରଣ ବର୍ତ୍ତମାନ କୌଣସି ଗୋଟିଏ ନିର୍ଦ୍ଦିଷ୍ଟ ବିଦ୍ୟା ଭିତରେ ଛାତ୍ରଛାତ୍ରୀ ଗବେଷକ ଗବେଷିକାମାନେ ସୀମିତ ହୋଇ ରହିବା ସମୟର ଆହ୍ୱାନ ଅନୁସାରେ ଏକ ପରିପନ୍ଥୀ ବିଷୟ। ଆନ୍ତର୍ବିଦ୍ୟାମୂଳକ ଅଧ୍ୟୟନ ଓ ଅଧ୍ୟାପନା ଶ୍ରେଷ୍ଠ ବିବେଚିତ ହେବା ଏକାନ୍ତ ସ୍ୱାଭାବିକ। ଏ ପ୍ରସଙ୍ଗ ମହାତ୍ମାଗାନ୍ଧୀଙ୍କ ଚିନ୍ତାଧାରା ସହିତ ତୁଳିତ ହୋଇପାରେ। ରବୀନ୍ଦ୍ରଙ୍କ ସହିତ ଅରବିନ୍ଦଙ୍କ, ଫକୀରମୋହନଙ୍କ ସହିତ ସନ୍ଥ ବିନୋବାଙ୍କ କୃତିକୁ ଆକଳନ କରାଯାଇପାରିବ। ଏପରି ତୁଳନାତ୍ମକ ଅନୁଶୀଳନ ଫଳରେ ଶିକ୍ଷା ଓ ସାହିତ୍ୟ ମଧ୍ୟରେ ବିଦ୍ୟମାନ ଯେଉଁ ସାମ୍ୟଭାବ, ତାହାକୁ ସମ୍ପୂର୍ଣ୍ଣ ନୂତନ ଶୈଳୀରେ ଆବିଷ୍କାର ଓ ଉପସ୍ଥାପନ କରିବା ହେବ ମହନୀୟ ମନନର ପ୍ରତିଫଳନ। କୌଣସି ବିଷୟ ସାହିତ୍ୟଠାରୁ ଆଦୌ ବିଚ୍ଛିନ୍ନ ନୁହନ୍ତି। ଏ ଜଗତର ସବୁପ୍ରକାରର ବିଦ୍ୟା ସହିତ ତେଣୁ ସାହିତ୍ୟ ଓତପ୍ରୋତ ଭାବରେ ଜଡ଼ିତ।

ପ୍ରତ୍ୟେକ ବିଷୟରୁ 'ସାହିତ୍ୟ' କାଢି ଆଣିପାରିବା ବିଶେଷ ସାମର୍ଥ୍ୟର ଅପେକ୍ଷା

ରଖେ । ଏଠାରେ ସାହିତ୍ୟ ଅର୍ଥକୁ ଅତ୍ୟନ୍ତ ବ୍ୟାପକ ଭାବରେ ନିଆଯାଇପାରିବ । ସାହିତ୍ୟ କାଢିବା ଅର୍ଥ ହେଉଛି ଜୀବନ ନିମିତ୍ତ ଉକ୍ତ ବିଦ୍ୟାର ଯେଉଁ ଉପାଦେୟତା ରହିଛି ତାହାକୁ ହିଁ ସରଳ ବ୍ୟାଖ୍ୟା ଦ୍ୱାରା ବୁଝାଇ ଦିଆଯାଇପାରୁଥିବ । ତାହା ପୁଣି ଆଦୌ ରସବିହୀନ ନ ହୋଇ ଛାତ୍ରଛାତ୍ରୀ, ପାଠକ ପାଠିକାମାନଙ୍କ ପାଇଁ ଚିତ୍ତ-ସମ୍ମୋହକ ହେବ । ଏହି କ୍ଷେତ୍ରରେ ତେଣୁ ଦୁଇଟି କଥା ଅବଲମ୍ବନ କରାଯିବାର ଆବଶ୍ୟକତା ଅନୁଭୂତ ହୁଏ । ପ୍ରଥମଟି ହେଲା ଯେକୌଣସି ବିଦ୍ୟା ମଧ୍ୟରେ ସାହିତ୍ୟକୁ ଆବିଷ୍କାର ଓ ଉତ୍‌ଥାପନ କରିପାରିବା, ଆଉ ଦ୍ୱିତୀୟ କଥାଟି ହେଲା ପ୍ରତ୍ୟେକ ବିଷୟକୁ ସାହିତ୍ୟିକ ଶୈଳୀରେ ରସାଣିତ କରି ଉପସ୍ଥାପନ କରିବା । କେବଳ ଶ୍ରେଣୀଗୃହରେ ନୁହେଁ, ପାଠ୍ୟପୁସ୍ତକରେ ଓ ଆଲୋଚନା ଗ୍ରନ୍ଥ ଗୁଡ଼ିକରେ ମଧ୍ୟ । ସାହିତ୍ୟ ସହିତ ଶିକ୍ଷାର ଯେଉଁ ସୁନିବିଡ଼ ସମ୍ବନ୍ଧ ବିଦ୍ୟମାନ, ତାହା ଯଥାର୍ଥ ଭାବରେ ଅନୁଭବ କରିପାରିଲେ ଆମ ସାମାଜିକ ଓ ଶୈକ୍ଷିକ ବାତାବରଣରେ ଏକ କ୍ରାନ୍ତିକାରୀ ପରିବର୍ତ୍ତନ ଘଟିପାରିବ, ଯାହା ଆଜି ପର୍ଯ୍ୟନ୍ତ ରହିଛି ଅଚିନ୍ତନୀୟ ହୋଇ ।

■

ସାହିତ୍ୟ ଓ ଅର୍ଥନୀତି

ଅର୍ଥନୀତି ସମ୍ପର୍କିତ ଜ୍ଞାନ ସହିତ ସାହିତ୍ୟର ସଂପର୍କ ନିର୍ଣ୍ଣୟ କେଉଁ ଦୃଷ୍ଟିରୁ ସମ୍ଭବ-ଏପରି ପ୍ରଶ୍ନ ମନରେ ଉଦ୍ରେକ ହେବା ସ୍ୱାଭାବିକ। ମାତ୍ର ଯେଉଁ ଅର୍ଥନୈତିକ ବିଜ୍ଞତା ସାହିତ୍ୟ ଉପରେ ସୁପ୍ରତିଷ୍ଠିତ ନୁହେଁ, ତାହା କେବେହେଲେ ଲୋକ-କଲ୍ୟାଣକାମୀ ହୋଇପାରିବ ନାହିଁ। ଭାରତର ସ୍ୱାଧୀନତା ପ୍ରାପ୍ତିପରେ ପଣ୍ଡିତ ଜବାହାରଲାଲ ନେହେରୁ ଯେତେବେଳେ ପ୍ରଧାନମନ୍ତ୍ରୀ ହୋଇଥିଲେ ଏସଂପର୍କରେ କୁଆଡ଼େ ତାଙ୍କର ଭାବ ବିନିମୟ ହୋଇଥିଲା ମହାତ୍ମାଗାନ୍ଧୀଙ୍କ ସହିତ। ଅର୍ଥନୈତିକ ବ୍ୟବସ୍ଥାର ପ୍ରକୃତ ଅର୍ଥ ହେଲା ଭାରତବାସୀଙ୍କ ବିକାଶ ନିମିତ୍ତ କେଉଁ ନୀତି ଅବଲମ୍ବନୀୟ ? ଗାନ୍ଧିଜୀ ନିଜ ଉତ୍ତରରେ କହିଥିଲେ ଯେ ଅର୍ଥନୀତି ସଂପର୍କିତ ଯେକୌଣସି ଯୋଜନା ପ୍ରସ୍ତୁତ ହେଉନା କାହିଁକି, ନିଜ ଆଖି ଆଗରେ ସର୍ବଦା ତୁମେ ରଖିବ ସେହି ଲୋକଟିକୁ, ଯିଏ ଦେଶର ସବୁଠାରୁ ଦରିଦ୍ର। ପ୍ରତ୍ୟେକ ଯୋଜନା ପ୍ରସ୍ତୁତି ସମୟରେ ଏହି ଦରିଦ୍ର ଲୋକଟି କି ଉପକାର ପାଇପାରିବ ଏହି ନୀତିଦ୍ୱାରା, ତାହା ହିଁ ପ୍ରଶ୍ନ କରିବ ଆପଣାକୁ।

ମହାତ୍ମାଗାନ୍ଧୀଙ୍କ ଏପରି ବକ୍ତବ୍ୟ ଦୃଷ୍ଟି ସମ୍ମୁଖରେ ରଖି ଏକଥା ନିର୍ବିବାଦରେ କୁହାଯାଇପାରିବ ଯେ, ଦେଶର ଅର୍ଥନୈତିକ ପରିଯୋଜନା ସର୍ବଦା ଦାରିଦ୍ର୍ୟ ନିପୀଡ଼ିତ ଲୋକଙ୍କ ମଙ୍ଗଳ ସକାଶେ ଅଭିପ୍ରେତ ହେବା ଆବଶ୍ୟକ। ମାତ୍ର ୧୯୪୭ ମସିହାରୁ ଆଜି ପର୍ଯ୍ୟନ୍ତ ଯଦି ଆମେ କୌଣସି ଅର୍ଥନୀତି ବିଶାରଦଙ୍କ ଦୃଷ୍ଟିନେଇ ନୁହେଁ, ସାଧାରଣ ବିବେଚନା ଶକ୍ତି-ସଂପନ୍ନ ମଣିଷ ହିସାବରେ ବିଚାର କରିବା, ଏକଥା ଉପଲବ୍ଧି କରିବା ପାଇଁ ବିଳମ୍ବ ହେବନାହିଁ ଯେ, କୌଣସି ଯୋଜନା ଦରିଦ୍ରତମ ଲୋକଟିର ମଙ୍ଗଳ ସକାଶେ ଉଦ୍ଦିଷ୍ଟ ହୋଇ ରହିନାହିଁ। ଯଦି ତାହା ପ୍ରକୃତରେ ହୋଇଥାନ୍ତା, ତା' ହେଲେ ଭାରତବର୍ଷରେ ଦାରିଦ୍ର୍ୟ ସୀମାରେଖା ତଳେ କୋଟିକୋଟି ଲୋକ ରହିନଥାନ୍ତେ। ରାସ୍ତାରେ ଭିକ୍ଷାଥାଳ ଧରି ଭିକାରୀମାନେ ଅସହାୟ ଭାବରେ ଘୂରିବୁଲୁନଥାନ୍ତେ। ମନ୍ଦିର ପ୍ରାଙ୍ଗଣମାନଙ୍କରେ ଭିକାରୀମାନଙ୍କ ଲମ୍ବାଧାଡ଼ି କେବେହେଲେ ଦେଖିବାକୁ ମିଳନ୍ତାନାହିଁ। କେଉଁ ଯୋଜନା

ସେମାନଙ୍କ ପାଇଁ ପ୍ରସ୍ତୁତ ହେଉଛି ତାହା ଜାଣିପାରିବା ଭଳି ଗଭୀରଜ୍ଞାନ ଆମ ପାଖରେ ଅନୁପସ୍ଥିତ ।

ବିଶିଷ୍ଟ ଅର୍ଥନୀତିଜ୍ଞ ବୈଦ୍ୟନାଥ ମିଶ୍ର ଭାରତର ଏଭଳି ଯୋଜନା ସଂପର୍କରେ ଅନେକ ପ୍ରବନ୍ଧ ରଚନା କରିଛନ୍ତି । ସେସବୁ ଅର୍ଥନୈତିକ ବିଷୟ ଆଧାରିତ ସାହିତ୍ୟିକ ଗଦ୍ୟରଚନା ଭାବରେ ପରିଗୃହୀତ । ଅର୍ଥନୀତି ସଂପର୍କରେ ଯେତେବେଳେ ବିଶ୍ଳେଷଣାତ୍ମକ ଓ ବୋଧଗମ୍ୟ ପ୍ରବନ୍ଧ ରଚନା କରାଯିବ, ତାହା ସାହିତ୍ୟ ପର୍ଯ୍ୟାୟବାଚୀ ହେବା ସ୍ୱାଭାବିକ । ଓଡ଼ିଶାର ଚୌଧୁରୀ ପରିବାରର ବିଶିଷ୍ଟ ସଂଗ୍ରାମୀ ମନମୋହନ ଚୌଧୁରୀ ମଧ୍ୟ ଏପରି କେତେକ ପ୍ରବନ୍ଧ ରଚନା କରି ଯାଇଛନ୍ତି । ସେଗୁଡ଼ିକର ଭାଷା ଏତେ ସରଳ, ସୁସ୍ପଷ୍ଟ ଓ ବୋଧଗମ୍ୟ ଯେ, କୌଣସି ଜଟିଳ ତତ୍ତ୍ୱ ମଧ୍ୟକୁ ପ୍ରବେଶ କରିବାପରି ଆଦୌ ଲାଗେନାହିଁ । ଅର୍ଥନୈତିକ ଚିନ୍ତାଧାରା ଏବଂ ବିଭିନ୍ନ ତତ୍ତ୍ୱକୁ ଲୋକାଭିମୁଖୀ ସେତେବେଳେ କରାଯାଇପାରିବ, ଯେତେବେଳେ ଏହାର ଉପସ୍ଥାପନ ଶୈଳୀ ହେବ ସମସ୍ତଙ୍କ ପାଇଁ ଏକାନ୍ତ ପଠନୀୟ ଓ ଗ୍ରହଣୀୟ । ଅର୍ଥନୀତି ସଂପର୍କରେ ବିରାଟ ବିରାଟ ବିରଣାତ୍ମକ ତଥା ଗବେଷଣାତ୍ମକ ଗ୍ରନ୍ଥ ରହିଛି । ଯେଉଁମାନେ ଅର୍ଥନୀତିର ଛାତ୍ରଛାତ୍ରୀ ଓ ଅଧ୍ୟାପକ, ସେମାନେ କଠିନ ପରିଶ୍ରମ ଦ୍ୱାରା ସ୍ୱେଦ ନିର୍ଗତ କରି ସେସବୁ ତତ୍ତ୍ୱ, ପରୀକ୍ଷା ପାଇଁ ମୁଖସ୍ଥ କରନ୍ତି । କିନ୍ତୁ ବାସ୍ତବ କ୍ଷେତ୍ରରେ ତାହାର ପ୍ରୟୋଗ କିପରି କରାଯାଇଛି ଓ ସେପରି ତତ୍ତ୍ୱ ଲୋକ କଲ୍ୟାଣ ନିମିତ୍ତ କେତେ କାର୍ଯ୍ୟରେ ରୂପାନ୍ତରିତ ହୋଇଛି, ତାହା ଅନୁଭବ କରିବାର ଶକ୍ତି ସେମାନଙ୍କଠାରେ ଲକ୍ଷ୍ୟ କରାଯାଏନାହିଁ । ଅର୍ଥନୀତି ଅଥବା ବାଣିଜ୍ୟ ପାଠ୍ୟବିଷୟ ଶ୍ରେଣୀ କକ୍ଷରେ ଆକର୍ଷଣୀୟ ଭାବରେ ଉପସ୍ଥାପନା କରିବା ଲାଗି ଯଦି କୌଣସି ଅଧ୍ୟାପକ ଅଧ୍ୟାପିକା ଇଚ୍ଛାପୋଷଣ କରିବେ, ତା'ହେଲେ ସେମାନଙ୍କୁ ଉପସ୍ଥାପନ କୌଶଳରେ ଅତ୍ୟନ୍ତ ନରମ ଓ ସରଳ ହେବାପାଇଁ ପଡ଼ିବ । ଏପରି କୋମଳତା ଓ ସାରଲ୍ୟ ଯେଉଁଠି ଉପସ୍ଥିତ,ତାହା ସାହିତ୍ୟ ଭାବରେ ଗୃହୀତ ହେବ ନିଶ୍ଚୟ ।

ଏକଦା ଜଣେ ଭାରତୀୟ ଓ ଜାପାନୀ ଦୁଗ୍ଧ ବ୍ୟବସାୟୀ ପରସ୍ପର ମଧ୍ୟରେ ଭାବ ଆଦାନ ପ୍ରଦାନ କରୁଥିବାବେଳେ ଭାରତୀୟ ବ୍ୟବସାୟୀ ଜଣକ କ୍ଷୀରରେ କିପରି ନୀର ମିଶ୍ରଣ କରନ୍ତି ସେହି କୌଶଳ ବ୍ୟକ୍ତ କରୁଥିଲେ । ଏକଥା ଶୁଣି ଜାପାନୀ ବ୍ୟବସାୟୀ କେବଳ ଦୁଃଖିତ ବା ଚକିତ ହେଲେ ସେତିକି ନୁହେଁ, ସେ ଅତ୍ୟନ୍ତ ବଳିଷ୍ଠ ସ୍ୱରରେ କହିଲେ ଯେ, ଆମ ଦେଶବାସୀଙ୍କୁ ଆମେ ଏପରି ନୀର ମିଶ୍ରିତ କ୍ଷୀର କଦାପି ଦେଇପାରିବୁ ନାହିଁ । କାରଣ ତାହା ହେବ ନିଜ ଜନ୍ମଭୂମି ପ୍ରତି ବିରାଟ ବିଶ୍ୱାସଘାତକତା ।

ଏଭଳି ଦେଶପ୍ରେମର ଉଦାହରଣ ଯଦି ବାଣିଜ୍ୟିକ ତତ୍ତ୍ୱରେ ଅନୁପସ୍ଥିତ, ତାହା ହେଲେ ସେଇ ବିଦ୍ୟା କଦାପି ଛାତ୍ରଛାତ୍ରୀମାନଙ୍କୁ ସାଧୁ ଓ ସଚ୍ଚୋଟ ହେବାପାଇଁ ପ୍ରେରଣା

ଦେଇପାରିବ ନାହିଁ। ଅର୍ଥନୈତିକ ବିଚାର ବିଶ୍ଳେଷଣ ସମୟରେ ତାହା ଦେଶପ୍ରେମ ବା ମାନବପ୍ରୀତି ସଂଚାରକ୍ଷମ ହୋଇନପାରିବ କାହିଁକି ? ପ୍ରତ୍ୟେକ ମଣିଷର ହୃଦୟରେ ସାହିତ୍ୟର ଭାବରାଶି ପରିପୂର୍ଣ୍ଣ ହୋଇରହିଛି। ଯିଏ ଯେଉଁ ବିଦ୍ୟା ଅଧ୍ୟୟନ କରନ୍ତୁନା କାହିଁକି ଯଦି ତାହା କଲ୍ୟାଣକର ଭାବନାରେ ଅନୁସିକ୍ତ ହୋଇ ନ ପାରିଛି, ତାହା ପରୀକ୍ଷାରେ ଉତ୍ତୀର୍ଣ୍ଣ ହେବାପାଇଁ ସିନା ସାହାଯ୍ୟ କରିବ; କିନ୍ତୁ ବିଦ୍ୟାର୍ଥୀ ଅନ୍ତରରେ କୌଣସି ଦେଶପ୍ରେମ ଭରିଦେଇ ପାରିବନାହିଁ। ତେଣୁ ପ୍ରଥମ କଥା ହେଲା ଅର୍ଥଶାସ୍ତ୍ର, ସାହିତ୍ୟ-ସିକ୍ତ ହେବା ଆବଶ୍ୟକ। ଦ୍ୱିତୀୟ କଥା ହେଉଛି ତାହା ସର୍ବଦା ସମାଜ କଲ୍ୟାଣ ପାଇଁ ଦିଗ୍‌ଦର୍ଶନ ଦେଉଥିବା ଆବଶ୍ୟକ। ମହାତ୍ମାଗାନ୍ଧୀ ଏକ ମହାନ ନୀତିର ଅବତାରଣା କରିଛନ୍ତି ଏ କ୍ଷେତ୍ରରେ। ତାହାକୁ କୁହାଯାଏ ଟ୍ରଷ୍ଟିସିପ୍ ବା ନ୍ୟାସୀତତ୍ତ୍ୱ। ଏହାର ଗୂଢ଼ାର୍ଥ ହେଲା ଯେ, ପ୍ରତ୍ୟେକ ବ୍ୟକ୍ତିର ସ୍ୱାଧୀନତା ଅଛି ଅଧିକରୁ ଅଧିକ ଅର୍ଥ ଉପାର୍ଜନ କରିବାପାଇଁ। ମାତ୍ର ନିଜ ପାଇଁ ଯେତିକି ଅର୍ଥ ଆବଶ୍ୟକ, କେବଳ ସେତିକି ସ୍ୱତଃପ୍ରବୃତ୍ତ ଭାବରେ ଗ୍ରହଣକରି ବଳକା ସମସ୍ତ ଲାଭାଂଶ ସମାଜ ନିମିତ୍ତ ନିୟୋଜିତ ହେବ। ଏପରି ମହାନ କାର୍ଯ୍ୟ ଯେଉଁମାନେ କରିବେ ସେମାନେ ହେବେ ଦେଶର ଟ୍ରଷ୍ଟି। ଏହାକୁ ଅନେକ ଅର୍ଥନୀତିଜ୍ଞ ୟୁଟୋପିଆ ବା ଅବାସ୍ତବ ପରିକଳ୍ପନା ବୋଲି ଅଭିହିତ କରିଛନ୍ତି। ଗାନ୍ଧିଜୀଙ୍କ ଦୂରଦୃଷ୍ଟି ସମ୍ପନ୍ନ ନୀତି କିପରି ବାସ୍ତବ କ୍ଷେତ୍ରରେ ପ୍ରୟୋଗ କରାଯାଇ ପାରିବ, ତାହା ଆକଳନ କରିବାପାଇଁ ସେମାନେ ଅପ୍ରସ୍ତୁତ। ମହାତ୍ମାଗାନ୍ଧୀଙ୍କ ପଟ୍ଟଶିଷ୍ୟ ସନ୍ଥ ବିନୋବା ଗାନ୍ଧିଜୀଙ୍କ ଏହି ଭାବାଦର୍ଶକୁ କିପରି ବାସ୍ତବ ରୂପ ପ୍ରଦାନ କରିଯାଇଛନ୍ତି, ତାହା କାହାକୁ ଅଜଣା ନାହିଁ। ତାହା ହେଲା "ଭୂଦାନ ଯଜ୍ଞ" ବା "ଭୁଦାନ ଆନ୍ଦୋଳନ" ବିନୋବାଜୀ ଦେଶର ରାଜା ମହାରାଜା, ଗୌନ୍ତିଆ ତଥା ଅଗଣିତ ଜମିମାଲିକମାନଙ୍କୁ ଆହ୍ୱାନ ଦେଇଥିଲେ ଯେ ଭାରତବର୍ଷରେ ଯେଉଁମାନେ ଭୂମିହୀନ, ସେମାନଙ୍କୁ ଏହି ବହୁଳ ଭୂସମ୍ପତ୍ତିର ଅଧିକାରୀମାନେ ସ୍ୱେଚ୍ଛାକୃତ ଭାବରେ ଜମିଦାନ କରିବେ। ଆଶ୍ଚର୍ଯ୍ୟର କଥା ଅତ୍ୟନ୍ତ ଅଲୌକିକ ଭାବରେ ଏହା ଭାରତବର୍ଷର ଚତୁର୍ଦ୍ଦିଗରେ ବାସ୍ତବ ରୂପ ପରିଗ୍ରହ କରିଥିଲା। ଏହି ମାତ୍ର କିଛିଦିନ ପୂର୍ବରୁ ଏ ପ୍ରବନ୍ଧର ଲେଖକ ଓଡ଼ିଶାର ପୂର୍ବାଞ୍ଚଳରେ ଥିବା ଜଣେ ଗ୍ରାମବାସୀଙ୍କ ସହିତ ଫୋନରେ ବାର୍ତ୍ତାଳାପ କରିବା ସମୟରେ ସେ କୃତଜ୍ଞ ଚିତ୍ତରେ ପ୍ରକାଶ କଲେ, ବିନୋବାଜୀଙ୍କ ପ୍ରଦତ୍ତ ସେହି ଭୂସମ୍ପତ୍ତି ଉପରେ ସେ ନିର୍ମାଣ କରିଛନ୍ତି ନିଜର ଗୃହ। ବିନୋବାଜୀଙ୍କ ଜନ୍ମଶତାବ୍ଦୀ ପୂର୍ତ୍ତି ଉପଲକ୍ଷେ। ଏ ଲେଖକ ଯେତେବେଳେ ସମ୍ବାଦପତ୍ରରେ ଲେଖିଥିଲା ତାଙ୍କ ଜୀବନାଦର୍ଶ ସମ୍ପର୍କରେ, ସେତେବେଳେ ଏହି ଅପରିଚିତ ବନ୍ଧୁଜଣକ ଶ୍ରଦ୍ଧାନିବେଦନ କରିଥିଲେ। ବିନୋବାଜୀଙ୍କ ପରେ ଆଉ ଏ ଧାରା ଅବ୍ୟାହତ ହୋଇ ରହିପାରିଲା ନାହିଁ।

ସାମ୍ୟବାଦ ଓ ଗାନ୍ଧୀବାଦ ମଧ୍ୟରେ ରହିଛି ଗଭୀର ସାମଞ୍ଜସ୍ୟ। ସୂକ୍ଷ୍ମ ପାର୍ଥକ୍ୟ ହେଉଛି ସମାଜବାଦରେ ଶୋଷିତ ଶ୍ରେଣୀ ଶୋଷକମାନଙ୍କ ଠାରୁ ଜୋର ଜବରଦସ୍ତ ଧନ ଆୟତ୍ତ କରିନେବେ। ଆଉ ଗାନ୍ଧିଙ୍କ ଅର୍ଥନୀତି କହୁଛି ଯେ ଧନୀକ ଗୋଷ୍ଠୀ ସ୍ୱତଃସ୍ଫୂର୍ତ୍ତ ଭାବରେ ଅର୍ଥଦାନ କରି ସମାଜର ହେବେ ସଂଗଠକ ବା ନ୍ୟାସୀ। ଗାନ୍ଧିଜୀଙ୍କ ପରିକଳ୍ପିତ କେଉଁନୀତିକୁ ବା ଅବାସ୍ତବ ବୋଲି ବର୍ଣ୍ଣନା କରାଯାଇନାହିଁ ? ଏ କ୍ଷେତ୍ରରେ ମଧ୍ୟ ତାହା ଗାନ୍ଧିଜୀଙ୍କ ଅବାସ୍ତବ କଳ୍ପନା ନୁହେଁ, ତାହା ହେଲା ପ୍ରକୃତରେ ଆମର ଅପାରଗତା। ଅସହଯୋଗ ନୀତି ଅବଲମ୍ବନରେ ଏପରି କୌଣସି ଗାନ୍ଧୀ ଚିନ୍ତନ ନାହିଁ, ଯାହାକୁ ଅହିଂସାତ୍ମକ ଉପାୟରେ କାର୍ଯ୍ୟକାରୀ କରାଯାଇପାରିବ ନାହିଁ। ଦୁଃଖର କଥା ହେଉଛି ଦେଶର ଶ୍ରେଷ୍ଠ ଅର୍ଥନୀତିଜ୍ଞମାନେ ଗାନ୍ଧୀ ବିଚାରର ସରଳ ତର୍ଜମା ଏ ପର୍ଯ୍ୟନ୍ତ ଯେପରି ବିସ୍ତୃତ ଭାବରେ ପ୍ରଭାବଶାଳୀ ଶୈଳୀରେ ଓ ଗଭୀର ବିଶ୍ୱାସର ସହିତ କରିବା ଆବଶ୍ୟକ,ତାହା କରିପାରିନାହାଁନ୍ତି। ଏପରି ଅହିଂସାତ୍ମକ ସାମ୍ୟନୀତିର ଅର୍ଥତତ୍ତ୍ୱ ସର୍ବଜନାଦୃତ ଭାଷାରେ ବର୍ଣ୍ଣନା କରାଗଲେ ତାହା କାହିଁକି ଅବା ଶ୍ରେଷ୍ଠ ସାହିତ୍ୟ ବିବେଚିତ ନ ହେବ ?

ମହାତ୍ମାଗାନ୍ଧୀଙ୍କ ବିଷୟ ଏତିକିରେ ରଖି ସାମ୍ପ୍ରତିକ ଅର୍ଥନୀତିର ତତ୍ତ୍ୱାଦର୍ଶ ଉପରେ ମଧ୍ୟ ଆଲୋକପାତ କରାଯାଇପାରେ। ଅର୍ଥନୀତିରେ ନୋବେଲ ପୁରସ୍କାର ଲାଭ କରିଥିବା ଅମର୍ତ୍ତ୍ୟ ସେନ୍‌ଙ୍କ ପ୍ରସଙ୍ଗ ବିଚାର କରାଯାଉ। ସେ କାହିଁକି ଅର୍ଥନୀତିରେ ନୋବେଲ ପୁରସ୍କାର ଅର୍ଜନ କରିବାକୁ ଯୋଗ୍ୟ ବିବେଚିତ ହେଲେ ? ତାଙ୍କ ଦ୍ୱାରା ବର୍ଣ୍ଣିତ ତତ୍ତ୍ୱ ଏହି ସତ୍ୟ ଉଦ୍‌ଘାଟନ କଲା ଯେ, ପୃଥିବୀରେ ଯେ ଖାଦ୍ୟରେ ଅଭାବ ରହିଛି ତାହା ନୁହେଁ। ଯେଉଁମାନେ ଖାଦ୍ୟାଭାବରୁ ଅସୁସ୍ଥ ହେଉଛନ୍ତି ଅଥବା ମୃତ୍ୟୁବରଣ କରୁଛନ୍ତି, ସେମାନଙ୍କ ନିକଟକୁ ପୁଷ୍ଟିକର ଖାଦ୍ୟ ପହଞ୍ଚିପାରୁନାହିଁ ବା ପହଞ୍ଚାଇ ଦେବାର ବ୍ୟବସ୍ଥା ହେଉଛି ଦୁର୍ବଳ। ଭୋକିଲା ମଣିଷର ଅନ୍ତର୍ବେଦନା ଯଦି ଅମର୍ତ୍ତ୍ୟସେନଙ୍କୁ ଆଲୋଡ଼ିତ କରିନଥାନ୍ତା, ତା' ହେଲେ ସେ ଏହି ନିରାଟ ସତ୍ୟ କଥାଟିକୁ ତାଙ୍କ ଦ୍ୱାରା ପରିବେଶିତ ତତ୍ତ୍ୱରେ ପ୍ରତିପାଦିତ କରିପାରିନଥାନ୍ତେ। ଜଣେ ମାର୍କ୍ସବାଦୀ କବି ବା ଲେଖକ ମଧ୍ୟରେ ଯେଉଁ ସହାନୁଭୂତି ରହିଥାଏ, ଅମର୍ତ୍ତ୍ୟସେନଙ୍କ ହୃଦୟରେ ସେହି ସାହିତ୍ୟିକ ଭାବଧାରା ଗୁମ୍ଫିତ ଥିଲା ବୋଲି ସେ ମାନବ ଜାତିର କଲ୍ୟାଣ ସକାଶେ ନିଜ ଗବେଷଣାର ଅଗ୍ରଗତି ସାଧନ କରିପାରିଥିଲେ।

ଯେକୌଣସି ପ୍ରକାରର ବିଦ୍ୟା ହେଉ, ତାହା ଯେ ଲୋକକଲ୍ୟାଣ ସାଧନ ନିମିତ୍ତ ଉଦ୍ଦିଷ୍ଟ- ଏହି ସତ୍ୟକୁ କିଏ ବା ଅସ୍ୱୀକାର କରିପାରିବ ! ସେ ଦୃଷ୍ଟିରୁ ଅର୍ଥନୀତି ଯେହେତୁ ଜନକଲ୍ୟାଣକାମୀ ତାହା ଯେପରି ଭାବରେ ଉପସ୍ଥାପିତ ହୋଇଥାଉନା କାହିଁକି,

ତାହାର ମୂଳ ପ୍ରେରଣା ହେଲା ସାହିତ୍ୟ। ଏ ପୃଥିବୀର ଏମିତି କୌଣସି ଅର୍ଥନୀତିଜ୍ଞ ନାହାନ୍ତି ଯେଉଁମାନେ ବୈଦିକ ଋଷିର ମନ୍ତ୍ରଦ୍ୱାରା କିମ୍ବା ଯେକୌଣସି ସାହିତ୍ୟର ସର୍ବଶ୍ରେଷ୍ଠ ପଦ ପଙ୍‌କ୍ତି ବା ବାକ୍ୟାଶଂ ଦ୍ୱାରା ଅନୁପ୍ରାଣିତ ହୋଇନାହାନ୍ତି। "ତେନ ତ୍ୟକ୍ତେନଭୁଞ୍ଜିଥାଃ" ଅର୍ଥାତ୍ ସମସ୍ତଙ୍କ ସହିତ ବଣ୍ଟନ କରି ଖାଦ୍ୟ ଗ୍ରହଣ କର, ଏହାହିଁ ଯଦି ସକଳ ଅର୍ଥ-ତତ୍ତ୍ୱର ମୂଳ ସନ୍ଦେଶ, ତାହାହେଲେ ତାହା ସାହିତ୍ୟର ଆଭିମୁଖ୍ୟଠାରୁ ଯେ ଭିନ୍ନ ନୁହେଁ, ଏକଥା ଯେକେହି ନିର୍ଦ୍ୱନ୍ଦ୍ୱରେ ସ୍ୱୀକାର କରିବେ। ସାହିତ୍ୟ ସର୍ଜନା ଯେଉଁ ମହାନ ଉଦ୍ଦେଶ୍ୟରେ ସମ୍ଭବ ହୋଇଛି। ତା' ଠାରୁ କେଉଁ ବିଦ୍ୟା ଅବା ଶ୍ରେଷ୍ଠ, ତା' ଠାରୁ କେଉଁ ବିଦ୍ୟା ଅବା ନିଜକୁ ବିଚ୍ଛିନ୍ନ କରି ରଖିପାରିବ ? ଅର୍ଥନୀତି ଛାତ୍ରଛାତ୍ରୀ, ଗବେଷକ ଗବେଷିକା ଓ ଶିକ୍ଷାବିତ୍‌ମାନେ ଏହି କଲ୍ୟାଣମୂଳକ ବିଦ୍ୟାର ଉପଯୋଗିତା ଅନୁଭବ କରିବାଦ୍ୱାରା ପରୋକ୍ଷ ଭାବରେ ସାହିତ୍ୟର ଆତ୍ମା ସହିତ ସେମାନଙ୍କ ସମ୍ବନ୍ଧ ସ୍ଥାପିତ ହୋଇଯାଏ। ଏହି ନିଗୂଢ଼ ଉପଲବ୍ଧି ଅର୍ଥନୀତି ଓ ଅର୍ଥନୀତି ବିଶାରଦମାନଙ୍କୁ ଯେ ସାହିତ୍ୟାଭିମୁଖୀ କରିଛି, କରୁଛି ଓ କରୁଥିବ ଏଥିରେ ସନ୍ଦେହ ନାହିଁ।

■

ସାହିତ୍ୟ ଓ ଦର୍ଶନ

ସାହିତ୍ୟ ଓ ଦର୍ଶନ ମଧ୍ୟରେ ଯେଉଁ ସୂକ୍ଷ୍ମ ସାମଞ୍ଜସ୍ୟ ବିଦ୍ୟମାନ ତାହା ବିଦ୍ୱାନ ମଣ୍ଡଳୀଙ୍କ ଆଗରେ ମଧ୍ୟ ରହସ୍ୟାବୃତ୍ତ । ଦର୍ଶନ ସମ୍ପର୍କିତ ଯେଉଁ ସାରସତ୍ତ୍ୱକୁ ପ୍ରତିବିମ୍ବିତ କରେସାହିତ୍ୟ ସରସ ରୂପରେ, ତାହା ଅନ୍ୟ କୌଣସି ମାଧ୍ୟମରେ ସମ୍ଭବ ନୁହେଁ । ସେଥିପାଇଁ ଯେଉଁ ଦର୍ଶନର ଉପଯୋଗିତା ସମାଜ ପାଇଁ ଅନସ୍ୱୀକାର୍ଯ୍ୟ, ତାହାର ଆଧାରରେ ସାହିତ୍ୟ-ଶିଳ୍ପୀମାନେ ସୃଷ୍ଟି କରନ୍ତି ଆକର୍ଷଣୀୟ ବିଷୟବସ୍ତୁ ସମ୍ବଳିତ ମର୍ମସ୍ପର୍ଶୀ ରଚନା । ଅନେକଙ୍କ ପାଇଁ ଦର୍ଶନ ହେଉଛି ଏକାନ୍ତ ଶୁଷ୍କ । ସେଭଳି ମଣିଷଙ୍କ ନିମିତ୍ତ ସୃଷ୍ଟିହୁଏ ଚିତ୍ତାକର୍ଷକ ସାହିତ୍ୟ ।

ଭାରତୀୟ ବେଦ ଉପନିଷଦରେ ଯେଉଁ ମହାନ ଉପଲବ୍ଧିର କଥା ମର୍ମରିତ ହୋଇଛି, ତାହା ନିଶ୍ଚିତ ଭାବରେ ମାର୍ମିକ । ତେବେ ସେହି ଭାବାନୁସାରେ ଯେତେବେଳେ ରଚିତ ହୋଇଛି ସାହିତ୍ୟ, ସେତେବେଳେ ତାହା ଜନସାଧାରଣଙ୍କ ନିକଟବର୍ତ୍ତୀ ହୋଇପାରିଛି ଅନାୟାସରେ । ରାମାୟଣ ଓ ମହାଭାରତ ଏହାର ଶ୍ରେଷ୍ଠ ଦୃଷ୍ଟାନ୍ତ । କାହାଣୀ ପରିକଳ୍ପନା ମଧ୍ୟରେ ଦର୍ଶନର ନିଗୂଢ଼ ରହସ୍ୟ ଯେତେବେଳେ ଉନ୍ମୋଚିତ ହୋଇଯାଏ, ସେତେବେଳେ ତାହା ଆଉ କଦାପି ନୀରସ ମନେହୁଏ ନାହିଁ । ପ୍ରାଚ୍ୟ ଓ ପାଶ୍ଚାତ୍ୟ ଉଭୟ ଭୂଖଣ୍ଡର ଯେଉଁ ଜୀବନ ଦର୍ଶନ ଜ୍ଞାନ ଜଗତରେ ସୃଷ୍ଟି କରିଛି ତୀବ୍ର ଆଲୋଡ଼ନ, ତାହାକୁ ପ୍ରତିଭାବାନ ସାହିତ୍ୟ ଶିଳ୍ପୀମାନେ ରୂପାୟିତ କରିଛନ୍ତି ଗଳ୍ପ କବିତା ନାଟକ ଓ ଉପନ୍ୟାସ ମାଧ୍ୟମରେ । ଭାରତବର୍ଷରେ ବୌଦ୍ଧଧର୍ମ ଓ ଦର୍ଶନର ଆତ୍ମିକ ସୌନ୍ଦର୍ଯ୍ୟ ସୁରେନ୍ଦ୍ର ମହାନ୍ତିଙ୍କ 'ଅମ୍ବାପଲ୍ଲୀ' ଗଳ୍ପରେ ଯେତେବେଳେ ଅଭିବ୍ୟଞ୍ଜିତ ହୋଇଉଠେ ଜୀବନ୍ତ ହୃଦୟର ସତେଜ ସ୍ପନ୍ଦନ ନେଇ, ସେତେବେଳେ ତାହା ପାଠକର ଅନ୍ତରରେ ସୃଷ୍ଟି କରିପାରେ ତୁମୁଳ ଆଲୋଡ଼ନ । ଠିକ୍ ସେହିପରି ପାଶ୍ଚାତ୍ୟ ଜଗତରେ ଅସ୍ତିତ୍ୱବାଦ ଭଳି ଦର୍ଶନ ଆଲବେୟାର କାମ୍ୟୁ, ଫ୍ରାଞ୍ଜ୍ କାଫ୍‌କା, କିୟକେଗାର୍ଡ଼ ପ୍ରମୁଖଙ୍କ ରଚନାରେ ଯେତେବେଳେ ପ୍ରତିଫଳିତ ହୋଇଉଠିଛି ସେତେବେଳେ ସମଗ୍ର ବିଶ୍ୱର ଜିଜ୍ଞାସାପୂର୍ଣ୍ଣ ଦୃଷ୍ଟି କେନ୍ଦ୍ରୀଭୂତ ତା' ଉପରେ ।

ଦର୍ଶନକୁ ଲୋକାଭିମୁଖୀ କରିବାରେ ସାହିତ୍ୟର ଭୂମିକା କେତେ ମହତ୍ତ୍ୱପୂର୍ଣ୍ଣ ତାହା ଏପରି ଏକ ଏକ ଉଦାହରଣ ଦ୍ୱାରା ସହଜରେ ପ୍ରମାଣିତ ହୋଇଯାଏ।

ଜଣେ ସାହିତ୍ୟ ସ୍ରଷ୍ଟା କେବଳ ଯେ ଦାର୍ଶନିକମାନଙ୍କର ଚିନ୍ତାଧାରାର ଭିତ୍ତି ଉପରେ ସାହିତ୍ୟ କୋଣାର୍କ ଗଢିବ ଏପରି କୌଣସି ନିୟମ ନାହିଁ। ଅତ୍ୟନ୍ତ ନିଭୃତ ସ୍ତରର ତା'ର ସତ୍ୟ ହେଉଛି ଯେ ପ୍ରତ୍ୟେକ କବି ଓ ଲେଖକ ହେଉଛନ୍ତି ସ୍ୱୟଂ ଜଣେ ଜଣେ ଦାର୍ଶନିକ। ପ୍ରଥମେ ସେମାନେ ଦାର୍ଶନିକ ଓ ତା'ପରେ ସାହିତ୍ୟର ସର୍ଜକ। ଏ ଦୃଷ୍ଟିରୁ ଯଦି ବିଚାର କରାଯିବ, ତା'ହେଲେ ପୃଥିବୀର ହାତଗଣତି କେତୋଟି ମାତ୍ର ଦର୍ଶନ ଯାହା ରହିଛି ତାହା ବ୍ୟତୀତ ଆହୁରି ଶତାଧିକ ବା ସହସ୍ରାଧିକ ଦର୍ଶନକୁ ସ୍ୱୀକାର କରିବାକୁ ପଡ଼ିବ। ପ୍ରତ୍ୟେକ ଲେଖକ ଯଦି ଜଣେ ଜଣେ ଦାର୍ଶନିକ ତା'ହେଲେ ଏ ପୃଥିବୀରେ ଯେତେ ଲେଖକ ଲେଖିକା ଅଛନ୍ତି, ଦର୍ଶନର ସଂଖ୍ୟା ସେ ଦୃଷ୍ଟିରୁ ଆହୁରି ଅଧିକ। ସାହିତ୍ୟ ସ୍ରଷ୍ଟାର ଭିତ୍ତିଭୂମି ସର୍ବଦା କୌଣସି ଏକ ନିର୍ଦ୍ଦିଷ୍ଟ ଦର୍ଶନପ୍ରତି ସର୍ବଦା ଉନ୍ମୁକ୍ତ ନଥାଏ। ମଣିଷର ଜୀବନ ଯେପରି ବୈଚିତ୍ର୍ୟପୂର୍ଣ୍ଣ ସେହିପରି ଦର୍ଶନର ଅଭ୍ୟୁଦୟ ମଧ୍ୟ ଅଂସଖ୍ୟ। ଯେଉଁ ନିର୍ଦ୍ଦିଷ୍ଟ ଗୋଟିଏ ଚିନ୍ତନ ବା ସତ୍ୟକୁ ଆଧାର କରି ଲେଖକ ଲେଖନୀ ଚାଳନା କରୁଥାଏ, ତାହା ହେଉଛି ସର୍ବଦା ପରିବର୍ତ୍ତନଶୀଳ। ଓଡ଼ିଶାର ତଥା ଭାରତବର୍ଷର ମହାନ ଲେଖକ ମନୋଜ ଦାସ ପ୍ରଥମେ ମାର୍କ୍ସବାଦ ପ୍ରତି ଆକୃଷ୍ଟ ହୋଇଥିଲେ। ପରବର୍ତ୍ତୀ ସମୟରେ ତାଙ୍କର ଏ ଦୃଷ୍ଟିଭଙ୍ଗୀରେ ଆସିଲା ଅଚିନ୍ତନୀୟ ପରିବର୍ତ୍ତନ। ମଣିଷ କାହିଁକି ଦୁଃଖ ଭୋଗେ ଏହାର ଉତ୍ତର ପାଇଁ ସେ ତ୍ୟାଗ କରିଛନ୍ତି ସମସ୍ତ ସାଂସାରିକ ଆକର୍ଷଣ। ମନୋଜ ଦାସ ବୌଦ୍ଧ ଦର୍ଶନରେ କ'ଣ ପ୍ରବେଶ କରିପାରିନଥାନ୍ତେ ? ସେ ଆସିଲେ ତାହାଙ୍କ ପାଖକୁ ଦିବ୍ୟଜୀବନର ଅଭିନବ ବ୍ୟାଖ୍ୟା ପାଇଁ ଯିଏ ଜଗତ ବନ୍ଦିତ, ସେ ହେଉଛନ୍ତି ଶ୍ରୀଅରବିନ୍ଦ। ଏହି ଶ୍ରୀଅରବିନ୍ଦ ଦର୍ଶନର ଯାହା ମୂଳତତ୍ତ୍ୱ, ତାହାର ଯଥାର୍ଥ ମର୍ମଧ୍ୱନି ମନୋଜ ମାନସକୁ କରିଥିଲା ମନ୍ଥିତ। ସେଥିରୁ ସେ ଏହି ପରମ ସତ୍ୟ ଆବିଷ୍କାର କରିପାରିଲେ ଯେ-ଚେତନାର ବିବର୍ତ୍ତନ ଧାରାରେ ମାନବୀୟ ସତ୍ତା ଅତିମାନସ ଜ୍ୟୋତିରେ ଯେତେଦିନ ପର୍ଯ୍ୟନ୍ତ ଉଦ୍‌ଭାସିତ ହୋଇ ନଉଠିଛି, ସେତେଦିନ ପର୍ଯ୍ୟନ୍ତ ମନୁଷ୍ୟ ଜୀବନ ଅସଂପୂର୍ଣ୍ଣ। ମନୋଜ ଦାସ, ଚନ୍ଦ୍ରଶେଖର ରଥ, ମହାପାତ୍ର ନୀଳମଣି ସାହୁ, ପ୍ରମୁଖ ବିଶିଷ୍ଟ ସାହିତ୍ୟ ସ୍ରଷ୍ଟାମାନେ ଶ୍ରୀ ଅରବିନ୍ଦ ଦର୍ଶନ ପ୍ରତି ଯେଉଁ ଅନୁରକ୍ତି ପ୍ରକାଶ କରିଛନ୍ତି, ତାହା ବାସ୍ତବରେ ତାଙ୍କ ସାହିତ୍ୟର ବିଭିନ୍ନ ସୋପାନରେ ଦୃଷ୍ଟିଗୋଚର ହେଲା।

ମଣିଷର ଏ ଜୀବନ ଏତେ ରହସ୍ୟପୂର୍ଣ୍ଣ ଯେ, ତାହା ସମସ୍ତ ଦର୍ଶନ ଗ୍ରନ୍ଥରେ ଥିବା କଦାପି ସମ୍ଭବନୁହେଁ। ଜଣେ ଲେଖକ ଇଚ୍ଛାକଲେ ଦର୍ଶନର ଆଶ୍ରିତ ହୋଇପାରେ।

ଆଉ ସେ ଯଦି ଏକଥା ନ ଚାହେଁ, କିଏ ଜୀବନକୁ କି ଦୃଷ୍ଟିରୁ ଅବଲୋକନ କରିବ ତାହା କୌଣସି ଦ୍ୱିତୀୟ ବ୍ୟକ୍ତି ନିର୍ଦ୍ଧାରଣ କରିଦେଇପାରିବନାହିଁ।

ସତ୍ୟପ୍ରାପ୍ତି ହେଉଛି ଦର୍ଶନର ଆଭିମୁଖ୍ୟ। ସାହିତ୍ୟର ଲକ୍ଷ୍ୟ ହେଲା ସୌନ୍ଦର୍ଯ୍ୟମୟ ଅନୁଭବ ଓ କଲ୍ୟାଣକାମୀ ଭାବନାକୁ ସମ୍ପ୍ରସାରିତ କରିବା। ଏହାରି ମଧ୍ୟରେ ଯାହା ସତ୍ୟ ତାହା ହିଁ ରସାର୍ଦ୍ର ଭାବରେ ଉକୁଟି ଉଠେ ସାହିତ୍ୟର ସୋପାନରେ। ଦାର୍ଶନିକ, ସତ୍ୟର ଏକନିଷ୍ଠ ପୂଜାରୀ। ସାହିତ୍ୟ-ଶିଳ୍ପୀ ସତ୍ୟଶିବ ଓ ସୁନ୍ଦର ଏହି ତ୍ରିସ୍ରୋତକୁ ଗଙ୍ଗା ଯମୁନା ଓ ସରସ୍ୱତୀ ପରି ପ୍ରବାହିତ କରିଚାଲେ ସାହିତ୍ୟ ସୃଷ୍ଟି ମାଧ୍ୟମରେ। ଦର୍ଶନ ଓ ଜୀବନ ଯଦି ସାମଞ୍ଜସ୍ୟ ବିହୀନ ହେଲା, ଯେକୌଣସି ଦାର୍ଶନିକ, ତେବେ ତାହା କୌଣସି ଦୃଷ୍ଟିରୁ ପ୍ରଭାବଦୀପ୍ତ ହୋଇପାରିବନାହିଁ। ବିଶିଷ୍ଟ ଦାର୍ଶନିକ ବେନେଡ଼ିକ୍ଟ ସ୍ପିନୋଜା ସେଥିପାଇଁ କହିଥିଲେ, "ଯାହାର ଦର୍ଶନ ଓ ଜୀବନ ଭିନ୍ନ ଭିନ୍ନ ସେପରି ଦାର୍ଶନିକଙ୍କର ଦର୍ଶନତତ୍ତ୍ୱ ବୁଝିବାରେ ମୁଁ ଅକ୍ଷମ"। ଅର୍ଥାତ୍ ସ୍ପିନୋଜା ଉଚ୍ଚାରଣ କରିଥିବା ବାକ୍ୟଟିରେ ଯେଉଁ ସାଧୁତାର ଉଲ୍ଲେଖ କରିଛନ୍ତି, ତାହା ଉଭୟ ଦାର୍ଶନିକ ଓ ସାହିତ୍ୟ ସାଧକମାନଙ୍କ ନିମିତ୍ତ ଏକ ଶ୍ରେଷ୍ଠ ପ୍ରେରଣା। ସାହିତ୍ୟ ଓ ସାହିତ୍ୟିକ ଠିକ୍ ସେହିପରି ଯଦି ଭିନ୍ନଭିନ୍ନ ହୁଅନ୍ତି ସେପରି ସାହିତ୍ୟ ସ୍ରଷ୍ଟାଙ୍କ ସୃଷ୍ଟି ବୋଧଗମ୍ୟ ହୋଇନପାରିବା ଏକାନ୍ତ ସ୍ୱାଭାବିକ। ପ୍ରତ୍ୟେକ ପାଠକ ସାହିତ୍ୟ ମଧ୍ୟରେ ସ୍ରଷ୍ଟା ଚିତ୍ତର ଯେଉଁ ଉଦ୍ଭାସନ ଦେଖେ ବାସ୍ତବ ଜୀବନରେ ସେହି ସ୍ରଷ୍ଟା ଠିକ୍ ସେହିପରି ହୋଇଥିବବୋଲି ତା'ର ଆସ୍ଥା ଦୃଢ଼ୀଭୂତ ହୁଏ।ବିଶିଷ୍ଟ ଋଷିୟ ଲେଖକ ମାକ୍‌ସିମ୍ ଗର୍କୀ ତାଙ୍କର ଏକ ଗଳ୍ପରେ ଦର୍ଶାଇ ଦେଇଛନ୍ତି ଯେ, ଜଣେ କବି ଓ ତା'ର ବ୍ୟକ୍ତିତ୍ୱ ଭିନ୍ନ ଭିନ୍ନ ହୋଇଥିବା ଯୋଗୁଁ କୋମଳ ମତି ବାଳିକାଟିଏ ତାହା ପ୍ରତ୍ୟକ୍ଷ କରି କିପରି ପ୍ରଚଣ୍ଡ ଆଘାତ ପାଇଛି। ଅନେକ ସମାଲୋଚକ ସାହିତ୍ୟ ସହିତ ସାହିତ୍ୟିକର ବ୍ୟକ୍ତିତ୍ୱର କୌଣସି ସମ୍ପର୍କ ନାହିଁ ବୋଲି ଯେତେବେଳେ କହନ୍ତି, ସେତେବେଳେ ଗର୍କୀଙ୍କ ଦ୍ୱାରା ଚିତ୍ରିତ ବାଳିକାଟିର କ୍ଷତ ବିକ୍ଷତ ହୃଦୟକୁ ସେମାନେ ସ୍ମରଣ କରିବାର ଯଥାର୍ଥତା ରହିଛି।

ଦର୍ଶନଶାସ୍ତ୍ରର ତତ୍ତ୍ୱ ବୁଝିବା ପାଠକମାନଙ୍କ ପାଇଁ ଯେତେବେଳେ ସମ୍ଭବ ନୁହେଁ, ସେତେବେଳେ ମନରେ ଗୋଟିଏ ପ୍ରଶ୍ନ ଉଠେ ଯେ ଏହି ଦାର୍ଶନିକ ଚିନ୍ତନକୁ ସରଳ ଓ ବୋଧଗମ୍ୟ ଭାଷାରେ କ'ଣ ବର୍ଣ୍ଣନା କରାଯାଇ ପାରିନଥାନ୍ତା ? ପ୍ରକୃତ କଥା ହେଉଛି ଦର୍ଶନ ଓ ସାହିତ୍ୟ-ଏହି ଉଭୟ କଳା ଜୀବନକୁ ସୌନ୍ଦର୍ଯ୍ୟମୟ କରିବାପାଇଁ ଉଦ୍ଦିଷ୍ଟ। ବିଶିଷ୍ଟ ଦାର୍ଶନିକ ୱିଟଗେନ୍‌ଷ୍ଟାଇନ୍ କହିଥିଲେ "ମୁଁ ଏକ ସୁନ୍ଦରତର ଜୀବନର ସ୍ୱପ୍ନ ଦେଖିଆସିଛି ସାରାଜୀବନ।" ଏହାଠାରୁ ଦର୍ଶନ ଓ ଦାର୍ଶନିକ ଆତ୍ମସ୍ୱୀକାରୋକ୍ତି ଆଉ କେତେ ସରଳ ହୋଇପାରେ !

ଯାହା କଠିନ ତାହା ପଠନ କରନ୍ତି ସ୍ୱଳ୍ପ ସଜ୍ଜନ। ସେହି କାରଣରୁ ଦର୍ଶନ ଅଧ୍ୟୟନ କରୁଥିବା ଛାତ୍ରଛାତ୍ରୀଙ୍କ ସଂଖ୍ୟା ନ୍ୟୁନ। ତାହା ତୁଳନାରେ ସାହିତ୍ୟ ବିଭାଗ ଛାତ୍ରଛାତ୍ରଙ୍କ ଉତ୍ସାହ ଓ ଆଗ୍ରହରେ ଅଧିକ ମୁଖରିତ। ଦର୍ଶନକୁ ଏହି ଦୃଷ୍ଟିରୁ ବିଚାର କଲେ ତାହାକୁ ସରଳ ଓ ସ୍ୱଚ୍ଛନ୍ଦ ଭାବରେ ପ୍ରକାଶ କରିବାର ଆବଶ୍ୟକତା ଅନୁଭୂତ ହୁଏ। ଭାରତବର୍ଷର ମହାନ ଦାର୍ଶନିକ ଶ୍ରୀଅରବିନ୍ଦ 'ଦିବ୍ୟଜୀବନ' 'Life Divine' ଗ୍ରନ୍ଥରେ ଅନ୍ତର୍ଗୁମ୍ଫିତ ବାଖ୍ୟା ଓ ବିଶ୍ଲେଷଣ ବହୁ ଉଚ୍ଚକୋଟୀର ବିଦ୍ୱାନମଣ୍ଡଳି ମଧ୍ୟ ହୃଦୟଙ୍ଗମ କରିପାରନ୍ତି ନାହିଁ। ମାତ୍ର ଶ୍ରୀ ଅରବିନ୍ଦଙ୍କ ସାଧନାପଥର ସହଯାତ୍ରିଣୀ ଶ୍ରୀମା ଯେତେବେଳେ ଶ୍ରୀଅରବିନ୍ଦଙ୍କ ତତ୍ତ୍ୱ ବିସ୍ତୃତ ଭାବରେ ବୁଝାଇ ଦିଅନ୍ତି, ସେତେବେଳେ ତାହା ମାଧୁର୍ଯ୍ୟ ମଣ୍ଡିତ ସାହିତ୍ୟ ଭାବରେ ପରିଣତ ହୁଏ। କୌଣସି ମହାନ ଦାର୍ଶନିକଙ୍କୁ ସାଧାରଣ ବ୍ୟକ୍ତି ବୁଝିପାରିବା ପରି ଭାଷାରେ ଲେଖିବା ସକାଶେ କଦାପି ଅନୁରୋଧ କରାଯାଇନପାରେ। ସେ ତାଙ୍କର ନିଜସ୍ୱ ଦୃଷ୍ଟିଭଙ୍ଗୀ ନିଜସ୍ୱ ଶୈଳୀରେ ହିଁ ପ୍ରକାଶ କରିବା ଶ୍ରେୟସ୍କର। ମାତ୍ର ଯେଉଁମାନେ ଏହି ଦର୍ଶନ ତତ୍ତ୍ୱ ଦ୍ୱାରା ଉଦ୍‌ବୁଦ୍ଧ, ସେମାନଙ୍କ କର୍ତ୍ତବ୍ୟ ହେଲା ତାକୁ ରସାଣିତ ସାହିତ୍ୟରେ ରୂପାନ୍ତରିତ କରିବା। ଏହାଦ୍ୱାରା ପୃଥିବୀର ଶ୍ରେଷ୍ଠ ଦର୍ଶନଗ୍ରନ୍ଥ ଗୁଡ଼ିକର ଭାବ ପାଠକମାନଙ୍କର ଅଧିକ ନିକଟତର ହୋଇପାରିବ। ଅସ୍ତିତ୍ୱବାଦର ବାଖ୍ୟା ଓ ଅନୁଶୀଳନ ଓଡ଼ିଶାର ଶରତ କୁମାର ମହାନ୍ତି ଯେପରି କରିଛନ୍ତି, ତାହା ଏକ ଆଦର୍ଶ ଉଦାହରଣ। ସେହିପରି ସୀତାକାନ୍ତ ମହାପାତ୍ରଙ୍କ 'ଅନ୍ଧାରର ଝୋଟିଚିତା' ଓ ପ୍ରଫେସର ଆଦିକନ୍ଦ ସାହୁଙ୍କ 'କିର୍କେଗାର୍ଡ଼ ଓ ଅସ୍ତିତ୍ୱବାଦ' ଗ୍ରନ୍ଥଦ୍ୱୟ ଅତ୍ୟନ୍ତ ଆକର୍ଷଣୀୟ। ଶରତ କୁମାର ମହାନ୍ତି ପାଶ୍ଚାତ୍ୟ ଦର୍ଶନର ଯେପରି ବାଖ୍ୟା କରିଛନ୍ତି ପ୍ରାଚ୍ୟ ଦର୍ଶନ ତତ୍ତ୍ୱର ଯଦି ସେପରି ବାଖ୍ୟା କରିଥାନ୍ତେ, ତାହେଲେ ତାହା ଲୋକମାନଙ୍କର ଅଧିକ ନିକଟବର୍ତ୍ତୀ ହୋଇପାରିଥାନ୍ତା। ପ୍ରାଚ୍ୟ ଓ ପାଶ୍ଚାତ୍ୟ ଉଭୟ ଦର୍ଶନର ମର୍ମ ଉଦ୍‌ଘାଟନ କାରିଦେବା ଭଳି ଜଣେ ବିଶିଷ୍ଟ ଲେଖକ ହେଉଛନ୍ତି ହୃଦାନନ୍ଦ ରାୟ। ସେହିପରି ଉପନିଷଦୀୟ ଦର୍ଶନକୁ ଉପସ୍ଥାପନ କରିବାରେ ଯେଉଁ ଉଲ୍ଲେଖଯୋଗ୍ୟ ଭୂମିକା ଗ୍ରହଣ କରିଛନ୍ତି ପ୍ରଫେସର ମଧୁସୂଦନ ପତି, ତାହା ଏହି ପ୍ରସଙ୍ଗରେ ଏକାନ୍ତ ସ୍ମରଣୀୟ। ତାଙ୍କ ରଚିତ 'ଦର୍ଶନ ଓ ନିବେଦନ' ପୁସ୍ତକଟି ଅବଶ୍ୟ ପଠନୀୟ। ଭାରତର ଅନ୍ୟାନ୍ୟ ଭାଷାରେ ଯେ ଦାର୍ଶନିକ ଉପଲବ୍ଧି ହୃଦୟସ୍ପର୍ଶୀ ଏକଥା ଅନୁଶୀଳନ ହୋଇନାହିଁ ଏକଥା ନୁହେଁ। ଓଡ଼ିଆ ସାହିତ୍ୟ ଓ ଓଡ଼ିଶାର ପାଠକବର୍ଗଙ୍କୁ ଦୃଷ୍ଟି ଆଗରେ ରଖି ଏହି ମହାନ ଲେଖକମାନଙ୍କ ପ୍ରସଙ୍ଗ ଉତ୍‌ଥାପନ କରାଯାଇଛି। ଏସବୁ ପୁସ୍ତକ କେବଳ ଓଡ଼ିଶାର ନୁହେଁ ସମଗ୍ର ଭାରତ ବର୍ଷର ଏକ ଏକ ବିରଳ ସୃଷ୍ଟି ନିଶ୍ଚୟ।

ବ୍ୟାସଦେବଙ୍କ ମହାଭାରତର ମହାନ ଅଂଶ 'ଭଗବତ୍ ଗୀତାକୁ'ସେଥିପାଇଁ

ଅନେକ ସାଧୁ ଲେଖକ ନିଜସ୍ୱ ଢଙ୍ଗରେ ବ୍ୟାଖ୍ୟା କରିଛନ୍ତି ଅତ୍ୟନ୍ତ ଆନ୍ତରିକ ଭାବେ। ମହାତ୍ମାଗାନ୍ଧୀଙ୍କ ରଚନା, ସନ୍ଥ ବିନୋବାଙ୍କ ଗୀତା ପ୍ରବଚନ, ଶ୍ରୀ ଅରବିନ୍ଦଙ୍କ 'ଗୀତା ନିବନ୍ଧମାଳା' ଓ ଓଡ଼ିଆ ସାହିତ୍ୟରେ କବି ଡ଼. ମାୟାଧର ମାନସିଂହ 'ଗୀତା ମାହାତ୍ମ୍ୟ' ଏ କ୍ଷେତ୍ରରେ ଏପରି ଏକ ଏକ ଗ୍ରନ୍ଥ, ଯାହା ମରମୀ ପାଠକଙ୍କ ଦ୍ୱାରା ବହୁଭାବରେ ଆଦୃତ ହୋଇପାରିଛି।

ଦର୍ଶନ ଓ ସାହିତ୍ୟର ସମ୍ପର୍କ ଏତେ ନିବିଡ଼ ଓ ନିଗୂଢ ଯେ ତାହାର ବିସ୍ତୃତ ବ୍ୟାଖ୍ୟା ଏକ ଗ୍ରନ୍ଥ ରଚନାର ଆବଶ୍ୟକତା ରଖେ। ଏହି ରଚନାରେ ସାହିତ୍ୟ ଆଉ ଦର୍ଶନ ମଧ୍ୟରେ ରହିଥିବା ସୁଗଭୀର ସାମଞ୍ଜସ୍ୟର କିଞ୍ଚିତ ଆଭାସ ମାତ୍ର ପ୍ରଦାନ କରାଯାଇଛି, ଯାହା ସାହିତ୍ୟ ଛାତ୍ରଛାତ୍ରୀମାନଙ୍କ ନିମିତ୍ତ ପ୍ରେରଣାଧର୍ମୀ ହୋଇପାରିବ। ଉଭୟ ସାହିତ୍ୟ ଓ ଦର୍ଶନ ଆମ ଜୀବନକୁ ଅର୍ଥମୟ କରୁଥିବା ଏକ ଏକ ମହାନ ଶିଳ୍ପକଳା-ଏହା ଉପଲବ୍ଧି କରିପାରିଲେ ସମସ୍ତ ପଠନ ଓ ମନନ ହୋଇପାରିବ ସାଫଲ୍ୟ ମଣ୍ଡିତ।

■

ସାହିତ୍ୟ ଓ ଇତିହାସ

ସାହିତ୍ୟ ଓ ଇତିହାସର ସମ୍ପର୍କ କିପରି ନିବିଡ଼, ତାହା ପ୍ରତ୍ୟେକ ଉଚ୍ଚକୋଟୀର ପାଠକ ଯଥାର୍ଥ ଭାବରେ ବୁଝିପାରିଥାନ୍ତି। ଇତିହାସ ହେଉଛି ଘଟଣାବଳୀର ଏକ ଏକ ନିରସ ବର୍ଣ୍ଣନା କେବଳ। ତା' ସହିତ ରସାର୍ଦ୍ର ସାହିତ୍ୟର ସମ୍ପର୍କ ବା କ'ଣ ? ଇତିହାସରେ ଯେଉଁ ସତ୍ୟ ଉଦ୍‌ଘାଟିତ ହୋଇଥାଏ, ତାହା ଲେଖକମାନଙ୍କ ନିମିତ୍ତ ସାହିତ୍ୟ ସୃଷ୍ଟିର ଦୁର୍ଲ୍ଲଭ ଉପାଦାନ ଯୋଗାଇଥାଏ। ବିଶିଷ୍ଟ ଘଟଣାବଳୀ ଓ ବିଶିଷ୍ଟ ବ୍ୟକ୍ତିତ୍ୱଙ୍କୁ କେନ୍ଦ୍ରକରି ଗଳ୍ପ, କବିତା, ପ୍ରବନ୍ଧ, ଉପନ୍ୟାସ ଓ ବୃହତ୍ କାବ୍ୟ ମଧ୍ୟ ଯେ ରଚନା କରାଯାଇପାରେ, ତାହାର ଦୃଷ୍ଟାନ୍ତ ଏକାନ୍ତ ସୁଲଭ । ରାଜସ୍ଥାନ ଇତିହାସର ଉଲ୍ଲେଖନୀୟ କଥାବସ୍ତୁ ଆଧାରରେ ଗଙ୍ଗାଧର ମେହେର ଲେଖିଥିଲେ "ପଦ୍ମିନୀ" କାବ୍ୟ। ଇତିହାସ, ପାଠକମାନଙ୍କୁ ସତ୍ୟାନୁଭବ ପାଇଁ ଯୋଗାଇଥାଏ ନିର୍ଭୁଲ ଉପାଦାନ। ମାତ୍ର ସେହି ଉପାଦାନ ଆଶ୍ରୟରେ ସାହିତ୍ୟ ସ୍ରଷ୍ଟା ଯେପରି ତାହାକୁ ମାର୍ମିକ ଭାବରେ ପ୍ରକାଶ କରିଦିଏ, ସେଥିରେ ଉଦ୍‌ବେଳିତ ହୋଇଯାଏ ଅସଂଖ୍ୟ ପାଠକଙ୍କ ଦରଦୀ ହୃଦୟ। ଅନେକ ସମୟରେ ସୁଲେଖକଙ୍କୁ ଇତିହାସ ଅବଲମ୍ବନରେ ସାହିତ୍ୟ ସର୍ଜନା କଲାବେଳେ କଳ୍ପନାର ଆଶ୍ରୟ ନେବାକୁ ପଡ଼ିଥାଏ। ଏହି କଳ୍ପନା-ଶକ୍ତିର ସମ୍ମିଶ୍ରଣରେ ଇତିହାସ ଯେପରି ପ୍ରଭାବଦୀପ୍ତ ହୋଇଉଠେ, ତାହା ବାସ୍ତବରେ ଇତିହାସକୁ ହିଁ ପ୍ରାଣବନ୍ତ ରୂପଦାନ କରିପାରିଥାଏ। ପ୍ରଖ୍ୟାତ ଔପନ୍ୟାସିକ ସୁରେନ୍ଦ୍ର ମହାନ୍ତିଙ୍କ 'ନୀଳଶୈଳ' ଉପନ୍ୟାସ ହେଉଛି ସେପରି ଏକ ମହାନ ଉଦାହରଣ। ଏଠାରେ 'ସରଦେଇ' ଏକ କାଳ୍ପନିକ ଚରିତ୍ର ମାତ୍ର। କିନ୍ତୁ ତା' ବିହୁନେ ସମଗ୍ର ଉପନ୍ୟାସଟି ହୋଇଯିବ ଅନ୍ତଃସାର ଶୂନ୍ୟ। ସେହି କାରଣରୁ ସୁରେନ୍ଦ୍ର ମହାନ୍ତି ଯେଉଁ ଭାବାବେଗ ସୃଷ୍ଟି କରିବାରେ ସମର୍ଥ ହୋଇଛନ୍ତି, ତାହା ଏକ ବିରାଟ ସିଦ୍ଧି। ଇତିହାସ ଏକ କଙ୍କାଳ ମାତ୍ର। ତା' ଭିତରେ ପ୍ରାଣ ସଞ୍ଚାର କରିପାରେ ସାହିତ୍ୟ ଶିଳ୍ପୀର ସୌକୁମାର୍ଯ୍ୟ। ଓଡ଼ିଆ ସାହିତ୍ୟରେ ସୃଷ୍ଟି ହୋଇଥିବା ଐତିହାସିକ ଉପନ୍ୟାସ ଗୁଡ଼ିକ ସେ ଦୃଷ୍ଟିରୁ କିପରି ଚିତ୍ତସ୍ପର୍ଶୀ ତାହା କଳନା କରାଯାଇପାରିବ।

ଇତିହାସରେ ବର୍ଣ୍ଣିତ ସମସ୍ତ ଘଟଣାକୁ ସାହିତ୍ୟ ସ୍ରଷ୍ଟା ମାନି ନେଇପାରେନା। ତେଣୁ ଏହା ବିରୁଦ୍ଧରେ ସ୍ୱର ଉତ୍ତୋଳନ କରିବା ପାଇଁ କିମ୍ବା ଇତିହାସରେ ଅନୁଦ୍‌ଘାଟିତ ସୂକ୍ଷ୍ମ ସତ୍ୟକୁ ଯଥାର୍ଥ ଭାବରେ ଉନ୍ମୋଚନ କରିଦେବା ସକାଶେ ସେ ହୋଇଥାଏ ସଂକଳ୍ପବଦ୍ଧ। ଏ ଦୃଷ୍ଟିରୁ ଯଦିଓ ଇତିହାସ ଏକ ଅବଲମ୍ବନ, ମାତ୍ର ସାହିତ୍ୟ ହେଉଛି ପ୍ରକୃତ ଅନ୍ତଃସତ୍ୟର ଅଙ୍କନ ନିମିତ୍ତ ସଂକଳ୍ପବଦ୍ଧ। ଏହି କାରଣରୁ ଇତିହାସରେ ବର୍ଣ୍ଣିତ ଏକାଧିକ ଖଳନାୟକ ସାହିତ୍ୟରେ ମହାନାୟକର ରୂପ ପରିଗ୍ରହ କରନ୍ତି। ଏପରି ଅଭିନବ ଆଲୋକପାତ କରିବା ଦ୍ୱାରା ଯେକୌଣସି ପାଠକକୁ ସକାରାତ୍ମକ ସ୍ପନ୍ଦନରେ ଅଭିଭୂତ କରିବା ଲେଖକର ମହାନ୍ ଲକ୍ଷ୍ୟ। ତେବେ ଯାହା ହେଉ 'ପଦ୍ମିନୀ' ପରି ମହାକାବ୍ୟ 'ନୀଳଶୈଳ' ଉପନ୍ୟାସ, 'ନୀଳାଦ୍ରି ବିଜୟ' ଉପନ୍ୟାସ, ବାମାଚରଣ ମିତ୍ରଙ୍କ 'ଚନ୍ଦ୍ର ଓ ଚମ୍ପା', ଅଶ୍ୱିନୀ କୁମାର ଘୋଷଙ୍କ 'ଲୋକନାଥ ବିଦ୍ୟାଧର' ଆଦି ଅନେକ ସାହିତ୍ୟିକ ସୃଷ୍ଟିର ସ୍ୱାତନ୍ତ୍ର୍ୟକୁ ଆମେ ବିଚାର କରିପାରିବା।

ଇତିହାସ କହିଲେ ସିଂହାସନ ନିମିତ୍ତ ହୋଇଥିବା ପ୍ରତିଦ୍ୱନ୍ଦ୍ୱିତା ମୂଳକ ଯୁଦ୍ଧ ଓ କ୍ଷମତାସୀନ ରାଜାରାଣୀଙ୍କ କହାଣୀ ବୋଲି ଯେଉଁମାନଙ୍କର ଭ୍ରାନ୍ତଧାରଣା ରହିଆସିଛି, ତାହାକୁ ଦୂର କରିବାରେ ସାହାଯ୍ୟ କରେ ସାହିତ୍ୟ ସ୍ରଷ୍ଟା। ପୁନଶ୍ଚ ଯେଉଁ ଘଟଣା ବା ଚରିତ୍ରକୁ ଇତିହାସରେ ଅବହେଳିତ ରୂପରେ ଚିତ୍ରଣ କରାଯାଇଥାଏ କିମ୍ବା ତାହାକୁ ଉଲ୍ଲେଖ ମଧ୍ୟ କରାଯାଇନଥାଏ ତାହାକୁ କେନ୍ଦ୍ର କରି ସୁଲେଖକ ବର୍ଣ୍ଣନା କରିଦେଇପାରେ ଏକ ଆକର୍ଷଣୀୟ ଅଧ୍ୟାୟ। ଇତିହାସରେ ଚିତ୍ରିତ, ଅବହେଳିତ, ଅନୁଲ୍ଲିଖିତ ତଥା ଏହି ଇତିହାସରେ ନକରାତ୍ମକ ଭାବରେ ବର୍ଣ୍ଣିତ, ଅନେକ ଘଟଣା ଯେପରି ଅନ୍ତର୍ଦୃଷ୍ଟି ସହକାରେ ଉଚ୍ଚମାନର ସାହିତ୍ୟ ସର୍ଜନାରେ ସମ୍ଭବ ହୋଇଛି ତାହା ଲକ୍ଷ ଲକ୍ଷ ପାଠକଙ୍କୁ ପ୍ରଦାନ କରି ଚାଲିଛି ସତ୍ୟ ଶିବ ଓ ସୁନ୍ଦରର ଅପୂର୍ବ ସାହିତ୍ୟ-ସରଣୀ।

ଓଡ଼ିଶାର ରାଜନୀତିଜ୍ଞ ଓ ଐତିହାସିକ ଡକ୍ଟର ମହତାବ ଏକଦା ଲେଖିଥିଲେ 'ଇତିହାସର ଅବସୋସ' ନାମକ ପ୍ରବନ୍ଧଟିଏ। ସେଠାରେ ସେ ଦର୍ଶାଇ ଦେଇଛନ୍ତି ଯେ, ଇତିହାସର ଅବସୋସ ହେଉଛି ତାହାର ବାରମ୍ବାର ପୁନରାବୃତ୍ତି ଘଟିବା। କାରଣ ଇତିହାସ ଅଧ୍ୟୟନରୁ ମଣିଷ ଜାତି ଯାହା ଶିକ୍ଷାଲାଭ କରିବା ଏକାନ୍ତ ସମୀଚୀନ ତାହା କରିପାରିବାର ଆକାଂକ୍ଷାରୁ ସେ ଦୂରୀଭୂତ ହୋଇ ରୁହେ। ଇତିହାସରୁ ଯେଉଁ ଶିକ୍ଷା ମାନବଜାତି ଆବିଷ୍କାର କରିପାରିବା ଏକାନ୍ତ ଯୁକ୍ତିଯୁକ୍ତ ତଥା ପ୍ରାସଙ୍ଗିକ, ତାହା ସଚେତନ କରିଦେବାର ବିରାଟ ଦାୟିତ୍ୱ ବହନ କରିଥାଏ ସାହିତ୍ୟିକ। ଇତିହାସ ଯଦିଓ ବିବରଣାତ୍ମକ ଓ ଉପାଦେୟ ତଥାପି ସାହିତ୍ୟ ଦ୍ୱାରା ହିଁ ଅଧିକାଂଶ ପାଠକ ଉଦ୍‌ବୁଦ୍ଧ ହୋଇଥାନ୍ତି ଦେଶାତ୍ମବୋଧ ତଥା ମାନବ ସଂପ୍ରୀତି-ବୋଧରେ। ବରିଷ୍ଠ ଲେଖିକା ଡ. ପ୍ରତିଭା ରାୟ ଯେତେବେଳେ ଲେଖନ୍ତି

'ଶିଳାପଦ୍ମ' ପରି ଉପନ୍ୟାସ ସେଥିରେ କୋଣାର୍କ ମନ୍ଦିର ସହିତ ଜଡ଼ିତ ଚରିତ୍ରମାନେ ବାକ୍‌ଶକ୍ତି ଲାଭକରି ପ୍ରାଣବନ୍ତ ହୋଇଉଠନ୍ତି ଅଦ୍ଭୁତ ଭାବରେ। ରାଧାମୋହନ ଗଡ଼ନାୟକ ଲେଖନ୍ତି ଯେତେବେଳେ ଐତିହାସକ ଭିତ୍ତି ଉପରେ ଗାଥା କବିତା, ସେତେବେଳେ ଅପୂର୍ବ ଭାବାବେଶ ସୃଷ୍ଟି ହୁଏ ଅବୁଭବୀ ପାଠକ ମାନସରେ। ଉତ୍କଳମଣି ଗୋପବନ୍ଧୁ ଦାସଙ୍କ ଜୀବନାଦର୍ଶକୁ ଲକ୍ଷ୍ୟକରି 'ଉତ୍କଳିକା' ପୁସ୍ତକରେ ସେ 'ବିଶ୍ୱ ଜୀବନ ପଥେ' କବିତା ରଚନା କଲେ ପାଠକର ହୃଦୟ କମ୍ପିତ ହୋଇଉଠେ।

ଆମର ଜୀବନୀ ଓ ଆତ୍ମଜୀବନୀ ସାହିତ୍ୟ ଐତିହାସିକ ତଥ୍ୟ ଉପରେ ସୁପ୍ରତିଷ୍ଠିତ। କିନ୍ତୁ ଯେତେବେଳ ପର୍ଯ୍ୟନ୍ତ ସାହିତ୍ୟର କମନୀୟ ଭାଷା ସଂଯୋଗରେ ତାହା ମାର୍ମିକ ହୋଇନପାରିଛି, ସେତେଦିନ ପର୍ଯ୍ୟନ୍ତ ତାହା ପ୍ରେରଣା ଗର୍ଭିତ ହୋଇପାରିବ ନାହିଁ। ଏ ଦୃଷ୍ଟିରୁ ଆମେ ଯଦି ନିରପେକ୍ଷ ଭାବରେ ବିଚାର କରିବା, ତେବେ ଐତିହାସିକ ସତ୍ୟକୁ ସାହିତ୍ୟିକ ସତ୍ୟରେ ରୂପାନ୍ତରିତ କରିପାରିବାର ଯଥାର୍ଥତା ନିଶ୍ଚୟ ଅନୁଭବ କରିପାରିବା।

ଏ ପର୍ଯ୍ୟନ୍ତ ଯେଉଁ ଇତିହାସ ପୁସ୍ତକଗୁଡ଼ିକ ରଚିତ ହୋଇଛି ତାହା ଅଧିକାଂଶ ତଥ୍ୟନିଷ୍ଠ ଓ ବିବରଣାତ୍ମକ। ବେଳେବେଳେ ତାହା ବିଶ୍ଳେଷଣାତ୍ମକ ହେବାର ମଧ୍ୟ ଲକ୍ଷ୍ୟ କରାଯାଇପାରେ। ତେବେ ପୃଥିବୀ ଇତିହାସ ହେଉ ଭାରତବର୍ଷର ଇତିହାସ କିମ୍ବା ଓଡ଼ିଶାର ଇତିହାସକୁ ପୁନର୍ଲିଖନ କରିବାର ଯେଉଁ ନୂତନ ଆହ୍ୱାନ ଏକବିଂଶ ଶତାବ୍ଦୀର ରହିଛି, ତଦନୁସାରେ ଯଦି ଯଥାର୍ଥ ଇତିହାସ ପ୍ରଣୟନ ହେବ ସମ୍ପୂର୍ଣ୍ଣ ନୂତନ ଦୃଷ୍ଟିଭଙ୍ଗୀ ନେଇ, ତା'ହେଲେ ତାହା ସାହିତ୍ୟ ପରି ହୋଇପାରିବ ପ୍ରେରଣାଧର୍ମୀ। ଇତିହାସରୁ ଉପାଦାନ ସଂଗ୍ରହ କରି କବି, ଲେଖକ, ନାଟ୍ୟକାର ପ୍ରମୁଖ ଉଚ୍ଚକୋଟୀର ସାହିତ୍ୟ ସର୍ଜନା କରିପାରନ୍ତି। ମାତ୍ର ଯେଉଁମାନେ ଇତିହାସର ପ୍ରଣେତା ସେମାନେ ସାହିତ୍ୟରୁ କି ଉପାଦାନ ଗ୍ରହଣ କରିଛନ୍ତି ତାହା ଅନୁସନ୍ଧାନର ବିଷୟ। ଇତିହାସ ଗ୍ରନ୍ଥ ବର୍ଣ୍ଣନାତ୍ମକ ଓ ବିବରଣାତ୍ମକ କେବଳ ନ ହୋଇ ଭାବ ଉଦ୍‌ବୋଧକ ଯଦି ହୋଇପାରିଥାନ୍ତା, ତାହେଲେ ତାହାର ରଚନାଶୈଳୀ ହୋଇଉଠନ୍ତା ସରସ ଓ ମାଧୁର୍ଯ୍ୟପୂର୍ଣ୍ଣ। ଭାରତର ସ୍ୱାଧୀନତା ସଂଗ୍ରାମର ଇତିହାସ ଲିପିବଦ୍ଧ କରିବା ବେଳେ ଯଦି ଐତିହାସିକଙ୍କ ପ୍ରାଣ ସ୍ପନ୍ଦିତ ହୋଇ ନଉଠିବ ଓ ତାଙ୍କ ଭାଷା ମଧ୍ୟରେ ସେହି ସ୍ପନ୍ଦନର ଯଦି ରୂପାୟନ ହୋଇ ନପାରିବ, ତେବେ ତାହା ଦେଶାତ୍ମବୋଧର ପ୍ରେରଣା ଇତିହାସ ଛାତ୍ରର ହୃଦୟରେ କିପରି ଭରିଦେଇପାରିବ? ତେଣୁ ଇତିହାସ ରଚୟିତା ଅତିମାତ୍ରାରେ ଅନାସକ୍ତ ବିବରଣୀ ଲେଖକ ନହୋଇ ଭାବ ଉଦ୍ରେକକ୍ଷମ ଲେଖକ ହେବାର ଆବଶ୍ୟକତା ନିଶ୍ଚୟ ରହିଛି। ସମ୍ବାଦପତ୍ର ଗୁଡ଼ିକରେ ସବୁ ବିଷୟର ବିବରଣୀ ଉପସ୍ଥାପିତ ହୋଇଥାଏ। ଇତିହାସ ପୁସ୍ତକ ମଧ୍ୟ ଯଦି ସେପରି

ବିବରଣୀ ସର୍ବସ୍ୱ ହୁଏ, ତା'ହେଲେ ତାହାର ସ୍ୱାତନ୍ତ୍ର୍ୟ ଆଉ ରହିଲା କେଉଁଠି ? ମଣିଷ ଜାତିର ଅନ୍ଧକାରମୟ ଅଧ୍ୟାୟଗୁଡ଼ିକ ଯଦି ଇତିହାସ ଛାତ୍ର ହୃଦୟରେ ବେଦନା ସୃଷ୍ଟି କରିନପାରିଲା ଓ ଜାତିର ଆଲୋକିତ ଦିଗ ତାକୁ ଯଦି ଦେଶାତ୍ମବୋଧରେ ଅଥବା ମାନବତାବୋଧରେ ବ୍ରତୀ କରିନପାରିଲା, ତା'ହେଲେ ତାହା ଶ୍ରେଣୀକକ୍ଷ ପାଇଁ ଉଦ୍ଦିଷ୍ଟ ପୁସ୍ତକ ହୋଇ ରହିବା କେତେଦୂର ସମୀଚୀନ ?

ସାହିତ୍ୟିକ ଯେପରି ଇତିହାସ ପଠନରେ ଅନୁରାଗ ପ୍ରକଟ କରନ୍ତି, ସେହିପରି ଐତିହାସିକମାନେ ସାହିତ୍ୟାନୁରକ୍ତ ହେବାଦ୍ୱାରା ଇତିହାସ ମଧ୍ୟ ସାହିତ୍ୟଧର୍ମୀ ଭାବରେ ରସାପ୍ଲୁତ ହୋଇ ପାଠକମାନଙ୍କ ମଧ୍ୟରେ ଗଭୀର ରେଖା ଅଙ୍କନ କରିପାରିବ। ଏ ପ୍ରସଙ୍ଗରେ ଗୋଟିଏ କଥା ଉଲ୍ଲେଖନୀୟ ଯେ ଏମିତି କେତେକ ଇତିହାସ ଶିକ୍ଷକ ଥିଲେ ବା ଅଛନ୍ତି, ଯେଉଁମାନେ ଇତିହାସକୁ ଶ୍ରେଣୀକକ୍ଷରେ ଅତ୍ୟନ୍ତ ଆକର୍ଷଣୀୟ ଶୈଳୀ ସଂଯୋଗରେ ଉପସ୍ଥାପନ କରିପାରନ୍ତି। ଏଭଳି ଉପସ୍ଥାପନା ଛାତ୍ରଛାତ୍ରୀମାନଙ୍କୁ ପ୍ରଦାନ କରିପାରେ ଏପରି ଦୁର୍ଲ୍ଲଭ ଭାବ ଭାବନାର ସ୍ପର୍ଶ, ଯାହା ଜୀବନରେ ସେମାନେ ଆଦୌ ଭୁଲିପାରନ୍ତି ନାହିଁ।

ସୁଖର କଥା ଏଭଳି କେତେଜଣ ଐତିହାସିକ ଅଛନ୍ତି, ଯେଉଁମାନେ ଇତିହାସକୁ ଅବଲମ୍ବନ କରି ଉଚ୍ଚକୋଟୀର ପ୍ରବନ୍ଧ ରଚନା କରିପାରିଛନ୍ତି। ଡ. କୃଷ୍ଣଚନ୍ଦ୍ର ପାଣିଗ୍ରାହୀଙ୍କ 'ସ୍ୱର୍ଣ୍ଣାଦ୍ରୀରେ ସ୍ୱପ୍ନ' ବା 'ଜନ୍ମଭୂମି' ପ୍ରବନ୍ଧ ସେହି ଶ୍ରେଣୀର। ଡ. ନବୀନ କୁମାର ସାହୁ ସମ୍ବଲପୁର ବିଶ୍ୱବିଦ୍ୟାଳୟର କୁଳପତି ଥିବା ସମୟରେ ସପ୍ତର୍ଷି ପତ୍ରିକାର ଯେଉଁ ସମ୍ପାଦକୀୟ ରଚନା କରୁଥିଲେ, ତାହା କେବଳ ବିବରଣୀଧର୍ମୀ ନଥିଲା, ଥିଲା ପ୍ରକୃତରେ ଅତ୍ୟନ୍ତ ପ୍ରେରଣା-ଉଦ୍ଦୀପକ। ଡ. ମନ୍ମଥ ନାଥ ଦାସଙ୍କ ଅନେକ ପ୍ରବନ୍ଧରେ ମଧ୍ୟ ସେହି ରସାନୁଭୂତି ପାଠକ ଲାଭକରିଥାଏ।

ଏସବୁ ଦୃଷ୍ଟିରୁ ବିଚାରକଲେ ସାହିତ୍ୟ ଓ ଇତିହାସର ଯେଉଁ ନିଗୂଢ଼ ସମ୍ପର୍କ ରହିଛି, ତାହା ଯଥାର୍ଥ ଭାବରେ ଅନୁଭବ କରିହୁଏ। ଉଭୟ ବିଷୟ ବିଶେଷଜ୍ଞମାନେ ପାରସ୍ପରିକ ଭାବବିନିମୟ ଦ୍ୱାରା ଯେତିକି ହେବେ ଉପକୃତ, ସେହି ପରିମାଣରେ ଏହି ଉଭୟ ବିଦ୍ୟା ହୋଇଉଠିବ ସମୃଦ୍ଧଶାଳୀ। ଅନ୍ତର ମଧ୍ୟରେ ସତ୍ୟାନୁରକ୍ତି, ଦେଶପ୍ରୀତି ଓ ମାନବ ସଂପ୍ରୀତି ନଥିଲେ କେହି ଶ୍ରେଷ୍ଠ ଇତିହାସ ପ୍ରଣେତା ଅଥବା ସାହିତ୍ୟସ୍ରଷ୍ଟା ହେବା ଆଦୌ ସମ୍ଭବ ନୁହେଁ। ସାହିତ୍ୟ ଓ ଇତିହାସର ସୂକ୍ଷ୍ମ ଭାବ ସମ୍ପର୍କକୁ ଆବିଷ୍କାର କରିବା, ତଦ୍ୱାରା ଅନୁପ୍ରାଣିତ ହେବା ବର୍ତ୍ତମାନ ସମୟର ଶ୍ରେଷ୍ଠ ଆବଶ୍ୟକତା ବୋଲି ମନେହୁଏ।

■

ସାହିତ୍ୟ ଓ ସମାଜ ବିଜ୍ଞାନ

'ସମାଜ' ଶବ୍ଦ ଉଚ୍ଚାରଣ କରିବା ମାତ୍ରକେ ଯେଉଁମାନେ ଆମ ଆଗରେ ଉଦ୍‌ଭାସିତ ହୋଇଉଠନ୍ତି ସେମାନେ ହେଉଛନ୍ତି ମଣିଷ ଜାତି। ସମାଜ ତେଣୁ ସାଧାରଣ ମଣିଷକୁ କେନ୍ଦ୍ର କରି ଗଢିଉଠିଥାଏ। ମଣିଷକୁ ବାଦ୍ ଦେଇଦେଲେ ଦେଶ ଜାତି, ସଭ୍ୟତା, ସଂସ୍କୃତି, ଧର୍ମ, ଦର୍ଶନ, ସାହିତ୍ୟର କୌଣସି ମୂଲ୍ୟ ହିଁ କଳନା କରାଯାଇପାରିବ ନାହିଁ। ଠିକ୍ ସେହିପରି ସ୍ୱାଧୀନ ମଣିଷ ବ୍ୟତିରେକେ ସ୍ୱାଧୀନତାର ମଧ୍ୟ କୌଣସି ଉପଲବ୍ଧି ଆମେ କରିପାରିବା ନାହିଁ। ପୂର୍ବରୁ ଯାହା ଶାସକ ଦ୍ୱାରା ନିର୍ମିତ ହେଉଥିଲା ସେହି ନିୟମ ଅନୁସାରେ ପରିଚାଳିତ ହେଉଥିଲା ସମାଜ। ଯେଉଁଦିନଠାରୁ ସମାଜର ଅଧ୍ୟୟନ ଓ ଅନୁଶୀଳନକୁ ବିଜ୍ଞାନ ବୋଲି କୁହାଗଲା, ସେଦିନଠାରୁ ସମାଜ କହିଲେ କେବଳ ଉଚ୍ଚବର୍ଗର ନିର୍ଦ୍ଦିଷ୍ଟ ଏକ ମାନବ ଗୋଷ୍ଠୀକୁ ବୁଝାଗଲା ନାହିଁ। ସବୁ ପ୍ରକାର ମଣିଷଙ୍କୁ ନେଇ ହିଁ ସୁସ୍ଥ ସମାଜର ପରିକଳ୍ପନା ସମ୍ଭବ ହୋଇଥାଏ। ଏହାକୁ ସମାଜ ଦର୍ଶନ ବା ସମାଜଶାସ୍ତ୍ର ବୋଲି କୁହାଯାଉଥିଲା ସିନା; ମାତ୍ର ନିର୍ଦ୍ଦିଷ୍ଟ ଏକ କ୍ଷମତାଶାଳୀ ଗୋଷ୍ଠୀର ପ୍ରଭାବ ଓ ପରାକ୍ରମ ଅନୁଯାୟୀ ଯେଉଁ ସମାଜ ନିର୍ମାଣ ହୋଇଯାଇଥାଏ, ତାହାର ବ୍ୟାଖ୍ୟାକୁ 'ସମାଜ ବିଜ୍ଞାନ' ବୋଲି ଅଭିହିତ କରାଯାଇନଥାଏ। ସମାଜ କିପରି ପରିଚାଳିତ ହେବ ସେ ସଂପର୍କରେ ବିଭିନ୍ନ ଶାସ୍ତ୍ରରେ ଯେଉଁ ନିୟମ ନିରୂପଣ କରାଯାଇଛି, ତାହାକୁ ସମାଜବିଜ୍ଞାନ ଅସ୍ୱୀକାର କରେ। ମଣିଷ ଶ୍ରେଷ୍ଠ ନା ନିୟମ ହେଉଛି ଶ୍ରେଷ୍ଠ? ଏକଥା ନିର୍ଣ୍ଣୟ କରିବାର ଯେଉଁ ଆହ୍ୱାନ ସୃଷ୍ଟିହେଲା, ତାହାକୁ କୁହାଗଲା ସମାଜବିଜ୍ଞାନ ବୋଲି। ମଣିଷ ଭିତରେ ଜନ୍ମ ନେଉଥିବା ବିଭିନ୍ନ ପ୍ରଶ୍ନର ଉତ୍ତର ଖୋଜିବା ହେଉଛି ବୈଜ୍ଞାନିକ ଚିନ୍ତନର ପରିଚାୟକ। କୌଣସି ସମାଜ କେବେହେଲେ ସବୁଦିନ ପାଇଁ ସ୍ଥାଣୁ ହୋଇ ରହେ ନାହିଁ। ଏହା ନଦୀର ସ୍ୱାଭାବିକ ପ୍ରବାହ ସଦୃଶ। ଯେଉଁମାନେ ଏହି ସ୍ରୋତକୁ ଆବଦ୍ଧ କରିବାପାଇଁ ଚାହାନ୍ତି, ସେମାନଙ୍କ ଦୃଷ୍ଟିକୋଣ ବିଜ୍ଞାନ ପରିପନ୍ଥୀ। ମଣିଷ ସର୍ବଦା ଅସନ୍ତୁଷ୍ଟ। ସେ ସବୁକଥାକୁ ମାନି ନେଇପାରେ ନାହିଁ। ଭାଗ୍ୟବାଦ ବା କର୍ମବାଦକୁ ଅସ୍ୱୀକାର କରିଆସିଛି

ସେ ଯୁଗଯୁଗ ବ୍ୟାପୀ। ସବୁକିଛି ପ୍ରଚଳିତ ନିୟମକୁ ମାନିନାହାନ୍ତି ବୋଲି ତ ଗୌତମ ବୁଦ୍ଧ, ଶଙ୍କରାଚାର୍ଯ୍ୟ, ମହାତ୍ମାଗାନ୍ଧୀ, କୋପର ନିକସ, ଗାଲିଲିଓ ନୂତନ ଚିନ୍ତା ସମନ୍ୱିତ ସମାଜ ସଂଗଠନର ବାର୍ତ୍ତାବହ ହୋଇପାରିଛନ୍ତି। ମଣିଷ ସମାଜରେ ଯୁଗକୁ ଯୁଗ ଏ ଯେଉଁ ପରିବର୍ତ୍ତନ ସଂଘଟିତ ହୁଏ, ତାହାକୁ ବୈଜ୍ଞାନିକ ପଦ୍ଧତିରେ ଅନୁଧ୍ୟାନ କଲେ ଜଣାପଡ଼େ ଯେ, ମଣିଷର ମାନବିକତା ଧୀରେ ଧୀରେ କିପରି ବିକଶିତ ରୂପ ପରିଗ୍ରହ କରିଛି।

ସାହିତ. ବାସ୍ତବିକ ଏହି ସମାଜବିଜ୍ଞାନ ଉପରେ ହିଁ ପ୍ରତିଷ୍ଠିତ। ଯେଉଁମାନେ ଉଚ୍ଚକୋଟୀର କବି ଓ ଲେଖକ, ସେମାନେ ନିଷ୍ଠୁର ଶାସନର ଓ ଅନ୍ଧନିୟମର ପ୍ରତିବାଦ କରିଆସୁଛନ୍ତି ସର୍ବଦା। ସାହିତ୍ୟ ମଣିଷର ଅଧିକ ନିକଟବର୍ତ୍ତୀ ହେବାର କାରଣ ହେଉଛି ତାହା ପରିବର୍ତ୍ତନର ଆହ୍ୱାନ ଦେଇଥାଏ। ଏ ପ୍ରବନ୍ଧର ଲେଖକ ବ୍ୟକ୍ତିଗତ ଭାବରେ ବିସ୍ମିତ ହୁଏ ଯେ ଯାହା ଅନ୍ଧ ସମାଜର ବିରୁଦ୍ଧାଚରଣ କରେ ତାକୁ ଏ ସମାଜ ପୁଣି ଗ୍ରହଣ କରିଥାଏ କାହିଁକି ? ଜାତିପ୍ରଥା ବିରୋଧରେ ରଚିତ 'ଲକ୍ଷ୍ମୀପୁରାଣ' କିପରି ଏ ସମାଜ ସକାଶେ ପୂଜାର ଯୋଗ୍ୟ ହୋଇପାରିଲା ? ରାଧାକୃଷ୍ଣଙ୍କର ପରକୀୟା ପ୍ରୀତିର ପ୍ରତିମୂର୍ତ୍ତି ନିର୍ମିତ ହୋଇ ମନ୍ଦିରରେ ଶୋଭା ପାଇଲା କିପରି ? ଶ୍ରେଷ୍ଠ କବି ଓ ଲେଖକଙ୍କ ଲୋକପ୍ରିୟତା ଦେଖି ମଧ୍ୟ ଏ ଲେଖକକୁ ଚକିତ ହେବାକୁ ପଡ଼େ। କାରଣ ପୁରାତନ ଅନ୍ଧ ପରମ୍ପରାଠାରୁ ଯେଉଁମାନେ ମୁକ୍ତହୋଇ ପାରିନାହାନ୍ତି ସେମାନେ ପୁଣି ଏହି ପରମ୍ପରା ବିରୋଧୀ କବି ଲେଖକଙ୍କ ଜୟନ୍ତୀ ପାଳନ କରନ୍ତି କାହିଁକି ? ବୋଧହୁଏ ବର୍ଣ୍ଣାଡ଼ଶ'ଙ୍କ ରଚିତ ନାଟକର ବାର୍ତ୍ତା ଏଠାରେ ପ୍ରଯୁଜ୍ୟ ହୋଇପାରେ। ବର୍ଣ୍ଣାଡ଼ଶ' ଫ୍ରାନ୍‌ସର ଯୁଦ୍ଧରେ ପରାଜୟ ଘଟିବା ବେଳର ଏକ ଚିତ୍ର ଅଙ୍କନ କରି ମାତ୍ର ଷୋହଳବର୍ଷର ବାଳିକା "ଜୋଆନ' ଯେପରି ଦିବ୍ୟ ସଂକେତ ଲାଭ କରି ସେନାପତି ଭାବରେ ଅବତୀର୍ଣ୍ଣ ହୋଇଥିଲା ଓ ଫ୍ରାନସକୁ ବିଜୟର ଟିକା ପିନ୍ଧାଇ ପାରିଥିଲା ତାକୁ ପରମ୍ପରାବାଦୀମାନେ ଜୀବନ୍ତ ଅଗ୍ନିରେ ନିକ୍ଷେପ କରିବାର ବିଚାର କରିଥିଲେ। ବୋଲି ଦର୍ଶାଇଛନ୍ତି ଅଥଚ ତାର ମୃତ୍ୟୁପରେ ପୁଣି ତା'ର ସୁଗୁଣ ସ୍ମରଣ କରି ପ୍ରତିଷ୍ଠା କଲେ ଜୋଆନର ପ୍ରତିମୂର୍ତ୍ତି ଏବଂ ପଦକ୍ଷେପ ନେଲେ ତାହାର ସ୍ମୃତିରକ୍ଷା ପାଇଁ। ନାଟକ ଶେଷ କରିଦେଇଥିବା ବର୍ଣ୍ଣାଡ଼ ଶ' ଏହାପରେ ଆଉ ଏକ ଦୃଶ୍ୟ ଯୋଡ଼ିଦେଲେ ସେଠାରେ। ସେ ଦୃଶ୍ୟଟି କ'ଣ ? ଦିନେ ମଧ୍ୟରାତ୍ରିରେ ରାଜାଙ୍କ କକ୍ଷରେ ଜୋଆନର ଅଶରୀରୀ ସତ୍ତା ପ୍ରବେଶ କରିଛି ଯେ- 'ଆପଣମାନେ ଯଦି ନିଜର ଭୁଲ ବୁଝିପାରିଛନ୍ତି ମୁଁ ପୁନଶ୍ଚ ପ୍ରତ୍ୟାବର୍ତ୍ତନ କରିବାକୁ ଚାହେଁ।' ଜୋଆନର ମୁଖରୁ ଏହି ଶବ୍ଦ ଶ୍ରବଣ କରି କେବଳ ରାଜା ନୁହନ୍ତି ସମସ୍ତ ପାରିଷଦବର୍ଗ ଭୟଭୀତ ହୋଇଉଠିଲେ। ସେମାନଙ୍କର ଜୋଆନ ପ୍ରତି ନିବେଦନ

ଥିଲା- ତୁମର ଆମେ ସ୍ମୃତିଚାରଣ କରିବୁ। କିନ୍ତୁ ତୁମେ ଆଉ ଫେରିଆସ ନାହିଁ। ଅନ୍ଧ ପରମ୍ପରାବାଦୀ ମନୁଷ୍ୟମାନଙ୍କର ମହାପୁରୁଷ ଆରଧନା ଏହି ପର୍ଯ୍ୟାୟର ନୁହେଁ କି? ସମାଜବିଜ୍ଞାନୀମାନେ ଏହାର ତୀକ୍ଷ୍ଣ ନିରୀକ୍ଷଣ କରିବାର ଆବଶ୍ୟକତା ରହିଛି। ଭଲକଥା ସବୁ ଶାସ୍ତ୍ରରେ ଥାଉ। ତାହା ଜୀବନ ସ୍ତରକୁ ଓହ୍ଲାଇ ଆସି ଅହମିକା ଗ୍ରସ୍ତ ନେତୃତ୍ୱର ପ୍ରଭାବକୁ ହୀନପ୍ରଭ କରିନଦେଉ।

ଏ ଲେଖକର ଆଉ ଏକ ବିଶେଷ ଅନୁଭୂତି ହୋଇଥିଲା ଅଧ୍ୟାପନା ସମୟରେ ଏକ ପତ୍ରିକା ସଂପାଦନା କରିବାବେଳେ। ଜଣେ ସଂସ୍କୃତ ପଣ୍ଡିତ ଏ ଲେଖକ ବିଚରାକୁ ପାଖକୁ ଡାକି ଉପଦେଶ ଦେଲେ ଯେ 'କ୍ରାନ୍ତିଧର୍ମୀ କଥାଗୁଡ଼ିକ ପୁସ୍ତକରେ ଥାଉବାବୁ। ଆମେ ତାକୁ ପତ୍ର ପତ୍ରିକାରେ ପ୍ରକାଶ କରିବା। ଶ୍ରେଣୀକକ୍ଷରେ ପିଲାମାନଙ୍କୁ ଉପଦେଶ ହେବା। କିନ୍ତୁ ଜୀବନରେ ଆମେ ତାହାକୁ ପାଳନ କରିବା ଅସମ୍ଭବ।' ପଣ୍ଡିତଙ୍କ କଥା ଶୁଣି ଏ ଲେଖକ ଯୌବନଦୀପ୍ତ କଣ୍ଠରେ ସେଦିନ ପ୍ରତିବାଦ କରିଥିଲା ଯେ କାହିଁକି ଅସମ୍ଭବ? ଲେଖକଙ୍କର ଆବେଗ କମ୍ପିତ କଣ୍ଠସ୍ୱର ଶୁଣି ପଣ୍ଡିତେ ଆତଙ୍କିତ ହୋଇ କେବଳ କହିଲେ ଏତିକି-'ତୁମେ ଛୋଟ ଅଛ ବାବୁ। ମୋ କଥା ବୁଝିପାରିବ ନାହିଁ। ଏ ଭଲକଥାଗୁଡ଼ିକ କେବଳ ଲେଖିବା ଓ କହିବା ପାଇଁ ରହିଛି। ପାଳନ କରିବା ପାଇଁ ନୁହେଁ।'

ଏହା ଏକ ଦୃଷ୍ଟାନ୍ତ। ଏପରି ଚିନ୍ତାଧାରାର ପାଣ୍ଡିତ୍ୟ ଆମ ସମାଜକୁ କିପରି କଳୁଷିତ କରିବା ସଂଗେ ସଂଗେ ପ୍ରଗତିର ପ୍ରତିରୋଧକ, ତାହା ବଳିଷ୍ଠ ଭାବରେ ପ୍ରଦର୍ଶନ କରିଦେବା ଉଭୟ ସାହିତ୍ୟ ଓ ସମାଜବିଜ୍ଞାନର ମହାନ୍‌କର୍ତ୍ତବ୍ୟ। ଯଦି କିଛି ବଦଳିଯିବାର ନାହିଁ, ତା' ହେଲେ ସାହିତ୍ୟ ରଚନାର ବା ସମାଜବିଜ୍ଞାନ ଅଧ୍ୟୟନ ଓ ଗବେଷଣାର ଆଭିମୁଖ୍ୟ କ'ଣ? ଏହି ପ୍ରଶ୍ନର ଉତ୍ତର ଉପରୋକ୍ତ ଉଭୟ ବିଦ୍ୟା ଯଥାର୍ଥ ଭାବରେ ପ୍ରଦାନ କରିବାର ସମୟ ସମୁପସ୍ଥିତ। ଯେଉଁମାନେ ଅନୁଭବୀ ମଣିଷ, ପରିବର୍ତ୍ତନ ପକ୍ଷପାତି, ସେମାନଙ୍କ ପ୍ରକୃତ ଉପଲବ୍ଧିକୁ ଆଧାର ନକରି ସମାଜ ନିୟନ୍ତକ ନେତୃବର୍ଗ ସେମାନଙ୍କ ଅର୍ଥହୀନ ପ୍ରତିନିଧିତ୍ୱ କରନ୍ତି। ତେଣୁ ସମଗ୍ର ଦେଶରେ, ଗାଁ, ଗାଁରେ, ଘରେ ଘରେ, ମଣିଷ ଓ ମଣିଷତ୍ୱର ପ୍ରଗତି ନିମନ୍ତେ ଯାହାକିଛି ଉପାଦାନ ରହିଛି ତାହାର ଆଲୋଚନା ନିରବଚ୍ଛିନ୍ନ ଭାବରେ ହେବା ଆବଶ୍ୟକ। ଏପରି ଆଲୋଚନା ଦ୍ୱାରା ପ୍ରତ୍ୟେକ ମଣିଷ ବୁଝିବାର ସୁଯୋଗ ଲାଭ କରିବେ କେଉଁଟା ଭଲ ଏବଂ କେଉଁଟା ପ୍ରକୃତରେ ମନ୍ଦ। ଏ ବିଚାର ସେମାନଙ୍କ ଉପରେ ଛାଡ଼ି ନଦେଇ ସେମାନଙ୍କୁ ଯଦି ବିଭ୍ରାନ୍ତ କରି ଶତଶତବର୍ଷ ବ୍ୟାପୀ ତିମିରାଚ୍ଛନ୍ନ ଅବସ୍ଥାରେ ରଖାଯାଏ ତା'ହେଲେ ସାହିତ୍ୟ ଓ ସମାଜବିଜ୍ଞାନ କ'ଣ ନିରବ ଓ ନିଷ୍ଫଳ ହୋଇ ରହିବ?

ମହାତ୍ମାଗାନ୍ଧୀ ଯେଉଁ ସତ୍ୟାଗ୍ରହକୁ କରିଥିଲେ ଶକ୍ତିଶାଳୀ, ତାହା ସଂପ୍ରତି

ମୂଲ୍ୟବାନ ସିନ୍ଦୁକରେ ସଂରକ୍ଷିତ। ଯେଉଁମାନେ ସତ୍ୟାଗ୍ରହର ଉତ୍ତରାଧିକାରୀ ହେବା ଉଚିତ୍, ସେମାନେ ନେତୃତ୍ୱ ଗ୍ରହଣ କରିବାର ଆହ୍ୱାନକୁ ଅସ୍ୱୀକାର କରି ମୌନତା ଅବଲମ୍ବନ କଲେ ଓ ସମଗ୍ର ଦେଶକୁ ବିପଦମୁଖକୁ ଜାଣି ଜାଣି ଠେଲିଦେଇଗଲେ। ଗୌତମବୁଦ୍ଧ ଗୋଟିଏ ସ୍ଥାନରେ କହିଛନ୍ତି 'ଯେଉଁ ଯେଉଁଠି ଆମେ ସ୍ପଷ୍ଟବାଦୀ ହେବା ଆବଶ୍ୟକ ସେଠି ଯଦି ମୌନତା ଅବଲମ୍ବନ କରୁ ତେବେ ତାହା ଆମର ପାପ।' ଏ ପ୍ରସଙ୍ଗରେ ପୁଣି ମନେପଡ଼ିଯାଉଛି ଏକ ପ୍ରସିଦ୍ଧ ହିନ୍ଦୀ ଉପନ୍ୟାସ 'ଦୀକ୍ଷା'ର ବିଷୟବସ୍ତୁ। ମହାଭାରତର କାହାଣୀକୁ ଅବଲମ୍ବନ କରି ଏହା ରଚିତ। ଯେତେବେଳେ ଦ୍ରୌପଦୀଙ୍କର ବସ୍ତ୍ରହରଣ କରାଗଲା ନିର୍ମମ ଭାବରେ, ସେତେବେଳେ ରଥୀମହାରଥୀ ସମସ୍ତେ କିପରି ସହ୍ୟ କରୁଥିଲେ ସେହି ଅମାନବିକ ଆଚରଣକୁ? ରଥୀମହାରଥୀମାନେ ଏହାର ଯେଉଁ ଉତ୍ତର ଦେଇଛନ୍ତି ସେ ଉପନ୍ୟାସରେ, ତାହା ହିଁ ସ୍ମୃତିପଟରେ ଆଜି ଆଲୋଡ଼ନ ସୃଷ୍ଟି କରୁଛି। ସେମାନେ ଉକ୍ତ ବିଷୟରେ ପ୍ରତିକ୍ରିୟା ପ୍ରକାଶ କରି କହିଥିଲେ ଯେ ଆମେ ଆଜି ଯେଉଁ ପଦ ପଦବୀ ଓ ପ୍ରତିଷ୍ଠା ଲାଭ କରିଛୁ ତାହା ଯୁଗଯୁଗର ନିରବଛିନ୍ନ ସାଧନାର ପୁରସ୍କାର। ତେଣୁ ପ୍ରତିବାଦ କରି ତିରସ୍କାର ଅର୍ଜନ କରିବୁ କାହିଁକି ଓ ଯେଉଁ ସମ୍ମାନାସ୍ପଦ ଆସନରେ ଆମେ ସୁରକ୍ଷିତ ସେଥିରୁ ଖସିପଡ଼ିବା ପାଇଁ ଚାହିଁବୁ କେଉଁ କାରଣରୁ? କହିବା ବାହୁଲ୍ୟ ଯେ ଏଭଳି ପ୍ରତିଷ୍ଠିତ ରଥୀ ମହାରଥୀଙ୍କ ଏପରି ପ୍ରତିକ୍ରିୟାର ଅଗ୍ନିବର୍ଷୀ ପ୍ରତିବାଦ ହେଉଛି ଏ ଉପନ୍ୟାସ।

ଆଜି ସାହିତ୍ୟ ଓ ସମାଜବିଜ୍ଞାନ ସକାଶେ ଏକ ଚରମ ଆହ୍ୱାନ ଆସି ଉପସ୍ଥିତ ହୋଇଛି। ଏହାର ଉତ୍ତର ଯଦି ଶକ୍ତିଶାଳୀ ଭାବରେ ପ୍ରଦାନ କରାଯାଏ ସାହିତ୍ୟ ଓ ସମାଜ ବିଜ୍ଞାନ ଅଧ୍ୟୟନର ପରିଣତି ହେବ କ'ଣ?

■

ସାହିତ୍ୟ ଓ ରାଜନୀତି

ସାହିତ୍ୟ ସହିତ ରାଜନୀତିର ସମ୍ପର୍କ କି ଗଭୀର ତାହା ପ୍ରମାଣିତ ହୋଇପାରିଛି ରାମାୟଣ ଓ ମହାଭାରତ ସୃଷ୍ଟି ସମୟରୁ । ରାମାୟଣରେ ଆଦର୍ଶ ରାଜା ରାମଚନ୍ଦ୍ରଙ୍କ ବ୍ୟକ୍ତିତ୍ୱ ଉପରେ ଯେପରି ଆଲୋକପାତ କରାଯାଇଛି ତାହାର ପ୍ରଭାବରେ ସମଗ୍ର ଭାରତବର୍ଷରେ ସୃଷ୍ଟି ହୋଇଛି ରାମାଖ୍ୟାନମୂଳକ କାବ୍ୟକବିତା, ଗଳ୍ପ, ଉପନ୍ୟାସ, ନାଟକ, ଗୀତିନାଟ୍ୟ ପ୍ରଭୃତି । ଜଣେ ଉଚ୍ଚକୋଟୀର ଶାସକଙ୍କ ଚରିତ୍ର ପ୍ରତ୍ୟେକ ଭାରତୀୟ ଯେତେବେଳେ ନିଜ ହୃଦୟରେ ଅଙ୍କନ କରନ୍ତି, ତାହା ଶ୍ରୀରାମଚନ୍ଦ୍ରଙ୍କ ସଦୃଶ ଚିତ୍ତାକର୍ଷକ, ଏଥିରେ ସନ୍ଦେହ ନାହିଁ । ପ୍ରଜାବତ୍ସଳ ରାମଚନ୍ଦ୍ର ଯେପରି ଭାବରେ ପ୍ରଜାବୃନ୍ଦଙ୍କୁ ସତ୍ୟର ପଥ ପ୍ରଦର୍ଶନ କରିବାପାଇଁ ଅତୁଳନୀୟ ତ୍ୟାଗ ସ୍ୱୀକାର କରିଥିଲେ, ତାହା ଆଜି ବି ଅନୁଭବୀ ଆତ୍ମାକୁ ବିଗଳିତ କରିଦିଏ ।

ଓଡ଼ିଆ ସାହିତ୍ୟରେ ସ୍ୱଭାବକବି ଗଙ୍ଗାଧର ମେହେରଙ୍କ ଦ୍ୱାରା ରଚିତ 'ତପସ୍ୱିନୀ' ଘରେ ଘରେ ଆଦୃତ । ସେଥିରେ କବି କହିଛନ୍ତି- 'ହୃଦ ପଛେ ଜ୍ୱଳେ,/ ବିଦ୍ୟୁତ ଅନଳେ/ ଜଳଦାନେ ଘନ ବାଧ୍ୟ/ ସୁଖଦେଜି ରାଜା/ ତୋଷିବ ପରଜା/ ତେବେ ତ ପରମାରାଧ୍ୟ ।' ରାମାୟଣ ପରି ମହାଭାରତ ମହାକାବ୍ୟରେ ଏହି ରାଜନୀତିରଚିତ୍ର ସଂସ୍ଥାପିତ ହୋଇଛି ଭିନ୍ନ ରୀତିରେ । ଏଠାରେ ଶାସନ ଦାୟିତ୍ୱରେ ଥିବା ରାଜା ଧୃତରାଷ୍ଟ୍ର, ପୁତ୍ରମୋହରେ ଦିଗ୍‌ଭ୍ରଷ୍ଟ ହୋଇଥିବା ଯୋଗୁଁ କିପରି ଧ୍ୱସ୍ତ ବିଧ୍ୱସ୍ତ ହୋଇଯାଇଛି ମହାନ ରାଜ୍ୟ, ତାହା ପ୍ରଦର୍ଶିତ ହୋଇଛି ହୃଦୟ ବିଦାରକ ଭାବରେ । ମହାଭାରତରେ ବିଦୁରଙ୍କ ଆଦର୍ଶ ଚରିତ୍ର, ଧର୍ମରାଜ ଯୁଧିଷ୍ଠିରଙ୍କ ବ୍ୟକ୍ତିତ୍ୱରେ ଫୁଟିଉଠିଛି ରାଜନୀତିର ସାଧୁତା । ମହାଭାରତ ଯୁଦ୍ଧରେ ପିତାମହ ଭୀଷ୍ମ ଯେତେବେଳେ ଶରଶଯ୍ୟାରେ ଶାୟିତ, ସେତେବେଳେ ଯୁଧିଷ୍ଠିର ତାଙ୍କ ନିକଟକୁ ଆସି ଆଦର୍ଶ ରାଜାର କର୍ତ୍ତବ୍ୟ ସଂପର୍କରେ କିପରି ସଦୁପଦେଶ ଗ୍ରହଣ କରିଛନ୍ତି, ତାହା ବର୍ଣ୍ଣିତ ହୋଇରହିଛି ଜୀବନ୍ତ ଭାବରେ । ଓଡ଼ିଆରେ ମହାକବି ସାରଳାଦାସ ସେ ଅଂଶଟି ଅତ୍ୟନ୍ତ ପ୍ରେରଣାପୂର୍ଣ୍ଣ କରିଦେଇପାରିଛନ୍ତି ।

ସାହିତ୍ୟରେ ଏକଥା ଦର୍ଶାଇଦିଆଯାଇଛି ଯେ, ରାଜାର ଚରିତ୍ର କେତେ ଉଚ୍ଚକୋଟୀର ହେବା ଆବଶ୍ୟକ। ସେହିପରି କ୍ଷମତା ଲିପସୁ ରାଜାର ବିକ୍ଷୁବ୍ଧ ଜୀବନ କିପରି ଆଦର୍ଶ ବିହୀନ ତାହା ମଧ୍ୟ ଉନ୍ମୋଚିତ। ଏଭଳି ଦୁଇପ୍ରକାରର ଚରିତ୍ରଙ୍କ ରୂପ ଚିତ୍ରଣ ଦ୍ୱାରା ସାହିତ୍ୟ ବଳିଷ୍ଠ ଦିଗ୍‌ଦର୍ଶନ ଦେଇଛି ଯେ, ଆଦର୍ଶ ରାଜ୍ୟଶାସନର ନୀତି କିପରି ହେବା ବିଧେୟ।

ସାମ୍ପ୍ରତିକ କାଳରେ ରାଜନୀତି ପ୍ରତି ଭଦ୍ରବ୍ୟକ୍ତିମାନଙ୍କ ଆଗ୍ରହ ଓ ଶ୍ରଦ୍ଧା ହ୍ରାସ ହେଉଥିବାର କାରଣ ହେଉଛି, ରାଜନୈତିକ ଜଗତ ସହିତ ସଂଶ୍ଳିଷ୍ଟ ଲୋକଙ୍କ ନିମ୍ନମାନର ଆଚରଣ ତଥା ଚାରିତ୍ରିକ ସ୍ଖଳନ। ରାଜନୀତି ହେଉଛି ବାସ୍ତବରେ ଏକ ଶ୍ରେଷ୍ଠନୀତି। ମାତ୍ର ଯେଉଁମାନେ ଅତିମାତ୍ରାରେ କ୍ଷମତାସକ୍ତ ଓ ଯେକୌଣସି ଉପାୟରେ କ୍ଷମତାସୀନ ହେବା ସେମାନଙ୍କର ଏକମାତ୍ର ଲକ୍ଷ୍ୟ, ସେମାନଙ୍କ ଦ୍ୱାରା ଦେଶର ବାତାବରଣ ଦୂଷିତ ହୋଇଯାଏ। ଏ ଦୃଷ୍ଟିରୁ ରାଜନୀତି ପ୍ରତି ଭଦ୍ରମଣ୍ଡଳୀଙ୍କ ବିତୃଷ୍ଣା ସୃଷ୍ଟି ହୋଇଛି ଆଜି। ଯେଉଁମାନେ ସୁଶିକ୍ଷିତ ସେମାନେ ରାଜନୀତି ପ୍ରତି ବୀତସ୍ପୃହ ହେବା ଦ୍ୱାରା ବର୍ତ୍ତମାନ ସମଗ୍ର ଦେଶ ଓ ପୃଥିବୀ ସଂସ୍କୃତି ସଂପନ୍ନ ବ୍ୟକ୍ତିଙ୍କ ପାଇଁ ଯେଉଁ ଶୂନ୍ୟସ୍ଥାନ ସୃଷ୍ଟି କରିଛି ତାହା ସହଜରେ ପୂରଣ ହେବ କିପରି? ଯୁଦ୍ଧ ସକାଶେ ପରସ୍ପର ପ୍ରତି ପ୍ରତିଦ୍ୱନ୍ଦ୍ୱିତାର ଆହ୍ୱାନ ଦେଇ ମୂର୍ଖତାର ପରିଚୟ ପ୍ରଦାନ କରିଚାଲିଛନ୍ତି ଯେଉଁମାନେ ସେମାନଙ୍କ ଅପରିଣାମଦର୍ଶୀ ଅମାନୁଷିକତା ନିମନ୍ତେ ଯେକୌଣସି ମୁହୂର୍ତ୍ତରେ ଏ ମାନବ ସଭ୍ୟତା ଧ୍ୱଂସ ହୋଇଯିବା ବିଚିତ୍ର ନୁହେଁ।

ରାଜନୀତିକୁ ଘୃଣ୍ୟ ମନେନକରି ଏଥିରେ ନିଜର ସଂପୃକ୍ତି ଆକାଂକ୍ଷା କରିବା ଦ୍ୱାରା ଯେଉଁ ରାଜନେତାଙ୍କ ଉଦ୍ଭବ ହୋଇପାରନ୍ତା, ତାହା କେବଳ ରହିଛି ଏକ କଳ୍ପନା ହୋଇ। ଖୁବ୍ କ୍ୱଚିତ ବ୍ୟକ୍ତି ଅଛନ୍ତି ଯେଉଁମାନେ ଗଣତାନ୍ତ୍ରିକ ବ୍ୟବସ୍ଥାରେ ବାରମ୍ବାର ପରାଜିତ ହୋଇ ମଧ୍ୟ ଅସାଧୁ ରାଜନେତାଙ୍କ ବିରୁଦ୍ଧରେ ନିଜର ସ୍ୱର ଉତ୍ତୋଳନ ଅବ୍ୟାହତ କରି ରଖିଛନ୍ତି। ଶିକ୍ଷାନୁଷ୍ଠାନର ମେଧାବୀ ଛାତ୍ରଛାତ୍ରୀମାନେ ସେହିପରି ଏହି କଳୁଷିତ ରାଜନୀତିଠାରୁ ଦୂରବର୍ତ୍ତୀ ହୋଇ ରହିଥିବା ଯୋଗୁଁ ଦୁଷ୍ଟ ମନୋଭାବ ସମ୍ପନ୍ନ ଛାତ୍ରଛାତ୍ରୀମାନେ ବିଭିନ୍ନ ରାଜନୈତିକ ଦଳର ହାତବାରିସି ହୋଇ ଯେଉଁ ବିଭ୍ରାଟ ସୃଷ୍ଟି କରୁଛନ୍ତି, ତାହା ମଳିନ ପଡ଼ିଯିବାର କୌଣସି ସମ୍ଭାବନା ନାହିଁ। ଯଦି ଉଚ୍ଚକୋଟୀର ବ୍ୟକ୍ତିତ୍ୱର ଆଭାରେ ଆଲୋକସ୍ନାତ ଅଗଣିତ ଛାତ୍ରଛାତ୍ରୀ ଅଂଶଗ୍ରହଣ କରନ୍ତେ ରାଜନୀତିରେ, ତା'ହେଲେ ଭାରତର ଭାଗ୍ୟ ତଥା ପୃଥିବୀର ଭାଗ୍ୟଚକ୍ରରେ ଘୂର୍ଣ୍ଣନ ଅନୁକୂଳ ହୋଇପାରନ୍ତା। ମହାତ୍ମାଗାନ୍ଧୀ ଏକଦା କହିଥିଲେ ଯେ ଛାତ୍ରଛାତ୍ରୀମାନଙ୍କ ଭିତରେ କୌଣସି ଗୋଷ୍ଠୀଗତ ବା ଦଳଗତ ବିଭାଜନ ଆଦୌ ଶୁଭଙ୍କର ନୁହେଁ। ଏହି ମହାନ୍‌ବାଣୀ

କିଏ ବା ଶୁଣୁଛି ! ଆମର ପରିବେଷ୍ଟନୀ ମଧ୍ୟରେ ବସବାସ କରୁଥିବା ଭଦ୍ରଜନଙ୍କ ମଧ୍ୟରେ ଯଦି ଏହି ଧାରା ରହେ ଅବ୍ୟାହତ ହୋଇ, ତା'ହେଲେ ଯେ ଭବିଷ୍ୟତ ଅନ୍ଧକାରମୟ ଏହା ଶ୍ରେଷ୍ଠ ସାହିତ୍ୟ ଶିଳ୍ପୀମାନେ ଦର୍ଶାଇଛନ୍ତି । ମନୋଜ ଦାସ ତାଙ୍କର 'ଶେଷବାର୍ତ୍ତା' ନାମକ ଏକ ଗଳ୍ପରେ ଯୁଦ୍ଧପାଇଁ ପ୍ରସ୍ତୁତ ରାଜନେତାଙ୍କ ନିକଟକୁ ପ୍ରେରଣ କରିଛନ୍ତି କୁତୁରୁକାଳିଆ ଭୂତକୁ । କାରଣ ସେ ସମସ୍ତଙ୍କୁ ହସେଇ ହସେଇ ଏପରି ବେଦମ କରିଦେବ ଓ କ୍ଲାନ୍ତ କରିଦେବ ଯେ, ଯୁଦ୍ଧକଥା ସମସ୍ତେ ଯେପରି ଭୁଲିଯିବେ ।

ରାଜନୈତିକ ଜଗତକୁ ସ୍ୱଚ୍ଛ ଓ ସୁନ୍ଦର କରିବାପାଇଁ ସାହିତ୍ୟ ସ୍ରଷ୍ଟାମାନଙ୍କର ଉଦ୍ୟମ ଏକାନ୍ତ ଅଭିନନ୍ଦନୀୟ । କିନ୍ତୁ ଅପର ପକ୍ଷରେ କେତେକ ସ୍ଥାନରେ ଦୃଷ୍ଟିଗୋଚର ହୁଏ, କବି ଓ ଲେଖକମାନମାନେ କ୍ଷମତାରେ ଅଧିଷ୍ଠିତ ବ୍ୟକ୍ତିଙ୍କ ଅର୍ଥହୀନ ପ୍ରଶଂସାରେ ମଧ୍ୟ ମୁଖର ହୋଇପଡ଼ିଥାନ୍ତି । ଏପରି ଫମ୍ପା ପ୍ରଶସ୍ତି ରାଜନୀତି କ୍ଷେତ୍ରକୁ ସମୁନ୍ନତ କରିବା ସକାଶେ କୌଣସି ପ୍ରେରଣା ଦେଇପାରିନାହିଁ । ବରଂ ଲେଖକ ନିଜର କ୍ଷୁଦ୍ର ସ୍ୱାର୍ଥ ସାଧନ ପାଇଁ ରାଜନୈତିକ ନେତାଙ୍କ ପ୍ରଶସ୍ତି ଗାନ କରିବା ଅତ୍ୟନ୍ତ ଅଶୋଭନୀୟ ମନେହୁଏ । ପୁନଶ୍ଚ ଅନେକ ସମୟରେ କ୍ଷମତାପ୍ରାପ୍ତ ଶାସକପ୍ରତି ଭୟଭୀତ ହେବା ପରିଲକ୍ଷିତ ହୁଏ । ଲେଖକ ଯଦି ଶାସକର ଦୋଷତ୍ରୁଟି ନ ଦର୍ଶାଇ ଭୟଭୀତ ଭାବରେ ମୌନତା ଅବଲମ୍ବନ କରେ, ତା'ହେଲେ ତାହା ମଣିଷ ଜାତି ପାଇଁ ଦୁର୍ଭାଗ୍ୟଜନକ । ଋଷିଆର ମହାନ କଥାଶିଳ୍ପୀ ବୋରିସ ପାସ୍ତରନାକ ତାଙ୍କ ରଚିତ 'ଡକ୍ଟର ଜିଭୋଗୋ' ଉପନ୍ୟାସରେ ଯେପରି ଶାସକୀୟ ଅତ୍ୟାଚାର ବିରୁଦ୍ଧରେ ପ୍ରତିବାଦ କରିବା ପାଇଁ ତାଙ୍କ ନାୟକଙ୍କୁ ପ୍ରଦାନ କରିଛନ୍ତି ଅପ୍ରମିତ ତେଜ, ତାହା ପ୍ରତିଟି ସ୍ୱାଧୀନତାକାମୀ ଲେଖକଙ୍କ ନିମିତ୍ତ ନିର୍ଭୀକ ଭାବରେ ଲେଖନୀ ଚାଳନା କରିବାପାଇଁ ଏକ ମହାନ ଦିଗ୍‌ଦର୍ଶନ । ବିଶ୍ୱକବି ରବୀନ୍ଦ୍ରନାଥ ବିଟ୍ରିଶ ସରକାରଙ୍କୁ ସମର୍ଥନ କରୁଥିଲେ ବୋଲି କୁହାଯାଏ ସତ, କିନ୍ତୁ ଜାଲିଆନାୱାଲାବାଗରେ ବ୍ରିଟିଶ ସେନାବାହିନୀ ଭାରତୀୟ ନିରୀହ ଜନତାଙ୍କ ଯେଉଁ ଲୋମହର୍ଷଣକାରୀ ହତ୍ୟାର ବିଭୀଷିକା ସୃଷ୍ଟି କଲେ, ତାହା ରବୀନ୍ଦ୍ରଙ୍କ ହୃଦୟକୁ ମଧ୍ୟ ବିଦ୍ରୋହୀ କରିଦେଇଥିଲା । ବ୍ରିଟିଶ ସରକାରଙ୍କ ଦ୍ୱାରା ପ୍ରଦତ୍ତ 'ନାଇଟ' ଉପାଧି ସେହି ସମୟରେ ଫେରାଇ ଦେଇ ରବୀନ୍ଦ୍ର ତାଙ୍କ ଦେଶାତ୍ମବୋଧର ବଳିଷ୍ଠ ପରିଚୟ ଦେଇଥିଲେ । ଲେଖକମାନଙ୍କ ଉଦ୍ଦେଶ୍ୟରେ ଏହା ଏକ ପ୍ରକୃତ ଚେତାବନୀ ।

ମନରେ ଆଉ ଏକ ପ୍ରଶ୍ନ ଉତ୍‌ଥାପିତ ହେବା ସ୍ୱାଭାବିକ ଯେ, ରାଜନୈତିକ ଜଗତର ବିବେକବିହୀନ ଜନନେତାମାନଙ୍କ ଚାରିତ୍ରିକ ପରିବର୍ତ୍ତନ ସାହିତ୍ୟ ଦ୍ୱାରା ସମ୍ଭବ କି ? ଏକଥା ଅପ୍ରିୟ ସତ୍ୟ ଯେ ଅଧିକାଂଶ ଲୋକନେତା ଅଛନ୍ତି ଯେଉଁମାନେ ସାହିତ୍ୟ ପ୍ରତି ଆକର୍ଷଣ ଅନୁଭବ କରନ୍ତି ଓ ଉଚ୍ଚକୋଟୀର ସାହିତ୍ୟ ସୃଷ୍ଟିରୁ ନିଜ ଜୀବନ ସକାଶେ

ପ୍ରେରଣା ଆହରଣ କରିପାରନ୍ତି । ସମଗ୍ର ପୃଥିବୀର ଦୁର୍ଭାଗ୍ୟ ହେଉଛି, ବିବେକ ବିହୀନ ରାଷ୍ଟ୍ରନେତାମାନଙ୍କ ହାତରେ ମଣିଷ ଜାତିର ନିୟତି ନିୟନ୍ତ୍ରିତ । ଏହା ସତ୍ତ୍ୱେ କବି ଲେଖକବୃନ୍ଦ କଦାପି ଲେଖନୀ ଚାଳନାରୁ କ୍ଷାନ୍ତ ରହିପାରିବେ ନାହିଁ ଓ ସକଳ ପ୍ରତିକୂଳ ପରିସ୍ଥିତି ସତ୍ତ୍ୱେ ସେମାନେ ରାଜନେତା କିପରି ଜନକଲ୍ୟାଣ ଅଭିମୁଖୀ ହୋଇପାରିବ, ସେଥିପାଇଁ ଅବିଚଳିତ ଭାବରେ ଲେଖନୀ ଚାଳନା କରୁଥିବେ । କାରଣ ସଚ୍ଚୋଟ ସତ୍ୟନିଷ୍ଠ ସାହିତ୍ୟ ସ୍ରଷ୍ଟା ବ୍ୟତୀତ ଅନ୍ୟ କେହି କଦାପି ବଳିଷ୍ଠ ଭାବାବେଗ ନେଇ ସମସ୍ତ କଳୁଷିତ ବାତାବରଣରୁ ରାଜନୀତିକୁ ମୁକ୍ତ କରିବା ସକାଶେ ଦିଗ୍‌ଦର୍ଶନ ଦେଇପାରିବେ ନାହିଁ। ତେଣୁ ପ୍ରତ୍ୟେକ ସାହିତ୍ୟଶିଳ୍ପୀର ଏହା ଏକ ମହାନ ଦାୟିତ୍ୱ, ଯେ ସେ ନିରର୍ଥକ ନିରବତା ଅବଲମ୍ବନ ନକରି ରାଜନୀତି ତଥା କ୍ଷମତାସୀନ ଶାସକଗୋଷ୍ଠୀଙ୍କୁ ବିଷାକ୍ତ ବଳୟରୁ ମୁକ୍ତ କରିବା ପାଇଁ ମାର୍ଗଦର୍ଶନ କରୁଥିବ ପ୍ରତିଟି ଯୁଗରେ । ଏହା ଅର୍ଥାତ୍ ରାଜନୀତି ଯେ ଲୋକମଙ୍ଗଳ ସାଧନ ସକାଶେ ଏକ ଶ୍ରେଷ୍ଠନୀତି ଏହା ପ୍ରମାଣିତ ହେଉଥିବ ସାହିତ୍ୟର କାଳଜୟୀ ପୃଷ୍ଠାରେ ପୃଷ୍ଠାରେ ।

■

ସାହିତ୍ୟ ଓ ନୃତତ୍ତ୍ୱ

ଆମ ଶିକ୍ଷା ବ୍ୟବସ୍ଥାରେ ନୃତତ୍ତ୍ୱ ସମ୍ପର୍କିତ ଯେଉଁ ପାଠ୍ୟ ପୁସ୍ତକ ପ୍ରବର୍ତ୍ତିତ ହୋଇଛି, ତାହା ଯେ ନିଶ୍ଚିତ ଭାବରେ ଛାତ୍ରଛାତ୍ରୀମାନଙ୍କ ପାଇଁ ଏକ ଆକର୍ଷଣୀୟ ବିଷୟ, ଏଥିରେ ସନ୍ଦେହର ଅବକାଶ ନାହିଁ। ନୃତତ୍ତ୍ୱ ସମ୍ପର୍କିତ ପୁସ୍ତକ ଗୁଡ଼ିକର ସୂଚୀପତ୍ର ଉପରେ ଦୃଷ୍ଟି ନିକ୍ଷେପ କରିଦେବା ମାତ୍ରକେ ଯେ କେହି ଅନୁଭବ କରିପାରିବେ, ଯେ, ସାହିତ୍ୟ ସହିତ ନୃତତ୍ତ୍ୱର ସମ୍ବନ୍ଧ କେତେ ନିବିଡ଼।

'ନୃ'-ଅର୍ଥାତ୍ ମଣିଷ। ନୃତତ୍ତ୍ୱ ଅର୍ଥ ସେହି ଦୃଷ୍ଟିରୁ ହେଉଛି ମାନବ ବିଷୟକ ତତ୍ତ୍ୱ। ଇଂରାଜୀରେ ତାହାକୁ 'Antropology' ବୋଲି କୁହାଯାଇଛି। ଏହି ବିଦ୍ୟା ଏଥିପାଇଁ ବିଶେଷ ଦୃଷ୍ଟି ଆକର୍ଷଣ କରେ ଯେ, ମଣିଷର ମୂଳ ଭାବାବେଗ ସହିତ ଏହା ଘନିଷ୍ଠ ଭାବରେ ଜଡ଼ିତ। ମଣିଷ ଭିତରେ ଯେଉଁସବୁ ସହଜାତ ପ୍ରବୃତ୍ତି ରହିଛି ତାହାର ବିସ୍ତୃତ ବାଖ୍ୟା ଆମକୁ ମୁଗ୍ଧକରିଦିଏ। ପୁନଶ୍ଚ ଏ ପୃଥିବୀର ବିଭିନ୍ନ ଦେଶ, ଜାତି ଓ ଉପଜାତିର ମଣିଷମାନଙ୍କ ଜୀବନଯାପନ ପ୍ରାଣଳୀର ବୈଚିତ୍ର୍ୟ ଆମେ ଏଥିରେ ଅନୁସନ୍ଧାନ କରିପାରିବା। ପୃଥିବୀରେ ମାନବୀୟ ସଭ୍ୟତାର ବିକାଶ କିପରି ଘଟିଛି ତାହାର ମୌଳିକତତ୍ତ୍ୱ ବିଶ୍ଳେଷିତ ହୋଇଛି ନୃତତ୍ତ୍ୱ ସମ୍ବନ୍ଧୀୟ ଗ୍ରନ୍ଥସବୁରେ। ଆଦିମ କାଳରୁ ମଣିଷ କିପରି ଭିନ୍ନ ଭିନ୍ନ ରୂପ ପରିଗ୍ରହ କରିଛି, ତାହା ବାସ୍ତବିକ ଲକ୍ଷ୍ୟ କରିବାର ବିଷୟ।

ନୃତତ୍ତ୍ୱ ମଣିଷର ସର୍ବମୂଳ ସମ୍ବେଗକୁ ଯେପରି ଅତ୍ୟନ୍ତ ଗୁରୁତ୍ୱ ପ୍ରଦାନ କରିଆସିଛି ସାହିତ୍ୟ ମଧ୍ୟ ସେହି ମୂଳସୂତ୍ରଟି ସହିତ ସର୍ବଦା ସଂଯୁକ୍ତ ହୋଇ ରହିଛି। ମଣିଷର ପାରସ୍ପରିକ ଆକର୍ଷଣ, ନାରୀର ମାତୃତ୍ୱ ଲାଭର କମନା ଓ ସନ୍ତାନ ଲାଳନ ପାଳନ କରିବାରେ ତା'ର ସମର୍ପିତ ଜୀବନ, ମଣିଷ ହୃଦୟର ନାନା ପ୍ରକାରର ଆଶା, ନିରାଶା, ଭୟ, ଆତଙ୍କ, ଜୀବନର ସୁରକ୍ଷା ସକାଶେ ନିରବଚ୍ଛିନ୍ନ ପ୍ରୟାସ ତଥା ସଂଘର୍ଷ-ଏସବୁ ଗହନ ଉପଲବ୍ଧି ସରଳ, ସାବଲୀଳ ଓ ପ୍ରାଞ୍ଜଳ ଭାବରେ ନୃତାତ୍ତ୍ୱିକ ଗ୍ରନ୍ଥ ସମୂହରେ ଯେପରି ବିଜ୍ଞାନ ସମ୍ମତ ଧାରାରେ ଉପସ୍ଥାପିତ ତାହା ସାହିତ୍ୟର ଅଧିକ ନିକଟବର୍ତ୍ତୀ ମନେହୁଏ।

କୌଣସି ପ୍ରକାରର କୃତ୍ରିମ ଆବରଣରେ ମଣିଷକୁ ଆବୃତ୍ତ ନକରି ତାହାର ସକଳ ପ୍ରକାରର ଗୁଣ ଦୁର୍ଗୁଣକୁ ସ୍ୱାଭାବିକ ଭାବରେ ଅନାବୃତ୍ତ କରିବା ହେଉଛି ନୃତତ୍ତ୍ୱର ପରମଲକ୍ଷ୍ୟ। ଆଜି ସହରୀ ସଭ୍ୟତା ମଧ୍ୟରେ ଯେଉଁ କୃତ୍ରିମ ମଣିଷକୁ ଆମେ ଦେଖୁ, ସେ ନୃତ୍ତ୍ୱର ପ୍ରସଙ୍ଗ ହୋଇପାରିବ ନାହିଁ। ମଣିଷ ଅକୃତ୍ରିମ ଭାବରେ ଯେପରି ଜୀବନଧାରଣ କରିରହିଛି ଓ ଶତଶତ ବାଧାବିଘ୍ନ ଭିତରେ ଯେପରି ଜୀବନଧାରଣ କରିରହିଛି ଓ ତା'ର ମାନବତ୍ୱ ହରାଇ ଦେଇନାହିଁ, ତାହାକୁ ତୀକ୍ଷ୍ଣ ଦୃଷ୍ଟିରେ ନୃତତ୍ତ୍ୱବିତ୍‌ମାନେ ଯୁଗଯୁଗ ଧରି ଅନ୍ୱେଷଣ ଓ ଅନୁଶୀଳନ କରିଆସୁଛନ୍ତି। ଜଣେ ନୃତତ୍ତ୍ୱ ବିଶାରଦ ସେଥିରେ ପ୍ରସ୍ଫୁଟିତ କରିପାରେ ମାନବିକ ସୌନ୍ଦର୍ଯ୍ୟର ଆଟୋପବିହୀନ ପୁଷ୍ପପାଖୁଡ଼ା । ଅତ୍ୟନ୍ତ ସଂଲଗ୍ନ ଚିତ୍ତରେ ଜଣେ ଯଦି ନୃତତ୍ତ୍ୱର ବ୍ୟାଖ୍ୟା ପାଠକରିବ, ତା' ହେଲେ ତାହା ହୃଦୟସ୍ପର୍ଶୀ ଏକ ସଂଗୀତ ପରି ପ୍ରତୀୟମାନ ହେବ ସହଜରେ। ସବୁବେଳେ ମଣିଷର ଅନ୍ତଃସତ୍ତା ଅଭିଳାଷ ପୋଷଣ କରେ, ଯାହା କିଛି ସ୍ୱଭାବସିଦ୍ଧ ତାକୁ ଗ୍ରହଣ କରିନେବା ସକାଶେ। ଓଡ଼ିଆ ସାହିତ୍ୟର ଜଣେ ମହାନ ଗାଳ୍ପିକ ଅଖିଳମୋହନ ପଟ୍ଟନାୟକଙ୍କ ଗଳ୍ପ ନାୟକ ଦିନେ ପ୍ରତ୍ୟୁଷକାଳରେ ପ୍ରତ୍ୟେକ୍ଷ କରିଛନ୍ତି ତାଙ୍କ ଘର ସମ୍ମୁଖ ରାସ୍ତାଦେଇ ଏକ ଯାଯାବର ମଣିଷଦଳ ଆନନ୍ଦ ଚିତ୍ତରେ ଯାତ୍ରା କରୁଛନ୍ତି ଅନିର୍ଦ୍ଦିଷ୍ଟ ଲକ୍ଷ୍ୟପଥରେ। ସେହି ଗୋଟିଏ କ୍ଷଣରେ ବିସ୍ମରି ଯାଇଛନ୍ତି ସେ ତାଙ୍କର ସାମାଜିକ ପ୍ରତିଷ୍ଠା ଓ ପ୍ରତିପତ୍ତି। ସେହି ମୁହୂର୍ତ୍ତରେ ଯାଯାବର ଦଳ ସହିତ ନିଜକୁ ସମ୍ମିଳିତ କରି ସେ ବି ଯାତ୍ରାକରିଛନ୍ତି ଅଜଣାର ଆକର୍ଷଣରେ ଟାଣି ହୋଇ। ଅର୍ଥାତ୍ ଏକ ବନ୍ଧନମୁକ୍ତ ଜୀବନର ଅଭିଳାଷରେ ଟାଣି ହୋଇ। ଅର୍ଥାତ୍ ଏକ ବନ୍ଧନ ମୁକ୍ତ ଜୀବନର ଅଭିଳାଷରେ ଅଧୀର ହୋଇ। ସହରର ଆଡ଼ମ୍ବରପୂର୍ଣ୍ଣ ଯନ୍ତ୍ରଣା-ଜର୍ଜରିତ କୃତ୍ରିମ ଜୀବନର ବାଧାବନ୍ଧନରୁ ବିମୁକ୍ତ ହୋଇ ସୁନୀଳ ଆକାଶ ବକ୍ଷରେ ଉଡ଼ିବୁଲୁଥିବା ସ୍ୱାଧୀନ ପକ୍ଷୀଟିଏ ପରି ସେ ନିଜକୁ ସଂଯୁକ୍ତ କରିଦେଇଛନ୍ତି ଯାଯାବରଙ୍କ ଜୀବନଯାପନ ଶୈଳୀର ସରଳତା ସହିତ।

ନୃତାତ୍ତ୍ୱିକ ଭାବାବେଗର ଯଥାର୍ଥ ପରିପ୍ରକାଶ ଆମେ ଦେଖିବାକୁ ପାଉ ଆଞ୍ଚଳିକ ଉପନ୍ୟାସ ଗୁଡ଼ିକରେ। ଏକ ନିର୍ଦ୍ଦିଷ୍ଟ ଅଞ୍ଚଳ, ନିର୍ଦ୍ଦିଷ୍ଟ ଜାତି ବା ଗୋଷ୍ଠୀର ମଣିଷଙ୍କ ଜୀବନଯାପନର ବୈଚିତ୍ର୍ୟ ଏହି ଉପନ୍ୟାସଗୁଡ଼ିକୁ ନାନା ଭାବରେ କରିଛି ଚିତ୍ତାକର୍ଷକ। ହିନ୍ଦୀ ସାହିତ୍ୟରେ ଫଣୀଶ୍ୱରନାଥ ରେଣୁଙ୍କ ଦ୍ୱାରା ଲିଖିତ 'ମୈଲା ଆଞ୍ଚଲ' ଉପନ୍ୟାସ ପ୍ରଥମ ଆଞ୍ଚଳିକ ଉପନ୍ୟାସ ଭାବରେ ସାହିତ୍ୟରେ ଯେଉଁ ମୌଳିକତା ପ୍ରଦର୍ଶନ କରିପାରିଛି, ତାହା ଯେ ପ୍ରତ୍ୟେକ ଜୀବନାନୁରାଗୀ ପାଠକମାନଙ୍କ ପାଇଁ ଆକର୍ଷଣର ବିଷୟ ଏଥିରେ ସନ୍ଦେହ ନାହିଁ। ଓଡ଼ିଶାରେ ସେ ଦୃଷ୍ଟିରୁ ଗୋପୀନାଥ ମହାନ୍ତିଙ୍କ 'ପରଜା', 'ଅମୃତର ସନ୍ତାନ', 'ଶିବଭାଇ', 'ଦାଦିବୁଢ଼ା' ଆଦି ଉପନ୍ୟାସ ସ୍ୱତଃ ସ୍ମରଣକୁ ଆସେ। ଆଦିବାସୀ

ଜୀବନ-ଶୈଳୀ ସହିତ ଅତ୍ୟନ୍ତ ଘନିଷ୍ଠ ଭାବରେ ସମ୍ପର୍କିତ ଗୋପୀନାଥ ସେମାନଙ୍କ ବାସ୍ତବ ଜୀବନାୟନକୁ ଉପସ୍ଥାପନ କରିଛନ୍ତି ନିଜସ୍ୱ ସ୍ୱାତନ୍ତ୍ର୍ୟ ନେଇ। ଗୋପୀନାଥଙ୍କ ବିଭିନ୍ନ ଗଳ୍ପରେ ମଧ୍ୟ ଏହାର ଅଭିବ୍ୟକ୍ତି ପ୍ରାଞ୍ଜଳ। ଆଦିବାସୀର ଜୀବନଧାରାରେ ଯେକୌଣସି ପ୍ରକାରର କୃତ୍ରିମତା ନାହିଁ ଏହା ପ୍ରମାଣ କରିଦେବାରେ ଗୋପୀନାଥ କେବଳ ସାହିତ୍ୟଶିଳ୍ପୀ ଭାବରେ ନୁହେଁ, ନୃତତ୍ତ୍ୱ ବିଶାରଦ ପରି ଆପଣାର ଦକ୍ଷତା ପ୍ରଦର୍ଶନ କରିପାରିଛନ୍ତି। ଯେତେବେଳେ ନିଦ ଭାଙ୍ଗିଯାଏ, ଆଦିବାସୀ ଆଖି ମେଲାଇ ଦେଖେ ସୂର୍ଯ୍ୟୋଦୟର ଦୃଶ୍ୟ। ଦିନଟି ସାରା ନିଜର ଆହାର ସଂଗ୍ରହ ପାଇଁ କେତେ ଶ୍ରମ ସ୍ୱୀକାର ସେ କରେ। କେତେବେଳେ ପ୍ରକୃତିର ନିର୍ଦ୍ଦେଶରେ ସେ ମଳ ନିଷ୍କାସନ କରେ। ସହରୀ ମଣିଷମାନଙ୍କ ପରି ସେ ପରିଷ୍କାର ପରିଚ୍ଛନ୍ନ ହୁଏ ନାହଁ। ସେହି ଅବସ୍ଥାରେ ପୁଣି ତା'ର ଜୀବନ ଗଡ଼ିଚାଲେ। ଇଚ୍ଛାହେଲେ ଗୀତ ଗାଏ। ସବୁଜବନାନୀ ଓ ନିର୍ଝରର ସଂଗୀତ ଧ୍ୱନିରେ ଭୁଲିଯାଏ ନିଜକୁ। ତା' ଭିତରେ ପୁଣି, ପ୍ରେମ, ବିବାହର, ଆଉ ପୁଣି, ବିରହର କିମ୍ବା ବିଚ୍ଛେଦର କେତେ ନା କେତେ ଉଲ୍ଲାସର ବିଚ୍ଛୁରଣ ଓ ଗୋପୀନାଥଙ୍କ ଭାଷାରେ 'କେରାକେରା' ଲୁହ। ପ୍ରତିଭା ରାୟ ବଣ୍ଡା ଆଦିବାସୀଙ୍କ ଜୀବନଧାରାର ସ୍ୱାତନ୍ତ୍ର୍ୟ ପରିବେଷଣ କଲେ ତାଙ୍କର ବିଶାଳ ଉପନ୍ୟାସ 'ଆଦିଭୂମି'ରେ। ବଙ୍ଗଳା ସାହିତ୍ୟରେ ସେହିପରି ମହାଶ୍ୱେତା ଦେବୀଙ୍କ 'ଅରଣ୍ୟେର ଅଧିକାର' ଉପନ୍ୟାଟିରେ ସରଳ ନିରୀହ ଓ ଅତ୍ୟାଚାରିତ ଆଦିବାସୀର ଅଧିକାର ସାବ୍ୟସ୍ତ କରାଯାଇଛି ସୁଦୃଢ ଭାବରେ। ମହାଶ୍ୱତା ଦେବୀ ଆଦିବାସୀଙ୍କୁ କେନ୍ଦ୍ରକରି କେବଳ ଯେ ଗଳ୍ପ ଉପନ୍ୟାସ ରଚନା କରିଛନ୍ତି ସେତିକି ନୁହେଁ, ଆଦିବାସୀଙ୍କ ଅଧିକାର ସମ୍ପର୍କରେ ସ୍ୱର ଉତ୍ତୋଳନ କରିବା ପାଇଁ ଗ୍ରହଣ କରିଛନ୍ତି ନେତୃତ୍ୱ ନେବାର ଅପୂର୍ବ ସାହାସିକତା। ସେଇଭଳି ନିଜ ଘରଟି ମଧ୍ୟରେ ଆଦିବାସୀ ପରି ନିରାଡ଼ମ୍ବର ଜୀବନଟିଏ ଅତିବାହିତ କରିଛନ୍ତି କଲିକତା ମହାନଗରୀ ମଧ୍ୟରେ । 'ମକର ଶବର' ନାମକ ଏକ ଗଳ୍ପରେ ଏହି ଶବର ଜାତିର ନିର୍ଭୀକତା ଦର୍ଶାଇଦେବାରେ ସେ ନେଇଛନ୍ତି ଉଲ୍ଲେଖନୀୟ ଭୂମିକା। ଏପରି ଧରଣର ଅନେକ ଉପନ୍ୟାସ ଓ ଗଳ୍ପ ଭାରତୀୟ ସାହିତ୍ୟକୁ ସମୃଦ୍ଧଶାଳୀ କରିପାରିଛି। ଅନେକ ସାହିତ୍ୟକୃତି ଏପରି ନିର୍ଦ୍ଦିଷ୍ଟ ଜନଜୀବନକୁ ଭିତ୍ତିକରି ଗଢି ଉଠିଥିବାରୁ ସ୍ଥାନ ଭେଦରେ ଜୀବନଶୈଳୀ କିପରି ଭିନ୍ନ ଭିନ୍ନ ଅଥଚ ବୈଚିତ୍ର୍ୟମୟ, ତାହା ପ୍ରତିପାଦିତ ହୋଇପାରିଛି।

ନୃତତ୍ତ୍ୱ ମଣିଷର ଜୀବନଧାରାକୁ ଉପସ୍ଥାପନ କରୁଥିବା ଏକ ବୈଜ୍ଞାନିକ ପଦ୍ଧତି। ଏଥିରେ ବର୍ଣ୍ଣନାର ଭିନ୍ନତା ଥାଏ, ପ୍ରାଞ୍ଜଳତାରେ ମଧ୍ୟ ରହିଥାଏ ଅଭିନବତ୍ୱ ଓ ପୁଙ୍ଖାନୁପୁଙ୍ଖ ବିଶ୍ଳେଷଣ ମଧ୍ୟ ଏଥିରେ ସ୍ଥାନ ପାଇଥାଏ। କେବଳ ଯାହା ଅବର୍ତ୍ତମାନ ତାହା ହେଲା ମାନବିକ ପ୍ରବେଗର ପ୍ରବାହ। ଯାହା ନୃତତ୍ତ୍ୱରେ ଅନୁପସ୍ଥିତ,ତାହା ହିଁ ହେଉଛି ସାହିତ୍ୟର

ମୂଳପ୍ରେରଣା । ଅର୍ଥାତ୍ ବିଭିନ୍ନ ପ୍ରକାରର ଜନଜାତିଙ୍କ ଅନୁଶୀଳନାତ୍ମକ ଆବେଗାତ୍ମକ ବର୍ଣ୍ଣନା ଯଦି ହୁଏ ନୃତତ୍ତ୍ୱରେ ଅନୁପସ୍ଥିତ, ତାହା ହିଁ ହେଉଛି ସାହିତ୍ୟର ମୂଳପ୍ରେରଣା । ଅର୍ଥାତ୍ ବିଭିନ୍ନ ପ୍ରକାରର ଜନଜାତିଙ୍କ ଅନୁଶୀଳନାତ୍ମକ ବିଜ୍ଞାନ ସମ୍ମତ ଉପସ୍ଥାପନା ଯଦି ହୁଏ ନୃତତ୍ତ୍ୱ,ତା' ହେଲେ ସାହିତ୍ୟ ହେଉଛି ନୃତତ୍ତ୍ୱରେ ବର୍ଣ୍ଣିତ ସ୍ଥୂଳ ବର୍ଣ୍ଣନାର ସୂକ୍ଷ୍ମ ଆବେଗସ୍ନାତ ପରିପ୍ରକାଶ । ଉଭୟ ବିଦ୍ୟା ବିଭିନ୍ନ ଜାତିର ମଣିଷକୁ ଜାଣିବା, ବୁଝିବା ଓ ଭଲପାଇବା ଦିଗରେ ନିରବଚ୍ଛିନ୍ନ ପ୍ରେରଣା ପ୍ରଦାନ କରି କରି ଆସିଛନ୍ତି । ନୃତାତ୍ତ୍ୱିକ ଗ୍ରନ୍ଥ ସମୂହ ଯଦି ସାହିତ୍ୟର କିଞ୍ଚିତ ସୌନ୍ଦର୍ଯ୍ୟକୁ ନିଜ ଭିତରେ ଗ୍ରହଣ କରିନେଇ ପାରନ୍ତେ, ତାହେଲେ ସେସବୁ ପାଠକରିବା ସମୟରେ କେବଳ ଶୁଷ୍କ ତଥ୍ୟ ଆହରଣ ଭିତରେ ତାହା ସୀମିତ ନରହି ପାଠକ ଅନ୍ତରରେ ସୃଷ୍ଟି କରିପାରନ୍ତା ଅଭିନବ ଭାବ-ବିହ୍ୱଳତା । ଅର୍ଥାତ୍ ନୃତତ୍ତ୍ୱ ହୁଅନ୍ତା ସାହିତ୍ୟ-ଅଭିମୁଖୀ । ଏହାରି ଦ୍ୱାରା ନୃତତ୍ତ୍ୱ ଓ ସାହିତ୍ୟର ସମ୍ପର୍କ ହୋଇଉଠିବ ନିବିଡ଼ରୁ ନିବିଡ଼ତର ଓ ନବନବ ପ୍ରେରଣା ଗର୍ଭିତ ଉପାଦାନରେ ଲାଳିତ୍ୟପୂର୍ଣ୍ଣ ।

■

ସାହିତ୍ୟ ଓ ପରିବେଶବିଜ୍ଞାନ

ଯେଉଁମାନେ ସାହିତ୍ୟର ନିଷ୍ଠାପର ପାଠକ ସେମାନେ ଜାଣନ୍ତି ଯେ ଅପରୂପ ପ୍ରାକୃତିକ ଶୋଭା ସମ୍ପଦର ବର୍ଣ୍ଣନା କାବ୍ୟ କବିତା ଗଳ୍ପ ଉପନ୍ୟାସ ଆଦିକୁ କିପରି ଚିତ୍ତାକର୍ଷକ କରିପାରିଛି। ଯେକୌଣସି ସାହିତ୍ୟିକ ନିଜ ଚତୁଃପାର୍ଶ୍ୱର ପରିବେଶ ପ୍ରତି ଥାନ୍ତି ଅତ୍ୟନ୍ତ ସଚେତନ। ସେଥିପାଇଁ ସାହିତ୍ୟରେ ପରିବେଶ ବର୍ଣ୍ଣନାର ବୈଚିତ୍ର୍ୟ ଆମେ ସହଜରେ ଲକ୍ଷ୍ୟ କରିପାରୁ। ଅତୀତରେ ଆମର ପରିବେଶ ଯେପରି ସୁନ୍ଦର ଓ ମଣିଷ ନିମନ୍ତେ ହିତକର ଥିଲା ସେଥିରେ ଘଟିଛି ଦୁର୍ଭାଗ୍ୟଜନକ ପରିବର୍ତ୍ତନ। ସମ୍ପ୍ରତି ସମଗ୍ର ପୃଥିବୀ ଯେପରି ପ୍ରଦୂଷିତ ହୋଇଯାଇଛି, ତାହାର ମୂଳ କାରଣ ହେଲା ପ୍ରାକୃତିକ ସମ୍ପଦର ଅବିଚାରିତ ଲୁଣ୍ଠନ ଓ ହିତାହିତ ଜ୍ଞାନଶୂନ୍ୟ ସଭ୍ୟ ମଣିଷର ଅସଭ୍ୟ ଓ ଦୁର୍ଦ୍ଦାନ୍ତ ଆଚରଣ। ଏ ପରିପ୍ରେକ୍ଷୀରେ ଆଜିର ପରିବେଶବିଜ୍ଞାନୀମାନେ ଯେଉଁ ଭବିଷ୍ୟତର ଭୟାବହ ଚିତ୍ର ଉପସ୍ଥାପନ କରୁଛନ୍ତି, ତାହା ମନୁଷ୍ୟ ସଭ୍ୟତାର ବିଲୁପ୍ତି ସୂଚକ ବର୍ଣ୍ଣନା। ପୂର୍ବପରି ଆମର ନଦୀ, ସମୁଦ୍ର, ହ୍ରଦ, ଜଳାଶୟ, ଆଉ ସ୍ୱଚ୍ଛ ଓ ପବିତ୍ର ହୋଇ ରହିନାହିଁ। ଅସଂଖ୍ୟ କଳକାରଖାନାରୁ ନିର୍ଗତ ବର୍ଜ୍ୟବସ୍ତୁ ଏସବୁକୁ ଆଜି ବିଷାକ୍ତ କରିପକାଇଛି। ନଦୀ ବା ସମୁଦ୍ରର ଜଳ ବିଜ୍ଞାନଗାରରେ ପରୀକ୍ଷା କରିବା ବେଳେ ତାହା କେତେ ପରିମାଣରେ କଳୁଷିତ ଓ ମଣିଷପାଇଁ ବିପଜ୍ଜନକ, ତାହା ବାରମ୍ବାର ପ୍ରମାଣିତ ହୋଇପାରିଛି। ଯେଉଁଠି କୋଇଲା ଖନନ କାର୍ଯ୍ୟ ବ୍ୟବସାୟିକ ଦୃଷ୍ଟିରୁ ମଣିଷକୁ ସମ୍ପତ୍ତିଶାଳୀ କରିଛି, ସେଇଠି ମାଟି ତଳେ ଯେଉଁ ଶୂନ୍ୟସ୍ଥାନ ସୃଷ୍ଟିହୋଇଛି, ତାହା ଭୂମିକମ୍ପ ପ୍ରବଣ ଅଞ୍ଚଳ ଭାବରେ ଚିହ୍ନିତ। କୋଇଲା ଖନନ କାର୍ଯ୍ୟ ଯେଉଁ ପରିମାଣରେ କରାଯାଉଛି ସେହି ପରିମାଣରେ ଉକ୍ତ ସ୍ଥାନଗୁଡ଼ିକ କିପରି ପରିପୂର୍ଣ୍ଣ ହୋଇପାରିବ, ଏ ସମ୍ପର୍କରେ ସେମାନେ ଭବିଷ୍ୟତ ପ୍ରତି ଏକାନ୍ତ ଉଦାସୀନ। ଠିକ୍ ସେହିପରି କଳାକାରଖାନାର ବିଷାକ୍ତ ବର୍ଜ୍ୟବସ୍ତୁ ନଦୀ ବା ସମୁଦ୍ର ମଧ୍ୟକୁ ନିକ୍ଷେପ ନକରି ତାହାର ବିକଳ୍ପ ଉପାୟ ଅବଲମ୍ବନ କରିବାର ଆବଶ୍ୟକତା ରହିଛି। ଆମର ଲକ୍ଷ ଲକ୍ଷ ବୃକ୍ଷଲତା କିପରି ପରିଶୁଦ୍ଧ ଅମ୍ଳଜାନ ସୃଷ୍ଟି କରନ୍ତି, ତାହା କିଏ

ବା ନଜାଣେ ? ଏସବୁ ସତ୍ତ୍ୱେ ଯେପରି ଜାଙ୍ଗଲିକ ସୁଷମାକୁ ଧ୍ୱସ୍ତ ବିଧ୍ୱସ୍ତ କରିଦିଆଯାଉଛି ଓ ସବୁଜିମା ଭରା ପାହାଡ଼ ପର୍ବତକୁ ଯେପରି ଧ୍ୱଂସ ମୁଖକୁ ଠେଲି ଦିଆଯାଉଛି ତାହା ମଧ୍ୟ ଭୀଷଣ ଉଦ୍‌ବେଗକ ଜନକ ବିଷୟ ।

ଏ ସବୁ ସମ୍ପର୍କରେ ପରିବେଶବିଜ୍ଞାନୀମାନେ ଗବେଷଣା କରିବା ଓ ସେହି ଗବେଷଣାର ସାରମର୍ମ ସମାଜ ଆଗରେ ଯଥାର୍ଥ ଭାବେ ଉପସ୍ଥାପନ କରିବା ସେମାନଙ୍କ ମହାନ କର୍ତ୍ତବ୍ୟ । କବି, ଲେଖକ ଓ ସାହିତ୍ୟଶିଳ୍ପୀ ଏହି ପରିବେଶର ଧ୍ୱଂସଲୀଳାରେ ଆଜି ଯେପରି ଆହତ, ଦଗ୍ଧୀଭୂତ ଓ ଅଶ୍ରୁସ୍ନାତ ତାହା ବର୍ଣ୍ଣନା କରିହେବନାହିଁ । ପୂର୍ବରୁ ପ୍ରକୃତିର ସୌନ୍ଦର୍ଯ୍ୟକୁ ନେଇ ରଚିତ ହେଉଥିଲା ଶ୍ରେଷ୍ଠ କାବ୍ୟକବିତା । ବର୍ତ୍ତମାନ ପ୍ରାକୃତିକ ସୌନ୍ଦର୍ଯ୍ୟ ଉପରେ ହେଉଥିବା ଅବିବେକିତାପୂର୍ଣ୍ଣ ନିର୍ଦ୍ଦୟ ଆକ୍ରମଣ ହେଉଛି ସାହିତ୍ୟର ବିଷୟବସ୍ତୁ । ଏହି ପ୍ରକାରର ସାହିତ୍ୟକୁ କେନ୍ଦ୍ର କରି ଯେଉଁ ନୂତନ ସମାଲୋଚନା ବିଭାଗ ମଧ୍ୟ ସୃଷ୍ଟି ହୋଇଛି, ତାହାକୁ କୁହାଯାଉଛି ପରିବେଶ ତାତ୍ତ୍ୱିକ ସମାଲୋଚନା ବା ଇଂରାଜୀରେ Eco-criticism । ଏହି ବିଷୟ ଭିତ୍ତିରେ ଗବେଷଣା ମଧ୍ୟ କମ୍ ହେଉନାହିଁ । ଉଭୟ ବିଜ୍ଞାନ ଓ ସାହିତ୍ୟ ଜଗତର ଗବେଷକ ଗବେଷିକାମାନେ ଏହା ଉପରେ ସଚେତନତା ପ୍ରକାଶ କରିବା ସ୍ୱାଭାବିକ । ମାତ୍ର ପରିବେଶ ସୁରକ୍ଷା ସକାଶେ ଯେପରି ସଚେତନତା ପ୍ରକାଶ ପାଇବା ଜରୁରୀ-ତାହା ହୋଇପାରୁନାହିଁ ।

ବୃକ୍ଷଲତା କେବଳ ଯେ ପରିବେଶକୁ ସ୍ୱଚ୍ଛ ଓ ନିର୍ମଳ ରଖନ୍ତି, ସେତିକି ନୁହେଁ । ସେମାନେ ମଣିଷ ପ୍ରତି ଅତ୍ୟନ୍ତ ସମ୍ବେଦନଶୀଳ । ପଣ୍ଡିଚେରୀର ଶ୍ରୀମା ତାଙ୍କ ବକ୍ତବ୍ୟରେ ଏକଦା ପ୍ରକାଶ କରିଥିଲେ ଯେ, ଏକ ବିଶାଳ ବୃକ୍ଷ ଛାୟାରେ କେହି ଯଦି ଆଶ୍ରୟ ଗ୍ରହଣ କରେ ସେ ମର୍ମେ ମର୍ମେ ଏହା ଅନୁଭବ କରିପାରିବ ଯେ ବୃକ୍ଷଟିର ଶାଖାପ୍ରଶାଖା ଆଉ ପ୍ରତ୍ୟେକଟି ପତ୍ରରୁ ଶାନ୍ତିର ଶୀତଳତା କିପରି ତାକୁ ସ୍ପର୍ଶ କରୁଛି ଓ ତାହାର ଅଶାନ୍ତ ଉତ୍ତପ୍ତ ମନରେ ଅକଳ୍ପନୀୟ ଶାନ୍ତି ସଞ୍ଚାର କରିପାରୁଛି । ଓଡ଼ିଆ ସାହିତ୍ୟର ବିଶିଷ୍ଟ ଗାଳ୍ପିକ ମନୋଜ ଦାସ 'ପର୍ବତ' ଶୀର୍ଷକରେ ଲେଖିଛନ୍ତି ଏକ ପ୍ରେରଣାଧର୍ମୀ ବଳିଷ୍ଠ ଗଳ୍ପ । ସେଥିରେ ଦର୍ଶାଯାଇଛି ଯେ ଜଣେ ପର୍ବତ ଧ୍ୱଂସକରୁଛି । ସେ ଯୁକ୍ତି କରିଛି- "ମୁଁ ଆଇନର ଅନୁମତି ନେଇ ପର୍ବତ ଭାଙ୍ଗୁଛି ।" ଗଳ୍ପନାୟକ ଏହାର ପ୍ରତିବାଦ କରିଛି ଶାଣିତ ଶବ୍ଦରେ । ସେ କହୁଛି-'ଆଇନ ଅନୁସାରେ ତମେ ପର୍ବତ ଭାଙ୍ଗିଦେଇପାରିବ । କିନ୍ତୁ ସେହି ଆଇନ ଅନୁଯାୟୀ ଏକ ନୂତନ ପର୍ବତ ତୁମେ ପ୍ରତିଷ୍ଠା କରିପାରିବ କି ?' ଯେଉଁମାନେ ଏ ପ୍ରକାରର ଧ୍ୱଂସାତ୍ମକ କାର୍ଯ୍ୟ ସହିତ ସମ୍ବନ୍ଧିତ ଗଳ୍ପନାୟକ ପ୍ରତିପାଦନ କରିଦେଇଛି ଯେ ଏପରି ନିଷ୍ଠୁର ବ୍ୟବସାୟୀମାନେ ଅଧିକ ମୂଲ୍ୟର ବିଦେଶୀ ମଦ୍ୟପାନଠାରୁ ଆଉକିଛି ମହତ କାମ କରିବା ଅସମ୍ଭବ । ପରିବେଶର ସୌନ୍ଦର୍ଯ୍ୟ ଅକ୍ଷୁଣ୍ଣ ରଖିବାପାଇଁ ସାହିତ୍ୟ

ଶିଳ୍ପୀର ହୃଦୟ କେତେ ମହନୀୟ ତାହା ଏପରି ଗଳ୍ପରୁ ସ୍ୱତଃ ସୂଚିତ ହୋଇଯାଏ। 'କେତେ ଦିଗନ୍ତ' ପୁସ୍ତକରେ ଜଣେ ବୈଜ୍ଞାନିକ ଏକ ନଦୀକୁ ସୁନିର୍ମଳ ଓ ପବିତ୍ର ବୋଲି ଯେତେବେଳେ ପ୍ରମାଣ କରିଛନ୍ତି, ସେତେବେଳେ ସେ ଅଞ୍ଚଳର ଲୋକ-ଶକ୍ତି ତାଙ୍କୁ ଅର୍ପଣ କରିଛନ୍ତି ସଶ୍ରଦ୍ଧ ସମ୍ବର୍ଦ୍ଧନା। କେତେକାଳ ବିତିଯିବା ଅନ୍ତେ ସେହି ନିର୍ଦ୍ଦିଷ୍ଟ ନଈଟି ଯେପରି ବିଷାକ୍ତ ହୋଇଯାଇଛି ତାହା ଯେତେବେଳେ ଉକ୍ତ ବୈଜ୍ଞାନିକ ଦର୍ଶାଇ ଦେଇଛନ୍ତି ସେତେବେଳେ ସେ ଅଞ୍ଚଳର ଲୋକସମାଜ ତାଙ୍କ ପ୍ରତି ପ୍ରଦର୍ଶନ କରିଛି ଠିକ୍ ବିପରୀତ ଆଚରଣ। ଆଜି ଯେତେବେଳେ ମହାମାରୀ କରୋନା ଆକ୍ରମଣରେ ସମଗ୍ର ପୃଥିବୀ ଦୁଶ୍ଚିନ୍ତାଗ୍ରସ୍ତ, ସେତେବେଳେ ଅମ୍ଳଜାନର ଅଭାବ ହେତୁ ମଣିଷର ଜୀବନ କିପରି ବିପନ୍ନ, ତାହା ପ୍ରତିଦିନ ଦେଖିପାରୁଛେ ଆମେ ସମ୍ବାଦପତ୍ର ଓ ବୈଦ୍ୟୁତିକ ଗଣମାଧ୍ୟମରେ।

ପରିବେଶ ଧ୍ୱଂସ ବିଧ୍ୱସ୍ତ ହେବା ଫଳରେ ପରିବେଶ ବିଜ୍ଞାନୀମାନେ ଯେପରି ବେଦନାହତ, କବି ଓ ଲେଖକବୃନ୍ଦ ମଧ୍ୟ ସେପରି ଆଘାତପ୍ରାପ୍ତ। ପରିବେଶ ବିଜ୍ଞାନୀ ଯେଉଁ ଅପ୍ରିୟ ସତ୍ୟ ଉଦ୍‌ଘାଟନ କରିଦିଏ, ସାହିତ୍ୟ ଶିଳ୍ପୀ ତାହାକୁ ଭିତ୍ତିକରି ରଚନା କରେ ପାଠକ ହୃଦୟକୁ କମ୍ପିତ କରିବା ପରି ହୃଦୟସ୍ପର୍ଶୀ ରଚନା। ପରିବେଶ ବିଜ୍ଞାନୀ ସତ୍ୟ ତଥ୍ୟ ପରିବେଷଣ କରୁଥିବାବେଳେ ସାହିତ୍ୟିକମାନେ ସେହି ତଥ୍ୟ ଆଶ୍ରୟରେ ଏପରି ଆବେଗଧର୍ମୀ କବିତା, ଗଳ୍ପ ବା ପ୍ରବନ୍ଧ ରଚନା କରନ୍ତି, ଯାହା ପ୍ରତ୍ୟେକ ଦରଦୀ ପାଠକ ଆତ୍ମାରେ ସୃଷ୍ଟିକରେ ପରିବେଶ ସୁରକ୍ଷା ନିମିତ୍ତ ଗଭୀର ପ୍ରେରଣା। ବିଜ୍ଞାନ ଆମକୁ ପ୍ରଦାନ କରେ ତଥ୍ୟ। ସାହିତ୍ୟ ତାହାକୁ ଆଦର କରି ସୃଷ୍ଟି କରିପାରେ ଆବେଗର ଆଧାର ତୀବ୍ରତା। ଏ କ୍ଷେତ୍ରରେ ତେଣୁ କାହାକୁ ଉତ୍କୃଷ୍ଟ ବା ନିକୃଷ୍ଟ ବିଚାର କରିବା ଆଦୌ ପ୍ରାସଙ୍ଗିକତା ରଖେନାହିଁ। ବୈଜ୍ଞାନିକ ଓ ସାହିତ୍ୟିକ ଉଭୟେ ପରିବେଶର ସୌନ୍ଦର୍ଯ୍ୟ ଫେରାଇ ଆଣିବା ନିମିତ୍ତ ଯେପରି ପ୍ରତିଶ୍ରୁତିବଦ୍ଧ, ତାହା ହିଁ ହେଉଛି ଗୁରୁତ୍ୱପୂର୍ଣ୍ଣ।

ଏହାର ବିପରୀତ ଘଟଣା ମଧ୍ୟ ଆମକୁ ବ୍ୟଥିତ କରିଦିଏ। ପରିବେଶ କଳୁଷିତ କରିବାରେ ଯେଉଁ ବୈଜ୍ଞାନିକ ବା ସାହିତ୍ୟିକମାନଙ୍କ ଭୂମିକା ରହିଛି, ତାହାକୁ ଅଣଦେଖା କରାଯାଇପାରିବ ନାହିଁ। ବିବେକହୀନ ବୈଜ୍ଞାନିକ ଓ ଲକ୍ଷ୍ୟଭ୍ରଷ୍ଟ ଲେଖକମାନେ ହିଁ ଏପରି ପ୍ରଦୂଷଣ ନିମନ୍ତେ ଦାୟୀ। ବୈଜ୍ଞାନିକ ଗବେଷଣା ନାମରେ ଯେଉଁମାନେ ମଣିଷ ଜାତିର କ୍ଷତି ସାଧନ କରିପାରନ୍ତି ଓ ସାହିତ୍ୟ ନାମରେ ଯେଉଁମାନେ ଅସାହିତ୍ୟିକ ବାତାବରଣ ସୃଷ୍ଟିକରି ଅପସଂସ୍କୃତିର ପ୍ରସାର କରନ୍ତି ସେମାନଙ୍କୁ ଆତ୍ମଘାତୀ, ଦେଶଦ୍ରୋହୀ, ମାନବ-ବିରୋଧୀ, ବିବେକଶୂନ୍ୟ ବୋଲି ବର୍ଣ୍ଣନା କଲେ ମଧ୍ୟ ଯଥେଷ୍ଟ ହେବ ନାହିଁ।

ତେଣୁ ପରିବେଶ ସୁରକ୍ଷିତ ରଖିବାପାଇଁ ଯେପରି ସଚ୍ଚୋଟ ବୈଜ୍ଞାନିକ ନିଜ ଗବେଷଣାରେ ଅଙ୍ଗୀକାରବଦ୍ଧ, ସାହିତ୍ୟିକ ମଧ୍ୟ ସେଭଳି ସାମାଜିକ ପ୍ରତିବଦ୍ଧତାରେ

ହେଉଛି ପ୍ରକୃତରେ ମାନବବାଦୀ ଓ ଜୀବନବାଦୀ। ବୈଜ୍ଞାନିକ ବା ସାହିତ୍ୟିକ ଏମାନେ କେବଳ ମଣିଷ ଜାତି ପାଇଁ ଚିନ୍ତିତ ସେତିକି ନୁହେଁ; ସେମାନେ ଜୀବଜଗତର ଭାରସାମ୍ୟ ଅତୁଟ ରଖିବାପାଇଁ ମଧ୍ୟ ଏକାନ୍ତ ସମ୍ବେଦନଶୀଳ। ଏ ପୃଥିବୀରେ ବୃକ୍ଷଲତା, ପାହାଡ଼, ପର୍ବତ, ନଦୀଝରଣା, ଜୀବଜନ୍ତୁ ତଥା ସମସ୍ତେ ସୁରକ୍ଷିତ ଓ ସୁସ୍ଥ ରହିବା ଦ୍ୱାରା ହିଁ କଲ୍ୟାଣମୟ ଜୀବନଧାରାକୁ ଅନାହତ ରଖାଯାଇପାରିବ। ପରିବେଶବିଜ୍ଞାନୀ ଓ ସୌନ୍ଦର୍ଯ୍ୟ-ସନ୍ଧାନୀ ଲେଖକଙ୍କ ପୃଥିବୀବାସୀଙ୍କ ପ୍ରତି ପ୍ରକାଶିତ ବାର୍ତ୍ତାକୁ ଗଭୀରତାର ସହିତ ଗ୍ରହଣ କରିବାର ଓ ପାଳନ କରିବାର ଜୀବନ-ନିଷ୍ଠା ଆଜି ଆମର ଏକାନ୍ତ କାମ୍ୟ।

■

ସାହିତ୍ୟ ଓ ମନୋବିଜ୍ଞାନ

ସାହିତ୍ୟ ସହିତ ମନୋବିଜ୍ଞାନର ସମ୍ପର୍କ କି ଗଭୀର ସ୍ତରର, ତାହା ସଚେତନ ପାଠକବର୍ଗ ଅନୁଭବ କରିପାରିଥାନ୍ତି ଯଥାର୍ଥ ଭାବରେ । ମଣିଷର ମନକୁ କେନ୍ଦ୍ରକରି ଗଢିଉଠିଛି ମନୋବିଜ୍ଞାନ । ଏ ସମ୍ପର୍କରେ ଆଲୋଚନା କରିବାବେଳେ ସ୍ୱତଃ ମନେପଡ଼ନ୍ତି ଆଧୁନିକ ଜଗତକୁ ଯେଉଁ ପ୍ରସିଦ୍ଧ ମନୋବିଜ୍ଞାନୀ ଆଲୋଡ଼ିତ କରିଛନ୍ତି ତୀବ୍ର ଭାବରେ, ସେ ହେଉଛନ୍ତି ସିଗ୍‌ମଣ୍ଡ ଫ୍ରଏଡ୍ । ତାଙ୍କରି ତତ୍ତ୍ୱ ଉପରେ ଦୃଷ୍ଟି ନିକ୍ଷେପ କରି କୁହାଯାଇପାରେ ଯେ, ମଣିଷର ମନକୁ ତିନୋଟି ଭାଗରେ ସେ ବିଭକ୍ତ କରିଛନ୍ତି । ସଚେତନ, ଅଚେତନ ଓ ଅବଚେତନ । ଏହି ତତ୍ତ୍ୱ ବିଶ୍ୱ ସାହିତ୍ୟ ଜଗତକୁ ଏପରି ପ୍ରଭାବିତ କରିଛି ଯେ ତାହା ସୁଦୀର୍ଘ ଆଲୋଚନାର ଅପେକ୍ଷା ରଖେ । ଜେମସ୍ ଜୟେସ ନାମକ ଇଂରାଜୀ ଔପନ୍ୟାସିକ ତାଙ୍କର 'ୟୁଲିସସ୍' ଉପନ୍ୟାସଟିକୁ ଚେତନା ପ୍ରବାହ ଧାରା ବା ଷ୍ଟ୍ରିମ୍ ଅଫ୍ କନ୍‌ସେସନେସ ତତ୍ତ୍ୱ ଅଧାରରେ ରଚନା କରିଥିବା ବିଷୟ ସାହିତ୍ୟ ଛାତ୍ରମାନଙ୍କ ଅଧ୍ୟୟନର ଅନ୍ତର୍ଭୁକ୍ତ । ଏହି ଉପନ୍ୟାସଟିର କଥାବସ୍ତୁ ହେଉଛି ମାତ୍ର ୨୪ ଘଣ୍ଟାର । ଏହାରି ମଧ୍ୟରେ ଚରିତ୍ରମାନଙ୍କର ମନୋବିଶ୍ଲେଷଣ ସେ ଯେପରି କରିଛନ୍ତି, ତାହା ପାଠକମାନଙ୍କୁ ବିସ୍ମିତ କରିଦେଇଛି । ଏଭଳି ଭାବରେ ବିଭିନ୍ନ ଭାଷାରେ ଯେଉଁ ଗଳ୍ପ କବିତା ଓ ଉପନ୍ୟାସ ରଚନା କରାଯାଇଛି, ତାହାର ଏକ ତାଲିକା ପ୍ରସ୍ତୁତ କଲେ ତାହା ଦୀର୍ଘାକାର ଧାରଣ କରିବ ଏଥିରେ ସନ୍ଦେହ ନାହିଁ । ଲେଖକ ଲେଖିକାମାନେ ମନୋବିଜ୍ଞାନର ତତ୍ତ୍ୱଦ୍ୱାରା ପ୍ରଭାବିତ ହୋଇ ଯେଉଁଭଳି ଚରିତ୍ରମାନଙ୍କ ସୂକ୍ଷ୍ମ ଅନୁଶୀଳନ ଉପସ୍ଥାପନ କରିଛନ୍ତି, ତାହା ବାସ୍ତବିକ ଉଲ୍ଲେଖନୀୟ । ସିଗମଣ୍ଡ ଫ୍ରଏଡ୍ ଏକଥା ପ୍ରତିପାଦନ କରିଦେଇଛନ୍ତି ଯେ ମଣିଷ ବାହାରକୁ ଯାହା ଦେଖାଯାଉଛି ବସ୍ତୁତଃ ସେ ତାହା ନୁହେଁ । ମନୁଷ୍ୟ ଚେତନାର ଅଧିକାଂଶ ଇଲାକା ଅନ୍ଧକାରାବୃତ୍ତ । ତେଣୁ ଉପରକୁ ଭଦ୍ର, ମାର୍ଜିତ, ଓ ଚହଟ ଚିକ୍କଣ ଦିଶୁଥିବା ମଣିଷ ଭିତରେ କି କି ସଂଗୁପ୍ତ ଇଚ୍ଛାର ସ୍ରୋତ ପ୍ରବାହିତ, ତାହାକୁ ଆବିଷ୍କାର କରି ସେ ଚମକ ସୃଷ୍ଟି କରିଛନ୍ତି । ବିଶେଷ କରି ସେ ମଣିଷର ଯୌନ ଚିନ୍ତନ ଉପରେ

ଅଧିକ ଆଲୋକପାତ କରି ଏକଥା ଦର୍ଶାଇଛନ୍ତି ଯେ ପ୍ରତିଟି ମଣିଷ ତା' ଜୀବନର ଅଧିକାଂଶ ସମୟ କିପରି ଏହି ଚିନ୍ତନରେ ବୁଡ଼ି ରହିଥାଏ । ଏହି ଗହନ ତତ୍ତ୍ୱଟିକୁ ଯଥାର୍ଥ ଭାବରେ ହୃଦୟଙ୍ଗମ କରିଥିବା ହେତୁ ଲେଖକ ଲେଖିକାମାନେ ଏହି ମାନବିକ ପ୍ରବୃତ୍ତିକୁ ଭିତ୍ତିକରି ସାହିତ୍ୟ ସୃଷ୍ଟିରେ ମନୋବିବେଶ କରିଛନ୍ତି । ଓଡ଼ିଶାରେ ପ୍ରଥମ ମନସ୍ତାତ୍ତ୍ୱିକ ଉପନ୍ୟାସ ଭାବରେ 'ମନେ ମନେ'କୁ ଗ୍ରହଣ କରାଯାଇଛି । ମନୋରଂଜନ ଦାସଙ୍କ 'ଅରଣ୍ୟ ଫସଲ' ନାଟକ କିମ୍ବା ମନୋଜ ଦାସଙ୍କ 'ଆରଣ୍ୟକ' ଗଳ୍ପରେ ମଣିଷର ଏହି ତିମିରାଚ୍ଛନ୍ନ ଦିଗଟିକୁ ଉଦ୍‌ଘାଟିତ କରିଦିଆଯାଇଛି ।

ତେବେ ଏସବୁ ସତ୍ତ୍ୱେ ମନରେ ଏକ ପ୍ରଶ୍ନ ଉତ୍‌ଥାପିତ ହୁଏ ଯେ ଫ୍ରଏଡ୍‌ଙ୍କ ପ୍ରଦର୍ଶିତ ମନୋବିଜ୍ଞାନ ହିଁ କ'ଣ ସତ୍ୟର ଚିରନ୍ତନ ପ୍ରତିଫଳନ ? ମଣିଷ ଭିତରର ଅତୃପ୍ତ କାମନା ବାସନାକୁ ପ୍ରକଟିତ କରି ଆମ ସାହିତ୍ୟ ଜଗତ ପ୍ରକୃତରେ କେତେ ସମୃଦ୍ଧଶାଳୀ ? ଏ ପ୍ରସଙ୍ଗରେ ଅତିମାନସ ଆଲୋକକୁ ପୃଥିବୀରେ ପ୍ରୋଥିତ କରିବାର ନିରବଚ୍ଛିନ୍ନ ସାଧନା କରି ଯେଉଁ ଶ୍ରୀଅରବିନ୍ଦ ଏକ ନୂତନ ଆଶା ଜାଗ୍ରତ କଲେ, ତାଙ୍କର ଅନୁଗାମିନୀ ଶ୍ରୀମା ଫ୍ରଏଡ଼ୀୟ ଦର୍ଶନ ସଂପର୍କରେ ମତ ପ୍ରଦାନ କରି ଏକଦା କହିଥିଲେ ଯେ- "ଫ୍ରଏଡ୍ କେବଳ କାଦୁଅ ଘାଣ୍ଟିଛନ୍ତି" । ଏପରି ଯୁଗାନ୍ତକାରୀ ମନ୍ତବ୍ୟ ପ୍ରତି ଆମ ଲେଖକ ଲେଖିକାମାନେ ବିଶେଷ ସଚେତନ ହୋଇପାରିଛନ୍ତି ବୋଲି ମନେହୁଏ ନାହିଁ । ବଂଗଳା ଭାଷାର 'ସାରାରାତି ବର୍ଷା' କିମ୍ବା ରୁଷୀୟ ଭାଷାର 'ଲଲିତା' ଅଥବା ଡ଼ି.ଏଚ୍. ଲରେନ୍‌ସଙ୍କ ଉପନ୍ୟାସ ଗୁଡ଼ିକରେ ଯେଉଁ ସଂଗୁପ୍ତ ଇଚ୍ଛା ଉନ୍ମୁକ୍ତ କରାଯାଇଛି, ତାହା କେତେ ପରିମାଣରେ ନିଷିଦ୍ଧ ପୁସ୍ତକ ତାଲିକା ଅନ୍ତର୍ଗତ ହୋଇଥିଲେ ହେଁ ତାହାକୁ ସହସ୍ର ସହସ୍ର ପାଠକ ଅଧ୍ୟୟନ ଓ ଉପଭୋଗ କରିଆସୁଛନ୍ତି । ଏହା ମାନବୀୟ ଚେତନାର ବାସ୍ତବ ପ୍ରକଟନର ଶେଷକଥା ବୋଲି କୁହାଯାଇପାରିବ କି ? ଓଡ଼ିଆ ସାହିତ୍ୟରେ କିଶୋରୀ ଚରଣ ଦାସଙ୍କ 'ଠାକୁର ଘର' ପରି ଗଳ୍ପ ବା ରବି ପଟ୍ଟନାୟକଙ୍କ ଏକାଧିକ ଗଳ୍ପରେ ପ୍ରତ୍ୟକ୍ଷ ଭାବରେ ହେଉ ବା ସାଂକେତିକ ଶୈଳୀରେ ହେଉ ମଣିଷର ଏହି ଆଦିମ ପ୍ରବୃତ୍ତି ଚିତ୍ରିତ ହୋଇଛି ବିସ୍ତୃତ ଭାବରେ ।

ଏହି ମାନବ ଚରିତ୍ରର ଅନ୍ଧକାର ଦିଗକୁ ଛାଡ଼ିଦେଲେ ମଧ୍ୟ ଗଳ୍ପ ଉପନ୍ୟାସ ଓ କବିତାରେ ମାନବୀୟ ମନସ୍ତତ୍ତ୍ୱ ଅତ୍ୟନ୍ତ ନିଷ୍ଠାର ସହିତ ଲେଖକମାନେ ଯେପରି ଅଂକନ କରିଛନ୍ତି, ତାହା ଦୃଷ୍ଟି ଆକର୍ଷଣକାରୀ । ଏ କ୍ଷେତ୍ରରେ ସମ୍ପ୍ରତି ଆଉ ଏକ ତାତ୍ପର୍ଯ୍ୟପୂର୍ଣ୍ଣ ପ୍ରଶ୍ନ ଉତ୍‌ଥାପିତ ହେଉଛି । ତାହା ହେଲା ଯେଉଁମାନେ ପୁରୁଷ ଲେଖକ ସେମାନେ କ'ଣ ନାରୀ ମନସ୍ତତ୍ତ୍ୱକୁ ସଫଳ ରୂପାୟନ ଦେଇପାରିବେ ? ବିଶେଷ କରି ବାମାବାଦୀ ଆନ୍ଦୋଳନ ସହିତ ସମ୍ପୃକ୍ତ ଲେଖିକା ନାରୀ ମନସ୍ତତ୍ତ୍ୱକୁ ଯେପରି ସମ୍ବେଦନଶୀଳତାର

ସହିତ ଉପସ୍ଥାପନ କରିପାରିବ, ପୁରୁଷ ଲେଖକ ପକ୍ଷରେ ତାହା ଏକାନ୍ତ ଅସମ୍ଭବ ବୋଲି ଅଭିମତ ପ୍ରକାଶ କରନ୍ତି ସେମାନେ। ପୁନଶ୍ଚ ଆଧୁନିକ ସମାଲୋଚନା କ୍ଷେତ୍ରରେ ଏକାଧିକ ପ୍ରତିଷ୍ଠିତ ସାହିତ୍ୟ ସମାଲୋଚକ ଏ ପ୍ରଶ୍ନ ମଧ୍ୟ କରିଛନ୍ତି ଯେ ନାରୀ ମନସ୍ତତ୍ତ୍ୱକୁ ପୁରୁଷ ଯେପରି ନିଃସଂକୋଚ ଭାବରେ ପ୍ରକାଶ କରିପାରେ, ନାରୀ ଲେଖିକା ସେ ଦିଗରେ ଅସମର୍ଥ। ନାରୀ ଲେଖିକାମାନେ ତାଙ୍କ ଅନ୍ତଃସ୍ଥଳର ପ୍ରକୃତ ଚିତ୍ର ଉପସ୍ଥାପନ କରିବାର ସାହସ ଏ ପର୍ଯ୍ୟନ୍ତ ଦୃଢୀଭୂତ ହୋଇନାହିଁ ବୋଲି କୁହାଯାଇଛି। ମହାକବି ସାରଳା ଦାସ ଦ୍ରୌପଦୀଙ୍କ ଅନ୍ତର୍ମନର କଥା ମହାଭାରତରେ ଉଦ୍‌ଘାଟିତ କରିଦେଇ ଯେପରି କହିଛନ୍ତି ଯେ ନିଜର ପଞ୍ଚପତିଙ୍କ ସାନ୍ନିଧ୍ୟ ସତ୍ତ୍ୱେ ଦ୍ରୌପଦୀ କର୍ଣ୍ଣଙ୍କ ପ୍ରତି ଆକର୍ଷିତ, ତାହା ନାରୀ ଲେଖିକା କଦାପି ପ୍ରକଟ କରିପାରିନଥାନ୍ତେ। ବିଭୂତି ପଟ୍ଟନାୟକଙ୍କ 'କେଶବତୀ କନ୍ୟା' ଉପନ୍ୟାସରେ ଆତ୍ମକଥନ ଶୈଳୀରେ ଯେପରି ଚରିତ୍ରମାନଙ୍କର ସ୍ୱରୂପ ଉଦ୍‌ଘାଟନ କରାଯାଇଛି ତାହା ପାଠକମାନଙ୍କୁ ପ୍ରଲୁବ୍ଧ କରିଆସିଛି ଏ ପର୍ଯ୍ୟନ୍ତ। ଏସବୁ ଦୃଷ୍ଟିରୁ ଦେଖିଲେ ମନସ୍ତତ୍ତ୍ୱ ଉପରେ ଗଢିଉଠିଛି ଯେଉଁ ସାହିତ୍ୟର ପ୍ରସାଦ, ତାହାକୁକଦାପି ଅସ୍ୱୀକାର କରାଯାଇପାରିବନାହିଁ। ଓଡ଼ିଆ ଗଳ୍ପ ସାହିତ୍ୟରେ ସରୋଜିନୀ ସାହୁଙ୍କ ପରି ଲେଖିକା ଅତ୍ୟନ୍ତ ସାହସର ସହିତ ଯେଉଁ ଗଳ୍ପ ରଚନା କରିଛନ୍ତି କିମ୍ବା ବୀଣାପାଣି ମହାନ୍ତି "ପାଟଦେଈ"ପରି ଗଳ୍ପରେ ଯେପରି ବୈପ୍ଳବିକ ପଦକ୍ଷେପ ଗ୍ରହଣ କରିଛନ୍ତି, ତାହାକୁ କେହି ଅସ୍ୱୀକାର କରିପାରିବେ ନାହିଁ। ବଂଗଳା ସାହିତ୍ୟର ବିଶିଷ୍ଟ ଲେଖିକା ତସଲିମା ନସରିନ୍ ଅକୁଣ୍ଠିତ ଭାବରେ ଯେପରି ନିଜର ବ୍ୟକ୍ତିଗତ ଜୀବନର ବ୍ୟାପାରକୁ ସର୍ବସାଧାରଣରେ ପ୍ରକାଶ କରୁଛନ୍ତି, ସେପରି ଦୁଃସାହସିକ ପଦକ୍ଷେପ କେତେଜଣ ବା ନେଇପାରିବେ ?

ଏହିସବୁ ଆଲୋଚନା ହିଁ ଫ୍ରଏଡ଼୍‌ଙ୍କ ବିଚାରଧାରାର ସମ୍ପୂର୍ଣ୍ଣ ଅଭିବ୍ୟକ୍ତି କି ? ଫ୍ରୟେଡ଼ ଆଉ ଏକ ଦିଗ ଉଦ୍‌ଘାଟନ କରିଛନ୍ତି। ତାଙ୍କ ଭାଷାରେ sublime ବୋଲି ତାକୁ ଅଭିହିତ କରାଯାଇଛି। ଏହା ହେଉଛି ଆଦିମ ପ୍ରବୃତ୍ତିରୁ ଉତ୍ତୀର୍ଣ୍ଣ ହୋଇଯାଇଥିବା ଚେତନାର ଏକ ଶ୍ରେଷ୍ଠ ପରିଚୟ। କିନ୍ତୁ ଲେଖକ ଲେଖିକାମାନେ ମାନବିକ ଚେତନାର ଏହି ଉତ୍ତରଣକୁ ପ୍ରକଟ କରିବାରେ ବିଶେଷ ଆଗ୍ରହ ପ୍ରକାଶ କରିନାହାନ୍ତି। ଶ୍ରୀ ଅରବିନ୍ଦଙ୍କ ରୂପାନ୍ତର ଯୋଗରେ ଏହି ସତ୍ୟର ମୂଳ ଅଂଶକୁ ସ୍ପର୍ଶ କରାଯାଇଛି। ମଣିଷର ଯୌନ ଆବେଗ ପ୍ରେମରେ ପରିଣତ ହେବାର ଯେଉଁ ସମ୍ଭାବନା ଉଜ୍ଜ୍ୱଳ, ସେହି ଦିଗପ୍ରତି ଆଖି ବୁଜିଦେଲେ କଦାପି ପ୍ରକୃତ ନ୍ୟାୟ ପ୍ରଦାନ କରାଯାଇପାରିବ ନାହିଁ। ଘୃଣାକୁ ଶ୍ରଦ୍ଧାରେ, ହିଂସାକୁ ଗଭୀର ପ୍ରେମାନୁଭୂତିରେ, ଇର୍ଷା ଅସୂୟା ଅଂହକାରକୁ ଉଦାତ୍ତ ଚେତନାରେ ପରିଣତ କରିଦେବାର ଯେଉଁ ସାମର୍ଥ୍ୟ ମଣିଷ ଭିତରେ ରହିଛି ତାହା ଶ୍ରୀ ଅରବିନ୍ଦ

ଦର୍ଶାଇଛନ୍ତି । ମନୋଜ ଦାସଙ୍କ ପରି ବିଶିଷ୍ଟ ଲେଖକ ଏହି ଉତ୍ତରଣଧର୍ମୀ ଆଲୋକିତ ଚେତନାର ଗୋଟିଏ ପରେ ଗୋଟିଏ ଦିଗ୍‌ବଳୟ ଯେପରି ଉଦ୍‌ଘାଟନ କରିଦେଇଛନ୍ତି, ତାହା ତାଙ୍କର ପ୍ରିୟ ପାଠକମାନେ ଉପଲବ୍ଧି କରିପାରିଛନ୍ତି ଯଥାର୍ଥ ଭାବରେ । ମହାପାତ୍ର ନୀଳମଣି ସାହୁ କିମ୍ବା ଚନ୍ଦ୍ରଶେଖର ରଥ ଠିକ୍ ସେହିପରି ମନୁଷ୍ୟ ଚେତନାର ଦିବ୍ୟତା ପ୍ରତି ଦୃଷ୍ଟି ଆକର୍ଷଣ କରିବାରେ ହୋଇଛନ୍ତି ଏକାନ୍ତ ସଫଳ । ଶାନ୍ତନୁ ଆଚାର୍ଯ୍ୟ ଯଦିଓ ଶ୍ରୀ ଅରବିନ୍ଦ ଦର୍ଶନ ଦ୍ୱାରା ପ୍ରତ୍ୟକ୍ଷ ଭାବରେ ପ୍ରଭାବିତ ହୋଇନାହାନ୍ତି, ତଥାପି ତାଙ୍କ ରଚିତ 'ଦକ୍ଷିଣାବର୍ତ୍ତ' ଉପନ୍ୟାସ, 'ଅନୁହଜିଗଲା ପରେ' ଉପନ୍ୟାସ ଅଥବା 'ପରକୀୟା' ପରି ଶ୍ରେଷ୍ଠ ଗଳ୍ପରେ ଚରିତ୍ରମାନଙ୍କର ଯେଉଁ ଉଚ୍ଚତର ଆରୋହଣଧର୍ମୀତାକୁ ପ୍ରାଣବନ୍ତ ଭାବରେ ପ୍ରକାଶ କରିଛନ୍ତି, ତାହାର ଅନୁପମତ୍ୱ ଚିରନ୍ତନ ।

ଅନେକ ସମୟରେ ମନ ମଧ୍ୟରେ ଆଉ ଏକ ପ୍ରଶ୍ନ ଉତ୍‌ଥାପିତ ହୁଏ, ଯେ ଏପରି କେତେଜଣ ଲେଖକଲେଖିକା ଅଛନ୍ତି ଯେଉଁମାନଙ୍କ ମନସ୍ତାତ୍ତ୍ୱିକ ମନନଶୀଳତା ମନୋବୈଜ୍ଞାନିକଙ୍କ ଠାରୁ ଆହୁରି ପ୍ରାଞ୍ଜଳ । ଏ କ୍ଷେତ୍ରରେ ମନସ୍ତତ୍ତ୍ୱ ଆଧାରରେ ସାହିତ୍ୟ ସୃଷ୍ଟି ନହୋଇ ସାହିତ୍ୟର ଆଧାରରେ ମନୋବିଜ୍ଞାନ ପ୍ରତିଷ୍ଠିତ ହେବାର ଯଥାର୍ଥତା ଅନୁଭବ କରିହୁଏ । ପୃଥିବୀ ପ୍ରସିଦ୍ଧ ମନସ୍ତତ୍ତ୍ୱବିତ୍ ଭିକ୍ଟର ଫ୍ରାଙ୍କଲ କହିଛନ୍ତି ଯେ, ପ୍ରତ୍ୟେକ ମଣିଷ ସଚେତନ ଭାବରେ ହେଉ କିମ୍ବା ଅଚେତନ ଭାବରେ ହେଉ ସତ୍ୟର ଅନ୍ୱେଷଣ କରୁଥାଏ ଜୀବନବ୍ୟାପୀ । ଏପରି ଗଭୀରତର ମନୋବିଶ୍ଳେଷଣକୁ ଆଦର କରି ସତ୍ୟାନ୍ୱେଷୀ ମାନବ ଚରିତ୍ରର ରୂପାୟନ ଯେତିକି ପ୍ରଶସ୍ତ ଭାବରେ କରାଯାଇପାରିବ, ସାହିତ୍ୟ ହେବ ସେତିକି ମହାନ ପ୍ରେରଣାର ଉତ୍ସ । 'ତମୋସା ମା ଜ୍ୟୋତିର୍ଗମୟ' -ଉପନୀଷଦୀୟ ଋଷିଙ୍କ ଏହି ବାଣୀ ମନୋବିଜ୍ଞାନର ଏକ ଶ୍ରେଷ୍ଠ ଅଭିବ୍ୟକ୍ତି ନୁହେଁ କି ? ଅନ୍ଧକାରରୁ ଆଲୋକକୁ ମଣିଷକୁ ନେଇଯିବା ମନସ୍ତତ୍ତ୍ୱର ଯଦି ହେବ ପ୍ରକୃତ କାର୍ଯ୍ୟ, ତା' ହେଲେ ଉଭୟ ମନୋବିଜ୍ଞାନ ଓ ସାହିତ୍ୟ ମଣିଷ ଜାତିପାଇଁ ପରିଣତ ହେବ ଏକ ମହାନ ଆଶୀର୍ବାଦରେ । ଏହି ଉଭୟ ମାନବ-ବିଦ୍ୟା ମାନବିକତାର ଉନ୍ମୋଚନ ପାଇଁ ଅଭିପ୍ରେତ । ଏହି ମହତ୍ତର ସତ୍ୟକୁ ଅନୁଭବ କରିପାରିବା ହେଉଛି ନୂତନ ଶତାବ୍ଦୀର ଏକ ଶ୍ରେଷ୍ଠ ଆହ୍ୱାନ ।

■

ସାହିତ୍ୟ ଓ ଚିକିତ୍ସାବିଜ୍ଞାନ

ଏ ଉଭୟ ବିଷୟର ଗଭୀରତାକୁ ପ୍ରବେଶ କରିବା ପାଇଁ ଏହା ଏକ ଶୁଭ ଅବସର । ଆମ ଦେଶରେ ବା ପୃଥିବୀରେ ଚିକିତ୍ସା ବିଜ୍ଞାନ କିଭଳି ଅଗ୍ରଗତି କରିଛି ତାହା ସମ୍ପର୍କରେ ସମସ୍ତେ ଅବିହିତ । ମାତ୍ର ସାହିତ୍ୟ ସହିତ ଏହା କିପରି ସମ୍ବନ୍ଧାନ୍ୱିତ ?

ମେଡ଼ିକାଲ କଲେଜରେ ଉତ୍ତୀର୍ଣ୍ଣ ହୋଇଥିବା ଛାତ୍ରଛାତ୍ରୀମାନେ ଏକ ଶପଥ ପାଠ କରିବା ସଂପର୍କରେ ମୁଁ ଶୁଣିଥିଲି ମୋ ପିତାଙ୍କ ଠାରୁ । ସେମାନେ ଏହି ଶପଥ ଗ୍ରହଣ କରନ୍ତି ଯେ, ସମଗ୍ର ଜୀବନବ୍ୟାପୀ ନିଃସ୍ୱାର୍ଥପର ଭାବରେ ରୋଗାକ୍ରାନ୍ତ ବ୍ୟକ୍ତିର ସେବାରେ ନିଜକୁ ଉତ୍ସର୍ଗ କରିବେ । ସମୟର ସ୍ରୋତରେ ଭାସିଯାଇ ସ୍ୱାର୍ଥ କବଳିତ ହୋଇ ଅଧିକାଂଶ ଛାତ୍ରଛାତ୍ରୀ ଏହି ଶପଥକୁ ସମ୍ପୂର୍ଣ୍ଣ ବିସ୍ମରିଯାଆନ୍ତି । ଆଉ ଅନେକ ଏହା ଏକ ଚିରାଚରିତ ପରମ୍ପରା ବୋଲି ମନେକରି ଅତ୍ୟନ୍ତ ଅନାସକ୍ତ ଓ ଶୁଷ୍କ ହୃଦୟରେ ଶପଥପାଠ କରିଥାନ୍ତି ନିୟମ ପାଳନ କରିବାପାଇଁ । ଏହି କାରଣରୁ ଦେଖିବାକୁ ମିଳେ ଯେ ବହୁ ଡାକ୍ତର ଅର୍ଥ ଉପାର୍ଜନର ଏକ ପନ୍ଥା ଭାବରେ ଏହାକୁ ଗ୍ରହଣ କରିଥିବା ବେଳେ ଅତି କ୍ୱଚିତ ସଂଖ୍ୟକ ଡାକ୍ତର ଏହାକୁ ସମାଜସେବା ଭାବରେ ସ୍ୱୀକାର କରିଥାନ୍ତି । ଡାକ୍ତରମାନଙ୍କ ଚିକିତ୍ସାବିଜ୍ଞାନ ସମ୍ପର୍କିତ ବିଦ୍ୟା ସଂପର୍କରେ ଆମେ ଏଠାରେ ବ୍ୟାଖ୍ୟା କରିପାରିବା ନାହିଁ । କିନ୍ତୁ ଆମେ ଜାଣୁ ଯେ ପ୍ରତିଟି ରୁଗ୍ଣ ବ୍ୟକ୍ତି ଡାକ୍ତରଙ୍କୁ ମଣିଷ ଭାବରେ ନୁହେଁ, ଭଗବାନ ଭାବରେ ବିଚାର କରିଥାଏ ନିଜ ଅନ୍ତରରେ । ଏଭଳି ସୁନିର୍ମଳ ବିଶ୍ୱାସ ଦେବା ପାଇଁ କେତେଜଣ ଚିକିତ୍ସକ ବାସ୍ତବିକ ସମର୍ଥ ?

ସାହିତ୍ୟ ମଣିଷର ନିଃସ୍ୱାର୍ଥପର ଉପକାର ସାଧନ କରିବା ପାଇଁ ଯୁଗଯୁଗ ଧରି ଯେଉଁ ଦିଗଦର୍ଶନ ଦେଇଆସିଛି ତାହା ହିଁ ଆଦର୍ଶ ଚିକିତ୍ସକମାନଙ୍କ ପାଇଁ ଶ୍ରେଷ୍ଠ ପ୍ରେରଣା । ତାହା ହିଁ ହେଉଛି ଏକ ଆଲୋକବର୍ତ୍ତିକା । ଯେଉଁ ଡ଼ାକ୍ତରମାନେ ସାହିତ୍ୟ ଅଧ୍ୟୟନ ଦ୍ୱାରା ନିଜସ୍ୱ ଚେତନାକୁ କରିପାରିଛନ୍ତି ପରିମାର୍ଜିତ ଓ ସମ୍ବେଦନଶୀଳ ସେମାନଙ୍କ ବ୍ୟବହାରରେ ଫୁଟିଉଠେ ସେବାବ୍ରତର ପବିତ୍ରତା । ଜଣେ ଜଣେ ଡାକ୍ତରଙ୍କ ସମ୍ବୋଧନ ଓ ବାର୍ତ୍ତାଳାପ

ମଧ୍ୟରେ ଏତେ ମମତା ଓ କୋମଳତା ରହିଥାଏ ଯେ, ସେମାନଙ୍କ ସହିତ, ଦେଖାହେବା ମାତ୍ରକେ ରୋଗୀଟିଏ ଅଧାରୁ ଅଧିକ ସୁସ୍ଥ ହୋଇସାରିଥାଏ । ଔଷଧ ବିତରଣ କରିବାରେ କିମ୍ବା ପ୍ରେସ୍‌କ୍ରିପ୍‌ସନ ଲେଖିବାରେ ଯେଉଁ, ଡାକ୍ତରଙ୍କର ହାତରେ ଯେତିକି ସହାନୁଭୂତିର ସ୍ପନ୍ଦନ ବିଚ୍ଛୁରିତ ହୁଏ, ସେ ହେଉଛନ୍ତି ସେତିକି ମାତ୍ରାରେ ସଫଳ ଚିକିତ୍ସକ ।

ଚିକିତ୍ସା ବିଜ୍ଞାନର ପାଠ ସମସ୍ତେ ହିଁ ପଢିଥାନ୍ତି । ମାତ୍ର ବାସ୍ତବ କ୍ଷେତ୍ରରେ ଦେଖାଯାଏ ତାହାର ପ୍ରୟୋଗ ଧାରାରେ ରହିଛି କିପରି ଭିନ୍ନତା । ଏହି କାରଣରୁ ଜଣେ ଜଣେ ଡାକ୍ତର ଅତ୍ୟନ୍ତ ଅପ୍ରିୟ ହୋଇଥିବାବେଳେ ଆଉ ଜଣେ ଜଣେ ଡାକ୍ତରଙ୍କ ପାଖରେ ଏତେ ଲୋକ ସମାବେଶ ହୁଅନ୍ତି ଯେ ତାହାର ହିସାବ ରଖି ହୁଏନାହିଁ । ଉଚ୍ଚକୋଟୀର ସାହିତ୍ୟ ଅଧ୍ୟୟନରେ ଯେଉଁ ଡାକ୍ତରମାନେ ଶ୍ରଦ୍ଧାଶୀଳ, ସେମାନଙ୍କ ଆଚରଣରେ ସେହି ପରିଶୁଦ୍ଧତା ଓ ପରିଚ୍ଛନ୍ନତା ପ୍ରକଟିତ ହୋଇ ଉଠେ ହୃଦୟସ୍ପର୍ଶୀ ଭାବରେ । ଏ କ୍ଷେତ୍ରରେ ତ ଆଉ କେତେକ ଡାକ୍ତର ଥାଆନ୍ତି ଯେଉଁମାନେ ଚିକିତ୍ସା କରିବା ସହିତ ନିଜେ ନିଜେ ସାହିତ୍ୟର ଜଣେ ଜଣେ ବିଶିଷ୍ଟ ସ୍ରଷ୍ଟା । ଓଡ଼ିଶାରେ ଆମେ କବି କୁନ୍ତଳା କୁମାରୀ ସାବତଙ୍କ ଠାରୁ ଆରମ୍ଭ କରି ଡାକ୍ତର କବିପ୍ରସାଦ ମିଶ୍ରଙ୍କ ପର୍ଯ୍ୟନ୍ତ ଅନେକଙ୍କ ଜୀବନଶୈଳୀ ନିରୀକ୍ଷଣ କଲେ ଉପଲବ୍ଧି କରିପାରିବା ଯେ, ନିଜର ସକଳ ବ୍ୟସ୍ତତା ଭିତରେ ସେମାନେ କିପରି ସାହିତ୍ୟ ଚର୍ଚ୍ଚାରେ ନିମଜ୍ଜିତ । ଯେଉଁମାନେ ସାହିତ୍ୟ ସହିତ ଘନିଷ୍ଠ ଭାବରେ ସମ୍ପୃକ୍ତ ସେମାନଙ୍କ ଆଚରଣ କେବେହେଲେ ରୁକ୍ଷ ହେବା ସମ୍ଭବ ନୁହେଁ । ଯେଉଁ ଡାକ୍ତର ରୋଗାକ୍ରାନ୍ତ ମଣିଷ ଭିତରେ ଆଶା ଓ ଆଶ୍ୱାସନା ଭରିଦେଇ ନପାରିଲା, ତାହାଙ୍କୁ ଆମେ ସଫଳ ଚିକିତ୍ସକ ବୋଲି କହିବା କିପରି ?

ଅନେକ ଡାକ୍ତର ଥାଆନ୍ତି ଯେଉଁମାନେ ନିଷ୍ଠୁର ସତ୍ୟ ପ୍ରକାଶ କରିବାରେ କେବେହେଲେ କୁଣ୍ଠିତ ହୁଅନ୍ତି ନାହିଁ । ସେହି ସତ୍ୟକଥନ ଦ୍ୱାରା ରୋଗୀ ଉପରେ ତାହାର କିପରି ପ୍ରଭାବ ପଡୁଛି ତାହା ଜାଣିବା ସେମାନଙ୍କ ପକ୍ଷରେ ସମ୍ଭବ ହୁଏନା । ଜଣେ ବିଶିଷ୍ଟ ଇଂରାଜୀ ଲେଖକଙ୍କ ରଚିତ ଗଳ୍ପଟିଏ ଏ ପ୍ରସଙ୍ଗରେ ମନେପଡ଼ିଯାଉଛି । ସତ୍ୟବଚନ ଉଚ୍ଚାରଣରେ ଶପଥବଦ୍ଧ ଜଣେ ଡାକ୍ତରଙ୍କ ଅପ୍ରିୟ ଓ ହତାଶାଜନକ ବାଣୀ ଶୁଣି ଅନେକ ରୋଗୀ କିପରି ମୃତ୍ୟୁ ମୁଖରେ ପଡୁଥିଲେ ତାହା ଲେଖକ ବର୍ଣ୍ଣନା କରିଛନ୍ତି ମର୍ମସ୍ପର୍ଶୀ ଭାବରେ । ସେହି ଡାକ୍ତରଙ୍କ ନିକଟକୁ ଆସିଥିବା ଜଣେ ବନ୍ଧୁ ଏହି ଦୃଶ୍ୟ ସବୁ ଦେଖି ଡାକ୍ତରଙ୍କୁ ଟିକିଏ ମିଛ କହିବା ପାଇଁ ପରାମର୍ଶ ଦେଇଛନ୍ତି । ଦୁରାରୋଗ୍ୟ ବ୍ୟାଧିରେ ଅସହ୍ୟ ଯନ୍ତ୍ରଣା ପାଉଥିବା ଯେଉଁ ରୋଗୀକୁ ତାହାର ମୃତ୍ୟୁ ସନ୍ନିକଟ ବୋଲି ଡାକ୍ତର ମହାଶୟ କହିବାକୁ ଥିଲେ ଉଦ୍ୟତ, ତାଙ୍କର ବନ୍ଧୁ ସେଥିରୁ ଡାକ୍ତରଙ୍କୁ କ୍ଷାନ୍ତ ହେବାର ପ୍ରେରଣା ଦେଇ ରୋଗୀଟିକୁ ବଞ୍ଚି ରହିବାର ଭରସା ଦେବାପାଇଁ ସଂକେତ ପ୍ରଦାନ

କରିଛନ୍ତି । ନିଜ ଅନିଚ୍ଛା ସତ୍ତ୍ୱେ ଡାକ୍ତର ତାଙ୍କ ଜୀବନରେ ପ୍ରଥମ ଥର ପାଇଁ ମିଥ୍ୟା କଥାରେ ଆଶ୍ୱାସନା ଦେଇଛନ୍ତି ରୋଗୀଟିକୁ । ପରିଣତିରେ ପ୍ରଦର୍ଶିତ ହୋଇଛି ଯେ ଯେଉଁ ଲୋକଟିର ମୃତ୍ୟୁଥିଲା ଅତ୍ୟନ୍ତ ନିକଟବର୍ତ୍ତୀ ସେ ମୃତ୍ୟୁମୁଖରେ ନ ପଡ଼ି ଯନ୍ତ୍ରଣା ମୁକ୍ତ ହୋଇଛନ୍ତି ଆଶ୍ଚର୍ଯ୍ୟ ଜନକ ଭାବରେ । ଏ ପ୍ରସଙ୍ଗରେ ମନେପଡ଼ିଯାଉଛି ମହାପାତ୍ର ନୀଳମଣି ସାହୁଙ୍କ ଦ୍ୱାରା ଲିଖିତ ରମ୍ୟରଚନା 'ମିଛ ମିଛ ଟିକିଏ ମିଛ" ।ଏହି ସବୁ ଆଲୋଚନାରୁ ଆମେ ଉପଲବ୍ଧ କରିପାରିବା ଯେ ସକଳ ପ୍ରତିକୂଳ ପରିସ୍ଥିତି ସତ୍ତ୍ୱେ ଆଶ୍ୱାସନାର ସୁମଧୁର ବାଣୀ ଶୁଣାଇପାରୁଥିବା ଚିକିତ୍ସକ ହିଁ ହେଉଛନ୍ତି ଆମ ପାଇଁ ଦେବଦୂତ । ପଣ୍ଡିଚେରୀ ସ୍ଥିତ ଶ୍ରୀ ଅରବିନ୍ଦ ଆଶ୍ରମର ଦିବ୍ୟ ଜୀବନର ସାଧିକା ଶ୍ରୀମା ଏପରି ଏକ ପ୍ରସଙ୍ଗ ଉତ୍‌ଥାପନ କରି ଜଣେ ଡାକ୍ତରଙ୍କ ଉଦାହରଣ ଦେଇଛନ୍ତି, ଯାହାଙ୍କ ନାମ ହେଉଛି 'କୁଏ' । ଡାକ୍ତର କୁଏ କେଉଁ ପ୍ରଣାଳୀ ଅବଲମ୍ବନରେ ଚିକିତ୍ସା କରୁଥିଲେ ତାହାର ସୁନ୍ଦର ବ୍ୟାଖ୍ୟା ଉପସ୍ଥାପନ କରିଛନ୍ତି ଶ୍ରୀମା । ତାଙ୍କ ପଦ୍ଧତି ଥିଲା ଏଇଆ ଯେ "ମୁଁ ଔଷଧ ଖାଇବା ପରେ ଟିକିଏ ସୁସ୍ଥ ଅନୁଭବ କରୁଛି । ଦିନ ପରେ ଦିନ ବିତିଯିବା ପରେ ଏହି ସୁସ୍ଥତାର ଅନୁଭବ ପରିବର୍ଦ୍ଧିତ ହୋଇଚାଲିଛି" । ପ୍ରତିଟି ରୋଗୀ ନିଜକୁ ନିଜେ ଏପରି ସକାରାତ୍ମକ ସ୍ପନ୍ଦନ ଦ୍ୱାରା ଭଲ କରିଦେଇପାରିବେ ବୋଲି ଡାକ୍ତରକୁ ପ୍ରଦାନ କରିଛନ୍ତି ସୁସ୍ଥ ଅନୁଭବ କରିବାର ଏକ ଅମୋଘ ଉପାୟ । ପୃଥିବୀରେ ଥିବା ଏହି ଚେତନାର ଚିକିତ୍ସକମାନେ ହିଁ ଆଶାର ସଂଗୀତ ଗାନ କରିପାରିଛନ୍ତି ଅସୀମ ହୃଦୟବତ୍ତା ନେଇ । ଆମେ ଆଶା କରିବା ଯେ, ଯେଉଁମାନେ ଚିକିତ୍ସାଶାସ୍ତ୍ରରେ ନିପୁଣ ହେବାର ଅଭିଳାଷ ପୋଷଣ କରୁଛନ୍ତି ସେମାନେ ଆମର ସମୃଦ୍ଧ ସାହିତ୍ୟାଦର୍ଶ ସହିତ ସଂପୃକ୍ତ ହେବେ ଓ ଏହି ଦୁଃଖବେଦନାପ୍ଳୁତ ଦୁନିଆର ଯନ୍ତ୍ରଣା ଅନେକ ମାତ୍ରାରେ ଲାଘବ କରିଦେଇ ପାରିବେ । ଚନ୍ଦ୍ରଶେଖର ରଥ ତାଙ୍କ ରଚିତ ପାଠଚକ୍ର ଡାଏରୀରେ ଏପରି ଜଣେ ଡାକ୍ତରଙ୍କ ପ୍ରସଙ୍ଗ ଉପସ୍ଥାପନ କରିଛନ୍ତି । ଯିଏ ରୋଗୀଟିର ସମସ୍ତ ସମସ୍ୟା ଧ୍ୟାନ ପୂର୍ବକ ଶୁଣିବା ପରେ ଟିକିଏ ହସି ଦିଅନ୍ତି । ଆଉ କୁହନ୍ତି No Problem.

ମଣିଷର ଅବସ୍ଥା ଯେତେ ଗମ୍ଭୀର ହେଉଥାଉନା କାହିଁକି ଏତିକି ଆଶା ଓ ଆଶ୍ୱାସନାର ସ୍ୱତ୍ତ ହିଁ ଜୀବନକୁ ପଲ୍ଲବିତ କରୁଥାଏ ଅହରହ । ତେଣୁ ଚିକିତ୍ସା ବିଜ୍ଞାନୀମାନେ ସାହିତ୍ୟ ଅଭିମୁଖୀ ହେବାର ଆବଶ୍ୟକତା କେତେ ଜରୁରୀ, ତାହା ପ୍ରତ୍ୟେକେ ଅନୁଭବ କରିପାରୁଥିବେ ନିଶ୍ଚୟ ।

■

ସାହିତ୍ୟ ଓ ନ୍ୟାୟଶାସ୍ତ୍ର

ଆମ ଶିକ୍ଷା ବ୍ୟବସ୍ଥାରେ ନ୍ୟାୟଶାସ୍ତ୍ର (Law) ଅଧ୍ୟୟନର ସ୍ୱତନ୍ତ୍ର ବ୍ୟବସ୍ଥା ରହିଛି । କାରଣ ଯେଉଁମାନେ ଆଇନଜ୍ଞ ହେବାପାଇଁ ଇଚ୍ଛୁକ, ସେମାନେ ଏହି ବିଦ୍ୟା ଅଧ୍ୟୟନ କରି ଭବିଷ୍ୟତରେ ଓକିଲ ବା ଆଡ଼ଭୋକେଟ, ବିଚାରପତି ଭଳି ଜୀବିକାର୍ଜନର ପନ୍ଥା ବାଛିନେବା ସଂଗେସଂଗେ ନ୍ୟାୟାଳୟର ବିଭିନ୍ନ ପଦପଦବୀରେ ନିଯୁକ୍ତି ପାଇଥାନ୍ତି । ଆମେ ଯେକୌଣସି ଜଣେ ଆଡଭୋକେଟ୍‌ଙ୍କ ବାସଗୃହକୁ ଯିବା ମାତ୍ରକେ ଦେଖିପାରିବା ଯେ ବିଭିନ୍ନ କାଚ ଆଲମାରି ଗୁଡ଼ିକରେ ବୃହଦାକାର ଗ୍ରନ୍ଥଗୁଡ଼ିକ ସୁସଜ୍ଜିତ । ଏଥିରୁ ଅତି ସହଜରେ ଅନୁମାନ କରିହୁଏ ଯେ, ସେମାନଙ୍କ ଅଧ୍ୟୟନର ପରିସର କେତେ ବ୍ୟାପକ । ବୋଧହୁଏ ଅନ୍ୟକୌଣସି ଜୀବିକାର୍ଜନ ପନ୍ଥାରେ ଏତେ ଗଭୀର ଅଧ୍ୟୟନର ଆବଶ୍ୟକତା ନଥାଇପାରେ । ପ୍ରତ୍ୟେକ ବିଦ୍ୟା ଆୟତ୍ତ କରିବା ପାଇଁ ନିଶ୍ଚିତ ଭାବରେ ଗଭୀର ମନନ ଓ ପଠନ ଆବଶ୍ୟକ । ଏହାକୁ କୌଣସି ଦୃଷ୍ଟିରୁ ଅସ୍ୱୀକାର କରାଯାଇନପାରେ । ମାତ୍ର ଆଇନଶାସ୍ତ୍ରର ନୀତିନିୟମ ଆଉ ବିଭିନ୍ନ ଧାରା ଉପଧାରା ସବୁକୁ ଅଧ୍ୟୟନ କରିବା, ଯଥା ସମୟରେ ତାହାର ଉପଯୁକ୍ତ ପ୍ରୟୋଗ କରିବା, କମ୍ ବୁଦ୍ଧିମତ୍ତାର ଅପେକ୍ଷା ରଖେନାହିଁ । ମୂଳତଃ ଏହା ପୁନଶ୍ଚ ଏକ ତର୍କବିଦ୍ୟା ବୋଲି କହିଲେ ଅତ୍ୟୁକ୍ତି ହେବନାହିଁ । ନ୍ୟାୟାଳୟରେ ଆଡ୍‌ଭୋକେଟ୍‌ମାନଙ୍କର ପରସ୍ପରର ବିଭିନ୍ନ ଯୁକ୍ତି ଖଣ୍ଡନ କରିବାର ଦୃଶ୍ୟ ଯେତେବେଳେ ଆମେ ଦେଖୁ, ସେତେବେଳେ ବାସ୍ତବରେ ଚକିତ ହୋଇ ରହିଯାଉ । ଯେକୌଣସି ଏକ ବିଷୟକୁ ପ୍ରାମାଣିକ ଭାବରେ ଉପସ୍ଥାପନ କରିବା ପାଇଁ ସେମାନେ ଯେଉଁ କଷ୍ଟ ସ୍ୱୀକାର କରିଥାନ୍ତି, ତାହା ଏକାନ୍ତ ଦର୍ଶନୀୟ । ତର୍କ ଓ ଯୁକ୍ତି ଆଧାରିତ ଏହି ବିଦ୍ୟା ଆୟତ୍ତ କରିବା ତଥା ଯଥାଯଥ ଭାବରେ ତାହାର ବିନିଯୋଗ କରିପାରିବା, ତୀକ୍ଷ୍ଣ ବୁଦ୍ଧିମତ୍ତାର ଅପେକ୍ଷା ରଖେ । ଦୁଇ ପକ୍ଷର ଓକିଲଙ୍କ ବଳିଷ୍ଠ ଯୁକ୍ତି ପ୍ରତି ଦୃଷ୍ଟିପାତ କରି ନିରପେକ୍ଷ ଅନୁଧ୍ୟାନ ସହିତ ଏକ ଚୂଡ଼ାନ୍ତ ନିଷ୍ପତ୍ତି ଯେଉଁମାନେ ଗ୍ରହଣ କରନ୍ତି, ସେମାନେ ହେଉଛନ୍ତି ନ୍ୟାୟାଧୀଶ । ଏହି ନ୍ୟାୟମୂର୍ତ୍ତିମାନଙ୍କୁ ଯେଉଁ ସର୍ବୋଚ୍ଚ ସ୍ଥାନରେ ଅବସ୍ଥାପିତ କରାଯାଏ,

ତାହା ସେମାନଙ୍କ ପ୍ରତି ସୁଗଭୀର ଓ ଆନ୍ତରିକ ସମ୍ମାନର ପରିଚୟ । ପ୍ରତ୍ୟେକ ଅଞ୍ଚଳରେ ନ୍ୟାୟାଳୟ ପ୍ରତିଷ୍ଠିତ । ପ୍ରତ୍ୟେକ ରାଜ୍ୟରେ ପୁଣି ଏକ ଏକ ଉଚ୍ଚ ନ୍ୟାୟାଳୟ ବା ହାଇକୋର୍ଟ ପ୍ରତିଷ୍ଠିତ । ଏସବୁ ଊର୍ଦ୍ଧ୍ୱରେ ପୁଣି ରହିଛି ଦେଶର ଉଚ୍ଚତମ ନ୍ୟାୟାଳୟ ବା ସୁପ୍ରିମକୋର୍ଟ । ଉକ୍ତ ସ୍ଥାନରେ ରହିଛନ୍ତି ଅଗଣିତ ବିଚାରପତି । ଉଚ୍ଚତମ ନ୍ୟାୟାଳୟର ମୁଖ୍ୟ ବିଚାରପତି ବା **Chief Justice**ଙ୍କୁ ଭାରତୀୟ ସମ୍ବିଧାନରେ ଯେଉଁ ମର୍ଯ୍ୟାଦା ପ୍ରଦାନ କରାଯାଇଛି, ତାହା କାହାରିକୁ ଆଗୋଚର ନାହିଁ ।

ଏଭଳି ଏକ ଯୁକ୍ତିସିଦ୍ଧ ବିଦ୍ୟା ସହିତ ସାହିତ୍ୟର ସମ୍ବନ୍ଧ କିପରି ବା ନିର୍ଣ୍ଣୟ କରାଯାଇପାରିବ ? ଯେଉଁମାନେ କେବଳ ନ୍ୟାୟଶାସ୍ତ୍ର ମଧ୍ୟରେ ସୀମିତ ରହି ଆଡ୍‌ଭୋକେଟ ବା ବିଚାରପତିର ଦାୟିତ୍ୱ ନିର୍ବାହ କରନ୍ତି, ସେମାନେ କଦାପି ଜଣେ ସଚ୍ଚୋଟ ବ୍ୟକ୍ତିଙ୍କୁ ଉପଯୁକ୍ତ ନ୍ୟାୟ ପ୍ରଦାନ କରିପାରିବେ ନାହିଁ । ଏଇ କ୍ଷେତ୍ରରେ ନ୍ୟାୟଶାସ୍ତ୍ର ଅଧ୍ୟୟନ ସହିତ ଯେଉଁମାନେ ସାହିତ୍ୟ ପ୍ରତି ବିଶେଷ ଭାବରେ ଆକର୍ଷିତ ସେମାନଙ୍କ ତୀକ୍ଷ୍ଣ ବୁଦ୍ଧିମତ୍ତା ସହିତ ଗଭୀର ହୃଦୟବତ୍ତାର ମଧ୍ୟ ବିକାଶ ସମ୍ଭବ ହୋଇଥାଏ । ସାହିତ୍ୟ ମାନବିକତାର ମୂଳଦୁଆ ଉପରେ ଯେ ନିର୍ମିତ, ଏହା କିଏ ବା ନଜାଣନ୍ତି ! ତେଣୁ କେବଳ ତର୍କନିଷ୍ଠ ହେଲେ କେହି ଉପଯୁକ୍ତ ଆଇନଜ୍ଞ ବା ନ୍ୟାୟାଧୀଶ ହେବା ଅସମ୍ଭବ । ନିଜର ମାନବିକତାବୋଧକୁ ସଂପ୍ରସାରିତ କରିବା ପାଇଁ ସାହିତ୍ୟ ଅଧ୍ୟୟନର ଆବଶ୍ୟକତା ଅପରିହାର୍ଯ୍ୟ । ଏହି ସାହିତ୍ୟାନୁଶୀଳନ ଦ୍ୱାରା ସେମାନଙ୍କ ଅନ୍ତରରେ ଯେଉଁ ସୁସ୍ଥ ବିଚାରଧାରାର ସୃଷ୍ଟି ସମ୍ଭବ ହୋଇପାରିବ, ତା' ଦ୍ୱାରା ଆମ ସମାଜକୁ ପ୍ରାପ୍ତ ହୋଇପାରିବ ଯଥାର୍ଥ ନ୍ୟାୟ । ଯେଉଁମାନେ ବିଭିନ୍ନ ଦୋଷରେ ଆବଦ୍ଧ ହୋଇ ଦୋଷୀ ସାବ୍ୟସ୍ତ, ସେମାନଙ୍କ ସପକ୍ଷରେ ମଧ୍ୟ ଓକିଲ ବଳିଷ୍ଠ ଯୁକ୍ତି ଉପସ୍ଥାପନ କରିଥାନ୍ତି । କିଏ ଦୋଷୀ ଓ କିଏ ନିର୍ଦ୍ଦୋଷ, ଏହା ଯଥାଯଥ ଭାବରେ ପ୍ରମାଣ କରିବା କମ୍ କଷ୍ଟକର କାର୍ଯ୍ୟ ନୁହେଁ ! ପୁନଶ୍ଚ ଯେଉଁମାନେ ବିଭିନ୍ନ ଆପତ୍ତିଜନକ ଅମାନବିକ କାର୍ଯ୍ୟରେ ସଂଶ୍ଳିଷ୍ଟ, ସେମାନଙ୍କ ସପକ୍ଷରେ ଆଇନଜ୍ଞ ମିଥ୍ୟା ପ୍ରମାଣ ଉପସ୍ଥାପନ କରିବା ଓ ସେଭଳି ବ୍ୟକ୍ତିଙ୍କୁ ନିର୍ଦ୍ଦୋଷ ପ୍ରତିପାଦନ କରିବାର ଚେଷ୍ଟା ସମ୍ପୂର୍ଣ୍ଣ ଭାବରେ ମାନବିକତା ପରିପନ୍ଥୀ, କେବଳ ଅର୍ଥ ଉପାର୍ଜନ କରିବା ସକାଶେ ଯେଉଁମାନେ ଦୁଷ୍ଟ ପ୍ରକୃତିର ଲୋକଙ୍କ ପାଇଁ ନ୍ୟାୟାଳୟରେ ଯୁକ୍ତି ଉପସ୍ଥାପନ କରନ୍ତି, ତାହା ଆମେ ପ୍ରତ୍ୟେକେ ଅନୁଭବ କରିପାରୁ । ଯେଉଁମାନେ ଉଚ୍ଚକୋଟୀର ଆଇନଜ୍ଞ,ସେମାନେ କୌଣସି ଦୁଷ୍ଟ ଲୋକମାନଙ୍କ ସପକ୍ଷରେ ଲଢ଼ିବା ପାଇଁ ସର୍ବଦା ଅନିଚ୍ଛୁକ । ପୁଣି ଅନେକ କ୍ଷେତ୍ରରେ ମଣିଷ ମଣିଷ ମଧ୍ୟରେ ଯେଉଁ ବିବାଦୀୟ ପରିସ୍ଥିତି ସୃଷ୍ଟିହୁଏ ତାହାକୁ ସମାଧାନ କରିଦେବା ପାଇଁ ସେମାନେ ଯତ୍ନ କରିଥାନ୍ତି । ତେଣୁ ଏହି କ୍ଷେତ୍ରରେ ଦେଖାଯାଏ ଯେ, ଆଇନଶାସ୍ତ୍ରକୁ ଭିତ୍ତିକରି ଜୀବିକାର୍ଜନର ପନ୍ଥା

ନିର୍ଦ୍ଧାରଣ କରିଥିବା ଅନେକ ଉଚ୍ଚକୋଟୀର ଓକିଲଙ୍କ ଆର୍ଥିକ ଅବସ୍ଥା ଅତ୍ୟନ୍ତ ଅସ୍ୱଚ୍ଛଳ। ଉତ୍କଳମଣି ଗୋପବନ୍ଧୁ ଦାସ ଏପରି କ୍ଷେତ୍ରରେ ଦୁଇପକ୍ଷ ମଧ୍ୟରେ ମିଳାମିଶା କରିବାର ସୂତ୍ରଧର ହୋଇ ସମସ୍ତ ଅର୍ଥାର୍ଜନ ମାର୍ଗକୁ ଅବରୁଦ୍ଧ କରିଦିଅନ୍ତି। ସେମାନଙ୍କ ପାଇଁ ଅର୍ଥାର୍ଜନ ଯେତିକି ଆବଶ୍ୟକ ତା'ଠାରୁ ଶ୍ରେଷ୍ଠ କର୍ତ୍ତବ୍ୟ ହେଉଛି ମହାର୍ଘ ଶାନ୍ତି ସ୍ଥାପନ। ଓଡ଼ିଶାର ବରଗଡ଼ ଜିଲ୍ଲାର ପଦ୍ମପୁରଠାରେ ଜଣେ ଥିଲେ ଓକିଲ ଯାହାଙ୍କ ନାମ ହେଉଛି ଗଂଗାଧର ଗୁରୁ। ତାଙ୍କର ଦାରିଦ୍ର୍ୟ ଯେଉଁମାନେ ପ୍ରତ୍ୟକ୍ଷ କରିଛନ୍ତି, ସେମାନେ ଜାଣନ୍ତି ଯେ, ସେ କବି ଓ ସାହିତ୍ୟିକ ଭାବରେ କାହାକୁ ଅନୁଚିତ ପରାମର୍ଶ ଦେଇପାରନ୍ତି ନାହିଁ। ଗୋଟିଏ ପାର୍ଶ୍ୱରେ ଜଣେ ସାହିତ୍ୟର ଭାବଧାରା ଦ୍ୱାରା ଯଦି ଉଦ୍‌ବୁଦ୍ଧ ହୋଇଥିବ ଆଉ ଆଇନଜ୍ଞର ଭୂମିକାରେ ପୁଣି ଅବତୀର୍ଣ୍ଣ ହେବ, ସେ ଦ୍ୱନ୍ଦ୍ୱାତ୍ମକ ପରିସ୍ଥିତିରେ ସମାଧାନର ସୂତ୍ର ଅନ୍ୱେଷଣ କରିବ ସାହିତ୍ୟରୁ ନିଶ୍ଚିତ ଭାବରେ। ମହାତ୍ମା ଗାନ୍ଧୀ, ଉତ୍କଳ ଗୌରବ ମଧୁସୂଦନ ଦାସଙ୍କ ଭଳି ଜାତିପୂଜ୍ୟ ମହାନ୍ ବ୍ୟକ୍ତିତ୍ୱମାନେ ଥିଲେ ଜଣେ ଜଣେ ଶ୍ରେଷ୍ଠ ନ୍ୟାୟଶାସ୍ତ୍ରବିତ୍ ଓ ସାହିତ୍ୟ ଅଧ୍ୟୟନ ଓ ସୃଜନ କ୍ଷେତ୍ରରେ ମଧ୍ୟ ଥିଲେ ଅନତିକ୍ରମଣୀୟ ପ୍ରତିଭା ସମ୍ପନ୍ନ ସାଧୁ ବ୍ୟକ୍ତିତ୍ୱର ଅଧିକାରୀ। ବର୍ତ୍ତମାନ ଆମ ନ୍ୟାୟାଳୟମାନଙ୍କର ଅବସ୍ଥା ଯେଉଁ ସ୍ତରରେ ଉପନୀତ, ସେଥିରେ ଯେ ମାନବିକତାର ଉଦାହରଣ ଅତ୍ୟନ୍ତ ସ୍ୱଳ୍ପ ଏହା ପ୍ରତ୍ୟେକେ ଭଲ ଭାବରେ ଜାଣନ୍ତି। ଓକିଲ ବ୍ୟବସାୟ ଯେ ଏକ ଅସାଧୁ ବ୍ୟାପାର ଏପରି ଧାରଣା ଆମ ସମାଜରେ ସୃଷ୍ଟି ହେବା ଆଦୌ ଅମୂଳକ ନୁହେଁ। ତେଣୁ ଏକ ସୁସ୍ଥ ସମାଜ ଗଠନରେ ଆଇନଜୀବୀ ଓ ନ୍ୟାୟମୂର୍ତ୍ତିମାନଙ୍କର ଯେଉଁ ଗୁରୁତ୍ୱପୂର୍ଣ୍ଣ ଭୂମିକା ରହିଛି, ତାହା ସୂଚାରୁ ଭାବରେ ସମ୍ପାଦିତ ହେବା ନିର୍ଭର କରୁଛି ସାହିତ୍ୟ ସଚେତନତା ଉପରେ। ଯେଉଁମାନେ ନିଷ୍ପାପର ଓ ଅଙ୍ଗୀକାରବଦ୍ଧ ଲେଖକ ଲେଖିକା ଅଥବା ପାଠକ ପାଠିକା ସେମାନେ ଯଦି ଆଇନ ଅଧ୍ୟୟନ କରନ୍ତି ଓ ସ୍ୱଅର୍ଜିତ ମାନବିକତାବୋଧ ଦ୍ୱାରା ପରିଚାଳିତ ହୁଅନ୍ତି, ତା' ହେଲେ ଏକ ଅପରାଧମୁକ୍ତ ସମାଜ ଗଠନରେ ସେମାନଙ୍କ ଭୂମିକା ରହନ୍ତା ସର୍ବାଗ୍ରେ। ଏହି ସଦୁଦ୍ୟମର ଅଭାବରୁ ଆଜି ଗାଁ ଗାଁରେ, ପାରିବାରିକ କ୍ଷେତ୍ରରେ, ବିଭିନ୍ନ ଅନୁଷ୍ଠାନ ଓ ଗୋଷ୍ଠୀ ମଧ୍ୟରେ ଯେଉଁ କଳହ ସୃଷ୍ଟି ହେଉଛି ତାହା ହ୍ରାସ କରିବା ଦିଗରେ ସେମାନଙ୍କ ମହାନ ପ୍ରଚେଷ୍ଟା ହୋଇପାରନ୍ତା ପ୍ରେରଣାଦାୟୀ। ଏହା ନକରି ଯେଉଁମାନେ ଏହି ଅସହାୟତାରୁ ଫାଇଦା ନେବା ଉଦ୍ଦେଶ୍ୟ ନେଇ ଆଇନଜ୍ଞର ଭୂମିକାରେ ଅବତୀର୍ଣ୍ଣ ହୁଅନ୍ତି, ସେମାନଙ୍କ ପ୍ରତିବଦ୍ଧତା ଉପରେ ଏହା ଏକ ପ୍ରଶ୍ନବାଚୀ । ନ୍ୟାୟାଳୟମାନଙ୍କର ଯେଉଁ ନ୍ୟାୟାଧୀଶ ସାହିତ୍ୟ ପ୍ରତି ଆକୃଷ୍ଟ ସେମାନଙ୍କ ନ୍ୟାୟଦାନ କିପରି ନିରପେକ୍ଷ ଓ ସମାଜ ନିମିତ୍ତ କଲ୍ୟାଣ ମୂଳକ, ତାହାର ଅନେକ ଦୃଷ୍ଟାନ୍ତ ରହିଛି।

ଏ ସଂପର୍କରେ ଆଲୋଚନା କରିବାବେଳେ ଏ ପ୍ରବନ୍ଧ ଲେଖକଙ୍କର ପାରିବାରିକ

ଜୀବନର ଏକ ଘଟଣା ସ୍ୱତଃ ମନକୁ ଉଦ୍‌ବେଳିତ କରିଦେଉଛି । ସ୍ୱଭାବକବି ଗଙ୍ଗାଧର ମେହେରଙ୍କ ପରିବାରରେ ଜନ୍ମ ହୋଇ ଏହି ବିରଳ ଘଟଣାଟି ଜାଣିବାର ସୁଯୋଗ ମିଳିଥିଲା ତାକୁ । କବିଙ୍କ ଦ୍ୱାରା କ୍ରୟ ହୋଇଥିବା ଚାଷଜମି ଉପରେ ଅଧିକାର ସାବ୍ୟସ୍ତ କରୁଥିଲା ଏକ ଦୁଷ୍ଟ ପ୍ରକୃତିର ଲୋକ । କୌଣସି ବିବାଦ ମଧ୍ୟକୁ ଯିବାପାଇଁ ପ୍ରସ୍ତୁତ ନଥିବାରୁ ଆମ ପରିବାରରେ ସମସ୍ତେ ଏହି ଅନ୍ୟାୟ ଦେଖି ମଧ୍ୟ ନିରବତା ଅବଲମ୍ବନ କରୁଥାଆନ୍ତି । ମୋର ପୂଜ୍ୟପିତା କବିଙ୍କ କନିଷ୍ଠ ପୌତ୍ର । ଗଙ୍ଗାଧର ସ୍ମୃତିରକ୍ଷା ପାଇଁ ସମର୍ପିତ ଜଣେ ସମାଜସେବୀ ତଥା ଆଦର୍ଶ ଶିକ୍ଷକଙ୍କ ପ୍ରେରଣାରେ ସେ ହେଲେ ନ୍ୟାୟାଳୟର ଦ୍ୱାରସ୍ଥ । ଏହି ମକଦ୍ଦମାର ଦାୟିତ୍ୱ ନେଲେ ପୁଣି ବରଗଡ଼ର ପ୍ରତିଷ୍ଠିତ ଓକିଲ ଗୋପାଳଚନ୍ଦ୍ର ମିଶ୍ର, ଯିଏ ହେଉଛନ୍ତି କବି ଦୟାନିଧି ମିଶ୍ରଙ୍କ ଜ୍ୟେଷ୍ଠପୁତ୍ର । ଏଥିପାଇଁ ସେ ମେହେର କବିଙ୍କ ପରିବାରରୁ ଟଂକାଟିଏ ମଧ୍ୟ ଗ୍ରହଣ କରିନଥିଲେ । ଯେଉଁଦିନ ନ୍ୟାୟାଧୀଶ ଶୁଣାଇଲେ ତାଙ୍କର ଚୂଡ଼ାନ୍ତ ନିଷ୍ପତ୍ତି, ସେଦିନର ଘଟଣା ପିତାଙ୍କ ମୁଖରୁ ଶୁଣିବାର ସୌଭାଗ୍ୟ ପାଇଛି । ଆଡ୍‌ଭୋକେଟ ଗୋପାଳଚନ୍ଦ୍ର ମିଶ୍ର ସ୍ୱଭାବକବି ଗଂଗାଧର ମେହେରଙ୍କ ପରିବାର ପ୍ରତି ହେଉଥିବା ଏହି ଅନ୍ୟାୟ ସଂପର୍କରେ ବିଚାରପତିଙ୍କର ଦୃଷ୍ଟି ଆକର୍ଷଣ କଲେ ଯେତେବେଳେ, ବିଚାରପତି ପଚାରିଲେ ଗଙ୍ଗାଧର ମେହେର କ'ଣ ରବୀନ୍ଦ୍ରନାଥଙ୍କ ପରି ଜଣେ ମହାନ କବି ? ଏଠାରେ ଉଲ୍ଲେଖନୀୟ ଯେ ବିଚାରପତି ମହୋଦୟ ଗଙ୍ଗାଧରଙ୍କୁ ଜାଣିବାର ସୁଯୋଗ ପାଇନଥିଲେ । କାରଣ ସେ ଥିଲେ ବଙ୍ଗାଳୀ । ସେଥିପାଇଁ ଜାଣିଥିଲେ ଘନିଷ୍ଠ ଭାବରେ ରବୀନ୍ଦ୍ରନାଥଙ୍କୁ । ତେଣୁ ସିଏ ଏହି ପ୍ରଶ୍ନ ପଚାରିଥିଲେ । ଆଡ଼ଭୋକେଟ୍ ଶ୍ରୀଯୁକ୍ତ ମିଶ୍ର ଯେତେବେଳେ ବୁଝାଇଦେଲେ ଯେ ସେ ହେଉଛନ୍ତି ପ୍ରକୃତରେ ରବୀନ୍ଦ୍ର ପ୍ରତିଭା ପରି ଏକ ବିରଳ ବ୍ୟକ୍ତିତ୍ୱ, ମାତ୍ର ସେତିକି ଶୁଣି ବିଚାରପତି କବି ପରିବାର ସପକ୍ଷରେ ଶୁଣାଇଥିଲେ ତାଙ୍କର ଚୂଡ଼ାନ୍ତ ରାୟ । ଏହା ଫଳରେ ଅନେକବର୍ଷ ଧରି ଯେଉଁ ଚାଷଜମି ଅନ୍ୟର ଅଧିକୃତ ହୋଇ ରହିଥିଲା, ତାହା କବି ପରିବାରଙ୍କ ଅଧିକାରଭୁକ୍ତ ହୋଇପାରିଲା । ବିଚାରପତି ଆସନରେ ଥିବା ପଶ୍ଚିମବଂଗର ଏହି ଭଦ୍ରବ୍ୟକ୍ତି ଯଦି ରବୀନ୍ଦ୍ର-ପ୍ରତିଭା ସହିତ ପରିଚିତ ହୋଇନଥାନ୍ତେ ତା'ହେଲେ ଗଂଗାଧରଙ୍କ ନାମଶୁଣି ଉକ୍ତ ତାତ୍ପର୍ଯ୍ୟପୂର୍ଣ୍ଣ ପ୍ରଶ୍ନ ପଚାରିପାରିନଥାନ୍ତେ । ଆଡ୍‌ଭୋକେଟ୍ ଶ୍ରୀଯୁକ୍ତ ମିଶ୍ର ଯଦି କବି ଦୟାନିଧି ମିଶ୍ରଙ୍କ ସୁପୁତ୍ର ହୋଇନଥାନ୍ତେ ତା'ହେଲେ ଏଥିପାଇଁ ଅର୍ଥଗ୍ରହଣ ନକରିସୁଦ୍ଧା ଏପରି ମକଦ୍ଦମାରେ ଜଡ଼ିତ ହୋଇନଥାନ୍ତେ । ସାହିତ୍ୟିକ ସମ୍ପର୍କ ଓ ସାହିତ୍ୟ ସଚେତନତା ବାସ୍ତବିକ କି ଭୂମିକା ନେଇପାରେ ନ୍ୟାୟାଳୟ ମଧ୍ୟରେ, ଏହା ତାହାର ଏକ ସମୁଜ୍ଜ୍ୱଳ ଦୃଷ୍ଟାନ୍ତ ।

ନ୍ୟାୟଶାସ୍ତ୍ର ସହିତ ସାହିତ୍ୟର ସମ୍ପର୍କ କି ଘନିଷ୍ଠ, ତାହା ପ୍ରତିପାଦନ କରିବା

ପାଇଁ ଆହୁରି ତଥ୍ୟ, ଘଟଣା ଓ ଉପାଦାନ ସଂରକ୍ଷିତ ହୋଇରହିଛି ନ୍ୟାୟପାଳିକାର ଇତିହାସରେ। ନ୍ୟାୟଶାସ୍ତ୍ର ବୁଦ୍ଧିବୃତ୍ତିକୁ ଶାଣିତ କରୁଥିବାବେଳେ ସାହିତ୍ୟ ହୃଦୟର ଅନୁଭବକୁ କରିପାରେ ସମ୍ପ୍ରସାରିତ। ଲାଭକ୍ଷତିର ଊର୍ଦ୍ଧ୍ୱରେ ରହି ବିବେକର ବାଣୀ ଅନୁସାରେ ପରିଚାଳିତ ହେବାପାଇଁ ସାହିତ୍ୟ ହିଁ ପ୍ରଦାନ କରିଥାଏ ଅବିସ୍ମରଣୀୟ ବଳିଷ୍ଠ ପ୍ରେରଣା। ସାହିତ୍ୟ ଜ୍ଞାନ ବିବର୍ଜିତ ନ୍ୟାୟଶାସ୍ତ୍ର ଅଧ୍ୟୟନ ଯେ ଅର୍ଥଶୂନ୍ୟ ଏହା କହିବା କଦାପି ଅତିରଂଜନର ବିଷୟ ନୁହେଁ। ସାହିତ୍ୟର ଭାବଧାରାରେ ଯେଉଁମାନେ ଉଦ୍‌ବୁଦ୍ଧ ହୋଇ ନ୍ୟାୟଶାସ୍ତ୍ର ମଧ୍ୟରେ ପ୍ରବେଶ କରନ୍ତି, ସେମାନଙ୍କ ସାଧୁତା, ସତ୍‌ସଂକଳ୍ପ ଓ ସମାଜନିମିତ୍ତ ସେମାନଙ୍କ ମଙ୍ଗଳାଭିଳାଷ ଉଜ୍ଜୀବିତ ହୋଇରହେ। ଏ ସମସ୍ତ କାରଣରୁ ଏକଥା ନିର୍ବିବାଦରେ ଉଲ୍ଲେଖ କରାଯାଇପାରେ ଯେ ନ୍ୟାୟଶାସ୍ତ୍ର ହୁଏ ଯଦି ମସ୍ତିଷ୍କ ତା' ହେଲେ ସାହିତ୍ୟ ହେଉଛି ହୃଦୟ। ଯେଉଁ ଶାସ୍ତ୍ରରେ ଅନ୍ୟାୟ ସପକ୍ଷରେ କୌଣସି ଯୁକ୍ତି ଉପସ୍ଥାପିତ ହୋଇନଥାଏ। ଯିଏ ପ୍ରକୃତରେ ସଚ୍ଚୋଟ, ନିର୍ଦ୍ଦୋଷ ସେପରି ବ୍ୟକ୍ତିଙ୍କୁ ନ୍ୟାୟ ପ୍ରଦାନ ନିମିତ୍ତ ନିୟମ ସବୁ ଲିପିବଦ୍ଧ ହୋଇଛି। ଏହି ସବୁ ନୀତି ନିୟମର ଯେଉଁ ପୁଙ୍ଖାନୁପୁଙ୍ଖ ବିଶ୍ଳେଷଣ ନ୍ୟାୟଶାସ୍ତ୍ରରେ ବର୍ତ୍ତମାନ,ତାହା ଯେ ସାହିତ୍ୟର ଆତ୍ମା ଉପରେ ସୁପ୍ରତିଷ୍ଠିତ, ଏହା ପ୍ରତିପାଦନ କରିବା ହିଁ ହେବ ସାହିତ୍ୟ ଓ ନ୍ୟାୟଶାସ୍ତ୍ର ଉଭୟ ପ୍ରତି ଆମର ଶ୍ରେଷ୍ଠ ସମ୍ମାନ।

■

ସାହିତ୍ୟ ଓ ବିଜ୍ଞାନ

ଅନେକଙ୍କ ଧାରଣା ରହିଛି ସାହିତ୍ୟ ଓ ବିଜ୍ଞାନ ମଧ୍ୟରେ ସେଭଳି କୌଣସି ଗଭୀର ସାମଞ୍ଜସ୍ୟ ରହିନାହିଁ ବୋଲି। ଆଉ କେତେକ ଗବେଷକ ଉଭୟ ବିଷୟ ମଧ୍ୟରେ ଥିବା ସମାନତାକୁ ଆବିଷ୍କାର କରିପାରିଥାନ୍ତି। ବିଶିଷ୍ଟ ଲେଖକମାନଙ୍କ ମତରେ "ବିଜ୍ଞାନର ଦୃଷ୍ଟି ଖଣ୍ଡିତ, ସାହିତ୍ୟର ଦୃଷ୍ଟି ପୂର୍ଣ୍ଣାଙ୍ଗ"। ଏଭଳି ଅନେକ ଦ୍ୱନ୍ଦ୍ୱର ପ୍ରକୃତ ସମାଧାନ କରିବାକୁ ଚାହିଁଲେ ଆମକୁ ଉଭୟ ବିଷୟର ମହତ୍ତ୍ୱ ଯଥାର୍ଥ ଭାବରେ ଆକଳନ କରିବାକୁ ହେବ।

ସାହିତ୍ୟ ସମ୍ପର୍କରେ ବିଶେଷ ବର୍ଣ୍ଣନାର ଆବଶ୍ୟକତା ଏ କ୍ଷେତ୍ରରେ ନାହିଁ। କାରଣ ସାହିତ୍ୟର ଭାବସତ୍ତା ସହିତ ପ୍ରାୟ ସମସ୍ତେ ପରିଚିତ। ବିଜ୍ଞାନ ସମ୍ପର୍କରେ ମଧ୍ୟ ସଚେତନ ପାଠକମାନଙ୍କ ଧାରଣା ରହିଛି ନିଶ୍ଚୟ। କିନ୍ତୁ ଏହି ଉଭୟ ବିଷୟକୁ ଏକ ଯଥାର୍ଥ ଦୃଷ୍ଟିଭଙ୍ଗୀ ନେଇ ଆଲୋଚନା କରିବାର ଆବଶ୍ୟକତାକୁ ଅସ୍ୱୀକାର କରିହେବ ନାହିଁ।

ପୃଥିବୀ ପ୍ରସିଦ୍ଧ ବୈଜ୍ଞାନିକମାନଙ୍କ ଜୀବନର ବିଭିନ୍ନ ଘଟଣାକୁ ଅନୁଧ୍ୟାନ କଲେ ଜଣାପଡ଼େ ଯେ ଜଣେ ସାହିତ୍ୟ ଶିଳ୍ପୀର ହୃଦୟ ଓ ଜଣେ ସଚ୍ଚୋଟ ବୈଜ୍ଞାନିକଙ୍କର ଉପଲବ୍ଧି ମଧ୍ୟରେ ବିଶେଷ କୌଣସି ପାର୍ଥକ୍ୟ ନାହିଁ। ନିଉଟନ ଯେତେବେଳେ ମାଧ୍ୟାକର୍ଷଣ ଶକ୍ତି ସଂପର୍କରେ ସଚେତନ ହୋଇ ଉଠିଲେ, ସେତେବେଳେ ବୃକ୍ଷଲତାର ସୌନ୍ଦର୍ଯ୍ୟ, ପୁଷ୍ପ ଫଳର ଭୂ-ପତନ ଲକ୍ଷ୍ୟକରି ଯେଉଁ ଆନନ୍ଦାନୁଭବ ଲାଭ କରିଥିଲେ, ତାହା ଉଚ୍ଚକୋଟୀର ଜଣେ କବିଙ୍କ ସୌନ୍ଦର୍ଯ୍ୟାନୁଭବଠାରୁ କଦାପି ଭିନ୍ନ ହୋଇ ନପାରେ। ଏକଥା ସତ୍ୟ ଯେ ତାଙ୍କର ଅନୁସନ୍ଧାନ ଥିଲା ଭିନ୍ନ। ତେଣୁ ସେ ନିଜର ନାନ୍ଦନିକ ଅନୁଭବକୁ ପ୍ରକାଶ କରିବାର ଯଥାର୍ଥତା ଅନୁଭବ କରିଥାଇନପାରନ୍ତି। ତା' ବୋଲି ମନୁଷ୍ୟ ଚେତନାନେଇ ସେ ଯେ ସୌନ୍ଦର୍ଯ୍ୟ ସନ୍ଦର୍ଶନରେ ଆତ୍ମହରା ହୋଇନଥିବେ, ଏହା ଆମେ କହିପାରିବା କିପରି ? ଗାଲିଲିଓ ଯେତେବେଳେ ଏ ସତ୍ୟ ଘୋଷଣା କଲେ

ଯେ, ସୂର୍ଯ୍ୟ ସ୍ଥିର ଓ ପୃଥିବୀ ଘୂର୍ଣ୍ଣାୟମାନ ସେତେବେଳେ ସୂର୍ଯ୍ୟକିରଣର ସୁନ୍ଦରତା ଅଥବା ପୃଥିବୀର ବୈଚିତ୍ର୍ୟ ତାଙ୍କୁ କ'ଣ ମୁଗ୍ଧ କରିନଥିବ? ଉଚ୍ଚକୋଟୀର ବୈଜ୍ଞାନିକ ଓ ସାହିତ୍ୟିକମାନେ ସମାନ ଉପାଦାନରେ ଗଠିତ ହୋଇଥାନ୍ତି। ତାହା ହେଲା ଚିରନ୍ତନ ସତ୍ୟର ଅନ୍ୱେଷଣ ପାଇଁ ଗଭୀର ଅଭୀପ୍ସା। ସାହିତ୍ୟ ଶିଳ୍ପୀ ପ୍ରକୃତିର ସୌନ୍ଦର୍ଯ୍ୟ, ମଣିଷ ଜୀବନର ବୈଚିତ୍ର୍ୟ ସନ୍ଧାନ କରି ଯେପରି ସ୍ପନ୍ଦିତ ହୁଅନ୍ତି, ବୈଜ୍ଞାନିକମାନେ ସେହିପରି ଏକ ନୂତନ ତତ୍ତ୍ୱ ଆବିଷ୍କାରର ଆନନ୍ଦରେ ଉତ୍‌ଫୁଲ୍ଲିତ ହୋଇଉଠିଥାନ୍ତି। ବିଜ୍ଞାନ ଓ ସାହିତ୍ୟ ଏ ଉଭୟର ଉଦ୍ଦେଶ୍ୟ କଦାପି ଅଲଗା ଅଲଗା ନୁହେଁ। ଉଭୟ ବିଦ୍ୟା ହିଁ ମଣିଷର କଲ୍ୟାଣ ନିମିତ୍ତ ଅଭିପ୍ରେତ। ଏହି କଥାଟିକୁ ଯଥାର୍ଥ ଭାବରେ ହୃଦୟଙ୍ଗମ କରିପାରୁନଥିବା ହେତୁ ଆମେ ଉଭୟକୁ ସମାନ ଚକ୍ଷୁରେ ଦେଖିପାରୁନା। ଯେଉଁ ବୈଜ୍ଞାନିକ ନିଜସ୍ୱ ଜ୍ଞାନର ଦୁରୂପଯୋଗ କରି ମାନବ ସଭ୍ୟତାର କ୍ଷତି ସାଧନ କରନ୍ତି, ତାଙ୍କୁ ଆମେ କଦାପି ବିଶୁଦ୍ଧ ବୈଜ୍ଞାନିକ ଚିନ୍ତନର ପ୍ରତିନିଧି ଭାବରେ ଗ୍ରହଣ କରିପାରିବା ନାହିଁ। ଠିକ୍ ସେହିପରି ଭାବେ ଯେଉଁମାନେ ସାହିତ୍ୟ ନାମରେ ଅପସଂସ୍କୃତିର ପ୍ରସାର ଘଟାଇ ସମାଜକୁ କଳୁଷିତ କରିଥାନ୍ତି, ସେମାନେ କେଉଁ ଦୃଷ୍ଟିରୁ ଅବା ସାଧୁ ସାହିତ୍ୟିକ ବୋଲି ବର୍ଣ୍ଣିତ ହେବେ?

ଯେତେବେଳେ ହିରୋସୀମା ଓ ନାଗାସାକୀ ଉପରେ ପରମାଣୁ ବୋମା ନିକ୍ଷିପ୍ତ ହେଲା, ସେତେବେଳେ ପୃଥିବୀ ବିଖ୍ୟାତ ବୈଜ୍ଞାନିକ ଆଇନଷ୍ଟାଇନ ନିରବରେ ପ୍ରାର୍ଥନା କରୁଥିଲେ ଯେ, "ହେ ପ୍ରଭୁ ମୋତେ ଯଦି ଆଗାମୀ ଜନ୍ମରେ ମନୁଷ୍ୟ ରୂପରେ ଜନ୍ମ ଦିଅ ତା' ହେଲେ ଆଉ ଏ ଅଧମକୁ ବୈଜ୍ଞାନିକ କରି ତିଆରି କରିବ ନାହିଁ। ବରଂ ଏହା ଅପେକ୍ଷା ଅତିସାଧାରଣ ଫେରିବାଲାଟିଏ ହୋଇ ଅତ୍ୟନ୍ତ ସାଧାରଣ ଅଥଚ ସରଳ ଜୀବନ ବିତାଇବା ପାଇଁ ମୁଁ ପସନ୍ଦ କରିବି।" ଆଉ ଥରେ ସେପରି ସାମ୍ବାଦିକମାନେ ଆଇନଷ୍ଟାଇନଙ୍କୁ ପ୍ରଶ୍ନ କରିଥିଲେ ଯେ, "ଆଜିକାଲି ତ ଅନେକ ପ୍ରକାରର ସାବୁନ ବଜାରରେ ସୁଲଭ। ଆପଣ ଗୋଟିଏ ପ୍ରକାରର ସାବୁନ କାହିଁକି ବ୍ୟବହାର କରୁଛନ୍ତି?" ସ୍ମିତହାସ୍ୟର ରେଖା ଓଠରେ ଉକୁଟାଇ ଆଇନଷ୍ଟାଇନ୍ ଏହାର ଉତ୍ତର ଦେଇ କହିଥିଲେ ଯେ, "ଗୋଟିଏ ପ୍ରକାରର ସାବୁନ ବ୍ୟବହାର କରି ତ ଜୀବନ ଜଟିଳ ହୋଇପଡୁଛି। ଅନ୍ୟ ପ୍ରକାରର ସାବୁନ ବ୍ୟବହାର କରିବାର ପ୍ରଶ୍ନ ଆସୁଛି କୁଆଡୁ? ପାଠକମାନଙ୍କ ଉଦ୍ଦେଶ୍ୟରେ ଏ ଲେଖକ ବିନମ୍ରତାର ସହିତ ପ୍ରଶ୍ନ କରିପାରେ – ଏ ଉତ୍ତରଟି ମହାତ୍ମାଗାନ୍ଧୀଙ୍କ କଣ୍ଠସ୍ୱର ନିଃସୃତ ଶବ୍ଦ ପରି ଲାଗୁନାହିଁ? ଏକ ନିର୍ଦ୍ଦିଷ୍ଟ ବିନ୍ଦୁରେ ନିଉଟନ, ଆଇନଷ୍ଟାଇନ, ମହାତ୍ମାଗାନ୍ଧୀ ଅଥବା ରବୀନ୍ଦ୍ରନାଥ ସମସ୍ତେ ହୋଇଛନ୍ତି ଏକତ୍ର।

ମାନବଜାତିର ଭବିଷ୍ୟତ ସମୃଦ୍ଧଶାଳୀ ହେଉ, ଏହା କେଉଁ ବୈଜ୍ଞାନିକ ଅବା

ଚାହାନ୍ତି ନାହିଁ ? ବାସ୍ତବିକ ଯେଉଁ ବୈଜ୍ଞାନିକ ମାନବିକତା ସପକ୍ଷବାଦୀ, ସିଏ ହିଁ ହେଉଛନ୍ତି ଏକାନ୍ତ ନମସ୍ୟ ଓ ପ୍ରେରଣାର ପ୍ରଦୀପ। ପ୍ରଥମ ଓ ଦ୍ୱିତୀୟ ବିଶ୍ୱଯୁଦ୍ଧ ଘଟିଲାପରେ ଏହି ମହାନ ବୈଜ୍ଞାନିକ ଆଇନଷ୍ଟାଇନଙ୍କୁ ପ୍ରଶ୍ନ କରାଯାଇଥିଲା ଯେ, ତୃତୀୟ ବିଶ୍ୱଯୁଦ୍ଧ କେଉଁ ଅସ୍ତ୍ରଶସ୍ତ୍ର ଦ୍ୱାରା ସଂଘଟିତ ହେବ ? ଏହାର ଉତ୍ତର ମଧ୍ୟ ଆଇନଷ୍ଟାଇନ ଏପରି ଭାବରେ ଛାଡ଼ି ଯାଇଛନ୍ତି ଯାହା ମାନବ ସମାଜ ପାଇଁ ଏକ ପ୍ରଚଣ୍ଡ ଚେତାବନୀ। ସେ କହିଲେ, "ତୃତୀୟ ବିଶ୍ୱଯୁଦ୍ଧରେ କେଉଁ ଅସ୍ତ୍ରଶସ୍ତ୍ରର ବ୍ୟବହାର ହେବ ତାହା ତ କହିପାରିବି ନାହିଁ। କିନ୍ତୁ ଚତୁର୍ଥ ବିଶ୍ୱଯୁଦ୍ଧ ସମୟରେ ଟେକା ପଥର ସାହାଯ୍ୟରେ ହେବ ଯୁଦ୍ଧ।" ଅର୍ଥାତ୍ ସେ ସ୍ପଷ୍ଟ କରିଦେବାକୁ ଚାହିଁଲେ ଯେ-ତୃତୀୟ ମହାଯୁଦ୍ଧ ବର୍ତ୍ତମାନର ମାନବ ସଭ୍ୟତାକୁ ସମୂଳେ ଧ୍ୱସ୍ତ ବିଧ୍ୱସ୍ତ କରିଦେବ।

ଏହିଭଳି ମହାନ ବ୍ୟକ୍ତିଙ୍କ ଚିରସ୍ମରଣୀୟ ଉକ୍ତି ଉଦ୍ଧାର କରିବାର କାରଣ ହେଲା ଯେଉଁମାନେ ପ୍ରକୃତ ଅର୍ଥରେ ବିଜ୍ଞାନର ଗବେଷକ ସେମାନେ ସର୍ବଦା ମାନବଜାତିର ମଙ୍ଗଳ ଆକାଂକ୍ଷାରେ ଅଭିଭୂତ। ବହୁ ନିମ୍ନ ସ୍ତରର ବୈଜ୍ଞାନିକ ଅଛନ୍ତି, ଯେଉଁମାନେ ନିଜର କ୍ଷୁଦ୍ର ସ୍ୱାର୍ଥ ସକାଶେ ସାମୂହିକ କ୍ଷତିସାଧନ କରିବାପାଇଁ ଆଦୌ କୁଣ୍ଠିତ ନୁହନ୍ତି। ମନୋଜ ଦାସଙ୍କ ରଚନାରୁ ଏକ ଛୋଟ ଉଦାହରଣ ନିଆଯାଉ। ସେ ତାଙ୍କର ଏକ ସ୍ତମ୍ଭ ରଚନାରେ ଉଲ୍ଲେଖ କରିଛନ୍ତି ଯେ ଜଣେ ଯୁବକ ବିଦେଶରୁ ସ୍ୱଦେଶକୁ ଫେରିଆସି ଆକସ୍ମିକ ଭାବରେ ଜ୍ୱରାକ୍ରାନ୍ତ ହୋଇପଡ଼ିଛନ୍ତି। ତାଙ୍କର ଆଶୁ ଆରୋଗ୍ୟ ସକାଶେ ଡାକ୍ତର ଦେଇଛନ୍ତି ଏକ ଇଞ୍ଜେକ୍ସନ୍। ଦୁଃଖର କଥା, ଏହା ପରେ ପରେ ହିଁ ଯୁବକ ଜଣଙ୍କର ଅପମୃତ୍ୟୁ ଘଟିଛି ଅଚିନ୍ତନୀୟ ଭାବରେ। କାହିଁକି ଏପରି ଘଟଣା ଘଟିଲା, ତାହାର କାରଣ ଅନୁସନ୍ଧାନ କରିବା ବେଳେ ଜଣାପଡ଼ିଛି ଯେ, ଇଞ୍ଜେକ୍ସନ୍ ଦେବା ସମୟରେ ଯେଉଁ ବିଶୁଦ୍ଧ ଜଳ ବା ଡିଷ୍ଟିଲଡ୍ ୱାଟର ବ୍ୟବହାର କରାଯାଏ, ତାହା ହିଁ ଥିଲା ଅଶୁଦ୍ଧ। ଆହୁରି ଆଶ୍ଚର୍ଯ୍ୟଜନକ ବିଷୟ ହେଉଛି ସେହି ଡିଷ୍ଟିଲଡ୍ ୱାଟର ଉତ୍ପାଦନ ହୋଇଥାଏ ମୃତ ଯୁବକଙ୍କର ପିତୃଦେବଙ୍କ ପ୍ରତିଷ୍ଠିତ ଗବେଷଣାଗାରରୁ। ଏହି ଘଟଣାଟିକୁ ମନୋଜ ଦାସ ତାଙ୍କ ଅପୂର୍ବ ଶୈଳୀରେ ସ୍ୱଚରିତ 'ଅମୃତଫଳ' ଉପନ୍ୟାସରେ ମଧ୍ୟ ସଂଯୋଜିତ କରିଛନ୍ତି। ବୈଜ୍ଞାନିକ ବା ବିଜ୍ଞାନାଗାରର ଯେଉଁ ନିର୍ମାତାମାନେ ଏପରି ଦୁଷ୍କର୍ମ କରନ୍ତି, ତାହାର ବିଷମୟ ଫଳ ଭୋଗ କରିବାରୁ ନିଜେ ମଧ୍ୟ ମୁକ୍ତ ନୁହନ୍ତି। ଏହି ମାନବଧର୍ମୀ ଚିନ୍ତାଧାରା ଅନୁସରଣ କରି ଯଦି ବୈଜ୍ଞାନିକ ନିଜର କର୍ତ୍ତବ୍ୟ ଯଥାର୍ଥ ଭାବରେ ସମ୍ପାଦନ କରୁଥାନ୍ତେ, ତା' ହେଲେ ଅନେକ ବିପର୍ଯ୍ୟୟରୁ ଏ ପୃଥିବୀ ରକ୍ଷାପାଇପାରନ୍ତା। ଜୀବନର ଲକ୍ଷ୍ୟ ଯଦି ହୁଏ ମିଥ୍ୟା ପ୍ରତିଷ୍ଠାଲାଭ ଓ ଅର୍ଥ ଉପାର୍ଜନ, ତା'ହେଲେ ବୈଜ୍ଞାନିକ ହୁଅନ୍ତୁ, ବା ସାହିତ୍ୟିକ ହୁଅନ୍ତୁ,

ସେମାନେ ମାନବ ସମାଜର କ୍ଷତି କରିବା ବ୍ୟତୀତ ଆଉ କିଛି କରିପାରନ୍ତି ନାହିଁ। ଅପରପକ୍ଷରେ ନିଜ ଜୀବନର ଉଦ୍ଦେଶ୍ୟ ଯଦି ହୋଇଥିବ ମହତ୍, ତା'ହେଲେ ବିଜ୍ଞାନ ହେଉ ବା ସାହିତ୍ୟ, ତାହା ମାନବ କଲ୍ୟାଣ ନିମିତ୍ତ ପ୍ରଯୁକ୍ତ ହେବ ନିଶ୍ଚିତ ଭାବରେ। ତେଣୁ ମୂଳକଥା ହେଉଛି ଜଣେ କେଉଁ ଲକ୍ଷ୍ୟନେଇ ବିଜ୍ଞାନାଗାରରେ ପ୍ରବେଶ କରୁଛି ଅଥବା ସାହିତ୍ୟ ସୃଷ୍ଟି କରିବା ପାଇଁ ଲେଖନୀ ଚାଳନା କରୁଛି। ବର୍ତ୍ତମାନ ସମଗ୍ର ପୃଥିବୀରେ ପ୍ରତ୍ୟେକ ଦେଶ ନିଜ ନିଜର ପ୍ରତିରକ୍ଷା ଖର୍ଚ୍ଚ ଯେପରି ବଢାଇବାରେ ଲାଗିଛନ୍ତି, ତାହା ଯେ ମାନବିକତା-ପରିପନ୍ଥୀ ଏହା କ'ଣ ରାଷ୍ଟ୍ରନେତାମାନେ ହୃଦୟଙ୍ଗମ କରିପାରୁନାହାନ୍ତି ? ଏତେ ପରମାଣୁ ଅସ୍ତ୍ରାଗାରରେ ଏ ପୃଥିବୀ ବିପଦାପନ୍ନ ହୋଇ ରହିଛି, ଯାହା ଆମେ ସାଧାରଣ ମଣିଷମାନେ କଳ୍ପନା ମଧ୍ୟ କରିପାରିବା ନାହିଁ।

ଏ ପ୍ରବନ୍ଧର ଲେଖକ ଥରେ ବାଣୀବିହାରଠାରୁ କଳିଙ୍ଗବିହାର ପର୍ଯ୍ୟନ୍ତ 'ମୋ ବସ୍'ରେ ଆସୁଥିବା ବେଳେ ତା' ପାଖରେ ବସିଥାନ୍ତି ବିଜ୍ଞାନର ଜଣେ ଛାତ୍ର। ପଚାରିବାରୁ ଜାଣିଲି ସେ ପଦାର୍ଥ ବିଜ୍ଞାନର ଜଣେ ଛାତ୍ର। ଜାଣିଲି ସେ ପଦାର୍ଥ ବିଜ୍ଞାନର ସ୍ନାତକୋତ୍ତର ଶ୍ରେଣୀ ଉତ୍ତୀର୍ଣ୍ଣ ହୋଇ ସାରିଲେଣି। ଆମ ଉଭୟଙ୍କ ମଧ୍ୟରେ ପରିଚୟ ଓ କିଞ୍ଚିତ ବାର୍ତ୍ତାଳାପ ପରେ ମୁଁ ତାଙ୍କୁ ପଚାରିଲି- ଏ ପରମାଣୁ ବୋମାର ସତ୍‌ବିନିଯୋଗ କିପରି କରାଯାଇପାରିବ ? ଛାତ୍ର ଜଣକ ଚକିତ ନୟନରେ ଚାହିଁଲେ ମୋତେ। କହିଲେ "ସାର, ଏ ବିଷୟରେ ତ ଆମ କୋର୍ସରେ କୌଣସି ଚାପ୍ଟର ନାହିଁ।" ବିଜ୍ଞାନର ଅଧ୍ୟାପକ ଓ ଅଧ୍ୟାପିକାମାନେ ଯଦି ମାନବ କଲ୍ୟାଣ ନିମିତ୍ତ ବିଜ୍ଞାନ ଜଗତର ସମସ୍ତ ଆବିଷ୍କାର ଓ ଉଦ୍ଭାବନକୁ କିପରି ବ୍ୟବହାର କରାଯାଇପାରିବ ସେ ସଂପର୍କରେ ଶିକ୍ଷାଦାନ କରୁନାହାନ୍ତି କିମ୍ବା ଏ ବିଷୟ ଯଦି ପାଠ୍ୟକ୍ରମ ଅନ୍ତର୍ଭୁକ୍ତ ହୋଇନପାରିଛି, ତା'ହେଲେ ତାହା ଆମର ଦୁର୍ଭାଗ୍ୟ ବ୍ୟତୀତ ଆଉ କ'ଣ ହୋଇପାରେ ? ଏ ଅଧମ ଲେଖକ ଠିକ୍ ତାହାର ଦୁଇଦିନ ପୂର୍ବରୁ ଖବରକାଗଜରୁ ପରମାଣୁ ଅସ୍ତ୍ରର ସତ୍‌ବିନିଯୋଗ ସଂପର୍କରେ ଯାହା ପଢିଥିଲା, ତାହା ନିଜର ସୀମିତ ଶକ୍ତିଦ୍ୱାରା ବୁଝାଇବାକୁ ଚେଷ୍ଟା କରିଥିଲା ସେହି ପ୍ରିୟ ଛାତ୍ରଜଣଙ୍କୁ। ଛାତ୍ର ଜଣକ ପୁନଶ୍ଚ ଦୋହରାଇଲେ-'ଆମକୁ ତ ଆମର କୌଣସି ସାର ଏ ସଂପର୍କରେ କିଛି ହେଲେ କହିନାହାଁନ୍ତି।'

ବର୍ତ୍ତମାନ ସମଗ୍ର ପୃଥିବୀକୁ ଯେଉଁ କରୋନା ମହାମାରୀ କବଳିତ କଲାଣି, ତାହା ପାଞ୍ଚ ସାତବର୍ଷ ପୂର୍ବରୁ ଚୀନ ସରକାରଙ୍କ ଦ୍ୱାରା ଜୈବ ଅସ୍ତ୍ରଭାବରେ ବ୍ୟବହାର କରିବାର ପରିଯୋଜନା କରାଯାଇଥିଲା ବୋଲି ସମ୍ବାଦପତ୍ର ଗୁଡ଼ିକରେ ପ୍ରକାଶିତ ହେଉଛି। ଯେଉଁ ବୈଜ୍ଞାନିକମାନେ ଏପରି ରାଷ୍ଟ୍ରନେତାଙ୍କ ନିଷ୍ଠୁର ନିର୍ଦ୍ଦେଶ ଦ୍ୱାରା ପରିଚାଳିତ ହୋଇ କାର୍ଯ୍ୟରତ, ତାହା କ'ଣ ଜଣେ ଜଣେ ସାଧୁ ସତ୍ୟାନୁସନ୍ଧାନୀ

ବୈଜ୍ଞାନିକର ବ୍ୟବହାର ? ଆଜି ବିଶ୍ୱ ସ୍ୱାସ୍ଥ୍ୟ ସଂଗଠନ (WHO) ସତର୍କ କରାଇଦେଇଛି ଯେ, ଯଦି ଆମର ଏହି ପ୍ରିୟ ପୃଥିବୀର ପ୍ରାକୃତିକ ସମ୍ପଦ ସୁରକ୍ଷିତ ନରହେ ତା'ହେଲେ ଶହ ଶହ ପ୍ରଜାତିର ଜୀବଜନ୍ତୁ ଲୁପ୍ତ ହୋଇଯିବେ ଏ ପୃଥିବୀରୁ। ବୈଜ୍ଞାନିକମାନଙ୍କ ଚେତାବନୀ ଅନୁଯାୟୀ ଆଉ ୧୧୭ ଲକ୍ଷର ଭୂତାଣୁ ରହିଛନ୍ତି ଏ ପୃଥିବୀରେ, ଯାହାକୁ ଚିହ୍ନଟ କରିବା ସମ୍ଭବ ହୋଇନାହିଁ। ପୃଥିବୀର, ସନ୍ତୁଳନ ଯଦି ସୁରକ୍ଷିତ ନରହେ ତା'ହେଲେ ଏହି ଭୂତାଣୁମାନେ ସକ୍ରିୟ ହୋଇଉଠି ସମଗ୍ର ମାନବ ସମାଜକୁ ଧ୍ୱଂସର ଗହ୍ୱର ମଧ୍ୟକୁ ନିକ୍ଷେପ କରିଦେବେ। ମାତ୍ର ପାଞ୍ଚ ସେକେଣ୍ଡ ପାଇଁ ଯଦି ପୃଥିବୀ ଅମ୍ଳଜାନ ଲାଭରୁ ବଞ୍ଚିତ ହୋଇଯାଏ ତା' ହେଲେ କିପରି ଏହି ଜୀବଜଗତ ଧ୍ୱଂସାଭିମୁଖୀ ହେବ, ତାହାର ଚିତ୍ର ଦିଆଯାଉଛି।

ଆମେ କହିବା ଯେ ସାହିତ୍ୟ ହେଉଛି ହୃଦୟର ସମ୍ପଦ ଆଉ ବିଜ୍ଞାନ ହେଲା ମସ୍ତିଷ୍କ ସଂଜାତ। ତେଣୁ ମସ୍ତିଷ୍କ ଯେପର୍ଯ୍ୟନ୍ତ ହୃଦୟକୁ ଅନୁସରଣ କରିନାହିଁ, ସେପର୍ଯ୍ୟନ୍ତ ତାହା ବିବେକାନୁମୋଦିତ ଆଚରଣ ପ୍ରଦର୍ଶନ କରିପାରିବ ନାହିଁ। ଯଦି ସାହିତ୍ୟ ହେଉଛି ବିବେକାନୁମୋଦିତ, ତା'ହେଲେ ଅନେକ ସାହିତ୍ୟିକ ଭାଷା ସଂସ୍କୃତି ଧର୍ମ ନାମରେ ମଣିଷ ଭିତରେ ଯେଉଁ ବିଭାଜନ ରେଖା ଟାଣିଛନ୍ତି, ସେମାନଙ୍କର ପ୍ରେରଣାର ଉତ୍ସ କେଉଁଠି ? ଏ ଦୃଷ୍ଟିରୁ ଆମେ ଯଦି ଉଦାର ମନୋଭାବ ନେଇ ବିଚାର କରିବା ସାହିତ୍ୟ ଓ ବିଜ୍ଞାନର ଆଭିମୁଖ୍ୟ କଦାପି ଭିନ୍ନ ବୋଲି ଦେଖିପାରିବା ନାହିଁ। ଅସଲ କଥା ହେଲା ବିଜ୍ଞାନକୁ ହେଉ ବା ସାହିତ୍ୟକୁ ହେଉ ଜଣେ କିପରି କେଉଁ ଉଦ୍ଦେଶ୍ୟ ନେଇ ବ୍ୟବହାର କରୁଛି, ତାହା ହିଁ ଗୁରୁତ୍ୱପୂର୍ଣ୍ଣ। ପ୍ରତ୍ୟେକ ମଣିଷ ଭିତରେ ସକ୍ରିୟ ହୋଇ ରହିଛି ଦୁଇଟି ପରସ୍ପର ବିରୋଧୀ ଜ୍ଞାନ। ଗୋଟିଏ ସମାଜର ଉପକାର ପାଇଁ ସ୍ପନ୍ଦିତ ତ ଆଉଜଣେ ଅପକାର କରିବାପାଇଁ ସର୍ବଦା ଉନ୍ମୁଖ। ଆମେ ଯଦି ଏକ ସୁନ୍ଦରତର ପୃଥିବୀର ପରିକଳ୍ପନା କରୁଛୁ, ତା'ହେଲେ ବିଜ୍ଞାନ ଓ ସାହିତ୍ୟ ସହିତ ସମ୍ବନ୍ଧିତ ପ୍ରତ୍ୟେକ ଗବେଷକ ଓ ଲେଖକଙ୍କୁ ଏ ବିଶ୍ୱାସ ଦେବାକୁ ପଡ଼ିବ ଯେ ତୁମ ଭିତରେ ଦିବ୍ୟଶକ୍ତି ଲୁକ୍କାୟିତ। ସୁପ୍ରସିଦ୍ଧ ବୈଜ୍ଞାନିକ ଜଗଦୀଶ ଚନ୍ଦ୍ର ବୋଷ ତାଙ୍କ ଜୀବନରେ କରିଥିଲେ ଏକ ପରୀକ୍ଷା। ଦୁଇଟି ଚାରାରୋପଣ କରିବାପରେ ଉଭୟଙ୍କୁ ସେ ପ୍ରତିଦିନ ସମ୍ବୋଧନ କରନ୍ତି ଭିନ୍ନ ଭିନ୍ନ ଶୈଳୀରେ। ଗୋଟିଏ ଚାରାଗଛକୁ ସେ ସବୁଠାରୁ ମନ୍ଦ ବୋଲି ପ୍ରତିପାଦନ କରିବାବେଳେ ଆଉ ଏକ ଚାରାକୁ ଉତ୍‌ଫୁଲ୍ଲିତ ଚିତ୍ତରେ ସ୍ୱାଗତ କରନ୍ତି। ଦେଖାଗଲା ଯେଉଁ ଗଛଟି ଶୁଣିଛି ନିନ୍ଦା ତା'ର ଅକାଳ ମୃତ୍ୟୁ ଘଟିଲା। ଅପରପକ୍ଷରେ ଯିଏ ଲାଭ କରୁଥିଲା ପ୍ରଶଂସାସୂଚକ ସମ୍ଭାଷଣ, ସେ ପଲ୍ଲବିତ ଓ ପୁଷ୍ପିତ ହୋଇଉଠିଲା ଅବିଳମ୍ବେ। ଯଦି ପ୍ରତିଟି ବୃକ୍ଷଲତା ଜୀବଜନ୍ତୁ ଆକାଂକ୍ଷା କରନ୍ତି ସୁନ୍ଦର ସମ୍ବୋଧନଟିଏ, ମଣିଷ

କାହିଁକି ସ୍ୱପ୍ନ ନଦେଖିବ ସେପରି ଶୁଭେଚ୍ଛା ସକାଶେ ! ତେଣୁ ପ୍ରତିଟି ମନୁଷ୍ୟ ଶିଶୁକୁ ଏହି ଭାଷାରେ ଉଦ୍‌ବୁଦ୍ଧ କରିବାର ଆବଶ୍ୟକତା ରହିଛି ଯେ, ତୁମ ଭିତରେ ନିହିତ କଲ୍ୟାଣକାମୀ ସତ୍ତାଟି ହିଁ ହେଉଛି ତୁମର ଅସଲ ସ୍ୱରୂପ। ଏହି ବିଷୟ ସଂପର୍କରେ ମାନବସମାଜ ଯେତେ ସଚେତନ ହେବ ସେ ସେତିକି ଗଭୀର ଭାବରେ ଅନୁଭବ କରିପାରିବ ଯେ ବିଜ୍ଞାନ ଓ ସାହିତ୍ୟର ଆଭିମୁଖ୍ୟ ପରସ୍ପରଠାରୁ ଆଦୌ ଭିନ୍ନ ନୁହେଁ।

■

ସାହିତ୍ୟ ଓ ପ୍ରାଣୀବିଜ୍ଞାନ

ପୃଥିବୀର ସୌନ୍ଦର୍ଯ୍ୟ ପ୍ରାଣୀ-ସମ୍ପଦ ଦ୍ୱାରା କିପରି ସମୃଦ୍ଧଶାଳୀ ହୋଇଛି, ତାହା ବର୍ଣ୍ଣନା କରିବା ନିଷ୍ପ୍ରୟୋଜନ। କେବଳ ମନୁଷ୍ୟ ଜୀବନର ଆବିର୍ଭାବଯଦି ଘଟିଥାନ୍ତା ଆଉ ଏହି ପ୍ରାଣୀ ସକଳ ଯଦି ଆବିର୍ଭୁତ ହୋଇନଥାନ୍ତେ, ତା'ହେଲେ ପୃଥିବୀ ବାସ୍ତବରେ କେତେ ଶ୍ରୀହୀନ ମନେ ନ ହୁଅନ୍ତା ! ଏକଥା ସତ୍ୟ ଯେ ମଣିଷକୁ ଶ୍ରେଷ୍ଠ ଆସନ ପ୍ରାପ୍ତ ହୋଇଛି। ଅଥଚ ବେଳେବେଳେ ପ୍ରମାଣିତ ହୋଇଯାଇଛି ଯେ, ମଣିଷଠାରୁ ମଧ୍ୟ ପ୍ରାଣୀମାନେ କିପରି ମହତ୍ ଆଚରଣ ପ୍ରଦର୍ଶନ କରିଛନ୍ତି। ଓଡ଼ିଆ ସାହିତ୍ୟର ବିଶିଷ୍ଟ ଗାଳ୍ପିକ ରବି ପଟ୍ଟନାୟକ ଏକଦା ଦୂରଦର୍ଶନରେ ଆୟୋଜିତ ଆଲୋଚନରେ ଅଂଶଗ୍ରହଣ କରି କହିଥିଲେ ଯେ- ଏମାନଙ୍କୁ ମାନବେତର ବିବେଚନା କରିବା ଆଦୌ ଯୁକ୍ତିଯୁକ୍ତ ନୁହେଁ। ମାନବଠାରୁ ସେମାନଙ୍କୁ ଇତର ଜ୍ଞାନ କରିବା ହେଉଛି ଆମର ଅନୁଦାରତାର ପରିଚୟ।

ପ୍ରାଣୀ ଜୀବନକୁ ଭିତ୍ତିକରି ଗଢିଉଠିଛି ପ୍ରାଣୀବିଜ୍ଞାନ। ଦେଶର ପ୍ରତି ଅଞ୍ଚଳରେ ପ୍ରାଣୀ ଚିକିତ୍ସାଳୟ ଏହି ବୈଜ୍ଞାନିକ ଅଧ୍ୟୟନର ଏକ ପ୍ରଧାନ ଦିଗ। ପୂର୍ବରୁ ଏହାକୁ 'ପଶୁ ଚିକିତ୍ସାଳୟ' ବୋଲି ଲେଖା ହେଉଥିଲା ଓ ଗାଈ, ବାଛୁରୀ, ଛେଳି, ମେଣ୍ଢା ପ୍ରଭୃତିଙ୍କ ଚିକିତ୍ସା କରୁଥିବା ଡାକ୍ତରଙ୍କୁ ଲୋକେ ପଶୁ ଡାକ୍ତର ବୋଲି କହୁଥିଲେ। ଏହା ମଧ୍ୟ ଅବମାନନା ସୂଚକ ବୋଲି ସଚେତନ ହେବାପରେ, 'ପ୍ରାଣୀ ଚିକିତ୍ସାଳୟ' ଓ 'ପ୍ରାଣୀଚିକିତ୍ସକ' ସମ୍ପ୍ରତି କୁହାଯାଉଛି। ଯେଉଁମାନେ ପ୍ରାଣୀ-ଚିକିତ୍ସା-ବିଦ୍ୟା ମଧ୍ୟକୁ ପ୍ରବେଶ କରନ୍ତି, ସେମାନଙ୍କ ପ୍ରାଣୀମାନଙ୍କ ପ୍ରତି ରହିଥିବା ମମତା ଅତ୍ୟନ୍ତ ଗଭୀର। ସେହିପରି ନିର୍ଦ୍ଦିଷ୍ଟ ଗୋଟିଏ ଗୋଟିଏ ପ୍ରଜାତିର ପ୍ରାଣୀ ସମ୍ପର୍କରେ ଗବେଷଣା କରି ବୈଜ୍ଞାନିକମାନେ ଅପୂର୍ବ ଦକ୍ଷତା ଓ ସିଦ୍ଧିର ପରିଚୟ ଦେଇଛନ୍ତି। ଯେଉଁମାନେ 'ପକ୍ଷୀ-ବିଶାରଦ' ସେମାନେ ଶହ ଶହ ପ୍ରକାରର ପକ୍ଷୀଙ୍କ ଜୀବନଯାପନ ଶୈଳୀକୁ ଯେପରି ତନ୍ନ ତନ୍ନ କରି ଅଧ୍ୟୟନ କରିଥାନ୍ତି, ତାହା ଆଶ୍ଚର୍ଯ୍ୟଜନକ। ନିରୀହ ପ୍ରାଣୀ ମୃଗ ଶାବକ, ଠେକୁଆ ଏମାନଙ୍କୁ ଛାଡ଼ିଦେଇ ହିଂସ୍ର ଜନ୍ତୁମାନଙ୍କ ଉପରେ ମଧ୍ୟ କମ୍ ଗବେଷଣା ହୋଇନାହିଁ। ବାଘ, ସିଂହ,

ଭାଲୁ, ସାପ ଇତ୍ୟାଦିଙ୍କ ଉପରେ ଯେପରି ଗଭୀରତାର ସହିତ ଅଧ୍ୟୟନ ହୋଇଛି, ତାହା ମାନବୀୟ ଦକ୍ଷତାକୁ ପ୍ରମାଣ କରିଛି ଆଉ ଏକ ଅତ୍ୟନ୍ତ ମହତ୍ୱପୂର୍ଣ୍ଣ କ୍ଷେତ୍ରରେ। ମଣିଷମାନଙ୍କ ପ୍ରତି ଏହି ପ୍ରାଣୀମାନଙ୍କ ସହାନୁଭୂତି ବେଳେବେଳେ ଆମକୁ ଚକିତ କରିଦିଏ। ହାତୀ ଯେପରି ତା'ର ମାହୁନ୍ତଙ୍କୁ ଭଲପାଏ, ବ୍ୟାଘ୍ରକୁ ଭୋଜନ ବିତରଣ କରୁଥିବା କର୍ମଚାରୀଟିକୁ ଯେପରି ବ୍ୟାଘ୍ରର ସ୍ନେହପୂର୍ଣ୍ଣ ସାନ୍ନିଧ ମିଳେ, ମାଙ୍କଡ଼ ତାର ମୁନିବ ପ୍ରତି ଯେପରି ସମର୍ପିତ ହୋଇରହିଥାଏ, ମନୁଷ୍ୟର ଜୀବନ ରକ୍ଷାକରିବା ସକାଶେ କୁକୁରଟିଏ ଯେପରି ପ୍ରାଣବଳୀ ଦେଇଥାଏ, ତାହା ଆମକୁ ଏହି ସନ୍ଦେଶ ପ୍ରଦାନ କରେ ଯେ ମନୁଷ୍ୟର ସ୍ନେହ ଓ ଶ୍ରଦ୍ଧା ଦ୍ୱାରା ପ୍ରାଣୀମାନେ ମଧ୍ୟ କିପରି ଆବଦ୍ଧ ହୋଇପାରନ୍ତି। ଯେଉଁ ପ୍ରାଣୀବିଜ୍ଞାନ ଏହି ସୂକ୍ଷ୍ମ ତତ୍ତ୍ୱ ଉପରେ ଗବେଷଣା ଅଧିକ ପ୍ରଶସ୍ତତର କରିନାହିଁ, ତାହାକୁ ଉଚ୍ଚତର ଅନୁସନ୍ଧାନ ବା ନିରୀକ୍ଷଣର ମର୍ଯ୍ୟାଦା ଦିଆଯାଇପାରିବ ନାହିଁ। ଆମେ ବାଘ, ହାତୀ,ଭାଲୁର ଆକ୍ରମଣରେ ମଣିଷ କିପରି କ୍ଷତ ବିକ୍ଷତ, ତାହା ପଢୁଛୁ ସମ୍ବାଦପତ୍ରରେ। ଅପରପକ୍ଷରେ ଗାଈଟିଏ କୁକୁର ଛୁଆଟିକୁ ଦୁଗ୍ଧ ପାନ କରାଉଥିବାର ଦୃଶ୍ୟ କିମ୍ବା ବିଷାକ୍ତ ସର୍ପମାନଙ୍କ ଗହଣରେ ବର୍ଷବର୍ଷ ମାସ ମାସ ଧରି ଜୀବନ ନିର୍ବାହ କରୁଥିବା ଗବେଷକମାନଙ୍କ ଦୃଷ୍ଟାନ୍ତ ଆମକୁ ମୁଗ୍ଧ କରିଦିଏ। ସବୁପ୍ରକାରର ପ୍ରାଣୀ ସମାନ ନୁହନ୍ତି, ଏହା ସତ୍ୟ ନା ସବୁ ପ୍ରକାରର ପ୍ରାଣୀଙ୍କ ମଧ୍ୟରେ କୋମଳ ଭାବ ଜାଗ୍ରତ କରିବାରେ ଆମେ ବ୍ୟର୍ଥ, ତାହା ଏକ ପ୍ରଶ୍ନବାଚୀ। ଘଞ୍ଚ ଜଙ୍ଗଲ ଧ୍ୱଂସ ହେବାଦ୍ୱାରା ହାତୀପଲ ଗ୍ରାମ ଓ ସହର ମଧ୍ୟକୁ ପ୍ରବେଶ କରି ଯେଉଁ ତାଣ୍ଡବଲୀଳା ସୃଷ୍ଟି କରୁଛନ୍ତି, ସେଥିରେ ସେମାନଙ୍କ ଦୋଷ ରହିଛି ନା ମନୁଷ୍ୟର ତ୍ରୁଟିଯୁକ୍ତ ଆଚରଣ ଏଥିପାଇଁ ଦାୟୀ, ସେ ସମ୍ପର୍କରେ ସନ୍ଦିହାନ ହେବାର ପ୍ରଶ୍ନ ଉଠୁନାହିଁ। କାରଣ ମଣିଷ ଅତ୍ୟନ୍ତ ନିଷ୍ଠୁର ଓ ହିଂସ୍ର ମନୋଭାବାପନ୍ନ ହୋଇ ନିଜର ବ୍ୟକ୍ତିଗତ ସୁଖ ସ୍ୱାଚ୍ଛନ୍ଦ୍ୟ ସକାଶେ ଯେପରି ବଣ ପାହାଡ଼କୁ ଧ୍ୱଂସ୍ତ ବିଧ୍ୱସ୍ତ କରିଚାଲିଛି, ତାହାର ଭୟାବହ ପରିଣତି ଆଉ କିଏ ବା ଭୋଗ କରିବ ? ଯଦି ଯଥୋଚିତ ଭାବରେ ପ୍ରାଣୀ ଜଗତର ସୁରକ୍ଷା ସକାଶେ ମଣିଷ ସଚେତନ ହୋଇଥାନ୍ତା, ତା'ହେଲେ ଏ ଭୟଙ୍କର ଅବସ୍ଥାର ସମ୍ମୁଖୀନ ହେବାକୁ ପଡ଼ନ୍ତା ନାହିଁ।

ପୂର୍ବରୁ ସର୍କସ, ଚିଡ଼ିଆଖାନା ପ୍ରଭୃତିରେ ଜୀବଜନ୍ତୁଙ୍କୁ ଯେପରି ବ୍ୟବହାର କରାଯାଉଥିଲା, ସେଥିରେ ଉଲ୍ଲେଖଯୋଗ୍ୟ ପରିବର୍ତ୍ତନ ସଂଶୋଧିତ ହୋଇଛି। ଭାରତବର୍ଷରେ ମେନକା ଗାନ୍ଧୀଙ୍କ ପରି ପ୍ରାଣୀମାନଙ୍କ ପ୍ରତି ଅଶେଷ ସମ୍ବେଦନାଶୀଳତା ପ୍ରକାଶ କରୁଥିବା ରାଜନେତା ବା ରାଜନେତ୍ରୀ ଏକାନ୍ତ ଦୁର୍ଲଭ। ଓଡ଼ିଶାର ଦୈନିକ ସମ୍ବାଦପତ୍ର ଧରିତ୍ରୀରେ ବିଭିନ୍ନ ପ୍ରାଣୀଙ୍କ ବିଷୟରେ ମେନକାଙ୍କ ଅନୁସନ୍ଧାନ ଲକ୍ଷ୍ୟକଲେ ବିସ୍ମିତ ହେବାକୁ ପଡ଼େ। ତାଙ୍କ ରଚିତ ଲେଖାଗୁଡ଼ିକର ଓଡ଼ିଆ ଅନୁବାଦ ପ୍ରକାଶିତ

ହେବାଦ୍ୱାରା ପ୍ରାଣୀ ସଂରକ୍ଷଣ ସଂପର୍କିତ ସଚେତନତା ଯେ ସଂପ୍ରସାରିତ ହୋଇଛି, ଏହା ନିଃସନ୍ଦେହ । ସାହିତ୍ୟ, ପ୍ରାଣୀ ଅନ୍ତରର ଆବେଗକୁ ଲିପିବଦ୍ଧ କରିଥିବା କାଳ୍ପନିକ କାହାଣୀ ମାତ୍ର ନୁହେଁ । ବାଘ, ହାତୀ, ଭାଲୁ, ମାଙ୍କଡ଼, ମୃଗ, ଗୁଣ୍ଡୁଚି, ପାରା, ବାଇଚଢେଇ ପ୍ରଭୃତିଙ୍କୁ ନେଇ ସାହିତ୍ୟର ରସସିକ୍ତ ବାକ୍ୟ କି ପ୍ରଭାବଶାଳୀ ହୋଇପାରିଛି, ତାହା ସ୍ୱତନ୍ତ୍ର ଅଧ୍ୟୟନର ଅପେକ୍ଷା ରଖେ । ପ୍ରାଣୀମାନଙ୍କୁ ମୁକ୍ତ ଭାବରେ ବିଚରଣ କରିବାପାଇଁ ଯେଉଁ ବାର୍ତ୍ତା ଏଥିରେ ପ୍ରଦାନ କରାଯାଇଥାଏ ତାହାକୁ ନୂତନ ବୈଜ୍ଞାନିକ ଆଧାରରେ ବିଚାର କରିବା ପାଇଁ ଏକ ଆହ୍ୱାନ ସୃଷ୍ଟି ହୋଇପାରିଛି । ମୁକ୍ତିର ଆନନ୍ଦରେ ମଣିଷ ଯେପରି ବିଭୋର ହୋଇପାରେ, ପ୍ରାଣୀ ସକଳ ମଧ୍ୟ ସେପରି ମୁକ୍ତିର ମହାନନ୍ଦ ଅନୁଭବ କରିବାପାଇଁ ଚାହାନ୍ତି । ମଣିଷ ତେଣୁ ସେମାନଙ୍କ ମୁକ୍ତ ଜୀବନ ସକାଶେ ଉପଯୁକ୍ତ ପରିବେଶ ସୃଷ୍ଟି କରିବା ହେଉଛି ଶ୍ରେଷ୍ଠ କର୍ତ୍ତବ୍ୟ । ବିଭିନ୍ନ ପ୍ରକାରର ପ୍ରାଣୀଙ୍କ ସମ୍ପୂର୍ଣ୍ଣ ବିଲୁପ୍ତି ଘଟୁଥିବା ବୈଜ୍ଞାନିକଙ୍କ ପାଇଁ ଚିନ୍ତାର କାରଣ ହୋଇ ଦଣ୍ଡାୟମାନ । ବାସ୍ତବରେ ଏ ପୃଥିବୀର ଜୀବନ-ଚକ୍ର ଭାରସାମ୍ୟ ରକ୍ଷାକରି ରହିଥାଏ ସମସ୍ତଙ୍କ ଜୀବନ ପ୍ରଣାଳୀକୁ ସୁରକ୍ଷିତ ରଖି । ଏହି ବ୍ୟବସ୍ଥାରେ ବ୍ୟାଘାତ ସୃଷ୍ଟି ହେଲେ ଯେଉଁ ଭାରସାମ୍ୟହୀନତା ଦେଖାଦିଏ, ତାହା ମଣିଷ ଜୀବନ ପାଇଁ ମଧ୍ୟ ଅଶୁଭଙ୍କର ।

ପ୍ରାଣୀବିଜ୍ଞାନ ପ୍ରାଣୀ ସକଳଙ୍କ ସୁରକ୍ଷା ସକାଶେ ଯେପରି ଏକାଗ୍ର, ଠିକ୍ ସେହିପରି କବି ଓ ଲେଖକବୃନ୍ଦ ମଧ୍ୟ ପ୍ରାଣୀ ଅନ୍ତରର ଭାଷା ହୃଦୟଙ୍ଗମ କରିପାରିବାରେ ଅପୂର୍ବ ଅନୁରାଗର ପରିଚୟ ଦେଇଛନ୍ତି । ଏ ପୃଥିବୀରେ କୌଣସି ପ୍ରକାରର ବିଦ୍ୟା, ମାନବ, ପ୍ରାଣୀ ଓ ପ୍ରକୃତି-ପରିପନ୍ଥୀ କଦାପି ନୁହନ୍ତି । ମାତ୍ର ଏହି ବିଦ୍ୟା ଦ୍ୱାରା ଧୀଶକ୍ତି ସମ୍ପନ୍ନ ମଣିଷ ଯେପରି ଅବିବେକିତାର ପରିଚୟ ଦେଇଛି, ତାହା ହିଁ ମାନବ ଜୀବନକୁ କରୁଛି ଧ୍ୱଂସମୁଖୀ । ଯିଏ ମାନବ ପ୍ରେମୀ ସିଏ ମଧ୍ୟ ହେଉଛି ପ୍ରାଣୀ-ପ୍ରେମୀ । ପ୍ରାଣୀମାନଙ୍କ ପ୍ରତି ମମତା ଓ ଉଦାରତା ନଥିବା ମଣିଷଙ୍କୁ ମାନବାନୁରାଗୀ ବୋଲି ବିଚାର କରାଯାଇନପାରେ । ତେଣୁ ମୂଳକଥା ହେଉଛି ଏକ ଅନ୍ତର୍ଗତ ସମ୍ବେଦନଶୀଳତା ବହନ କରି ପ୍ରାଣୀ ଜଗତକୁ ଲକ୍ଷ୍ୟ କରିବା ଓ ରକ୍ଷାକରିବା । ସମ୍ବେଦନା-ଶୂନ୍ୟ ପୃଥିବୀ ଯେ ଦିନେ ମାନବ-ଶୂନ୍ୟ ହୋଇଯାଇପାରେ, ଏହି ଚେତାବନୀ ହେଉଛି ପ୍ରାଣୀବିଜ୍ଞାନ ଓ ସାହିତ୍ୟର ସର୍ବଶ୍ରେଷ୍ଠ କଲ୍ୟାଣକାମୀ ବାର୍ତ୍ତା ।

■

ସାହିତ୍ୟ ଓ ମହାକାଶ ବିଜ୍ଞାନ

ଏ ସମଗ୍ର ବିଶ୍ୱ ବ୍ରହ୍ମାଣ୍ଡରେ 'ପୃଥିବୀ' ନାମକ ଏକ ଗ୍ରହଟିରେ କେବଳ ଜୀବନସତ୍ତା ରହିଛି, ଏକଥା ସହଜରେ ବିଶ୍ୱାସ କରାଯାଇ ପାରୁନାହିଁ। ମଣିଷର ଜିଜ୍ଞାସା ହେଉଛି ସୀମାହୀନ। ମହାକାଶ ବିଜ୍ଞାନୀମାନେ ଅତ୍ୟନ୍ତ ନିଷ୍ଠାର ସହିତ ନିରୀକ୍ଷଣ କରିଚାଲିଛନ୍ତି ମହାକାଶର ରହସ୍ୟକୁ। ଆମର ସୌରମଣ୍ଡଳ ସମ୍ପର୍କରେ ବୈଜ୍ଞାନିକମାନଙ୍କ ବିସ୍ତୃତ ଜ୍ଞାନ ରହିଛି ନିଶ୍ଚୟ। ପୃଥିବୀ ବ୍ୟତୀତ ଏ ସୌରମଣ୍ଡଳରେ ଅନ୍ୟ କୌଣସି ସ୍ଥାନରେ ଜୀବନର ଅଭିବ୍ୟକ୍ତି ଯେ ନାହିଁ ଏହା ସେମାନେ ପ୍ରମାଣ ସହ ପ୍ରଦର୍ଶନ କରି ସାରିଛନ୍ତି। କେଉଁ କେଉଁ ଦୃଷ୍ଟିରୁ ଚନ୍ଦ୍ର ବା ମଙ୍ଗଳ ଗ୍ରହରେ ଜୀବନର ବିକାଶ ସମ୍ଭବପର, ତାହା ମଧ୍ୟ ନୂତନ ଗବେଷଣା ଦ୍ୱାରା ପ୍ରମାଣ କରାଯାଇ ସାରିଛି। ଚନ୍ଦ୍ର ଓ ମଙ୍ଗଳ ଗ୍ରହ ମଣିଷ ନିମିତ୍ତ ବାସ ଉପଯୋଗୀ ହୋଇପାରିବାର ସମ୍ଭାବନା ଥିବାରୁ ସେଠି ଜମି ବିକ୍ରୟ ମଧ୍ୟ ଆରମ୍ଭ ହୋଇ ସାରିଛି। ଅନେକ ଧନାଢ୍ୟ ବ୍ୟକ୍ତି ସେଥିପାଇଁ ବିପୁଳ ଅର୍ଥ ବ୍ୟୟକରି ଜମି କ୍ରୟ କରିବାର ମହାନନ୍ଦ ମଧ୍ୟ ପ୍ରାପ୍ତ ହୋଇସାରିଲେଣି। ଆମର ଏହି ପୃଥିବୀ ଧୀରେ ଧୀରେ ପ୍ରଦୂଷିତ ହୋଇଯାଉଛି, ତାହା କାହାରିକୁ ଅଜଣା ନାହିଁ। ପୃଥିବୀର ପରିବେଶକୁ କଳୁଷ-ମୁକ୍ତ କରିବାର ନିଷ୍ଠାପର ଉଦ୍ୟମ କରାଯାଇନପାରି ଚନ୍ଦ୍ର ବା ମଙ୍ଗଳରେ ମଣିଷ ବସବାସ କରିପାରିବ ବୋଲି ଯେପରି ନୂତନ ସମ୍ଭାବନା ସୃଷ୍ଟି କରାଯାଉଛି, ତାହା କେତେଦୂର ବିବେକାନୁମୋଦିତ, ତାହା ଏକ ତାତ୍ପର୍ଯ୍ୟପୂର୍ଣ୍ଣ ପ୍ରଶ୍ନ।

ତେବେ ସେ ଯାହା ହେଉନା କାହିଁକି, ମହାକାଶର ରହସ୍ୟକୁ ଭେଦ କରିବାପାଇଁ ବୈଜ୍ଞାନିକଙ୍କ ଉଦ୍ୟମର ଅନ୍ତଃନାହିଁ। 'ଉଡ଼ନ୍ତା ଥାଳିଆ' ସଂପର୍କରେ ଅନେକ ବର୍ଷଧରି ସମ୍ବାଦପତ୍ର ଓ ବିଭିନ୍ନ ପତ୍ରିକାରେ ଅନେକ ପ୍ରାମାଣିକ ଲେଖା ପ୍ରକାଶ ପାଇସାରିଛି। ଏକ ଥାଳି ଆକାରର ଅଦ୍ଭୁତ ଯନ୍ତ୍ର କିପରି ଦୃଶ୍ୟମାନ ହେଉଛି ଓ ପୁଣି କୁହୁକ ଦୁନିଆର କୁହେଳିକା ପରି ଅଦୃଶ୍ୟ ହୋଇଯାଉଛି, ତାହା ସମସ୍ତଙ୍କୁ ସ୍ତମ୍ଭୀଭୂତ କରିରଖିଛି। ପୃଥିବୀ ବାହାରେ ଅନ୍ତରୀକ୍ଷ ମଧ୍ୟରେ କୌଣସି ନା କୌଣସି ଏକ ଗ୍ରହରେ ମଣିଷଠାରୁ ଆହୁରି

ବିକଶିତ ଏକ ସଭ୍ୟତା ରହିଛି ବୋଲି ଅନୁମାନ କରାଯାଉଛି। ଯେଉଁ ଜୀବସତ୍ତା ଏହି ଉଡ଼ନ୍ତାଥାଳିଆ ସଦୃଶ ଉନ୍ନତତର ଯାନ ଜରିଆରେ ଯିବା ଆସିବା କରୁଛନ୍ତି, ସେମାନଙ୍କୁ 'ଏଲିଅନ' ବୋଲି କୁହାଯାଉଛି। ଏପରି ବିଷୟବସ୍ତୁକୁ କେନ୍ଦ୍ରକରି ଚଳଚ୍ଚିତ୍ର ମଧ୍ୟ ନିର୍ମିତ ହେଉଛି, ଯାହା ଦର୍ଶକମାନଙ୍କୁ ପ୍ରଦାନ କରୁଛି ଆଶ୍ଚର୍ଯ୍ୟଜନକ ଅନୁଭୂତି। ଏହି ଏଲିଅନ କାହିଁକି ପୃଥିବୀ ପୃଷ୍ଠକୁ ଆସୁଛନ୍ତି ଓ କାହିଁକି ପୁଣି ତୀବ୍ର ଗତିରେ ଅଦୃଶ୍ୟ ହୋଇ ଯାଉଛନ୍ତି, ତାହା ବୈଜ୍ଞାନିକମାନଙ୍କୁ ଚକିତ କରିଆସୁଛି ବାରମ୍ବାର। ବର୍ତ୍ତମାନ ମହାକାଶ ବିଜ୍ଞାନୀମାନେ ଏକଥା ସ୍ୱୀକାର କରିବାକୁ କୁଣ୍ଠିତ ନୁହନ୍ତି ଯେ, ଆମ ସୌର ମଣ୍ଡଳ ପରି ଆହୁରି ଅନେକ ସୌରମଣ୍ଡଳର ଅବସ୍ଥିତି ଅସମ୍ଭବ ନୁହେଁ। ସେମାନଙ୍କ କହିବା କଥା ହେଲା ଏହି ଅଚିନ୍ତନୀୟ ବିଶ୍ୱ ବ୍ରହ୍ମାଣ୍ଡରେ ଆହୁରି ଅନେକ ସୂର୍ଯ୍ୟଙ୍କର ବାସ୍ତବତା ଅବିଶ୍ୱାସଯୋଗ୍ୟ ନୁହେଁ। ଟେଲିସ୍କୋପ ମାଧ୍ୟମରେ ବୈଜ୍ଞାନିକମାନଙ୍କ ଦୃଷ୍ଟିଶକ୍ତି ଯେତେଦୂର ପର୍ଯ୍ୟନ୍ତ ନିରୀକ୍ଷଣ କରିପାରିଛି, ତା'ମଧ୍ୟରେ ଏହି ଏକାଧିକ ସୌରମଣ୍ଡଳର ରହସ୍ୟକୁ ଉନ୍ମୋଚନ କରିବା ସମ୍ଭବ ହୋଇନାହିଁ।

ଏସବୁ ଘଟଣା ନିଶ୍ଚୟ ଏକ ଭିନ୍ନ ସ୍ତରର ସତ୍ୟକୁ ସ୍ୱୀକାର କରିଛି, ଯାହା ମଣିଷ ବ୍ୟତୀତ ନିଶ୍ଚୟ କୌଣସି ନା କୌଣସି ସ୍ଥାନରେ ଉନ୍ନତତର ଜୀବସତ୍ତାର ଅବସ୍ଥିତି ସଂପର୍କରେ ସଂକେତାତ୍ମକ ଭାବରେ ଅଭିବ୍ୟକ୍ତ ହୋଇଉଠୁଛି। ବାସ୍ତବରେ ଏହି ଅଚିନ୍ତନୀୟ ବିଶ୍ୱବ୍ରହ୍ମାଣ୍ଡ ସଂପର୍କରେ ଚିନ୍ତାକଲେ ସାଧାରଣ ମଣିଷଟିଏ ମଧ୍ୟ ଏହା ଅନୁଭବ କରିପାରିବ ଯେ, ଏ ପୃଥିବୀ କେବଳ ଏକମାତ୍ର ସ୍ଥାନ ନୁହେଁ, ଯେଉଁଠାରେ ଜୀବନର ବିକାଶ ସାଧିତ ହୋଇପାରିଛି କେବଳ। ଅନ୍ୟ କୌଣସି ନା କୌଣସି ଅଦୃଶ୍ୟ ଜଗତରେ ମାନବୋତ୍ତର ଜୀବନଧାରା ବିକଶିତ ଓ ସମୃଦ୍ଧ, ଏହାକୁ ଅସ୍ୱୀକାର କରାଯାଇପାରୁନାହିଁ। ସଂପ୍ରତି ଜିଜ୍ଞାସାର ଓ ଅନୁସନ୍ଧାନର ଯେଉଁ ଦ୍ୱାର ଦେଶରେ ମଣିଷ ଉପସ୍ଥିତ ସେ ଆଉ ପଶ୍ଚାତ୍‌ଗାମୀ ହେବା ସମ୍ଭବ ନୁହେଁ କିମ୍ବା ଶୋଭନୀୟ ମଧ୍ୟ ହୋଇପାରେନା। ଅଜଣା ବିଷୟରେ ଜାଣିବାର ଆଗ୍ରହ ମଣିଷ ଭିତରେ ପ୍ରଥମରୁ ହିଁ ବିଦ୍ୟମାନ। ଏହି ଅନୁସନ୍ଧାନର ଧାରା ଏଣୁ ଅବ୍ୟାହତ ରହିବ ନିଶ୍ଚିତ ଭାବରେ। ଆମେରିକା ବା ଋଷିଆ ପରି ସୁବିକଶିତ ରାଷ୍ଟ୍ରରେ ଏ ସଂପର୍କିତ ଗବେଷଣାକୁ ଯେପରି ପ୍ରାଧାନ୍ୟ ଦିଆଯାଇଛି, ତାହା ନିଶ୍ଚୟ ସତ୍ୟ ଆବିଷ୍କାର ଦିଗରେ ଏକ ଏକ କ୍ରାନ୍ତିକାରୀ ପଦକ୍ଷେପ।

କବି ଲେଖକମାନେ ଏପରି ଜଗତର ପ୍ରକୃତ ଅବସ୍ଥିତିକୁ ସନ୍ଦେହ ଚକ୍ଷୁରେ ଦେଖିପାରନ୍ତି ନାହିଁ। ବୈଜ୍ଞାନିକମାନେ ଦୃଶ୍ୟମାନ ପ୍ରାମାଣିକତା ଉପରେ ଆସ୍ଥାଶୀଳ ଥିବାବେଳେ, ସାହିତ୍ୟ ଶିଳ୍ପୀମାନେ ଅଦୃଶ୍ୟ ଜଗତର ବାସ୍ତବତାକୁ ସହଜରେ ବିଶ୍ୱାସ କରିନେଇପାରନ୍ତି। ବୈଜ୍ଞାନିକ ଯନ୍ତ୍ରାଂଶ ସାହାଯ୍ୟରେ ମହାକାଶକୁ ନିରୀକ୍ଷଣ କରିବାବେଳେ

ସାହିତ୍ୟ ସ୍ରଷ୍ଟା ନିଜସ୍ୱ ଅନ୍ତର୍ଦୃଷ୍ଟି ଓ ତୀକ୍ଷ୍ଣ କଳ୍ପନା ଶକ୍ତି ବଳରେ ମହାକାଶରେ ସ୍ୱଚ୍ଛନ୍ଦ ଭାବରେ ବିଚରଣ କରିଥାଏ । ଭଗବାନ ମଣିଷକୁ ଯେଉଁ କଳ୍ପନା ଶକ୍ତି ଦାନ କରିଛନ୍ତି, ତାହାର ବ୍ୟବହାର ସବୁଠାରୁ ଯଦି କିଏ ଉପଯୁକ୍ତ ଭାବରେ କରିପାରେ, ସେ ହେଉଛି ସାହିତ୍ୟଶିଳ୍ପୀ ବା କଳାକାର । ଏହି କାରଣରୁ 'ଏଲିଅନ'ର ପୃଥିବୀ ଉପରେ ପଦାର୍ପଣକୁ ନେଇ ସୃଷ୍ଟି ହୋଇସାରିଛି ଆକର୍ଷଣୀୟ ଚଳଚ୍ଚିତ୍ର । ବୈଜ୍ଞାନିକଙ୍କ ଯେ କଳ୍ପନା କରିପାରିବାର ସାମର୍ଥ୍ୟ ନାହିଁ, ଏକଥା କଦାପି କୁହାଯାଇପାରିବନାହିଁ । କାରଣ ଆଜି ଗବେଷଣାର ଯେଉଁ ସ୍ତରକୁ ବୈଜ୍ଞାନିକମାନେ ଉପନୀତ ହୋଇପାରିଛନ୍ତି ତାହାର ମୂଳ ପ୍ରେରଣା ହେଲା ସେଇ 'କଳ୍ପନା' । ପ୍ରଥମେ କଳ୍ପନା ଓ ତା'ପରେ ସତ୍ୟାନୁସନ୍ଧାନର ପ୍ରୟାସ ସମ୍ଭବ ହୋଇଥାଏ । କଳ୍ପନା ବ୍ୟତିରେକେ ବିଜ୍ଞାନର ବିକାଶ ଅକଳ୍ପନୀୟ । ସାହିତ୍ୟଶିଳ୍ପୀ ଓ ବୈଜ୍ଞାନିକଙ୍କ ମଧ୍ୟରେ ଯେଉଁ ସୂକ୍ଷ୍ମ ପ୍ରଭେଦ ରହିଛି, ତାହା ହେଲା ମନର ଡ଼େଣାରେ ସାହିତ୍ୟିକ ବିଶ୍ୱବ୍ରହ୍ମାଣ୍ଡ ଭ୍ରମଣ କରିବାରେ ସମର୍ଥ ହୋଇଥିବାବେଳେ, ବୈଜ୍ଞାନିକମାନେ ଯାହା କଳ୍ପନା କରିଛନ୍ତି ତାହାର ବାସ୍ତବତାକୁ ସମସ୍ତଙ୍କ ଆଗରେ ପ୍ରମାଣିତ କରିଦେବା ପାଇଁ ସତତ ଚେଷ୍ଟିତ । ଏହା ମଧ୍ୟରେ ଆଉ ଏକ ବୈଜ୍ଞାନିକ ଓ ସାହିତ୍ୟିକମାନଙ୍କ ଆତ୍ମିକ ସାମଞ୍ଜସ୍ୟର ସୌନ୍ଦର୍ଯ୍ୟ ବିଦ୍ୟମାନ । ସାହିତ୍ୟ ଶିଳ୍ପୀର ଆତ୍ମାରେ ଯେଉଁ ସୂକ୍ଷ୍ମ ଦୃଷ୍ଟି ଅନ୍ତର୍ଗୁମ୍ଫିତ, ତାହା ବୈଜ୍ଞାନିକମାନଙ୍କ ଅଜାଣତରେ ମଧ୍ୟ ସେମାନଙ୍କ ମଧ୍ୟରେ ସର୍ବଦା କ୍ରିୟାଶୀଳ, ତେଣୁ ଉଭୟଙ୍କ ଆତ୍ମିକସତ୍ତା ଅନ୍ତରାଳରେ ସତ୍ୟାନୁସନ୍ଧାନର ଯେଉଁ ଅମିତ ଆବେଗ ପରିପୂର୍ଣ୍ଣ ହୋଇ ରହିଛି, ତାହାକୁ ଭିନ୍ନ ଭିନ୍ନ କରି ବିଚାର କରିବା ସମ୍ଭବ ହୋଇନପାରେ ।

ମହାକାଶ ବିଜ୍ଞାନୀବୃନ୍ଦ ଯେଉଁ ନିଗୂଢ଼ ବାସ୍ତବତାର ସନ୍ଧାନ ପାଇଁ ନିଜକୁ ଉତ୍ସର୍ଗ କରିଦେଇଛନ୍ତି, ସାହିତ୍ୟଶିଳ୍ପୀ ମଧ୍ୟ ସେହିପରି ଅଦୃଶ୍ୟର ମହିମାକୁ ଉପଲବ୍ଧି କରିବା ସକାଶେ ଆପଣାକୁ ସମର୍ପିତ କରି ରଖିଛନ୍ତି । ବିଜ୍ଞାନର ଅନୁସନ୍ଧାନ ଓ ପରୀକ୍ଷଣକୁ ଅବଲମ୍ବନ କରି ଯେଉଁ ସାହିତ୍ୟ ରଚିତ ହୋଇଛି, ତାହାକୁ ଆମେ 'ବୈଜ୍ଞାନିକ ସାହିତ୍ୟ' ବୋଲି ଅଭିହିତ କରିସାରିଛୁ । ତେବେ ବୈଜ୍ଞାନିକଙ୍କ କଳ୍ପନାକୁ ଭିତ୍ତିକରି ସାହିତ୍ୟ ଶିଳ୍ପୀମାନେ ଯେଉଁ ପରିମାଣରେ ମହାକାଶର ଅସୀମ ରହସ୍ୟକୁ ଉନ୍ମୋଚନ କରିବାରେ ନିଜର କଳ୍ପନା ସାମର୍ଥ୍ୟକୁ ପ୍ରୟୋଗ କରିପାରିବାର ସମ୍ଭାବନା ରହିଛି, ସେତିକି ପରିମାଣରେ ସାହିତ୍ୟରେ ପ୍ରୟୋଗ ଓ ପରୀକ୍ଷା ହୋଇପାରିନାହିଁ । ଏକଥା ଏକାନ୍ତ ଭାବରେ ସତ୍ୟ ଯେ, ସାହିତ୍ୟିକ ନିମନ୍ତେ ଏପ୍ରିୟ ପୃଥିବୀଟି ଅନନ୍ୟ । ସେଥିପାଇଁ ପୃଥିବୀ ପ୍ରତି ମମତା ସୃଷ୍ଟି କରିପାରୁଥିବା ସାହିତ୍ୟର ବିକାଶ ଘଟିପାରିଛି ଆଶାତୀତ ଭାବରେ । ବିଶିଷ୍ଟ-ବିଜ୍ଞାନ ସାହିତ୍ୟର ସ୍ରଷ୍ଟା ଗୋକୁଳାନନ୍ଦ ମହାପାତ୍ର ତାଙ୍କର ଏକ ସୃଷ୍ଟିରେ ଦର୍ଶାଇ ଦେଇଛନ୍ତି ଯେ,

ଏକ ବୈଜ୍ଞାନିକଦଳ ଜୀବନର ସନ୍ଧାନ ସକାଶେ ଯାତ୍ରା କରୁଛନ୍ତି ଅନ୍ତରୀକ୍ଷ ଉଦ୍ଦେଶ୍ୟରେ। ସମଗ୍ର ବିଶ୍ୱ ପରିଭ୍ରମଣ କରିସାରିବା ପରେ ମଧ୍ୟ ସେମାନେ କେଉଁଠି ହେଲେ ଜୀବନର ସତ୍ତା ଲକ୍ଷ୍ୟ କରିପାରିନାହାନ୍ତି। ନିଜର ପ୍ରିୟ ପୃଥିବୀକୁ ସେମାନେ ପ୍ରତ୍ୟାବର୍ତ୍ତନ କରିବାବେଳେ ପରସ୍ପର ମଧ୍ୟରେ ବାର୍ତ୍ତାଳାପ କରିଛନ୍ତି ଯେ, ସମଗ୍ର ବିଶ୍ୱବ୍ରହ୍ମାଣ୍ଡରେ ପୃଥିବୀ ହେଉଛି ଅତୁଳନୀୟ। ତେଣୁ ହେ ପୃଥିବୀବାସୀ ! ପ୍ରିୟ ଭାଇ ଓ ଭଉଣୀମାନେ ଚାଲନ୍ତୁ, ଆମର ଏହି କ୍ଷୁଦ୍ର ପୃଥିବୀଟିକୁ ଅଧିକ ସୌନ୍ଦର୍ଯ୍ୟମୟ କରି ଗଢ଼ିବା-ଏହି ମହାନ ସନ୍ଦେଶ ଦେବାକୁ ସେମାନେ ଯେତେବେଳେ ପୃଥିବୀ ପୃଷ୍ଠରେ ଅବତରଣ କରିବାପାଇଁ ଚାହୁଁଛନ୍ତି, ସେତେବେଳେ ଦେଖିପାରିଛନ୍ତି ଯେ ସେମାନଙ୍କ ଅତିପ୍ରିୟ ପୃଥିବୀଟି ବିଧ୍ୱସ୍ତ ହୋଇସାରିଛି। ଏପରି ସାହିତ୍ୟ ସର୍ଜନା ଦ୍ୱାରା ପରମାଣୁ ଅସ୍ତ୍ର ପ୍ରତିଯୋଗିତାରେ ପୃଥିବୀ ଧ୍ୱଂସ ପ୍ରାପ୍ତ ହୋଇନଯାଉ, ଏ ଚେତାବନୀ ଶୁଣାଇ ଦେବାକୁ ଚାହୁଁଛନ୍ତି ସାହିତ୍ୟସ୍ରଷ୍ଟା। ଏପରି ଅନ୍ତର୍ଭେଦୀ ବାର୍ତ୍ତାର ବାସ୍ତବିକ ତୁଳନା ନାହିଁ ଓ ଆମେ ମହାକାଶ ଅଭିମୁଖୀ ନ ହୋଇ ବରଂ ଆମର ସୁନ୍ଦରତମ ପୃଥିବୀଟିକୁ ସବୁପ୍ରକାରର ଆପଦବିପଦ ଠାରୁ ରକ୍ଷା କରିପାରିବା ହେଉଛି ସର୍ବୋତ୍ତମ ଓ ସର୍ବଶ୍ରେଷ୍ଠ ଦାୟିତ୍ୱ।

ଏହି ମହାନ ବାର୍ତ୍ତାର ସଦୁପଯୋଗ କରିବାର ଆବଶ୍ୟକତା ଅତ୍ୟନ୍ତ ଜରୁରୀ। ଏ ବିଶ୍ୱ ବ୍ରହ୍ମାଣ୍ଡରେ ଯେଉଁଠି ଜୀବନର ଅବସ୍ଥିତି ଥାଉନା କାହିଁକି ଆମେ ପୃଥିବୀକୁ ଧ୍ୱଂସାଭିମୁଖୀ କରି ଆକାଶ ଅଭିମୁଖୀ ହେବା ଆଦୌ ମନୁଷ୍ୟତ୍ୱର ପରିଚାୟକ ହୋଇନପାରେ। ପ୍ରଥମେ ପୃଥିବୀର ସୁରକ୍ଷା ଓ ତା'ପରେ ମହାକାଶ ମଧ୍ୟକୁ ଦୃଷ୍ଟି ନିକ୍ଷେପର ଯଥାର୍ଥତା ରହିଛି। ତେଣୁ ଆଜିର ଆହ୍ୱାନ ହେଉଛି ପୃଥିବୀର ପରିବେଶକୁ ମନୁଷ୍ୟ ବାସୋପଯୋଗୀ କରି ରଖିବାପାଇଁ ପ୍ରଥମେ ଆନ୍ତରିକ ଉଦ୍ୟମ କରିବା ଓ ଏହା ସହିତ ରହସ୍ୟପୂର୍ଣ୍ଣ ମହାକାଶରେ ଜୀବନର ସଂଧାନ ସକାଶେ ନିଷ୍ଠା ପ୍ରକଟ କରିବା। ପୃଥିବୀ ଯଦି ସୁନ୍ଦର ଓ ସୌହାର୍ଦ୍ଦ୍ୟପୂର୍ଣ୍ଣ ହୋଇ ରହିବ ନାହିଁ, ତା'ହେଲେ ଅନ୍ତରୀକ୍ଷ ସମ୍ବନ୍ଧୀୟ ଗବେଷଣାର କୌଣସି ଅର୍ଥ ମଧ୍ୟ ଅନୁଭବ କରିବା ସମ୍ଭବ ନୁହେଁ। ପୃଥିବୀ ସୁରକ୍ଷିତ ଥିଲେ ସିନା ଅନ୍ତରୀକ୍ଷର ରହସ୍ୟମୟ ଜଗତକୁ ଯାତ୍ରା କରିବାରେ ରହିଛି ପରମାନନ୍ଦ। ଯଦି ଅନ୍ୟ କୌଣସି ସ୍ଥାନରେ ଜୀବନର ଜୀବସତ୍ତା ବିଦ୍ୟମାନ ଓ ଏଲିଅନ ପରି ଦିବ୍ୟଶକ୍ତି ଧାରଣ-କ୍ଷମ ଜୀବସତ୍ତାର ଏ ପୃଥିବୀକୁ ଆଗମନ ବାସ୍ତବ, ତା'ହେଲେ ପୃଥିବୀ ସୌନ୍ଦର୍ଯ୍ୟମୟ ହୋଇ ରହିଥିଲେ ସିନା ଏଲିଅନମାନେ ଏହାକୁ ଦେଖି ହେବେ ଆହ୍ଲାଦିତ। ଆମେ ଯେମିତି ବିଶ୍ୱବ୍ରହ୍ମାଣ୍ଡରେ ଜୀବସତ୍ତା ଅନ୍ୱେଷଣ କରିବାପାଇଁ ବ୍ୟାକୁଳ ସେପରି ଅନୁସନ୍ଧାନ ଦ୍ୱାରା ହିଁ ଏଲିଅନମାନଙ୍କ ଆଗମନ ପୃଥିବୀକୁ ଘଟିଥିବା ସମ୍ଭବ। ସେମାନେ କୌଣସି ଅସତ ଉଦ୍ଦେଶ୍ୟ ନେଇ ପୃଥିବୀ ପୃଷ୍ଠକୁ ଆସିଥିବେ, ଏପରି ଆଶଙ୍କା କରିବାକୁ

ଯିବା କାହିଁକି ? ହୁଏତ ସେମାନେ ମନୁଷ୍ୟ ଜାତିର ଅଗ୍ରଗତି ସକାଶେ କୌଣସି ଶୁଭଙ୍କର ଶକ୍ତି ଏଠାରେ ପ୍ରୋଥିତ କରିବା ଲକ୍ଷ୍ୟରେ ଆସୁଥାଇପାରନ୍ତି । ଯଦି ପୃଥିବୀ ଧ୍ୱଂସାଭିମୁଖୀ ହେବ ତେବେ ଏଲିଅନମାନଙ୍କ ମହାନ ଆଶା ମଧ୍ୟ ଚୂର୍ଣ୍ଣ ବିଚୂର୍ଣ୍ଣ ହୋଇଯିବ । ଏସବୁ କାରଣରୁ ଆମେ ପୃଥିବୀକୁ ଅମାପ ପ୍ରେମରେ ଭରିଦେବାର ଯଥାର୍ଥତା ଯେପରି ରହିଛି, ଠିକ୍ ସେହିପରି ମହାକାଶ ସଂପର୍କରେ ଆମର ଅସୀମ ଆଗ୍ରହକୁ ଉଜ୍ଜୀବିତ କରି ରଖିବାର ଆବଶ୍ୟକତା ମଧ୍ୟ ନିଶ୍ଚୟ ଯେ ରହିଛି, ଏହାକୁ ଅସ୍ୱୀକାର କରାଯାଇନପାରେ । ସାହିତ୍ୟ ସ୍ରଷ୍ଟା ଓ ମହାକାଶ ବିଜ୍ଞାନୀମାନେ ଏହି ମହାନ ଆବଶ୍ୟକତାକୁ ଦୃଷ୍ଟି ସମକ୍ଷରେ ରଖି ସାହିତ୍ୟ ଓ ମହାକାଶ ବିଜ୍ଞାନ ଅଧ୍ୟୟନର ଜଗତକୁ ଯେତିକି ସମୃଦ୍ଧଶାଳୀ କରିପାରିବେ, ତାହା ସମସ୍ତଙ୍କ ପାଇଁ ହେବ ସେତିକି କଲ୍ୟାଣକର ।

■

ସାହିତ୍ୟ ଓ କମ୍ପ୍ୟୁଟର ବିଜ୍ଞାନ

ଏହି ଏକବିଂଶ ଶତାବ୍ଦୀରେ କମ୍ପ୍ୟୁଟର ବିଜ୍ଞାନର କିପରି ଦ୍ରୁତ ଅଭିବୃଦ୍ଧି ସାଧନ ହୋଇପାରିଛି, ତାହା ଆବାଳବୃଦ୍ଧବନିତା ସମସ୍ତଙ୍କ ପାଇଁ ଆକର୍ଷଣର କେନ୍ଦ୍ରବସ୍ତୁ। ଏପରି ବିକାଶ-ପର୍ବ ସମ୍ପର୍କରେ ପ୍ରାୟ ପନ୍ଦର କୋଡ଼ିଏ ବର୍ଷ ପୂର୍ବରୁ କେହି କଳ୍ପନା ସୁଦ୍ଧା କରିପାରୁନଥିଲେ। ଆଜି ଆମ ଜୀବନର ଏକ ଅବିଚ୍ଛେଦ୍ୟ ଅଂଶ ହୋଇଯାଇଛି କମ୍ପ୍ୟୁଟର। ଏହା ବ୍ୟତିରେକେ ସାଧାରଣ ଜୀବନଯାତ୍ରା କିପରି ବ୍ୟାହତ ହେଉଛି, ତାହା ମଧ୍ୟ ଆମେ ଜାଣିପାରୁଛୁ। ସେହି ଆଧୁନିକତମ ପ୍ରଯୁକ୍ତିବିଦ୍ୟା ସହିତ ସାହିତ୍ୟର ପୁଣି କି ସମ୍ବନ୍ଧ ?

ପୂର୍ବରୁ ପୁସ୍ତକ ଓ ପତ୍ରପତ୍ରିକା ପ୍ରକାଶନ ବା ମୁଦ୍ରଣ ଯେଉଁ ପ୍ରେସ୍ ଦ୍ୱାରା ହେଉଥିଲା ତାହା 'ମାଗୁଣିର ଶଗଡ଼' ପରି ପରିତ୍ୟକ୍ତ ହୋଇଯାଇସାରିଛି। ବହିଟିଏ ପ୍ରକାଶ ପାଇବା ପାଇଁ ଯେତିକି ଦୀର୍ଘ ସମୟ ଦେବାକୁ ପଡୁଥିଲା ଓ ଅକ୍ଷରଗୁଡ଼ିକ ସଜ୍ଜିତ କରିବା, ତାହାର ଛାପା କପି ବାହାର କରି ସଂଶୋଧନ କରିବା ତଥା ଅନେକ କର୍ମଚାରୀଙ୍କ ସହାୟତା ନେବାର ଆବଶ୍ୟକତା ଥିଲା ଏକାନ୍ତ ଜରୁରୀ, ଏସବୁ ବର୍ତ୍ତମାନ ଅଧିକ ସହଜସାଧ୍ୟ ହୋଇସାରିଛି। କମ୍ପ୍ୟୁଟରରେ ଅକ୍ଷରଗୁଡ଼ିକର ଡ଼ି.ଟି.ପି କରିବା, ଏକା ସଙ୍ଗରେ ଗୋଟିଏ ପୁସ୍ତକର ପ୍ରୁଫ୍ କପି ସଂଶୋଧନ କରିବା ଓ ଆଧୁନିକ ଜ୍ଞାନ କୌଶଳରେ ନିର୍ମିତ ମୁଦ୍ରଣ ଯନ୍ତ୍ର ଦ୍ୱାରା ପୁସ୍ତକ ପ୍ରକାଶନ ଅତି ଅଳ୍ପ ସମୟ ମଧ୍ୟରେ ସମାପ୍ତ କରିବା- ନିଶ୍ଚିତ ଭାବେ ଏକ ବୈପ୍ଲବିକ ପରିବର୍ତ୍ତନ। ପୂର୍ବରୁ ମୁଦ୍ରିତ ହେଉଥିବା ଅକ୍ଷରଗୁଡ଼ିକ ଆଜି ପରି ଏତେ ସ୍ପଷ୍ଟ ଓ ପରିଚ୍ଛନ୍ନ ଦେଖା ଯାଉନଥିଲା। ସେହିପରି ବିଭିନ୍ନ ପ୍ରକାରର ନୂଆ ନୂଆ ଡିଜାଇନ ପ୍ରସ୍ତୁତ କରିବା କିମ୍ବା ଅକ୍ଷର ଗୁଡ଼ିକୁ ଭିନ୍ନ ଭିନ୍ନ ରଂଗ ଦ୍ୱାରା ବୈଚିତ୍ର୍ୟ ମଣ୍ଡିତ କରିବା ଥିଲା ସ୍ୱପ୍ନାତୀତ। ଏସବୁ କାର୍ଯ୍ୟର ଅଗ୍ରଗତି ଦ୍ୱାରା ସାହିତ୍ୟ ପୁସ୍ତକ ଓ ପତ୍ରପତ୍ରିକାର ପ୍ରସାରଣ ଦିଗରେ କ୍ରାନ୍ତିକାରୀ ପରିବର୍ତ୍ତନ ସମ୍ପାଦିତ ହୋଇପାରିଛି। ପୁନଶ୍ଚ ସମଗ୍ର ପୃଥିବୀର ଯେକୌଣସି ବିଷୟକ ତଥ୍ୟ ଅତ୍ୟନ୍ତ ସହଜ ଭାବରେ ଉପଲବ୍ଧ ହେବା ମଧ୍ୟ ଆଶ୍ଚର୍ଯ୍ୟଜନକ ଘଟଣା। କମ୍ପ୍ୟୁଟର ବିଜ୍ଞାନୀମାନେ ନିଜ ବୁଦ୍ଧିମତ୍ତା ଓ

ବିଚକ୍ଷଣତାର ପରିଚୟ ଦେଇ ମଣିଷ ସମାଜକୁ ଯେ ବିସ୍ମିତ କରିଦେଇଛନ୍ତି, ଏଥିରେ ସନ୍ଦେହ ନାହିଁ।

ସାହିତ୍ୟର ପ୍ରକାଶନ-ଶିଳ୍ପ ଏପରି ବିକଶିତ ହେବା ଦ୍ୱାରା ଅଂସଖ୍ୟ ନୂତନ ଲେଖକ ଲେଖିକା ମଧ୍ୟ ସୃଷ୍ଟି ହୋଇଛନ୍ତି। ଯେକୌଣସି ଲେଖକ କିଛି ଅର୍ଥ ବିନିଯୋଗ ଦ୍ୱାରା ନିଜସ୍ୱ ପୁସ୍ତକଟିଏ ସୁନ୍ଦର ଭାବରେ ପ୍ରକାଶ କରିପାରୁଛି। ସବୁଲେଖକ ଲେଖିକା ବିଖ୍ୟାତ ପ୍ରକାଶକ ସଂସ୍ଥା ଉପରେ ନିର୍ଭରଶୀଳ ନୁହନ୍ତି। ସହରାଞ୍ଚଳରୁ ଆରମ୍ଭ କରି ଗ୍ରାମାଞ୍ଚଳ ପର୍ଯ୍ୟନ୍ତ ପୁସ୍ତକ ଓ ପତ୍ରପତ୍ରିକା ବ୍ୟକ୍ତିଗତ ବା ଆନୁଷ୍ଠାନିକ ଉଦ୍ୟମରେ ଯେପରି ପ୍ରକାଶିତ ହୋଇଚାଲିଛି, ତାହା ଯେ ସାହିତ୍ୟର ସମ୍ପ୍ରସାରଣକୁ ତ୍ୱରାନ୍ୱିତ କରିଛି, ଏହା ଏକାନ୍ତ ସତ୍ୟ।

ଏସବୁ ସତ୍ତ୍ୱେ ପୁଣି ଆମେ ଦେଖିପାରୁଛୁ ସାହିତ୍ୟ ସକାଶେ ହତାଶାଜନକ ଚିତ୍ର ମଧ୍ୟ। ବହି ଓ ପତ୍ରପତ୍ରିକା ଯେଉଁ ପରିମାଣରେ ପ୍ରକାଶିତ ହୋଇଚାଲିଛି ସେହି ଭାବରେ ଶ୍ରଦ୍ଧାଶୀଳ, ପାଠକମାନଙ୍କ ଆଶାଜନକ ଭାବରେ ଆଦୌ ବୃଦ୍ଧପ୍ରାପ୍ତ ହେଉନାହିଁ। ଏବେ ଭଗବତ୍‌ଗୀତାର ଯେଉଁ ଡିଜିଟାଲ ସଂସ୍କରଣ ପ୍ରକାଶିତ ହୋଇଛି, ତାହା ଯେ କେବଳ ପାଠ କରାଯାଇପାରିବ ସେତିକି ନୁହେଁ, କଲମ ଆକାରର ଏକ ଯନ୍ତ୍ର ସାହାଯ୍ୟରେ ପୁସ୍ତକର ଅକ୍ଷରଗୁଡ଼ିକ ସ୍ପର୍ଶ କରିବାଦ୍ୱାରା ଶ୍ଳୋକର ସୁମଧୁର ଆବୃତ୍ତି ମଧ୍ୟ ଶୁଣାଯାଇପାରୁଛି। ଏହା 'ଗୀତା'ର ସମ୍ପ୍ରସାରଣ ଦିଗରେ ନେଇପାରିବ ଅଚିନ୍ତନୀୟ ଭୂମିକା। ଏହା ସତ୍ତ୍ୱେ ମନରେ ପ୍ରଶ୍ନ ଉଠେ ଗୀତାର ଭାବ ଗ୍ରହଣ କରିବାର ଯେଉଁ ଆନ୍ତରିକତା ରହିଥିଲା ପୂର୍ବରୁ, ସେଥିରେ ପ୍ରକୃତରେ କ'ଣ ବିକାଶ ସମ୍ଭବ ହୋଇଛି ? ସବୁଠୁ ଉଲ୍ଲେଖଯୋଗ୍ୟ ବିଷୟ ହେଉଛି ଭାବଗ୍ରହଣ କରିବାର ଶ୍ରଦ୍ଧାଶୀଳତା। କମ୍ପ୍ୟୁଟର ବିଜ୍ଞାନୀମାନଙ୍କ ଠାରୁ ଆରମ୍ଭ କରି ଯେକୌଣସି ସ୍ତରର ବୈଜ୍ଞାନିକ ମଧ୍ୟ ଆତ୍ମାର ଏହି ଅନୁରାଗକୁ ବିକଶିତ କରିବାର ଯନ୍ତ୍ର ଉଦ୍ଭାବନ କରିପାରୁନାହାଁନ୍ତି। ଲକ୍ଷ ଲକ୍ଷ ପୁସ୍ତକ ବିଭିନ୍ନ ଗ୍ରନ୍ଥାଳୟରେ ସଂରକ୍ଷିତ ହୋଇ ରହିଛି ସତ, ମାତ୍ର ପାଠାଗାରାରେ ପାଠକଙ୍କ ଆସନ ଶୂନ୍ୟ। ପୁନଶ୍ଚ ସମ୍ପ୍ରତି କୁହାଗଲାଣି ଯେ ଏତେ ପୁସ୍ତକ ସଂଗ୍ରହ କରି ରଖିବା, ତାହାର ନିରନ୍ତର ଯତ୍ନନେବା, ସେ ସେବୁକୁ ବୈଜ୍ଞାନିକ ପ୍ରଣାଳୀରେ ସଜ୍ଜିତ କରିବା କମ୍ ଶ୍ରମ ସାପେକ୍ଷ ନୁହେଁ। ତେଣୁ କାଗଜ ମାଧ୍ୟମରେ ପୁସ୍ତକ ପ୍ରକାଶନ ନହୋଇ E. Book (ଇ-ବୁକ୍)ଇ-ପତ୍ର ପତ୍ରିକାର ସମ୍ପ୍ରସାରଣ ଘଟିବାକୁ ଆରମ୍ଭ କଲାଣି। ଲକ୍ଷ ଲକ୍ଷ ବିଷୟବସ୍ତୁ ଯଦି କ୍ଷୁଦ୍ର କମ୍ପ୍ୟୁଟର ମଧ୍ୟରେ ସଜ୍ଜିତ ହୋଇ ରହିପାରେ, ତା'ହେଲେ ଆଉ ବିରାଟ ବିରାଟ ଗ୍ରନ୍ଥାଗାର ନିର୍ମାଣ କରିବାର ବା କି ଆବଶ୍ୟକତା ରହିଛି ? ଯେଉଁମାନେ ପୁରାତନ ସମୟର ଭାବବାଦୀ ପାଠକପାଠିକା ସେମାନେ ମୋବାଇଲ୍ ଫୋନ ବା କମ୍ପ୍ୟୁଟର ପରଦାରେ ପୁସ୍ତକ ପାଠ

କରିବା ପାଇଁ ଆଦୌ ଚାହାନ୍ତି ନାହିଁ। କାରଣ ବହିଟିଏ ବା ପତ୍ରିକାଟିଏ ନିଜ ହାତରେ ଧରି ଯେକୌଣସି ସମୟରେ ଯେକୌଣସି ସ୍ଥାନରେ ସ୍ୱାଧୀନ ଭାବେ ପାଠ କରିବାର ବିରଳ ଅନୁଭୂତିଠାରୁ ସେମାନେ ବଞ୍ଚିତ ହେବାକୁ ଚାହାନ୍ତି ନାହିଁ। ସାମ୍ପ୍ରତିକ କାଳର ପାଞ୍ଚବର୍ଷ ବୟସର ଛୋଟ ବାଳକ ବାଳିକାଙ୍କଠାରୁ ଆରମ୍ଭ କରି ଯୁବବର୍ଗ ଯେପରି ଅସାଧାରଣ ଦକ୍ଷତା କମ୍ପ୍ୟୁଟର ବ୍ୟବହାରରେ ପ୍ରଦର୍ଶନ କରିପାରୁଛନ୍ତି ତାହା ପୂର୍ବବର୍ତ୍ତୀ ପିଢି ପାଇଁ ଆଦୌ ଗ୍ରହଣୀୟ ବିବେଚିତ ହେଉନାହିଁ। ତଥ୍ୟ ଆହରଣ କିମ୍ବା ନିଜର ସ୍ମୃତିକୋଷ ମଧ୍ୟରେ ଏହି ତଥ୍ୟାବଳୀକୁ ସଯତ୍ନେ ସଂରକ୍ଷିତ କରି ରଖିବାର ଯେଉଁ ଚଞ୍ଚଳତା ପ୍ରକାଶ ପାଉଛି, ତଦନୁସାରେ ଭାବଗ୍ରହଣ ଓ ଭାବ ସଂପ୍ରସାରଣ ନିମିତ୍ତ ଧ୍ୟାନଶୀଳତାର ସମୃଦ୍ଧି ସଂସାଧିତ ହୋଇପାରୁନାହିଁ।

ଏସବୁ ସତ୍ତ୍ୱେ ଏକଥା ସତ୍ୟ ଯେ କମ୍ପ୍ୟୁଟର ବିଜ୍ଞାନର ଅବଦାନକୁ କେହି ଅସ୍ୱୀକାର କରିପାରିବେ ନାହିଁ। ଆମ ବିଜ୍ଞାନ-ନିର୍ଭର-ସମାଜ ମଧ୍ୟ ଆଉ ପଛକୁ ଫେରିବାର ପ୍ରଶ୍ନ ଉଠୁନାହିଁ। ତେଣୁ ଏପରି ସ୍ଥଳରେ ସାହିତ୍ୟକୁ ମଣିଷ ହୃଦୟରେ ବଞ୍ଚାଇ ରଖିବା ଏକ ବିରାଟ ଆହ୍ୱାନ ନିଶ୍ଚୟ। ସବୁକିଛି ସତ୍ତ୍ୱେ ସାହିତ୍ୟର ବିକାଶ ଧାରାକୁ ଅବ୍ୟାହତ ରଖାଯାଇପାରିବ ପ୍ରକୃତ ଆନ୍ତରିକତା ବଳରେ। ବିଜ୍ଞାନର ଅଗ୍ରଗତି ସହିତ ତାଳଦେଇ ଆମକୁ ତ ଚାଲିବାକୁ ପଡ଼ିବ ନିଶ୍ଚିତ ଭାବରେ। ତେଣୁ ଏ କ୍ଷେତ୍ରରେ ଆମର ଏକମାତ୍ର ମହତ୍ କର୍ତ୍ତବ୍ୟ ହେଉଛି କମ୍ପ୍ୟୁଟର ବିଜ୍ଞାନ ମାଧ୍ୟମରେ ସାହିତ୍ୟର ଶାଶ୍ୱତ ଭାବଧାରାକୁ ଦେଶ ବା ପୃଥିବୀର କୋଣ ଅନୁକୋଣରେ ପହଞ୍ଚାଇବା। ଯେଉଁମାନେ ସାହିତ୍ୟ ପ୍ରତି ବିମୁଖ, ସେମାନଙ୍କ ପ୍ରାଣରେ ସାହିତ୍ୟାନୁରାଗ ସୃଷ୍ଟି କରିପାରିଲେ, କମ୍ପ୍ୟୁଟର ବିଜ୍ଞାନ ଆମକୁ ସକଳ ପ୍ରତିଦ୍ୱନ୍ଦ୍ୱିତାମୂଳକ ପରିବେଶ ଭିତରେ ବି ପ୍ରଦାନ କରିପାରିବ ଏପରି ଅନୁକୂଳ ସୁଯୋଗ, ଯାହା ଆଶୀର୍ବାଦରେ ପରିଣତ ହେବ ସାହିତ୍ୟ-ଜଗତ ସକାଶେ। ପରିବର୍ତ୍ତନର ସ୍ରୋତକୁ ଅଟକାଇବାର ସାମର୍ଥ୍ୟ କାହାର ନାହିଁ। ବରଂ ଯେଉଁ କ୍ରାନ୍ତିକାରୀ ପରିବର୍ତ୍ତନ ସଂଘଟିତ ହୋଇଚାଲିଛି ତା' ସହିତ ଆମକୁ ପାଦ ମିଳାଇବାକୁ ପଡ଼ିବ ନିଶ୍ଚୟ। ଆମେ ଯଦି ସାହିତ୍ୟ ପ୍ରତି ନିଃସ୍ୱାର୍ଥପର ଭାବନା ନେଇ ଅନୁରକ୍ତ, ତା'ହେଲେ ଆମର ସୀମିତ ସାମର୍ଥ୍ୟ ମଧ୍ୟରେ ବି ସାହିତ୍ୟ-ପ୍ରାଣ ଶିଶୁଟିଏ ବା ତରୁଣ ଶକ୍ତିଟିଏ ନିର୍ମାଣ କରିବା ସମ୍ପୂର୍ଣ୍ଣ ଅସମ୍ଭବ ନୁହେଁ। ପିତାମାତା, ଅଭିଭାବକ ଶିକ୍ଷକ, ଶିକ୍ଷୟିତ୍ରୀ ଓ ଲେଖକ ଲେଖିକାଙ୍କ ମଧ୍ୟରେ ଯଦି ରହିପାରିଛି ସାହିତ୍ୟ ପ୍ରତି ପରିଶୁଦ୍ଧ ଆବେଗ, ତା' ହେଲେ ତାହାକୁ ଆମର ଆନ୍ତରିକତା ବଳରେ ହିଁ କରିପାରିବା କାର୍ଯ୍ୟକାରୀ। ଆଜିର ଏ ଯେଉଁ ଚଳଚଞ୍ଚଳ ବାତାବରଣ ଓ କୋଳାହଳପୂର୍ଣ୍ଣ ପରିବେଶ ମଧ୍ୟରେ ପ୍ରତିଟି ଶିଶୁ ଓ ତରୁଣ ତରୁଣୀ ଅଣନିଶ୍ୱାସୀ ଅନୁଭବ କରୁଛନ୍ତି, ଏହା କ'ଣ ଏକ ବାସ୍ତବ ଅଭିଜ୍ଞତା

ନୁହେଁ ? ତେଣୁ ଏହି ଶିଶୁ-ସତ୍ତା ତରୁଣ-ସତ୍ତାଙ୍କୁ ଶ୍ୱାସରୁଦ୍ଧକାରୀ ପରିବେଶରୁ ପରିତ୍ରାଣ କରିବା ପାଇଁ ସାହିତ୍ୟର ମଧୁରତମ ସ୍ପର୍ଶ ଟିକିଏ ଯଦି ଦିଆଯାଇପାରେ, ତା'ହେଲେ ସେମାନଙ୍କ ଅନ୍ତରାତ୍ମାରରେ ସୃଷ୍ଟି ହେବ ଅନାବିଳ ଭାବ-ସ୍ପନ୍ଦନ, ଯାହା ଆଶା ବିଶ୍ୱାସ ଓ ନିଃସ୍ୱାର୍ଥ ଭାବାବେଗର ଏକ ଏକ ଅର୍ଥପୂର୍ଣ୍ଣ ସଂକେତ। କମ୍ପ୍ୟୁଟର ବିବର୍ଜିତ ପୃଥିବୀର ପରିକଳ୍ପନା ଆଜି ଅବାସ୍ତବ। ଏହି ନୂତନ ବୈଜ୍ଞାନିକ ପ୍ରଯୁକ୍ତିବିଦ୍ୟା ସାହିତ୍ୟର ଭାବ-ଭୂମିକୁ କିପରି ପ୍ରସାରିତ କରିବାରେ ସାହାଯ୍ୟ କରିବ ସେ ଦିଗରେ ଆମର ସଚେତନତା ହେଉଛି ସବୁଠାରୁ ଗୁରୁତ୍ୱପୂର୍ଣ୍ଣ। ଯେଉଁମାନେ କମ୍ପ୍ୟୁଟର ବିଜ୍ଞାନୀ ସେମାନେ ସାହିତ୍ୟର ଭାବଧାରାକୁ ବ୍ୟାହତ କରିବା ପାଇଁ ଏହା ସୃଷ୍ଟି କରିନାହାନ୍ତି। ସାହିତ୍ୟ ସହିତ ପୃଥିବୀର ସକଳ ବିଦ୍ୟାନୁରାଗ କିପରି ପରିପୂର୍ଣ୍ଣତା ଲାଭ କରିବ ସେଥିପାଇଁ ହିଁ ସେମାନେ ଆପଣାର ଜ୍ଞାନ-କୌଶଳ ପ୍ରୟୋଗ କରିଛନ୍ତି ଆସ୍ଥାମୂଳକ ପ୍ରେରଣା ଦ୍ୱାରା ଉଦ୍‌ବୁଦ୍ଧ ହୋଇ। ଆମର ଅମର ସାହିତ୍ୟ ସ୍ରଷ୍ଟାମାନଙ୍କ ପ୍ରତି ଯଦି ରହିଛି ସମ୍ମାନ ଓ କମ୍ପ୍ୟୁଟର ବିଜ୍ଞାନର ଆଭିମୁଖ୍ୟ ପ୍ରତି ରହିଛି ସକାରାତ୍ମକ ଦୃଷ୍ଟିଭଙ୍ଗୀ, ତାହା ହେଲେ କମ୍ପ୍ୟୁଟର ବିଜ୍ଞାନର ଅସାମାନ୍ୟ ସହାୟତାରେ ସାହିତ୍ୟ-ବିବେକକୁ ଜାଗ୍ରତ କରି ରଖିବାରେ ଆମର ଉଦ୍ୟମ କେବେ ନିଷ୍ଫଳ ହୋଇଯିବ ନାହିଁ।

■

ସାହିତ୍ୟ ଓ କୃଷିବିଜ୍ଞାନ

କୃଷି ହିଁ ମାନବ ସଭ୍ୟତାର ମୂଳ କାରଣ। ତାହାକୁ ଅବହେଳା କରାଯାଇ ମାନବ ଜାତିର ଭବିଷ୍ୟତ କେବେ ହେଲେ କଳ୍ପନା କରାଯାଇପାରିବ ନାହିଁ। ଓଡ଼ିଆ ସାହିତ୍ୟରେ ସ୍ୱଭାବକବି ଗଂଗାଧର ମେହେର ପ୍ରମାଣ କରିଦେଲେ ଯେ କୃଷି କୈନ୍ଦ୍ରିକ କବିତା ମଧ୍ୟ କିପରି ସରଳ ଭାଷାରେ ରଚନା କରାଯାଇପାରେ। ତାଙ୍କ ଦ୍ୱାରା ରଚିତ 'କୃଷକ ସଂଗୀତ' କବିତା ସଂକଳନଟି ଏ ଦୃଷ୍ଟିରୁ ଅତ୍ୟନ୍ତ ପ୍ରେରଣାଦାୟକ। ଅନ୍ନର ମହିମା ବର୍ଣ୍ଣନା କରିବାରେ, ହେଉ କିମ୍ବା କୃଷକର ଉତ୍ସର୍ଗୀକୃତ ଜୀବନ ଉପରେ ଆଲୋକପାତ କରିବାରେ ଗଂଗାଧର ଯେଉଁ ଅସାଧାରଣ ମହତ୍ତ୍ୱର ପରିଚୟ ପ୍ରଦାନ କରିଛନ୍ତି, ତାହା ଓଡ଼ିଶା ବା ଭାରତବର୍ଷ କାହିଁକି ସମଗ୍ର ପୃଥିବୀ ସାହିତ୍ୟରେ ଅନନ୍ୟ। ଏହି 'କୃଷକ ସଂଗୀତ' ସହିତ ଜର୍ମାନ ମହାକବି ଭର୍ଜିଲଙ୍କ ରଚିତ କବିତାକୁ ଏଥିପାଇଁ ତୁଳନା କରାଯାଇଛି। ଅନେକ ଉଚ୍ଚକୋଟୀର ସାହିତ୍ୟ ସମାଲୋଚକ ଗଂଗାଧରଙ୍କ ଏ କବିତା ଗୁଡ଼ିକର ନାନ୍ଦନିକ ଗୁରୁତ୍ୱ ସଂପର୍କରେ ସନ୍ଦେହ ପ୍ରକାଶ କରିଛନ୍ତି। ନନ୍ଦନତତ୍ତ୍ୱକୁ ଅତ୍ୟନ୍ତ ସୂକ୍ଷ୍ମ ଭାବରେ ପର୍ଯ୍ୟବେକ୍ଷଣ କରିବାରେ ଏହାକୁ ଆମର ଅକ୍ଷମତା ବୋଲି କ'ଣ ବର୍ଣ୍ଣନା କରାଯାଇ ପାରିବ ନାହିଁ? କୃଷି ଓ କୃଷକର ଗୌରବ ବିସ୍ତୃତ ଭାବରେ ବର୍ଣ୍ଣନା କରିବା ସଂଗେ ସଂଗେ ଗଂଗାଧର ଧାନଚାଷଠାରୁ ଆରମ୍ଭ କରି ବିଭିନ୍ନ ପରିବା ଚାଷ ସଂପର୍କରେ ଯେପରି ବୈଜ୍ଞାନିକ ଦୃଷ୍ଟିରୁ ଆଲୋକପାତ କରିଛନ୍ତି, ତାହା ବାସ୍ତବିକ୍ ଅତୁଳନୀୟ। କୃଷି-କୌଶଳ ହେଉଛି କୃଷି ବିଜ୍ଞାନର ମୂଳତତ୍ତ୍ୱ। ଏହାକୁ ହିଁ ଛୋଟ ଛୋଟ କବିତାରେ ଯେପରି କବି ବିଶ୍ଳେଷଣ କରିଛନ୍ତି, ତାହା ଏ କଥା ପ୍ରତିପାଦନ କରିଦିଏ ଯେ କୃଷି ବିଜ୍ଞାନ ସାହିତ୍ୟର ପରିସରଭୁକ୍ତ ହୋଇପାରେ କିପରି ଆକର୍ଷଣୀୟ ଭାବରେ।

ଧାନଚାଷ, ପରିବାଚାଷ, ବୋଲି ଆମେ ଯେପରି କହୁ, ସେପରି ସାହିତ୍ୟଚାଷ ବୋଲି ମଧ୍ୟ ବର୍ଣ୍ଣନା କରିଥାଉ। କୃଷିପରି ସାହିତ୍ୟ ମଧ୍ୟ ଯଦି ଚାଷରେ ପରିଗଣିତ ହୋଇପାରେ, ତେବେ କୃଷକ ଓ ସାହିତ୍ୟିକର ହୃଦୟ ମଧ୍ୟରେ କ'ଣ ବା ପାର୍ଥକ୍ୟ

ରହିଛି ? ପାର୍ଥକ୍ୟ ଏତିକି ଯେ କୃଷକ ଅନ୍ୟକାହାଠାରୁ ସ୍ୱୀକୃତି ସୂଚକ ପ୍ରଶଂସାଟିକିଏ ମଧ୍ୟ ପାଇବାକୁ ଅଭିଳାଷ ରଖିନଥିବା ବେଳେ ସାହିତ୍ୟିକମାନେ ଏଥିପାଇଁ ବ୍ୟାକୁଳତା ପ୍ରକାଶ କରିଥାନ୍ତି । ନିରପେକ୍ଷ ଭାବରେ ତେଣୁ ବିଚାର କଲେ କୃଷକର ସାଧନା ଯେପରି ନିଷ୍କାମ, ସାହିତ୍ୟିକର ଆତ୍ମା ସେତିକି ପରିଚ୍ଛନ୍ନ ହୋଇନପାରେ । ସାହିତ୍ୟ ସର୍ଜନାରେ ଅଭିନିବିଷ୍ଟ ହୋଇଯାଇ ଯିଏ କୃଷକ ଭଳି ହୋଇପାରେ ସରଳତା ନିରାଡ଼ମ୍ବରତା ଓ ନିର୍ମଳତାର ନିମିତ୍ତଟିଏ, ସେତିକିବେଳେ ହିଁ ତାହାର ସାହିତ୍ୟିକ ସର୍ଜନା ପବିତ୍ର ପ୍ରଭାବ ପକାଇପାରେ ସମାଜ ଉପରେ ।

କୃଷି ବିଜ୍ଞାନ ଓ ସାହିତ୍ୟ ଉଭୟ ମଧ୍ୟରେ କୌଣସି ପାର୍ଥକ୍ୟ ଅନୁଭବ କରିହେବ ନାହିଁ । ଯଦି ଉଭୟର ମହାନ ଉଦ୍ଦେଶ୍ୟ ସଂପର୍କରେ ଆମେ ସଚେତନ ହୋଇଉଠିବା । ଗଛଟିଏ ଲଗାଇବା ଓ କବିତାଟିଏ ରଚନା କରିବା ମଧ୍ୟରେ କ'ଣ ବା ତଫାତ୍ ରହିଛି ? ଉଭୟର ପ୍ରେରଣା ମଧ୍ୟରେ ପ୍ରଚ୍ଛନ୍ନ ହୋଇ ରହିଛି ଏକ ହିଁ ସତ୍ୟର ମହନୀୟ ଉପଲବ୍ଧି ।

କୃଷକର ଜୀବନଧାରାକୁ ଭିତ୍ତିକରି ପୃଥିବୀରେ ସାହିତ୍ୟର ଅଭାବ ନାହିଁ । ଗଳ୍ପ, କବିତା, ଉପନ୍ୟାସ ଓ ନାଟକରେ ଏ ସବୁର ମାର୍ମିକ ଚିତ୍ର ଆମେ ଅନ୍ୱେଷଣ କରିପାରିବା । ନୋବେଲ ପୁରସ୍କାର ବିଜୟନୀ ପାର୍ଲ.ଏସ୍.ବକ୍ ତାଙ୍କ 'Good earth' ଉପନ୍ୟାସରେ କୃଷକ ଜୀବନ୍ତ ବୃତ୍ତାନ୍ତ ବାସ୍ତବଧର୍ମୀ ଭାଷା ଓ ଶୈଳୀରେ ଉପସ୍ଥାପନ କରିଦେଇଛନ୍ତି । ନିଜେ ଲେଖିକା ପ୍ରକାଶ କରିଛନ୍ତି ଯେ, ଉପନ୍ୟାସ ରଚନା ସମୟରେ ସେ ଗୋଟିଏ ନିର୍ଦ୍ଦିଷ୍ଟ ଅଞ୍ଚଳର କଥା ବର୍ଣ୍ଣନା କରୁଛନ୍ତି ବୋଲି ପ୍ରଥମେ ଅନୁଭବ କରୁଥିଲେ । ରଚନା ସମାପ୍ତି ପରେ ସେ ସଚେତନ ହୋଇଉଠିଲେ ଯେ ଏହା ହେଉଛି ସାର୍ବଜନୀନ । ଅର୍ଥାତ୍ ଗୋଟିଏ ଅଞ୍ଚଳରେ କୃଷି ଓ କୃଷକର ଚିତ୍ରାଙ୍କନ କରିବା ମାଧ୍ୟମରେ ସମଗ୍ର ପୃଥିବୀର କୃଷକ ହୃଦୟକୁ ବାସ୍ତବିକ୍ ସେ ପ୍ରତିବିମ୍ବିତ କରିଦେଇପାରିଛନ୍ତି । ରାଜନୈତିକ ଦୃଷ୍ଟିକୋଣରୁ ଦେଶ ଦେଶ ମଧ୍ୟରେ ବନ୍ଧୁତାର ଅଭାବ ରହିଥାଇପାରେ । କିନ୍ତୁ ମାନବିକତାର ଅନ୍ତର୍ଦୃଷ୍ଟି ନେଇ ଦେଖିଲେ ଏ ପ୍ରତ୍ୟେକ ଦେଶର କୃଷକ ବା ଲେଖକ ଲେଖିକାଙ୍କ ମଧ୍ୟରେ କୌଣସି ପାର୍ଥକ୍ୟ ପରିଦୃଷ୍ଟ ହୁଏ ନାହିଁ । ଗୋଟିଏ ଦେଶର ମଣିଷ ନିଜ ଅଞ୍ଚଳରେ କେବଳ ପ୍ରତିନିଧିତ୍ୱ କରେନାହିଁ । ସେ ହେଉଛି ସାମ୍ପ୍ରତିକ କାଳରେ 'ବିଶ୍ୱମାନବ'ର ପ୍ରତୀକ ।

କୃଷି ଓ କୃଷକ ସଂପର୍କରେ ସାହିତ୍ୟରେ ବିଭିନ୍ନ ଚିତ୍ର ଓ ଚରିତ୍ରର ସମାବେଶ ଘଟିଛି ନିଶ୍ଚୟ । କିନ୍ତୁ କୃଷି କୌଶଳ ବା କୃଷିବିଜ୍ଞାନ ଭିତ୍ତିକ ସାହିତ୍ୟ ସୃଷ୍ଟି ହୋଇଛି ଅତ୍ୟନ୍ତ   ଅଳ୍ପ । କୃଷି ବିଜ୍ଞାନ ସମ୍ପର୍କିତ ଯେଉଁ ପୁସ୍ତକଗୁଡ଼ିକ ପ୍ରକାଶିତ, ତାହାକୁ ସାହିତ୍ୟ ବିଭାଗର ଏକ ଭିନ୍ନ ଶାଖା ହିସାବରେ ଗ୍ରହଣ କରାଯାଇପାରେ । ତେବେ ଅତ୍ୟନ୍ତ ସରସ

ଓ ଆକର୍ଷଣୀୟ ଭାବରେ ଏ ବିଷୟକୁ ଚିତ୍ରଣ କରିବାର ଯେତିକି ଆବଶ୍ୟକତା ରହିଛି, ତାହା ପୂରଣ ହୋଇପାରିନାହିଁ। ଅନେକ ସମୟରେ କୃଷକମାନଙ୍କ ମଧ୍ୟରେ ସଚେତନା ସୃଷ୍ଟି ପାଇଁ ଛନ୍ଦବଦ୍ଧ କବିତା ସରକାରୀ ଉଦ୍ୟମରେ ପ୍ରସ୍ତୁତ ହୋଇଥିବା ଦେଖିବାକୁ ମିଳେ। ସେହିପରି ଆକାଶବାଣୀ ଓ ଦୂରଦର୍ଶନ କୃଷିବିଜ୍ଞାନ ସମ୍ବନ୍ଧୀୟ ଯେଉଁ କାର୍ଯ୍ୟକ୍ରମ ସବୁ ପରିବେଷଣ କରିଥାନ୍ତି, ସେଥିରେ ସାହିତ୍ୟିକ ଉପାଦାନ ସୁଲଭ। ଏହି ଧାରାଟିକୁ ଯଦି ଅଧିକ ଚିତ୍ତାକର୍ଷକ କରାଯାଇପାରିବ, ତା'ହେଲେ ଏହା ଉଚ୍ଚକୋଟୀର ସାହିତ୍ୟ ଭାବରେ ବିବେଚିତ ନହେବ କାହିଁକି ? ଆଉ ଏକ ଉଲ୍ଲେଖନୀୟ କଥା ହେଉଛି ଯେଉଁ ପାରମ୍ପରିକ ଚାଷ କାର୍ଯ୍ୟରେ ଆମ ବାତାବରଣ ସମୃଦ୍ଧ ଅଥଚ କୃଷକ କୂଳ ଦାରିଦ୍ର୍ୟ ନିପୀଡ଼ିତ ସେ ସଂପର୍କରେ ସାହିତ୍ୟରେ ବିଶେଷ ପରୀକ୍ଷା ନିରୀକ୍ଷା ହୋଇନାହିଁ। ଏ ପ୍ରସଙ୍ଗରେ ମନେପଡୁଛି ଏ ଲେଖକର ଏକ ଛୋଟ ଅନୁଭୂତି। ଲୋକସଭା ସଦସ୍ୟ ଥିବା ବିଶିଷ୍ଟ ସମାଜବାଦୀ ଜନନେତା ଗଣନାଥ ପ୍ରଧାନ ଏକଦା ଯାତ୍ରା କରିଥିଲେ ଭାରତ ସରକାରଙ୍କ ତରଫରୁ ମାଲେସିଆକୁ। ସେଠାରେ ଶହ ଶହ ଏକର ବ୍ୟାପୀ ଯେପରି ବିଭିନ୍ନ ରଂଗର ଗୋଲାପ ଫୁଟି ଉଠେ ସେହି ଦୁର୍ଲ୍ଲଭ ଅନୁଭୂତି ଏହି ଲେଖକ ନିକଟରେ ସେ ବ୍ୟକ୍ତ କରୁଥିଲେ। ଗୋଲାପ ଚାଷ ଦ୍ୱାରା ମାଲେସିଆର ଚାଷୀମାନେ କେତେ ସମୃଦ୍ଧଶାଳୀ, ତାହା ପୃଥିବୀର ଏକ ବିରଳ ଉଦାହରଣ। ମାତ୍ର ସେପରି ପରୀକ୍ଷା ଭାରତବର୍ଷରେ ହୁଏନାହିଁ କିମ୍ବା ଏ ସଂପର୍କରେ ସାହିତ୍ୟ କୌଣସି ଦିଗଦର୍ଶନ ଦେଇପାରୁନାହିଁ। କେତେକ ସ୍ଥଳରେ ଭ୍ରମଣକାହାଣୀଗୁଡ଼ିକରେ ଯଦିଓ ଏ ପ୍ରକାରର ବିଶେଷ ଅନୁଭୂତି ବର୍ଣ୍ଣିତ ହୋଇଛି, ତାହା ବାସ୍ତବ କ୍ଷେତ୍ରରେ କାର୍ଯ୍ୟକାରୀ ହେବା ସମ୍ଭବ ହେଉନାହିଁ।

ସାହିତ୍ୟ ଓ କୃଷି ବିଜ୍ଞାନ-ଏ ଉଭୟକୁ ପରସ୍ପରଠାରୁ କଦାପି ବିଚ୍ଛିନ୍ନ କରାଯାଇପାରିବ ନାହିଁ। ଉଭୟର ସଂପର୍କକୁ ଅଧିକ ପ୍ରଗାଢ଼ କରିବା ପାଇଁ ଉଭୟ କ୍ଷେତ୍ରରେ କାର୍ଯ୍ୟକରୁଥିବା ବିଶେଷଜ୍ଞମାନଙ୍କ ଭୂମିକା ଅଧିକ ସୃଜନାତ୍ମକ ହେବାର ଆବଶ୍ୟକତା ନିଶ୍ଚୟ ରହିଛି। ଧାନ କ୍ଷେତରେ ପବନର ଯେଉଁ ଢେଉ ଖେଳେ ତାକୁ ଗୋପୀନାଥ ମହାନ୍ତିଙ୍କ ପରି ଲେଖକ ହୃଦୟସ୍ପର୍ଶୀ ଭାବରେ ବର୍ଣ୍ଣନା କରିପାରନ୍ତି। କୃଷି ବିଜ୍ଞାନ ସମ୍ବନ୍ଧୀୟ ପୁସ୍ତକଗୁଡ଼ିକ ଅଧିକ ଆବେଗଧର୍ମୀ ହେବାର ପ୍ରୟୋଜନ ଯେପରି ରହିଛି, ସାହିତ୍ୟିକମାନଙ୍କ ରଚନାରେ କୃଷିବିଜ୍ଞାନର ଚିତ୍ତାକର୍ଷକ ଉପସ୍ଥାପନା ସେପରି ଏ ସମାଜ ଆଶା କରୁଛି। ଉଭୟ ବିଦ୍ୟାର ମହାନ ଉଦ୍ଦେଶ୍ୟକୁ ଅନୁଭବ କରିପାରିଲେ ଉଭୟ କ୍ଷେତ୍ରରେ ସାଧକ ସାଧିକାମାନେ ସମାଜକୁ ନୂତନ ନୂତନ ଦିଗ୍‌ଦର୍ଶନ ନିଶ୍ଚୟ ଦେଇପାରିବେ।

■

ସାହିତ୍ୟ ଓ ଉଦ୍ଭିଦବିଜ୍ଞାନ

ସମଗ୍ର ବିଶ୍ୱସାହିତ୍ୟରେ ବୃକ୍ଷଲତାଙ୍କ ବର୍ଣ୍ଣନା କିପରି ହୃଦୟସ୍ପର୍ଶୀ, ତାହା ପ୍ରତ୍ୟେକ ପାଠକ ଉପଲବ୍ଧି କରିପାରିଛନ୍ତି । ବୃକ୍ଷଲତାଙ୍କ ବିନା ମଣିଷ ଜୀବନର ଅର୍ଥ କିଛି ନାହିଁ । ବରଂ ଏକଥା ସ୍ପଷ୍ଟ ଭାବରେ କହିଦେବା ଆବଶ୍ୟକ ଯେ ବୃକ୍ଷଲତାଙ୍କ ଜନ୍ମ ସମ୍ଭବ ହୋଇନଥିଲେ ମାନବ ଜୀବନ ମଧ୍ୟ ଏ ପୃଥିବୀରେ କଦାପି କଳ୍ପନା ହିଁ କରାଯାଇପାରିନଥାନ୍ତା । ସାହିତ୍ୟ ସାଧକବୃନ୍ଦ ବୃକ୍ଷଲତାଙ୍କୁ ମଣିଷ ଜୀବନର ଅବିଚ୍ଛେଦ୍ୟ ଅଂଶ ଭାବରେ ବର୍ଣ୍ଣନା କରିଛନ୍ତି ସକଳ ସମ୍ବେଦନଶୀଳତା ନେଇ । ଯେଉଁମାନେ ଉଦ୍ଭିଦ ବିଜ୍ଞାନୀ, ସେମାନେ ମଧ୍ୟ ଏହି ଏକ ହିଁ ସତ୍ୟ ଅନୁଭବ କରିପାରନ୍ତି ନିଜ ଅନ୍ତରରେ । ସାହିତ୍ୟଶିଳ୍ପୀ ଉଦ୍ଭିଦ ଜଗତର ସୌନ୍ଦର୍ଯ୍ୟରେ ଆତ୍ମହରା ହେବା ବେଳକୁ ଉଦ୍ଭିଦବିଜ୍ଞାନୀମାନେ ମାନବ-ଜୀବନ ସକାଶେ ଏହାର ଆବଶ୍ୟକତା ଓ ତାହାର ଔଷଧୀୟ ଗୁଣ ସମ୍ପର୍କରେ ଅତ୍ୟନ୍ତ ସଚେତନ । ଜଣେ ସାହିତ୍ୟ ସ୍ରଷ୍ଟା ଯେପରି ଗଛଲତାଙ୍କୁ ପ୍ରାଣହୀନ ମନେକରେନାହିଁ, ପ୍ରକୃତ ଉଦ୍ଭିଦ ବିଜ୍ଞାନୀ ମଧ୍ୟ ଏସବୁକୁ ନିର୍ଜୀବ ଜ୍ଞାନ କରନ୍ତି ନାହିଁ ।

ବିଶିଷ୍ଟ ବୈଜ୍ଞାନିକ ଜଗଦୀଶ ଚନ୍ଦ୍ର ବୋଷ ଏକଦା ଦୁଇଟି ଚାରାରୋପଣ କରି ଏକ ପରୀକ୍ଷା କରିଥିଲେ ତାଙ୍କ ଜୀବନରେ । ଗୋଟିଏ ଚାରାକୁ ସେ ପ୍ରତ୍ୟହ ପ୍ରହାର କରିବା ପରି ତୀକ୍ଷ୍ଣ ଭାଷାରେ ନିନ୍ଦା କରନ୍ତି । କିଛିଦିନ ପରେ ସେ ଦେଖିଲେ ଉକ୍ତ ଚାରାଗଛ ଝାଉଁଳି ପଡ଼ି ମରିଗଲା । ଅପରପକ୍ଷରେ ଅନ୍ୟ ଚାରାଟି ପ୍ରତି ସେ ସର୍ବଦା ସ୍ନେହାତ୍ମକ ସମ୍ବୋଧନ କରି ତାହା ପୁଷ୍ପିତ ଓ ପଲ୍ଲବିତ ହେବା ସମୟକୁ ସେ ଅପେକ୍ଷାକରି ରହିଛନ୍ତି ବୋଲି ଆବେଗଭରା ସ୍ୱରରେ ପ୍ରକାଶ କରିଛନ୍ତି । ଦେଖିଲେ ସେ, ଯେ ଉକ୍ତ ଚାରାଟି ଧୀରେ ଧୀରେ ବୃଦ୍ଧିପ୍ରାପ୍ତ ହେବାକୁ ଲାଗିଛି ଓ କ୍ରମେ ଯଥା ସମୟରେ ତାହାର ଶାଖା ପ୍ରଶାଖାରେ ଅସଂଖ୍ୟ ସବୁଜପତ୍ର କଅଁଳି ଉଠିଛି ତଥା ସୁନ୍ଦର ପୁଷ୍ପରାଜିରେ ତାହା ହୋଇଯାଇଛି ଯେ କୌଣସି ଦର୍ଶକ ପାଇଁ ଚିତ୍ତାକର୍ଷକ । ଏହା କୌଣସି କାଳ୍ପନିକ କାହାଣୀ ନୁହେଁ । ବୈଜ୍ଞାନିକଙ୍କ ଏକ ସଚେତନ ବିଜ୍ଞାନ ସମ୍ମତ ନୂତନ ପରୀକ୍ଷା । ଗଛଲତାଙ୍କ

ସାନ୍ନିଧ୍ୟ ଆମକୁ କେବଳ ଆମୋଦିତ କରେ ତାହା ନୁହେଁ, ମଣିଷର ସୁକୋମଳ ସମ୍ବୋଧନ ଓ ସ୍ପର୍ଶ ମଧ୍ୟ ସେମାନଙ୍କୁ ଯେ ସୁଖକର ମନେହୁଏ, ଏହା ତାହାର ଏକ ବଳିଷ୍ଠ ଉଦାହରଣ। ସ୍ୱଭାବକବି ଗଙ୍ଗାଧର ମେହେରଙ୍କ 'ତପସ୍ୱିନୀ' ବା 'ପ୍ରଣୟ ବଲ୍ଲରୀ' କାବ୍ୟରେ ଯେପରି ପ୍ରକୃତି କାବ୍ୟନାୟିକାଙ୍କ ପ୍ରତି 'ସହାନୁଭୂତିଶୀଳ'ହୋଇଉଠିଛି, ତାହାକୁ କବିଙ୍କ ଉଚ୍ଚତର ମହିମ୍ନ କଳ୍ପନା ବୋଲି ଅନେକ ଅଭିହିତ କରନ୍ତି। ମାତ୍ର ଜଗଦୀଶ ବୋଷଙ୍କ ଉପରେ ଉଲ୍ଲିଖିତ ହୋଇଥିବା ପରୀକ୍ଷା ଅନୁଯାୟୀ ଯଦି ଆମେ ସୂକ୍ଷ୍ମ ଭାବରେ ନିରୀକ୍ଷଣ କରିବା ତେବେ ପ୍ରକୃତି ଜଗତର ଏହି ସମ୍ବେଦନାକୁ କଳ୍ପନା ସ୍ତରରେ ଆବଦ୍ଧ ରଖିପାରିବା ନାହିଁ। ଜଣେ ମଣିଷ ଆଉ ଜଣେ ମଣିଷ ପ୍ରତି ଯେତିକି ସ୍ନେହ ଦାନ-କ୍ଷମ ତା'ଠାରୁ ବୃକ୍ଷଲତାଙ୍କ ଆପଣାପଣ ଆହୁରି ଅଧିକ ନିବିଡ଼। ମନୋଜ ଦାସ ତାଙ୍କର ଏକ ସ୍ୱଚରିତ ଗଳ୍ପରେ ଲେଖିଛନ୍ତି ଶିକ୍ଷକଙ୍କ ବେତ୍ରାଘାତରେ ଯେତେବେଳେ ଛାତ୍ରମାନେ ଅତିଷ୍ଠ, ସେତେବେଳେ ଶ୍ରେଣୀଗୃହ ନିକଟବର୍ତ୍ତୀ ବୃକ୍ଷଶାଖା ଗୁଡ଼ିକରୁ ଛାତ୍ରମାନଙ୍କ ପ୍ରତି ପ୍ରେରିତ ହୁଏ ବୃକ୍ଷଗୁଡ଼ିକର ସ୍ନେହ ଓ ସହାନୁଭୂତି। ବାସ୍ତବରେ ଏହା ସୂକ୍ଷ୍ମ ଅନୁଭବର ଏକ ବିଷୟବସ୍ତୁ ନିଶ୍ଚୟ। ସଂଧ୍ୟା ଉତ୍ତୀର୍ଣ୍ଣ ହେବା ପରେ ଗଛଲତା ବିଶ୍ରାମ ଗ୍ରହଣ କରନ୍ତି ବୋଲି ପତ୍ର ପୁଷ୍ପ ରାତିରେ ଛିଣ୍ଡାଇବା ପାଇଁ ବାରଣ କରାଯାଇଛି। ଏହି ପରମ୍ପରା ଏ ସଂକେତ ପ୍ରଦାନ କରେ ଯେ ଆମ ପୂର୍ବପୁରୁଷମାନେ ପ୍ରକୃତିପ୍ରତି କିପରି ବ୍ୟବହାର ପ୍ରଦର୍ଶନ କରୁଥିଲେ।

ବିଶିଷ୍ଟ ଇଂରାଜୀ କଥାଶିଳ୍ପୀ ଓସ୍କାର ୱାଇଲଡ଼୍ ତାଙ୍କର "ସେଲଫିସ୍ ଜେଣ୍ଟ" ନାମକ ଗଳ୍ପ ରଚନା ସମୟରେ ଉଲ୍ଲେଖ କରିଛନ୍ତି ଯେ ଦାନବ ଜାତୀୟ ଏକ ମଣିଷର ଶିଶୁମାନଙ୍କ ପ୍ରତି ନିଷେଧାଦେଶ ତା'ର ଉଦ୍ୟାନକୁ ଶ୍ରୀହୀନ କରିଦେଉଛି। ସେ ଯେତେବେଳେ ଏହି ନିରାଟ ସତ୍ୟକୁ ଅନୁଭବ କରିଛି, ସେତେବେଳେ ଶିଶୁମାନେ ପାଚେରୀ ଡେଇଁ ଆକସ୍ମିକ ଭାବରେ ପ୍ରବେଶ କରିଛନ୍ତି ତା'ର ଉଦ୍ୟାନରେ। ବସନ୍ତ ସ୍ୱତଃ ବିରାଜିତ ଏ ହର୍ଷୋତ୍‌ଫୁଲ୍ଲ ପରିବେଶରେ। ଏହା ଏକଥା ପ୍ରମାଣ କରିଦିଏ ଯେ, ବୃକ୍ଷଲତାଙ୍କ ଅନୁଭବ ମଣିଷ ପରି କିପରି ସୂକ୍ଷ୍ମ ଅଥଚ ଅଦୃଶ୍ୟ। ସାଧାରଣ ଦୃଷ୍ଟାନ୍ତଟିଏ ନିଆଯାଉ। ଲାଜକୁଳି ଲତାକୁ ମଣିଷର ହାତ ସାମାନ୍ୟ ସ୍ପର୍ଶ କରିଦେବା ମାତ୍ରକେ ସେ ପତ୍ରଗୁଡ଼ିକ କିପରି ମୁଦ୍ରିତ ହୋଇଯାଆନ୍ତି ଅବିଳମ୍ବେ। ଏହି ଲାଜକୁଳି ଲତାର ଯଦି ଅନୁଭବ ଶକ୍ତି ନଥାନ୍ତା ତା'ହେଲେ ଏହା କ'ଣ କେବେ ବି ସମ୍ଭବ ହୁଅନ୍ତା କି ?

ଯଦି କୌଣସି ଏକ ନିର୍ଦ୍ଦିଷ୍ଟ ମାଟିରେ ଏକ ଚାରାରୋହଣ କରାଯାଇଛି ଓ ଉକ୍ତ ଚାରାଟି ଟିକିଏ ବଡ଼ ହୋଇ ଯିବାପରେ ଯଦି ତାକୁ ସ୍ଥାନଚ୍ୟୁତ କରାଯାଉଛି, ତା'ହେଲେ ସିଏ ପ୍ରଥମେ ରୋପିତ ହୋଇଥିବା ମାଟିକୁ ଝୁରି ହୋଇ ନୂତନ ସ୍ଥାନରେ ଆଉ ଉଧେଇ ପାରେ ନାହିଁ। ଏହା ମଧ୍ୟ ବୈଜ୍ଞାନିକ ପରୀକ୍ଷାର ଅନ୍ତର୍ଗତ। ଯେଉଁମାନେ

ପ୍ରକୃତ ଉଦ୍ଭିଦ ବିଜ୍ଞାନୀ, ସେମାନେ ବାସ୍ତବରେ ହେଉଛନ୍ତି ଉଦ୍ଭିଦପ୍ରେମୀ। ବୃକ୍ଷଲତାଙ୍କ ପ୍ରତି ସେମାନଙ୍କ ସ୍ନେହାନୁରକ୍ତି କଳନା କରାଯାଇପାରିବ ନାହିଁ। ଗୋଟିଏ ମାଳିକୁ ସବୁଗଛ ଯେମିତି ଚିହ୍ନନ୍ତି, ସେପରି ଉଦ୍ଭିଦବିଜ୍ଞାନୀମାନଙ୍କୁ ମଧ୍ୟ ସେମାନେ ଜାଣିପାରନ୍ତି ସୂକ୍ଷ୍ମଶକ୍ତି ବଳରେ। ଯେଉଁ ଉଦ୍ଭିଦବିଜ୍ଞାନୀ ଏମାନଙ୍କୁ ନିଷ୍ପ୍ରାଣ ଜ୍ଞାନ କରି ଗବେଷଣା କରିବ, ତାହା ନିଶ୍ଚୟ ଅପୂର୍ଣ୍ଣାଙ୍ଗ। ସାହିତ୍ୟରେ ବର୍ଣ୍ଣିତ ପ୍ରକୃତିପ୍ରୀତି ଓ ଉଦ୍ଭିଦବିଜ୍ଞାନୀଙ୍କ ଗଭୀର ସଂପ୍ରୀତି ଯେପରି ତୁଳିତ ହେବାର ଯୋଗ୍ୟ, ତାହା ଏ ପର୍ଯ୍ୟନ୍ତ ଆମ ସାହିତ୍ୟ ସମାଲୋଚନାରେ ସମ୍ଭବ ହୋଇନାହିଁ। ପୁଣି ଜଣେ ଯଦି ବଟାନୀ ବା ଉଦ୍ଭିଦବିଜ୍ଞାନ ପଢିବାକୁ ଚାହିଁବ ବିଶ୍ୱବିଦ୍ୟାଳୟରେ, ସେ ଆଉ ସାହିତ୍ୟ ଉପରେ ଗବେଷଣା କରିପାରିବ ନାହିଁ। ଅବଶ୍ୟ ପୂର୍ବରୁ ଏପରି ନିୟମ ନଥିଲା ଓ ଆଗାମୀ କାଳରେ ମଧ୍ୟ ରହିବ ନାହିଁ। ସମ୍ପ୍ରତି ଭାରତ ସରକାରଙ୍କ ଘୋଷିତ ଜାତୀୟ ଶିକ୍ଷାନୀତିରେ କଳା, ବାଣିଜ୍ୟ, ବିଜ୍ଞାନ, ଏସବୁକୁ ଆଉ ସ୍ୱତନ୍ତ୍ର ବିଭାଗ ଭାବରେ ଚିହ୍ନଟ କାରାଯିବ ନାହିଁ। ଜଣେ ପଦାର୍ଥ ବିଜ୍ଞାନ ସହିତ ସାହିତ୍ୟ ଅଧ୍ୟୟନ କରିପାରିବ। କିମ୍ବା ଅର୍ଥନୀତି ସହିତ ଦର୍ଶନକୁ ମଧ୍ୟ ଏକତ୍ର ପାଠ କରିପାରିବ ସ୍ୱାଧୀନ ଚିନ୍ତା ଚେତନା ନେଇ। ଏପରି ବ୍ୟବସ୍ଥା କଳା ବାଣିଜ୍ୟ ଓ ବିଜ୍ଞାନ ମଧ୍ୟରେ ଆମେ ସୃଷ୍ଟି କରିଥିବା ବିଭେଦକୁ ଅସ୍ୱୀକାର କରିବ ଏହା ନିଶ୍ଚିତ କଥା।

ଆମ ଛାତ୍ରଛାତ୍ରୀ ଓ ଶିକ୍ଷକ ଜାତି ମଧ୍ୟରେ ଏପରି ଭ୍ରମଧାରଣା ରହିଛି ଯେ ସମସ୍ତ ବିଦ୍ୟାରୁ ମିଶାଇ ମିଶାଇ ଯଦି ଜଣେ ଅଧ୍ୟୟନଶୀଳ ହେବ, ତା'ହେଲେ ସିଏ କୌଣସି ଗୋଟିଏ ପକ୍ଷର ହୋଇପାରିବନାହିଁ। ମାତ୍ର ଏ ଧାରଣା ଅମୂଳକ ବୋଲି ଧୀରେ ଧୀରେ ପ୍ରମାଣିତ ହୋଇଯାଉଛି ଓ ଅଧ୍ୟୟନର କ୍ଷେତ୍ର କୌଣସି ସ୍ତରରେ ଯେ ସୀମିତ ନୁହେଁ, ଏହି ସତ୍ୟ ହିଁ ପ୍ରତିପାଦିତ ହୋଇଯାଉଛି ବାରମ୍ବାର। ସାହିତ୍ୟ ରଚନା କରୁଥିବା ପ୍ରତ୍ୟେକ ଶିଳ୍ପୀ ଯେପରି ଆବେଗ ପ୍ରବଣ, ଉଦ୍ଭିଦବିଜ୍ଞାନୀ ମଧ୍ୟ ସେହିପରି ମମତାସିକ୍ତ। ଉଭୟଙ୍କ ପ୍ରକାଶ କରିବାର ଶୈଳୀ ହୋଇପାରେ ଭିନ୍ନ ଭିନ୍ନ, ମାତ୍ର ଲକ୍ଷ୍ୟ ହେଉଛି ଏକ ଓ ଅଭିନ୍ନ । ସେ ଲକ୍ଷ୍ୟଟି କ'ଣ ? ତାହା ହେଲା ନିଷ୍କାମ ନିବିଡ଼ ଓ ନିର୍ମଳ ଆତ୍ମୀୟତା। ଉଭୟ ବିଜ୍ଞାନ ଓ ସାହିତ୍ୟ ସମ୍ବନ୍ଧରେ ଆମର ଉଦ୍ଦେଶ୍ୟ ହେବ ସାଧିତ। ଅଥଚ ବୈଜ୍ଞାନିକ ଦୃଷ୍ଟିରୁ ଆମେ ସାହିତ୍ୟକୁ ଆଲୋଚନା କରିପାରୁନାହୁଁ ଅଥବା ବିଜ୍ଞାନକୁ ମଧ୍ୟ ସାହିତ୍ୟିକ ଦୃଷ୍ଟିରୁ ଅନୁଶୀଳନ କରିବାରେ ଆମେ ଅକ୍ଷମ। ଉଦ୍ଭିଦବିଜ୍ଞାନୀମାନେ ଯଦି ସାହିତ୍ୟରେ ବର୍ଣ୍ଣିତ ଉଦ୍ଭିଦଜଗତ ସହିତ ହୋଇ ନପାରିବେ ଏକାତ୍ମ, ତା'ହେଲେ ଏହି ଉଭୟ ବିଦ୍ୟାର ଯଥୋଚିତ ବିଚାର କରିବାରେ ଆମେ ଅସମର୍ଥ ବୋଲି ପରିଗଣିତ ହେବା। ଆଜି ସମଗ୍ର ବିଶ୍ୱରେ ଯେଉଁ ଆନ୍ତର୍ବିଦ୍ୟାମୂଳକ

ଅଧ୍ୟୟନ ଗୁରୁତ୍ୱପୂର୍ଣ୍ଣ ହୋଇଉଠିଛି, ତାହା ଅର୍ଥପୂର୍ଣ୍ଣ ମନେହେବ ସେତିକିବେଳେ, ଯେବେ ଏ ଉଭୟ ବିଦ୍ୟାର ଉଦ୍ଦେଶ୍ୟରେ ଆମେ ସମାନ ଭାବରେ ହୋଇପାରିବା ଶ୍ରଦ୍ଧାଶୀଳ, ଉଦାର ଓ ବିନୀତ ଭାବ ପ୍ରକାଶରେ ଏକାନ୍ତ ସଫଳ।

■

ସାହିତ୍ୟ ଓ ଜ୍ୟୋର୍ତିବିଜ୍ଞାନ

ସାହିତ୍ୟ ଓ ଜ୍ୟୋତିର୍ବିଜ୍ଞାନର ସଂପର୍କ କ'ଣ ? ଦେଖାଯାଇଛି ଯେଉଁମାନେ ଉଚ୍ଚସ୍ତରର ସାହିତ୍ୟ ସ୍ରଷ୍ଟା, ସେମାନେ ଦୂରଦ୍ରଷ୍ଟା ବା ଭବିଷ୍ୟତ ଦ୍ରଷ୍ଟା ମଧ୍ୟ ହୋଇଥାନ୍ତି। ଏପରି ଅନେକ ସାହିତ୍ୟ କୃତି ଦେଖିବାକୁ ମିଳେ, ଯେଉଁଠି ଭବିଷ୍ୟତର ଚିତ୍ର ସଂସ୍ଥାପନା କରିଥାନ୍ତି ଲେଖକ। ଗୋଟିଏ ଦୃଷ୍ଟିରୁ ଏହା କାଳ୍ପନିକ ମନେହୋଇପାରେ। ଆଉ ଏକ ଦୃଷ୍ଟିରୁ ତାଙ୍କର ଷଷ୍ଠ ଇନ୍ଦ୍ରିୟର ଏହା ଏକ ସୂକ୍ଷ୍ମ ଦର୍ଶନ ମଧ୍ୟ ହୋଇପାରିଥାଏ। ଇଂରାଜୀ ଲେଖକ ଜର୍ଜ ଅରୱେଲ '୧୯୮୪' ନାମକ ଉପନ୍ୟାସରେ ବହୁପୂର୍ବରୁ ଯେଉଁ ଭବିଷ୍ୟବାଣୀ କରିଥିଲେ ତାହା କେତେ ପରିମାଣରେ ସତ୍ୟରେ ପରିଣତ ହୋଇଥିବା ଦେଖିବାକୁ ମିଳିଥିଲା। ସୂକ୍ଷ୍ମସ୍ତରରେ ସାଧକମାନଙ୍କ ଦୃଷ୍ଟିରେ ଭବିଷ୍ୟତର ଚିତ୍ର ସ୍ପଷ୍ଟ ହୋଇ ଆସିବା ନିଶ୍ଚୟ ଏକ ନିଗୂଢ଼ ବିଷୟ। ଆଉ ଅନେକେ କ୍ଷେତ୍ରରେ ଏହା ମଧ୍ୟ ଦେଖାଯାଏ ଯେ, ଅନେକ ଏ ସମ୍ପର୍କିତ ବିଦ୍ୟା ଅଧ୍ୟୟନ କରିଥା'ନ୍ତି ସଚେତନ ଭାବରେ। ତେଣୁ ଉଭୟ ସୂକ୍ଷ୍ମ ଓ ସ୍ଥୁଳ ଦୃଷ୍ଟିରେ ଲେଖକଙ୍କର ଜ୍ୟୋତିଷଶାସ୍ତ୍ର ପ୍ରତି ରହିଥିବା ଅନୁରକ୍ତିର ପରିଚୟ ମିଳିଥାଏ ଆମକୁ।

ସ୍ୱଭାବକବି ଗଙ୍ଗାଧରଙ୍କର ଏହି ଜ୍ୟୋତିଷଶାସ୍ତ୍ର ସମ୍ପର୍କିତ ଜ୍ଞାନ ଥିଲା କି ଗଭୀର, ତାହା ତାଙ୍କ କାବ୍ୟ କବିତା ପାଠକଲେ ଜଣାପଡ଼େ। ଗଙ୍ଗାଧରଙ୍କର ଏହି ଗୂଢ଼ ବିଦ୍ୟାପ୍ରତି ଆଗ୍ରହ ଓ ତାଙ୍କ ସାହିତ୍ୟରେ ଏହାର ପ୍ରତିଫଳନକୁ ଆଧାର କରି ଏକାଧିକ ପ୍ରବନ୍ଧ ପତ୍ର ପତ୍ରିକାରେ ପ୍ରକାଶିତ। "ଭାଗ୍ୟଲିପି", 'ନିୟତି' ଭଳି ପତ୍ରିକାରେ ଏ ସମ୍ପର୍କିତ ଆଲୋଚନା ଦେଖିବାକୁ ମିଳେ। ଗଙ୍ଗାଧର ଯେପରି ହସ୍ତରେଖା ଅଧ୍ୟୟନ କରି ତାଙ୍କର ପୁତ୍ରବଧୂ ନିର୍ବାଚନ କରିଥିଲେ, ସେଥିରୁ ଉପଲବ୍ଧି କରିହୁଏ ଯେ ଏହା ତାଙ୍କ ପ୍ରତିଭାର ଆଉ ଏକ ଅନାଲୋଚିତ ଦିଗ।

ଏ ପ୍ରସଙ୍ଗରେ ସର୍ବଦା ଗୋଟିଏ କଥା ସ୍ମରଣ ରଖିବା ଆବଶ୍ୟକ ଯେ, କୌଣସି ଉଚ୍ଚକୋଟୀର କାବ୍ୟସ୍ରଷ୍ଟା କେବେହେଲେ ଭାଗ୍ୟକୁ ଶ୍ରେଷ୍ଠ ମନେକରିନାହାନ୍ତି। ଭାଗ୍ୟପ୍ରତି

ସେମାନଙ୍କର ଯେ ବିଶ୍ୱାସ ନଥାଏ, ଏହା ନୁହେଁ। କିନ୍ତୁ ଭାଗ୍ୟକୁ ଅତିକ୍ରମ କରାଯିବାର ବାର୍ତ୍ତା ହିଁ ପ୍ରଦାନ କରିଥାନ୍ତି ଏହି ନମସ୍ୟ ସ୍ରଷ୍ଟା ବୃନ୍ଦ। ଭାଗ୍ୟ କେତେବେଳେ ବି ଭଗବାନ ନୁହନ୍ତି। ଭାଗ୍ୟ ଓ ଭଗବାନଙ୍କ ମଧ୍ୟରୁ ସର୍ବଦା ଭଗବାନଙ୍କ ଶ୍ରେଷ୍ଠତ୍ୱ ହିଁ ପ୍ରମାଣିତ ହୋଇଛି ସାହିତ୍ୟରେ। ମହାଭାରତରେ ଉଲ୍ଲିଖିତ ସାବିତ୍ରୀ ସତ୍ୟବାନ କାହାଣୀ ଅବଲମ୍ବନରେ ମହାଯୋଗୀ ଶ୍ରୀ ଅରବିନ୍ଦ ଯେତେବେଳେ ଇଂରାଜୀ ଭାଷାରେ ବିଶାଳକାୟ 'ସାବିତ୍ରୀ' ମହାକାବ୍ୟ ରଚନା କଲେ, ସେତେବେଳେ ସାବିତ୍ରୀଙ୍କ ବିଜୟ ପତାକା ପ୍ରୋଥିତ କରିଦେଇଛନ୍ତି। ଯେତେବେଳେ ସାବିତ୍ରୀ ସତ୍ୟବାନଙ୍କୁ ନିର୍ବାଚନ କଲେ, ତାଙ୍କର ଜୀବନସାଥୀ ରୂପରେ, ସେତେବେଳେ ବୋଧହୁଏ ନାରଦ ସଚେତନ କରିଦେଇଥିଲେ ଯେ ସତ୍ୟବାନଙ୍କର ଆୟୁଷକାଳ ମାତ୍ର ଏକବର୍ଷ। ଏକଥା ଜାଣି ମଧ୍ୟ ସାବିତ୍ରୀ ନିଜ ନିଷ୍ପତ୍ତିରେ ଥିଲେ ଅଟଳ। ମୃତ୍ୟୁର ଦେବତାଙ୍କୁ ନିଜ ଦିବ୍ୟ ସାଧନା ବଳରେ ପରାଜିତ କରି ସେ ମଣିଷର ଭାଗ୍ୟ ରେଖାକୁ ଅତିକ୍ରମ କରିପାରିଲେ ବିସ୍ମୟକର ରୂପରେ।

ଏ ପୃଥିବୀରେ ଯେଉଁମାନେ ଭାଗ୍ୟକୁ ମାନନ୍ତି, ଜୟ କରନ୍ତି ଓ ତା' ନିକଟରେ ପରାଜୟ ସ୍ୱୀକାର କରନ୍ତି, ସେମାନେ କେବେହେଲେ ଯୁଗାନ୍ତର ସୃଷ୍ଟି କରିପାରନ୍ତି ନାହିଁ। ଭାଗ୍ୟଫଳକୁ ଦୃଢ ଭାବରେ ଅସ୍ୱୀକାର କରି ଯେଉଁମାନେ ନିଜର କର୍ମ ଉପରେ ପ୍ରତ୍ୟୟ ପ୍ରକାଶ କରନ୍ତି, ସେମାନଙ୍କ ଦୁର୍ଭାଗ୍ୟଜନକ ପରିସ୍ଥିତି ବଦଳିଯାଇ ଅନୁକୂଳ ସମୟ ଅବତରଣ କରିଆସେ। ଭାଗ୍ୟ ନିକଟରେ ହାର ମାନିଯାଉଥିବା ମଣିଷମାନେ କେବେହେଲେ ଏକ ସୌନ୍ଦର୍ଯ୍ୟପୂର୍ଣ୍ଣ ଜୀବନର ଆହ୍ୱାନ କରିପାରିନଥାନ୍ତି।

ଯଦି ଭାଗ୍ୟ ହିଁ ହେଉଛି ଚରମ ସତ୍ୟ, ତା'ହେଲେ ଜ୍ୟୋତିର୍ବିଜ୍ଞାନ ମଧ ହେଉଛି ପ୍ରେରଣାଦୀପ୍ତ। କାରଣ ଜ୍ୟୋର୍ତିବିଜ୍ଞାନ ମଧ ଭାଗ୍ୟ ରେଖାରେ ଅଟକି ଯିବା ପାଇଁ ମଣିଷକୁ କେବେହେଲେ ହତୋତ୍ସାହିତ କରେନାହିଁ। ମଣିଷ ଜ୍ୟୋତିଷଙ୍କ ନିକଟକୁ କେବଳ ତା'ର ଭାଗ୍ୟ ବିବରଣୀ ସଂଗ୍ରହ କରିବାକୁ ଯାଏନା। ଏହି ଭାଗ୍ୟବାଦକୁ ବିଫଳ କରିଦେବା ପାଇଁ, ସେ କର୍ମବାଦ ଉପରେ ବା କର୍ମଯୋଗ ଉପରେ ବିଶ୍ୱାସ ସ୍ଥାପନ କରିବା ପାଇଁ ଜ୍ୟୋତିଷଙ୍କ ନିକଟବର୍ତ୍ତୀ ହୋଇଥାଏ। ଯାହା ବିଧି ନିର୍ଦ୍ଧାରିତ ବୋଲି ଆମେ କହୁଁ ଓ ଯାହା ଘଟିବାର କଥା, ତାହା ଯଦି ନିଶ୍ଚୟ ଘଟିବ ତା'ହେଲେ ଜ୍ୟୋତିର୍ବିଜ୍ଞାନୀମାନେ କାହିଁକି ଶାସ୍ତ୍ର ଚର୍ଚ୍ଚା କରନ୍ତି ? ସେମାନଙ୍କର ମଧ୍ୟ ମୂଳ ଲକ୍ଷ୍ୟ ହେଉଛି ମଣିଷ ଭିତରେ ଆସ୍ଥା ବିଶ୍ୱାସ ଭରିଦେବା। ଭାଗ୍ୟ ହିଁ ଶେଷ କଥା ନୁହେଁ। ଏହା ଜ୍ୟୋର୍ତିବିଜ୍ଞାନ ଯେମିତି ପ୍ରମାଣିତ କରିଦିଏ, ସାହିତ୍ୟ ତା'ଠାରୁ ଅଧିକ ଜୀବନବାଦୀ ହେବାର ଶକ୍ତିଶାଳୀ ପ୍ରେରଣା ପ୍ରଦାନ କରେ।

ନୋବେଲ ପୁରସ୍କାର ପ୍ରାପ୍ତ ଲେଖକ ଆରନେଷ୍ଟ ହେମିଂୱେଙ୍କ 'ଓଲଡ୍ ମେନ୍

ଏଣ୍ଡ ଦି ସି' ଉପନ୍ୟାସର ନାୟକ ପରାଜୟକୁ କେବେହେଲେ ବରଣ କରି ନେଇପାରିନାହିଁ। ତା'ର ବିଜିତ ବ୍ୟକ୍ତିତ୍ୱକୁ ଲେଖିବା ଥିଲା ହେମିଂୱେଙ୍କ ମୂଳ ଲକ୍ଷ୍ୟ। ଜ୍ୟୋତିର୍ବିଜ୍ଞାନରେ ଏକଥା ମଧ୍ୟ କୁହାଯାଇଛି ଯେ, ସତକର୍ମ ଅନୁଯାୟୀ ହସ୍ତରେଖା ମଧ୍ୟ ପରବର୍ତ୍ତିତ ହେଉଥାଏ ଆମର ଅଜାଣତରେ। କୌଣସି କର୍ମଯୋଗୀର ସତ୍ୟନିଷ୍ଠାକୁ ମିଥ୍ୟା ପ୍ରମାଣିତ କରିବା, ଏପରି ବିଜ୍ଞାନ ଏ ଜଗତରେ ସୃଷ୍ଟି ହୋଇନାହିଁ। ଆମ ଶାସ୍ତ୍ର ପୁରାଣରେ ବର୍ଣ୍ଣିତ ହୋଇ ରହିଥିବା ଏକ ବିଶେଷ ଘଟଣା ସ୍ୱତଃ ମନେ ପଡ଼ିଯାଏ। ଯେଉଁ ନିଷ୍ପାପ ବାଳକର ଅକାଳ ନିଧନ ନିର୍ଦ୍ଦିଷ୍ଟ ହୋଇସାରିଥିଲା, ସେ ଯେତେବେଳେ 'ମହାମୃତ୍ୟୁଞ୍ଜୟ ମନ୍ତ୍ର' ଉଚ୍ଚାରଣ କରି ଶିବ ମନ୍ଦିରରେ ନେଇଥିଲା ଆଶ୍ରୟ; ମୃତ୍ୟୁର ଦୂତ ସେଠୁ ପ୍ରତ୍ୟାବର୍ତ୍ତନ କରିବା ପାଇଁ ହୋଇଥିଲା ବାଧ୍ୟ। ଆମ ଜୀବନରେ ବହୁ ପ୍ରତିକୂଳ ଘଟଣା ଘଟେ। ମାତ୍ର ଏସବୁ ସତ୍ତ୍ୱେ ତଥାପି ଆମେ ସାହିତ୍ୟ ଅଧ୍ୟୟନ କରୁ କିମ୍ବା ଜ୍ୟୋତିର୍ବିଜ୍ଞାନୀର ଆଶ୍ରୟ ନେଉ କାହିଁକି ? ଏହାର ମହତ୍ତର ଉତ୍ତର ହେଉଛି ଯେ, ସତ୍ ସାହିତ୍ୟ ମଣିଷକୁ ଯେପରି ସମସ୍ତ ବାଧାବିଘ୍ନ ଅତିକ୍ରମ କରି ଆଗକୁ ଯିବା ଲାଗି ଦିବ୍ୟଶକ୍ତି ପ୍ରଦାନ କରେ, ସେହିପରି ଜ୍ୟୋତିର୍ବିଜ୍ଞାନୀ ମଧ୍ୟ ଦୁର୍ଭାଗ୍ୟର ଜଟିଳରେଖା ଅତିକ୍ରମ କରି ସୌଭାଗ୍ୟର ସୋପାନରେ ମଣିଷକୁ ଅଧିଷ୍ଠିତ କରିବାପାଇଁ ଚାହାନ୍ତି। ଏ ଦୃଷ୍ଟିରୁ ଉଭୟ ସାହିତ୍ୟ ଓ ଜ୍ୟୋତିର୍ବିଜ୍ଞାନ କିପରି ପରସ୍ପର ସମ୍ବନ୍ଧିତ, ତାହା ଉପଲବ୍ଧି କରାଯାଇପାରେ ଓ ଉଭୟ ମହତ୍ ବିଦ୍ୟା ମନୁଷ୍ୟପାଇଁ କିପରି କଲ୍ୟାଣକର, ତାହା ହିଁ ବଳିଷ୍ଠ ଭାବରେ ପ୍ରତିପାଦିତ ହୋଇଯାଏ।

■

ସାହିତ୍ୟ ଓ ଭାସ୍କର୍ଯ୍ୟ

ଓଡ଼ିଆ ସାହିତ୍ୟର ବିଶିଷ୍ଟ ଔପନ୍ୟାସିକ ଡକ୍ଟର ପ୍ରତିଭା ରାୟଙ୍କ 'ଶିଳାପଦ୍ମ' ପ୍ରସଙ୍ଗ ପ୍ରଥମେ ମନେପଡ଼ିଯାଉଛି । କୋଣାର୍କ ଗାତ୍ରରେ ଓଡ଼ିଆ ପ୍ରସ୍ତର ଶିଳ୍ପୀ ପଥର ଦେହରେ ଯେଉଁ ପଦ୍ମ ଫୁଟାଇ ପାରିଛି, ତାହା ବିଶ୍ୱର ଏକ ମହାନ ବିସ୍ମୟ । ସାହିତ୍ୟ କେବଳ ଯେ କାଗଜରେ ଲେଖାଯାଏ ନାହିଁ, ପଥର ଉପରେ ନିହାଣ ଓ ମୁଗୁରର ସାଙ୍ଗୀତିକ ଛନ୍ଦରେ ତାହାର ଆଉ ଏକ ମନୋମୁଗ୍ଧକର ରୂପାୟନ ସମ୍ଭବହୁଏ, ତାହାର ଏହା ଏକ ଶ୍ରେଷ୍ଠ ଦୃଷ୍ଟାନ୍ତ କୋଣାର୍କ । କୋଣାର୍କର ଶିଳ୍ପୀବୃନ୍ଦ କିଏ କେତେ ସାହିତ୍ୟ ଅଧ୍ୟୟନ କରିଥିଲେ, ତାହା ଆମକୁ ଜଣାନାହିଁ । କିନ୍ତୁ ଏମିତି କୌଣସି ଶିଷ୍ଟ ଓ ବିଶିଷ୍ଟ ଲେଖକ ଲେଖିକା ନାହାନ୍ତି, ଯେଉଁମାନେ 'କୋଣାର୍କ'କୁ କେନ୍ଦ୍ରକରି ସାହିତ୍ୟ ସର୍ଜନା କରିନାହାଁନ୍ତି । ଏଭଳି ମହାନ କୀର୍ତ୍ତିରାଜି ଯେତେବେଳେ ସେମାନେ ଦେଖନ୍ତି, ସେତେବେଳେ ପରିଣତ ହୋଇଯାଆନ୍ତି ସ୍ତବ୍ଧତାର ଅନୁଭବରେ ପଥରପରି ସ୍ଥିର ଓ ଅଚଞ୍ଚଳ ।

ଭାସ୍କର୍ଯ୍ୟ କଳା ସହିତ ସାହିତ୍ୟର ସୁନିବିଡ଼ ସମ୍ବନ୍ଧ ଯେ କି ଗଭୀର ସ୍ତରର, ତାହା ଅନୁଧ୍ୟାନ କରିବା ମାତ୍ରକେ ସ୍ୱତଃ ସ୍ପଷ୍ଟ ହୋଇଉଠେ ଉଚ୍ଚକୋଟୀର କାବ୍ୟ କବିତା, ଗଳ୍ପ, ଉପନ୍ୟାସ ପଠନରେ ଯେଉଁ ଚିରାନନ୍ଦ ନିହିତ, ପ୍ରସ୍ତର କଳା-ଦର୍ଶନରେ ମଧ୍ୟ ସେହିପରି ତୃପ୍ତିଲାଭ ସମ୍ଭବ । ବୁଦ୍ଧଦେବଙ୍କ ସମ୍ପର୍କିତ ସାହିତ୍ୟରଚନା ନିବିଷ୍ଟ ଚିତ୍ତରେ ପାଠ କରିବା ଫଳରେ ଯେପରି ବୌଦ୍ଧାନୁରାଗ ଜନ୍ମନିଏ ହୃଦୟରେ, ବୃଦ୍ଧଦେବଙ୍କ କଳା ବିମଣ୍ଡିତ ପ୍ରସ୍ତର ମୂର୍ତ୍ତି ମଧ୍ୟ ସେହି ଅନୁରକ୍ତି ଜାତ କରିପାରେ ଦର୍ଶକ ହୃଦୟରେ । ଯେଉଁମାନେ ଧ୍ୟାନସ୍ଥ ପାଠକ, ସେମାନେ ଯେପରି ଅମାପ ଶ୍ରଦ୍ଧା ସହକାରେ ଅବଗାହନ କରନ୍ତି ଭାବଜଗତରେ, ଠିକ୍ ସେହି ତନ୍ମୟତା ନେଇ ଜଣେ ନିରୀକ୍ଷଣ କରିପାରିବ ବୁଦ୍ଧମୂର୍ତ୍ତି ଉପରେ ନିଜସ୍ୱ ଦୃଷ୍ଟି କେନ୍ଦ୍ରୀଭୂତ କରି । ସାହିତ୍ୟ ଓ ଭାସ୍କର୍ଯ୍ୟ, ଉଭୟର ପରମ ଲକ୍ଷ୍ୟ ହେଉଛି ଏକ ସୂକ୍ଷ୍ମ ଅନୁଭୂତିର ଜଗତ ମଧ୍ୟକୁ ପାଠକ, ଦର୍ଶକଙ୍କୁ ଉତ୍ତୋଳିତ କରିନେବା । ସାହିତ୍ୟଶିଳ୍ପୀ ବହୁ କଠିନ ସାଧନା କରି ଯେଉଁ ଶବ୍ଦ-ସଂଯୋଗ କଳା ଆୟତ୍ତ

କରିଥାନ୍ତି, ଭାସ୍କର ଶିଳ୍ପୀ ମଧ୍ୟ ବର୍ଷ ବର୍ଷ ବ୍ୟାପୀ ନିରବଚ୍ଛିନ୍ନ ତପସ୍ୟା ବଳରେ ଲାଭ କରିପାରିଥାନ୍ତି ପଥର ଦେହରେ ପ୍ରାଣ ସଞ୍ଚାର କରିବାର କଳା।

ଶ୍ରୀ ଗଣେଶ, ବିଦ୍ୟାଦାତ୍ରୀ ମା' ସରସ୍ୱତୀ, ମହାଲକ୍ଷ୍ମୀ ବା ରାମଭକ୍ତ ହନୁମାନ ଅଥବା ନବଗ୍ରହଙ୍କ ମୂର୍ତ୍ତି ସଂସ୍ଥାପନ, ବିନା ଭକ୍ତି ଭାବରେ ସମ୍ଭବ ନୁହେଁ। ଅନ୍ତରରେ ସୁଗଭୀର ଶ୍ରଦ୍ଧା ଓ ଭକ୍ତିର ନୈବେଦ୍ୟ ଅର୍ପିତ ହେଉଥିଲେ ଯାଇ ମୂର୍ତ୍ତି ନିର୍ମାଣ ହୁଏ ପୂର୍ଣ୍ଣାଙ୍ଗ ଭାବ-ସଞ୍ଚାରକ। କବି ହୃଦୟର ନିର୍ମଳ ସମର୍ପିତ ଚେତନା ଆଉ ଭାସ୍କର-ଶିଳ୍ପୀର ନିତ୍ୟ ନୈମିତ୍ତିକ ଅଭ୍ୟାସ ମଧ୍ୟରେ କୌଣସି ପାର୍ଥକ୍ୟ ନାହିଁ। ଯେଉଁମାନେ ଶବ୍ଦଶିଳ୍ପୀ, ସେମାନେ ପ୍ରସ୍ତର ଗାତ୍ରରେ ଗୌରବଦୀପ୍ତ ଚିତ୍ର ଓ ଚରିତ୍ର ପରିସ୍ଫୁଟନ କରିପାରିବେ ନାହିଁ ଓ ସେହିପରି ପ୍ରସ୍ତର-ଶିଳ୍ପୀ ମଧ୍ୟ ସାହିତ୍ୟ ସୃଷ୍ଟିରେ ସମର୍ଥ ହୋଇପାରିବେ ନାହିଁ । ଏ ଉଭୟ କଳାର ସ୍ୱାତନ୍ତ୍ର୍ୟ ଏ ଦୃଷ୍ଟିରୁ ନିଶ୍ଚୟ ଭିନ୍ନ ଭିନ୍ନ। କିନ୍ତୁ ଯାହା ଅଭିନ୍ନ ଓ ଅବିଚ୍ଛିନ୍ନ, ତାହା ହେଲା ଭାବ ସଂଯୋଗ ସ୍ଥାପନର ଆନ୍ତରିକତା। ଏହି ପରିଶୁଦ୍ଧ ଆତ୍ମ ନିବେଦନ ଉଭୟ କଳାକୁ କରିପାରେ ନୂତନ ଦୀପ୍ତିଦାନ।

ଏ ଦୃଷ୍ଟିରୁ ସମୀକ୍ଷା କଲେ ପ୍ରତ୍ୟେକେ ଏହା ଅନୁଭବ କରିପାରିବେ ଯେ, ଉଭୟ କଳାର ଅତୁଳନୀୟ ନିର୍ମାଣ ନିଜ ନିଜ କ୍ଷେତ୍ରରେ କେତେ। ଯେଉଁମାନେ ଉଚ୍ଚକୋଟୀର ପ୍ରସ୍ତର-ଶିଳ୍ପୀ, ସେମାନେ ବାସ୍ତବରେ ସାହିତ୍ୟଶିଳ୍ପୀ ପରି ଅନ୍ତର୍ଦୃଷ୍ଟି-ସମ୍ପନ୍ନ। ସେମାନଙ୍କ ଦୁଇ ସ୍ଥୁଳ ଚକ୍ଷୁ ପଶ୍ଚାତରେ ଯେଉଁ ଅନ୍ତର୍ଚକ୍ଷୁ ବିଦ୍ୟମାନ, ତାହା ଚିନ୍ତା କରିବା ମାତ୍ରକେ ଆମେ ବିସ୍ମୟାଭିଭୂତ ହୋଇପଡ଼ିବା। ଜଣେ ଥିଲେ ବିଶିଷ୍ଟ ଭାସ୍କର। ସେ ନଈବାଲି ଉପରେ ପଡ଼ିଥିବା ପଥର ଖଣ୍ଡକୁ ଦେଖିଦେବା ମାତ୍ରକେ ଜାଣିପାରୁଥିଲେ ଯେ, ତାହା କେଉଁ ମୂର୍ତ୍ତି ନିର୍ମାଣ ସକାଶେ ଉଦ୍ଦିଷ୍ଟ। ସେ କହୁଥିଲେ ମୁଁ କିଛି ମହାନ-ଶିଳ୍ପକର୍ମ କରୁନାହିଁ। ପଥର ଉପରେ ରହିଥିବା ଚୋପା ଛଡ଼ାଇଦେବା କେବଳ ମୋର କାମ। ଭିତରେ ଯିଏ ଲୁକ୍କାୟିତ ଅବସ୍ଥାରେ ବିଦ୍ୟମାନ, ସେ ସ୍ୱତଃ ନିଜକୁ ପ୍ରକଟ କରିଦିଅନ୍ତି ଅଲୌକିକ ଭାବରେ। ଓଡ଼ିଆ ସାହିତ୍ୟର ବିଶିଷ୍ଟ ଲେଖକ ମହାପାତ୍ର ନୀଳମଣି ସାହୁ ଏ ପ୍ରସଙ୍ଗ ଉତ୍‌ଥାପନ କରିଛନ୍ତି ଶାନ୍ତିନିକେତନସ୍ଥିତ କଳାଭବନର ଶିକ୍ଷାଦାତା ନନ୍ଦଲାଲ ବସୁଙ୍କ ସଂପର୍କରେ ଆଲୋକପାତ କରିବା ବେଳେ। ଏହିଭଳି ଉଚ୍ଚସ୍ତରାଶ୍ରିତ ପ୍ରତିଭାମାନେ ସର୍ବଦା ଯାହା କିଛି ଅଦୃଶ୍ୟ, ତାକୁ ଦୃଶ୍ୟମାନ ଜଗତ ମଧ୍ୟକୁ ଘେନି ଆସିପାରନ୍ତି ବିପୁଳ ଆଧ୍ୟାତ୍ମିକ ବିଶ୍ୱାସ ମାଧ୍ୟମରେ।

କୌଣସି ମହାନ କବି ବା ସହିତ୍ୟସ୍ରଷ୍ଟା ନିଜର ସୃଷ୍ଟି ସକାଶେ ନିଜକୁ ଗୌରବଦାନ କରିପାରନ୍ତି ନାହିଁ। କାରଣ ସେମାନେ ଜାଣନ୍ତି ଯେ, ଯାହାକିଛି କଲମ ମୁନରୁ ନିଃସୃତ ହେଉଛି ତାହା ତାଙ୍କର ଆୟତ୍ତାଧୀନ ଶୃଙ୍ଖଳାକୁ ଅତିକ୍ରମ କରିଯାଏ ଅଚିନ୍ତନୀୟ ଭାବରେ। ଯାହା କେବେହେଲେ ସେ ଭାବିପାରିନଥାନ୍ତି ବା କଳ୍ପନା କରିପାରି

ନଥାନ୍ତି, ସେପରି ମହାନ ଭାବ-ସମ୍ଭାର ପ୍ରକଟିତ ହୋଇଉଠେ ଅଦ୍ଭୁତ କାବ୍ୟିକ ସଫଳତା ନେଇ। ଏ କ୍ଷେତ୍ରରେ ଜଣେ ଉଚ୍ଚତର ସୋପାନର ପ୍ରସ୍ତର ଶିଳ୍ପୀ ଓ ସାହିତ୍ୟ କ୍ଷେତ୍ରର ଶବ୍ଦ-ଶିଳ୍ପୀଙ୍କ ମଧ୍ୟରେ କୌଣସି ପାର୍ଥକ୍ୟ ନଥାଏ। ନିଜ ସୃଷ୍ଟିକୁ ନିଜ କୃତିତ୍ୱ ବୋଲି ସେମାନେ କେବେହେଲେ ଜ୍ଞାନ କରନ୍ତି ନାହିଁ। ଏହି ନିରହଙ୍କାର ଶ୍ରଦ୍ଧାଶୀଳତା ହିଁ ସୃଷ୍ଟିକୁ କରେ ଆକର୍ଷଣୀୟ ତଥା ପ୍ରଭାବଦୀପ୍ତ।

ସଂପ୍ରତି ଅନେକ ଶିଳ୍ପୀ କେବଳ ବ୍ୟବସାୟିକ ଲାଭ ସକାଶେ ପ୍ରତିମୂର୍ତ୍ତି ନିର୍ମାଣରେ ନିଜକୁ ନିୟୋଜିତ କରିଥିବା ଲକ୍ଷ୍ୟ କରାଯାଏ। ଯେଉଁ ମହାପୁରୁଷମାନଙ୍କ ଷ୍ଟାଚ୍ୟୁ ନିର୍ମାଣ ହୋଇଥାଏ ସେମାନଙ୍କ ଜୀବନୀ ଅଧ୍ୟୟନ କରି କିମ୍ବା ସେମାନଙ୍କ ଜୀବନାଦର୍ଶ ଦ୍ୱାରା ଅନୁପ୍ରାଣିତ ହୋଇ ଭକ୍ତି ତଦ୍‌ଗଦ ଚିତ୍ତରେ ଯେଉଁମାନେ ମାର୍ବଲ, ବ୍ରୋଞ୍ଜ ବା ଅନ୍ୟ ଯେକୌଣସି ଉପାଦାନ ଅବଲମ୍ବନରେ ନିର୍ମାଣ କରନ୍ତି ପ୍ରତିମୂର୍ତ୍ତି, ତାହା ସ୍ୱତଃ ଜୀବନ୍ତ ପ୍ରତୀୟମାନ ହୋଇଥାଏ। ଅପରପକ୍ଷରେ ମହାପୁରୁଷଙ୍କ ସଂପର୍କରେ ବିନ୍ଦୁ ବିସର୍ଗ ନଜାଣି ତାଙ୍କ ମୂର୍ତ୍ତି ତିଆରି କରୁଥିବା ଶିଳ୍ପୀର କାର୍ଯ୍ୟହୁଏ ବିକୃତ ତଥା ଉପଯୁକ୍ତ ଭାବ ପରିସ୍ଫୁଟନରେ ଅସମର୍ଥ।

ମାଇକେଲ ଏଞ୍ଜେଲୋ ଥିଲେ ଏପରି ଜଣେ ନିଖୁଣ ମୁଖମଣ୍ଡଳ ଓ ଅବୟବ ସକଳକୁ ରୂପାୟନ କରିପାରୁଥିବା ଶିଳ୍ପୀ, ଯିଏ ଦର୍ଶକ ପ୍ରାଣରେ ଖେଳାଇ ଦେଉଥିଲେ ନବନବ କମ୍ପନ। ଏକଦା ତାଙ୍କ ନିର୍ମିତ ଏକ ମୂର୍ତ୍ତି ଦର୍ଶନ କରି ତାଙ୍କର ଜଣେ ଘନିଷ୍ଠ ବନ୍ଧୁ କିଛି ସ୍ଥାନରେ ତ୍ରୁଟି ଥିବା ଦର୍ଶାଇବାରୁ ସେ ହାତରେ ନିହାଣ ମୁଗୁର ଧରି ଠୁକ୍ ଠୁକ୍ ଶବ୍ଦ କରି ସେହି ସ୍ଥାନଟିକୁ ସଜାଡ଼ି ଦେଲେ। ପରେ ପଚାରିଲେ ବନ୍ଧୁଙ୍କୁ ଏବେ ଠିକ୍ ହେଲା ତ ? ବନ୍ଧୁ କହିଲେ, ହଁ ଏବେ ସମ୍ପୂର୍ଣ୍ଣ ନିଖୁଣ। ମାଇକେଲ ଓଠରେ ସ୍ମିତହାସ୍ୟ ଖେଳାଇ ଉନ୍ମୋଚନ କରିଦେଲେ ଏକ ଗହନ ରହସ୍ୟ। କହିଲେ ‘ମୁଁ ଏ ମୂର୍ତ୍ତିଟିରେ ସାମାନ୍ୟ ମାତ୍ର ଏପଟ ସେପଟ କରିନାହିଁ। ହାତରେ ମୋର ଥିଲା କିଛି ପଥର ଗୁଣ୍ଡ। ନିହାଣ ମୁଗୁର ଚାଳନା ବେଳେ ସେ ହାତରୁ ଝରିପଡୁଥିଲା ଯେଉଁ ପଥରଗୁଣ୍ଡ, ତାହା ଦେଖି ଆପଣ ଭାବିଲେ ଯେ ମୁଁ ସେଥିରେ ଆପଣଙ୍କ କହିବା ଅନୁସାରେ ଆବଶ୍ୟକ ସଂଶୋଧନ କରୁଛି। କିନ୍ତୁ ସେଥିରେ ସାମାନ୍ୟତମ ବ୍ୟତିକ୍ରମ କରାଯାଇନାହିଁ। ପୂର୍ବରୁ ଯାହାଥିଲା, ବର୍ତ୍ତମାନ ମଧ୍ୟ ତାହା ହିଁ ରହିଛି।’ ଏହା ଦେଖି ଓ ଶୁଣି ବନ୍ଧୁ ଜଣକ ସ୍ତବ୍ଧ ହୋଇଗଲେ ମାଇକେଲଙ୍କ ଶୈଳ୍ପିକ ସଫଳତାରେ। ଇଟାଲୀର ଏହି ମହାନ ସ୍ଥପତି ଏକାଧାରାରେ ଥିଲେ ପୁଣି କବି ଓ ଚିତ୍ରକର ମଧ୍ୟ। ଏପରି ଶିଳ୍ପୀ ଜଗତରେ ବିରଳ ହୋଇଥାନ୍ତି। ପ୍ରସ୍ତର ଗାତ୍ରରେ ସୌନ୍ଦର୍ଯ୍ୟ ସୃଜନ, କବିତ୍ୱ କଳାରୁ କୌଣସି ଗୁଣରେ ଭିନ୍ନ ହୋଇ ପାରେନା। ସେହିପରି ସାହିତ୍ୟ ଗ୍ରନ୍ଥରେ ଯାହା ସୃଷ୍ଟିକରେ ଅପୂର୍ବ ଭାବାବେଗ,

ତାହାମଧ୍ୟ ପ୍ରସ୍ତର କଳା ଭିତରେ ଧ୍ୱନିତ ସଂଗୀତଠାରୁ ଦୂରବର୍ତ୍ତୀ ହୋଇନପାରେ। ଆଉ ଯିଏ ଉଭୟ କଳାର ହୋଇଥାନ୍ତି ସମ୍ବନ୍ୱିତ ପ୍ରତିଭା, ତାଙ୍କ ଶ୍ରେଷ୍ଠତ୍ୱ ଅକଳନୀୟ। ମାଇକେଲ ଏଞ୍ଜେଲୋ ଥିଲେ ଉଚ୍ଚମାନର କବିସତ୍ତା। କବିତ୍ୱ ତାଙ୍କର ତରଙ୍ଗାୟିତ ହୋଇଉଠିଛି କବିତାରେ, ଚିତ୍ରାଙ୍କନରେ ଓ ସ୍ଥାପତ୍ୟ କଳାରେ। ଏପରି ଜଣେ ଜଣେ ଶ୍ରେଷ୍ଠ ସୋପାନର ଶିଳ୍ପୀ, ସାହିତ୍ୟିକ ଓ କଳାକାରମାନଙ୍କ ପାଇଁ ଯେ ଯୁଗଯୁଗ ବ୍ୟାପୀ ପ୍ରେରଣାର କିରଣ ଦାନ କରିପାରନ୍ତି, ଏଥିରେ ସନ୍ଦେହ ନାହିଁ।

କର୍କଶ ପଥର ଉପରେ ହୋଇଥିବା ସୂକ୍ଷ୍ମ କାରୁକାର୍ଯ୍ୟ ପ୍ରତ୍ୟକ୍ଷ କଲେ ହୃଦୟରେ ଶୁଣିହୁଏ ସଙ୍ଗୀତର ରାଗିଣୀ। କୋଣାର୍କ ବକ୍ଷର ନୃତ୍ୟଶିଳ୍ପୀକୁ ଦେଖିଲେ ଶୁଣିହୁଏ ଘୁଙ୍ଗୁର ଧ୍ୱନି। ହାତରେ ମୃଦଙ୍ଗ ଧାରଣ କରିଥିବା ବାଦ୍ୟକାରଙ୍କୁ ଦେଖିଲେ ସେହିପରି ସୁମଧୁର ମୃଦଙ୍ଗର ଅନ୍ତର୍ଧ୍ୱନି ଦର୍ଶକ-ପ୍ରାଣକୁ ପ୍ରେମପୂର୍ଣ୍ଣ କରିଦିଏ। ପଥର ମୂର୍ତ୍ତିକୁ ନିଷ୍ପ୍ରାଣ ଜ୍ଞାନ କରିବାଠାରୁ ଆଉ ଅଜ୍ଞାନତା କିଛିନାହିଁ। ପ୍ରତ୍ୟେକଟି ପଥରର କଳାକୃତି ଦର୍ଶକଙ୍କୁ ନବଜୀବନ ଦାନ କରିବାପାଇଁ ଅଭିପ୍ରେତ। ଏହାର ଗହନ ଅର୍ଥଶକ୍ତିକୁ ଯେଉଁମାନେ ହୃଦୟଙ୍ଗମ କରିପାରନ୍ତି, ସେମାନେ ପଥର ମୂର୍ତ୍ତି-ଦର୍ଶନ କରିବା ପରେ ନିଜ ନିଜର କମନୀୟ ଭାବରୂପ ଆବିଷ୍କାର କରିପାରନ୍ତି ମାଙ୍ଗଲ୍ୟମୂଳକ ଭାବନାରେ ମୁଗ୍ଧ ହୋଇ।

କୋଣାର୍କ, ଅଜନ୍ତା, ଏଲୋରା ଯେପରି ବିଶ୍ୱର ବିସ୍ମୟ, ଠିକ୍ ସେହିପରି କେଉଁ ବ୍ୟକ୍ତିର ପ୍ରସ୍ତର ପ୍ରତିମା କିମ୍ବା ପ୍ରସ୍ତର ଫଳକ ଦରଦୀ ଦର୍ଶକମାନଙ୍କ ଚେତନାର ବିକାଶରେ ବା ସାହାଯ୍ୟ କରେନାହିଁ ! ଓଡ଼ିଶା ମାଟିରେ ଦ୍ୱିତୀୟ କୋଣାର୍କ ନିର୍ମାଣ ସ୍ୱପ୍ନରେ ବିଭୋର ହେଉଥିବା ରଘୁନାଥ ମହାପାତ୍ରଙ୍କ ଭଳି ବିଚକ୍ଷଣ ବିଶେଷଜ୍ଞ ଶିଳ୍ପୀଙ୍କ ଅକାଳ ପ୍ରାଣତ୍ୟାଗ ନିଶ୍ଚୟ ଅପୂରଣୀୟ କ୍ଷତି। ଏହି ଦାରୁଣ କ୍ଷତ ସେତେବେଳେ ହୋଇଉଠିବ ସୁଚିକ୍କଣ, ମସୃଣ, ରୂପଲାଭରେ ସ୍ନିଗ୍ଧ ଓ ମନୋରମ, ଯେତେବେଳେ ଓଡ଼ିଆ ଜାତି ତା'ର ଭାସ୍କର୍ଯ୍ୟ କଳାକୁ କରିଦେଇପାରିବ ମହାମାନ୍ୱିତ। ସାହିତ୍ୟ ଓ ଭାସ୍କର୍ଯ୍ୟ ଏ ଉଭୟକୁ ପ୍ରାଣ ଦେଇ ଭଲ ପାଉଥିବା ଦର୍ଶକ ବା ପାଠକ ଭିତରେ ଯେଉଁ ପ୍ରଗାଢ଼ କଳାନୁରକ୍ତି ସଂଜାତ ହୁଏ, ତାହା ସ୍ଥୁଳ ସ୍ୱାର୍ଥର କେତେ ଊର୍ଦ୍ଧ୍ୱତର, ତାହା ଯଥୋଚିତ ଭାବରେ ଅନୁଭବ କରିବା ମାନବିକ ବ୍ୟକ୍ତିତ୍ୱ ନିର୍ମାଣରେ ନେଇଥାଏ ବିଶିଷ୍ଟ ଭୂମିକା। ପଥର ପରି ଦୃଢ଼ ଆଉ ସାହିତ୍ୟ ପରି କୋମଳ ହେବାର ବାର୍ତ୍ତା ଗର୍ଭିତ ଯେଉଁ ସୃଷ୍ଟିରେ, ତାହା କାଳାତିକ୍ରମ କରି ରହିଥାଏ ଅବର୍ଣ୍ଣନୀୟ ବର୍ଣ୍ଣବିଭା ଧାରଣ କରି। ଜୀବନର ଦୁଃଖ କଷ୍ଟ ସବୁକୁ ପଥର ପରି ସହ୍ୟ କରିବା ଲାଗି ଓ ସୋରିଷ ଫୁଲପରି ସୁକୋମଳ ନମ୍ରତା ବିକଶିତ କରିବା ପାଇଁ ସାହିତ୍ୟ ଓ ଭାସ୍କର୍ଯ୍ୟ ସମାନ ଆଲୋଡ଼ନ ସୃଷ୍ଟିରେ ଏକାନ୍ତ ସକ୍ଷମ।

■

ସାହିତ୍ୟ ଓ ସାହିତ୍ୟ ସଭା

ଆଗରୁ ସାହିତ୍ୟ ଥିଲା । ସାହିତ୍ୟ ସଭା ହେଉନଥିଲା, ଯେଉଁମାନେ ସାହିତ୍ୟାନୁରାଗୀ ସେମାନେ ବ୍ୟକ୍ତିଗତ ଭାବରେ ଏକାନ୍ତରେ ବସି କାବ୍ୟକବିତା ଅଧ୍ୟୟନ କରୁଥିଲେ । ନିଜସ୍ୱ ଅନୁଭୂତିକୁ ଆଉ ଏକ ହୃଦୟକୁ ସଂପ୍ରସାରିତ କରିଦେବାର ଅଭିଳାଷରୁ ଜନ୍ମନେଲା ଦଳଗତ ଆଲୋଚନା । ଆମ ଓଡ଼ିଶାରେ ଭାଗବତ ଘର ହେଉଛି ପ୍ରଥମ ଆଉ ଶ୍ରେଷ୍ଠ ସାହିତ୍ୟସଭା । ସେଠି ସାମ୍ପ୍ରତିକ କାଳର ଆଧୁନିକ କାର୍ଯ୍ୟକ୍ରମ ଆଧାରିତ ବ୍ୟବସ୍ଥା ନଥିଲା । ଭାଗବତ ପଠନ କରୁଥିବା ଓ ବୁଝାଉଥିବା ପଣ୍ଡିତ ରହୁଥିଲେ ଭାବ ତଲ୍ଲୀନ ହୋଇ । ଭାଗବତ ଘରେ ଏକତ୍ରିତ ହୋଇଥିବା ଶ୍ରୋତାମଣ୍ଡଳୀ ଏକ ଧ୍ୟାନରେ, ଏକ ଲୟରେ ଶୁଣୁଥିଲେ ସେହି ପ୍ରବଚନକୁ । ଏହାକୁ ଦୃଷ୍ଟି ସମ୍ମୁଖରେ ରଖି ପରବର୍ତ୍ତୀ ସମୟରେ ଆଧୁନିକ ଶୈଳୀରେ ଅନୁଷ୍ଠିତ ସଭା ସଂପର୍କରେ ଚିନ୍ତାକଲେ ମନରେ ସ୍ୱତଃ ଏକ ପ୍ରଶ୍ନ ଉଙ୍କିମାରେ-ଭାଗବତ ଘରର ନିରବତା, ଏକାଗ୍ରତା ଓ ଧ୍ୟାନଶୀଳତାଠାରୁ ଏବର ସାହିତ୍ୟ ସଭା କ'ଣ ଅଧିକ ମାର୍ମିକ ?

ସାହିତ୍ୟର ଚିରନ୍ତନ ଭାବରାଶିକୁ ଲୋକଙ୍କ ପାଖକୁ ପହଞ୍ଚାଇବା ପାଇଁ ଅନେକ ସାହିତ୍ୟିକ ପ୍ରତିଷ୍ଠାନ ସ୍ଥାପିତ ହୋଇଛି । ନିୟମାନୁସାରେ ସେହି ସଂସ୍ଥାଗୁଡ଼ିକ ରେଜେଷ୍ଟ୍ରିଭୁକ୍ତ ମଧ୍ୟ ହୋଇଛି । ଅନୁଷ୍ଠାନ ପାଇଁ ବିଧିବିଧାନ ଓ ସମ୍ବିଧାନ ପ୍ରସ୍ତୁତ ହୋଇଛି । ସଭାପତି, ଉପସଭାପତି, ସମ୍ପାଦକ, ସହସମ୍ପାଦକ, ଉପଦେଷ୍ଟା ଆଦି କେତେ ପଦପଦବୀର ସୃଷ୍ଟି ହୋଇଛି, ତାହା ଆମକୁ ଅଗୋଚର ନୁହେଁ । ସେହିପରି ସାହିତ୍ୟ ପତ୍ରିକାର ପ୍ରକାଶନରେ ମଧ୍ୟ ନିଶ୍ଚୟ ମହତ୍ ଉଦ୍ଦେଶ୍ୟ ଅନ୍ତର୍ନିହିତ । ତେବେ ସେଠାରେ ମଧ୍ୟ ସଂପାଦକ, ସହସଂପାଦକ, ପରିଚାଳନା ସଂପାଦକ ଆଉ କେତେ ନା କେତେ ପଦପଦବୀର ସୃଷ୍ଟି ହୋଇଛି । ଏସବୁର ମୂଳରେ ଯାହା ବିଦ୍ୟମାନ, ତାହା ହେଲା ସାହିତ୍ୟିକ କାର୍ଯ୍ୟକ୍ରମରେ ଏକ ସୌନ୍ଦର୍ଯ୍ୟମୟ ଶୃଙ୍ଖଳା ଆନୟନ । ସାହିତ୍ୟ ସଭା ଓ ସାହିତ୍ୟ ପତ୍ରିକା ସବୁ ଏତେ ଆନ୍ତରିକତା ଯୁକ୍ତ ଥିଲା ଯେ, ତାହା ପ୍ରାଣକୁ ସ୍ପର୍ଶ ଓ ଆଲୋଡ଼ିତ କରୁଥିଲା ନୂତନ ନୂତନ ଭାବାବେଗରେ ।

ଏପରି ମହାନ ଶୃଙ୍ଖଳା ଯେଉଁ ମହତ ଉଦ୍ଦେଶ୍ୟ ନେଇ ପ୍ରତିଷ୍ଠିତ ହୋଇଥିଲା, ତାହା ଆଜି କିପରି ଏକ ଆଡ଼ମ୍ବର ଓ ଅଳଙ୍କାରର ରୂପଧାରଣ କରିଛି, ତାହା ସମସ୍ତେ ଉପଲବ୍ଧି କରିପାରୁଛନ୍ତି। ଶୋଭାମାନେ ସାହିତ୍ୟ ସଭାରେ ସମ୍ପୂର୍ଣ୍ଣ ନିରବତା ରକ୍ଷାକରି ନିଶ୍ଚଳ ଭାବରେ ବସିବାର, ବକ୍ତା ଓ ଅତିଥି, ଶିଷ୍ଟତା କେଉଁ ବିଷୟରେ କିପରି କହିବେ ସେହି କଳା ଏପର୍ଯ୍ୟନ୍ତ ଆୟତ୍ତ କରିଛନ୍ତି ବୋଲି ମନେହୁଏ ନାହିଁ। ଅବଶ୍ୟ ଏ କ୍ଷେତ୍ରରେ ମଧ୍ୟ ବ୍ୟତିକ୍ରମ ରହିଛି। ଅନୁରାଗୀ ଓ ଭାବ ଉଦ୍ରେକକାରୀ ବକ୍ତବ୍ୟ ପ୍ରଦାନକ୍ଷମ ବକ୍ତାଙ୍କ ସଂଖ୍ୟା ଅତି ସ୍ୱଳ୍ପ। ସାହିତ୍ୟ ସଭା ଗୁଡ଼ିକରେ ଶ୍ରୋତାମାନଙ୍କ ସଂଖ୍ୟା ଧୀରେ ଧୀରେ ହ୍ରାସ ପାଇବାର କାରଣ ରହିଛି ଏହିଠାରେ। ତା' ହେଲେ ବରଂ ସାହିତ୍ୟ ନଶୁଣିବା ଶ୍ରେୟସ୍କର ବୋଲି ଅନେକଙ୍କର ଅନ୍ତର୍ଗତ ଭାବନା। ପଦପଦବୀସବୁକୁ ନେଇ ପୁଣି କେତେ ଦ୍ୱନ୍ଦ୍ୱ ସୃଷ୍ଟି ହୁଏ, ତାହା ଯେ ସାହିତ୍ୟ ସଭାର ସମ୍ପୂର୍ଣ୍ଣ ପ୍ରତିକୂଳ ଆଚରଣ, ଏହା ବି ଅନୁଭବ କରିହୁଏ। କବିବର ରାଧାନାଥ ରାୟ ତାଙ୍କର ସୁପୁତ୍ର ଶଶିଭୂଷଣ ରାୟଙ୍କୁ ଉପଦେଶ ଦେବା ଛଳରେ ସାହିତ୍ୟ ସଭାକୁ ନଯିବା ସକାଶେ କହିଥିବାର ଉଲ୍ଲେଖ ରହିଛି ଶଶିଭୂଷଣଙ୍କ ଦ୍ୱାରା ରଚିତ 'ପିତୃସ୍ମୃତି' ପୁସ୍ତକରେ। ସେହିପରି ବଙ୍ଗଳା ସାହିତ୍ୟ ସଭାରେ ସବୁହୁଏ କିନ୍ତୁ ପରସ୍ପର ମଧ୍ୟରେ ପରିଚୟ ହୁଏ ନାହିଁ, କିମ୍ବା ଆତ୍ମୀୟତା ଗଢିଉଠେ ନାହିଁ ବୋଲି ଶରତଚନ୍ଦ୍ର ଚଟ୍ଟୋପାଧ୍ୟାୟ କହିଛନ୍ତି ସେ ବେଳରେ।

ସବୁ ସାହିତ୍ୟ ସଭା କ୍ଷେତ୍ରରେ ଯେ ଏହା ହିଁ ଘଟେ, ତାହା ନୁହେଁ। ଯେଉଁମାନେ ସାହିତ୍ୟ ସଭାର ଆୟୋଜକ ସେମାନଙ୍କର ବିଜ୍ଞତା ଓ ବିଚାର ଉପରେ ନିର୍ଭର କରେ ସାହିତ୍ୟ ସଭାର ବାତାବରଣ। ଯଦି ସୁଯୋଗ୍ୟ ଅତିଥି ଓ ବକ୍ତାଙ୍କୁ ଆମନ୍ତ୍ରଣ କରାଯାଏ ଓ ସମୟାନୁବର୍ତ୍ତିତା ରକ୍ଷାକରି ଯଦି ସଭାକାର୍ଯ୍ୟ ପରିଚାଳିତ ହୁଏ, ତା'ହେଲେ ଶ୍ରୋତାମଣ୍ଡଳୀଙ୍କ ମଧ୍ୟରେ ତାହା ବିରାଗ ସୃଷ୍ଟି କରିପାରେ ନାହିଁ। ଆମ ସମାଜରେ ଯେଉଁମାନେ ହେଉଛନ୍ତି ସୁପ୍ରସିଦ୍ଧ ସାହିତ୍ୟିକ, ସାହିତ୍ୟ ସମାଲୋଚକ ବା ଗବେଷକ, ସେମାନେ ସଭାସ୍ଥଳରେ ନିର୍ଦ୍ଦିଷ୍ଟ ସମୟ ମଧ୍ୟରେ ଶୃଙ୍ଖଳିତ ଚେତନା ସମ୍ପନ୍ନ ବକ୍ତବ୍ୟ ପ୍ରକାଶ କରିବା ଖୁବ୍ କ୍ୱଚିତ କ୍ଷେତ୍ରରେ ଦେଖାଯାଏ। ପୁନଶ୍ଚ ନମ୍ରତା, ଶାଳୀନତା ବୋଧ ଓ ଶ୍ରୋତାମଣ୍ଡଳୀ ପ୍ରତି ଶ୍ରଦ୍ଧାଭାବ ନ ରହିଲେ ଭାଷଣ ନିତାନ୍ତ ଅର୍ଥହୀନ ଓ କୃତ୍ରିମ ମନେହୁଏ। ଅନେକ ବକ୍ତାଥାଆନ୍ତି ଯେଉଁମାନେ ଘରୁ ଯାହା ଟିପି ଆଣିଥାନ୍ତି ସେସବୁ କଥା ନକହିବା ପର୍ଯ୍ୟନ୍ତ ମାଇକ୍ରୋଫୋନରୁ ଦୂରବର୍ତ୍ତୀ ହୋଇପାରନ୍ତି ନାହିଁ। ସଭାରେ କେତେ ଶ୍ରୋତା ଅଛନ୍ତି, କେତେ ଶୁଣୁଛନ୍ତି ଓ କେତେ ପଳାୟନ କରିଛନ୍ତି ସେଥିପ୍ରତି ସେମାନଙ୍କ ଧ୍ୟାନ ନଥାଏ। ଅଧିକାଂଶ ସ୍ଥଳରେ ମଞ୍ଚ ଉପରେ ଭାଷଣ ଦେବା ନିମିତ୍ତ ଏକ ଏକ ଲମ୍ବା ଧାଡ଼ି ପରିଦୃଶ୍ୟମାନ ହୁଏ। ଯଦି କୌଣସି ସଭାରେ ଦଶପନ୍ଦର ଜଣ ବକ୍ତା

ବା ଅତିଥି ଭାଷଣ ଦେବାରେ କାର୍ଯ୍ୟକ୍ରମ ରହିଥିବ, ତାହା ନିଶ୍ଚୟ ଯେ ବିଫଳତାରେ ପରିଣତି ହେବ ଏଥିରେ ସନ୍ଦେହ ନାହିଁ। ସଭାର ଆୟୋଜକମାନେ ନିଜ ନିଜ ବ୍ୟକ୍ତିଗତ ସ୍ୱାର୍ଥ ସାଧନ ସକାଶେ ଅଧିକ ସଂଖ୍ୟକ ବିଶିଷ୍ଟ ବ୍ୟକ୍ତିଙ୍କୁ ସନ୍ତୁଷ୍ଟ କରିବାପାଇଁ ଯେଉଁଭଳି ସଭା ଆୟୋଜନ କରିଥାନ୍ତି, ତାହା କେବଳ ଏକ ଏକ କୋଳାହଳପୂର୍ଣ୍ଣ ଅର୍ଥଶୂନ୍ୟ ପରିବେଶ ସୃଷ୍ଟିକରି ସାହିତ୍ୟର ଅନ୍ତଃସତ୍ତାକୁ ହତ୍ୟା କରୁଥାଏ ନିଷ୍ଠୁର ଭାବରେ।

ଆମ ସାହିତ୍ୟ ସଭାମାନଙ୍କରେ ରାଜନୈତିକ ନେତୃବର୍ଗଙ୍କୁ ଆମନ୍ତ୍ରଣ କରିବା ଆଉ ଏକ ଅସାହିତ୍ୟିକ ଆଚରଣ। ସାହିତ୍ୟ-ସଂସ୍କୃତି ବିହୀନ ମନ୍ତ୍ରୀ, ବିଧାୟକ ବା ନେତାଙ୍କୁ ନିମନ୍ତ୍ରଣ କରି ଆଣି ସଭାର ଗାମ୍ଭୀର୍ଯ୍ୟକୁ ଯେପରି ନଷ୍ଟ କରିଦିଆଯାଏ, ସେଥିରେ ବୀଣାପାଣି କ୍ରନ୍ଦନ କରନ୍ତି। ବେଳେବେଳେ ଏହି ସମ୍ମାନନୀୟ ରାଜନୈତିକ ନେତା ଯଥା ସମୟରେ ପହଞ୍ଚିପାରନ୍ତି ନାହିଁ। ଶ୍ରୋତା ଓ ଅନ୍ୟବକ୍ତାଗଣ ଘଣ୍ଟା ଘଣ୍ଟା ତାଙ୍କୁ ଅପେକ୍ଷା କରି ଯେଉଁ କ୍ଳାନ୍ତି ଓ ବିରକ୍ତି ଅନୁଭବ କରନ୍ତି, ତାହା ପ୍ରତ୍ୟେକ ଭୁକ୍ତଭୋଗୀ ଜାଣନ୍ତି ଯଥାର୍ଥ ଭାବରେ। ଏକ ଏକ ସ୍ଥାନରେ ଏପରି ମୁଖ୍ୟ ଅତିଥିଙ୍କ ଆଗମନ ଯଦି ବିଳମ୍ବିତ ହୁଏ, ତା'ହେଲେ ଆୟୋଜକମାନେ ସେହି ଅତିଥିଙ୍କ ଆଦେଶ ଅନୁସାରେ ସଭାକାର୍ଯ୍ୟର ଶୁଭାରମ୍ଭ କରିଦିଅନ୍ତି। ଯେତେବେଳେ ବକ୍ତା ମହୋଦୟଙ୍କ ଭାଷଣ ଶୁଣିବାରେ ଧ୍ୟାନସ୍ଥ ଥାଆନ୍ତି ଉପସ୍ଥିତ ଶ୍ରୋତାବୃନ୍ଦ, ସେତିକିବେଳେ ଅଚାନକ ଆବିର୍ଭୂତ ହୁଅନ୍ତି ମୁଖ୍ୟ ଅତିଥି। ସଭାର ସବୁଶୃଙ୍ଖଳା କ୍ଷଣକରେ ଧ୍ୱସ୍ତ ବିଧ୍ୱସ୍ତ ହୋଇଯାଏ। ଯଦି ଅତିଥିଙ୍କୁ ବାଜା ବଜାଇ, ବାଣଫୁଟାଇ, ଫୁଲମାଳ ପିନ୍ଧାଇ କିମ୍ବା ହାତୀ ଉପରେ ବସାଇ ଅଣାଯାଉଥାଏ, ତାହେଲେ ତ କଥା ସରିଗଲା। ଏପରି ସାହିତ୍ୟ ସଭାକୁ ରାଜନୀତିକ ସଭାର ଆଖ୍ୟା ଦେବା କୌଣସି ଦୃଷ୍ଟିରୁ ଅନୁଚିତ ହେବନାହିଁ। ରାଜନୈତିକ ନେତାମାନେ ଯେଉଁ ସାହିତ୍ୟ ସଭାକୁ ଆମନ୍ତ୍ରିତ ହୋଇ ଆସନ୍ତି ସେମାନଙ୍କ ସହ ତାଙ୍କର ଅନୁଗତମାନଙ୍କ ଆଗମନ ଓ ମୁଖ୍ୟନେତାଙ୍କ ଜୟଧ୍ୱନିରେ ଗଗନ ପବନ ପ୍ରକମ୍ପିତ କରିବା ଦେଖାଯାଏ। ସମୟ ଅଭାବରୁ ସେପରି ନେତା ପ୍ରଥମେ ଭାଷଣ ଦେଇ ମଞ୍ଚତ୍ୟାଗ କରି ଯେତେବେଳେ ଚାଲିଯାଆନ୍ତି, ସେତେବେଳେ ସଭାକକ୍ଷର କାରୁଣ୍ୟ ଅବର୍ଣ୍ଣନୀୟ। ଅଧିକାଂଶ ଶ୍ରୋତା ନେତାଙ୍କୁ ଅନୁସରଣ କରି ସଭା ତ୍ୟାଗ କରନ୍ତି। ସେତେବେଳେ ମଞ୍ଚାସୀନ ବକ୍ତାଙ୍କ ଅସହାୟରୂପ କି ଦାରୁଣ, ତାହା କିଏ ବା ଅନୁଭବ କରିପାରିବ? ତଥାପି କେତେଜଣ ବକ୍ତା ଥାଆନ୍ତି ସେମାନେ ମହା-ଉଲ୍ଲାସରେ ଏପରି ପରିସ୍ଥିତିରେ ମଧ ଭାଷଣ ତ ନୁହେଁ ଯେଉଁ ଚିତ୍କାର କରି ପ୍ରକମ୍ପିତ କରନ୍ତି ପରିବେଶକୁ, ତାହା ବାସ୍ତବରେ ତାଙ୍କର ଆର୍ତ୍ତନାଦ ବ୍ୟତୀତ ଆଉ କିଛି ନୁହେଁ। ଅନେକ ସଭାରେ ମୁଖ୍ୟ ଅତିଥି ନ ପହଞ୍ଚିବା ପର୍ଯ୍ୟନ୍ତ ଅନ୍ୟ ଅତିଥି ଓ ବକ୍ତାମାନଙ୍କୁ ଜଳଖିଆ ମଧ ଦିଆଯାଏ ନାହିଁ। ନିଜ ନିଜର ଶୂନ୍ୟ ଉଦର ପୂର୍ଣ୍ଣ

କରିବାର ପ୍ରୟାସ କରୁଥାନ୍ତି ମୁହଁରେ କୃତ୍ରିମ ହସ ଫୁଟାଇ। ବକ୍ତା ଯେତେ ତାତ୍ତ୍ୱିକ ଭାଷଣ ଦେଲେ ମଧ୍ୟ ସହଜରେ କରତାଳି ପଡ଼େନା। ମୁଖ୍ୟ ଅତିଥି ଯେତେବେଳେ ଅନୁଷ୍ଠାନର ଗୃହନିର୍ମାଣ ପାଇଁ ଲକ୍ଷାଧିକ ଟଙ୍କାର ଅନୁଦାନ ଘୋଷଣା କରନ୍ତି, ସେତେବେଳେ ଘନଘନ କରତାଳିରେ ପ୍ରକମ୍ପିତ ହୋଇଉଠେ ସଭାଗୃହ।

ଆଜିକାଲି ନିଜ ନିଜ ରଚିତ ପୁସ୍ତକର ଉନ୍ମୋଚନ ଉତ୍ସବ ଆୟୋଜନ କରିବା ଏକ ନୂତନ ଫେସନରେ ପରିଣତ ହେଲାଣି। ପୁଣି ଯେଉଁମାନେ ଆର୍ଥିକ ଦୃଷ୍ଟିରୁ ସମୃଦ୍ଧଶାଳୀ, ସେମାନେ ବଡ଼ବଡ଼ ହୋଟେଲର ଶୀତତାପ ନିୟନ୍ତ୍ରିତ ସଭାଗୃହରେ ନିର୍ଦ୍ଦିଷ୍ଟ ନିମନ୍ତ୍ରିତ ଶ୍ରୋତାଙ୍କୁ ନେଇ ଉନ୍ମୋଚନ ଉତ୍ସବ କରନ୍ତି ଓ ସମସ୍ତଙ୍କୁ ସ୍ୱାଦିଷ୍ଟ ଭୋଜନ ଦେଇ ଆପ୍ୟାୟିତ କରିଥାନ୍ତି। ଯେଉଁମାନଙ୍କର ଅର୍ଥାଭାବ ରହିଛି, ସେମାନଙ୍କ ବିକଳତା ମଧ୍ୟ ଅବର୍ଣ୍ଣନୀୟ। ଅନ୍ୟ ଉଦ୍ଦେଶ୍ୟରେ ଆୟୋଜିତ କୌଣସି ସଭାର ସଭାପତି ବା ସମ୍ପାଦକଙ୍କୁ ଧରାଧରି କରି ନିଜପୁସ୍ତକ ଉନ୍ମୋଚନ କରିଦେବା ସକାଶେ ଆକୁଳ ନିବେଦନ କରିଥାନ୍ତି। ଆଉ କେତେକ କ୍ଷେତ୍ରରେ ଦେଖଯାଏ ନିଜ ପତ୍ନୀଙ୍କ ଅଳଙ୍କାର ବିକ୍ରିକରି ଦରିଦ୍ର ସାହିତ୍ୟିକମାନେ ଉନ୍ମୋଚନ ଉତ୍ସବର ଆୟୋଜନ କରିବା ପାଇଁ ପଛଘୁଞ୍ଚା ଦିଅନ୍ତି ନାହିଁ। ଏପରି ଭାବରେ ଯଦି ଆଲୋଚନା କରାଯାଏ, ସାହିତ୍ୟ ସଭାର ପ୍ରକାରଭେଦ ଯେ ଅସଂଖ୍ୟ ଆଉ ବର୍ଣ୍ଣନାତୀତ, ଏହା କହିବା ବାହୁଲ୍ୟ ମାତ୍ର।

ଏଭଳି ପରିସ୍ଥିତିରେ ଯେଉଁମାନେ ପ୍ରକୃତରେ ନିରବ ସାଧକ ବା ସାହିତ୍ୟାନୁରକ୍ତ, ସେମାନେ ସାହିତ୍ୟ ସଭାକୁ ନୁହେଁ, ସାହିତ୍ୟକୁ ହିଁ ଭଲପାଆନ୍ତି ନିବିଡ଼ ଭାବରେ। ଆଉ ନିଶ୍ଚଳ ମନରେ ବସି ଉଚ୍ଚକୋଟୀର ସାହିତ୍ୟଗ୍ରନ୍ଥ ଅଧ୍ୟୟନ କରି ନିଜ ଆତ୍ମାକୁ ପରିଷ୍କୃତ କରୁଥାନ୍ତି ଅନ୍ତଃପ୍ରେରଣାର ବଶବର୍ତ୍ତୀ ହୋଇ। ସାହିତ୍ୟ ସଂପର୍କିତ ଭାବ ଆଦାନ ପ୍ରଦାନ କରିବା ପାଇଁ ଯେଉଁ ସାହିତ୍ୟ ସଭାର ମହତ୍ ପରିକଳ୍ପନା କରାଯାଇଥିଲା ଦିନେ, ତାହାକୁ ଏପରି ବିକୃତରୂପ ଯେ ଦିଆଯିବ ଏହା ସେ ସମୟରେ ଉଦ୍ୟୋକ୍ତାବୃନ୍ଦ କେବେ ହେଲେ ଚିନ୍ତା କରିପାରିନଥିବେ।

ଯେଉଁ ରାଜ୍ୟର ବା ଅଞ୍ଚଳର ସାହିତ୍ୟ ସଭା ଯେତେ ଶୃଙ୍ଖଳିତ, ସୁସଂଯୋଜିତ ଓ ସୁପରିଚାଳିତ, ସେ ଅଞ୍ଚଳ ସେତିକି ଜ୍ଞାନ ସମୃଦ୍ଧ ବୋଲି ପ୍ରତିପାଦିତ ହୁଏ। ଯେପରି ଆଗରୁ କୁହାଯାଉଥିଲା-ଗାଁର ପରିଚୟ ହେଉଛି ଧୋବାତୁଠ। ସେହିପରି ଆଜି କୁହାଯାଇପାରିବ ଗାଁର ପରିଚୟ ହେଉଛି ସଭାସ୍ଥଳ। ସଭାଯଦି ବିଶୃଙ୍ଖଳିତ, ଅନିୟନ୍ତ୍ରିତ ତଥା ଅସାର, ଇର୍ଷାଦ୍ୱେଷ ସ୍ୱାର୍ଥସାଧନ ଅଭିପ୍ରେତ, ତା'ହେଲେ ସେଥିରୁ ପ୍ରମାଣିତ ହୋଇଯାଏ ସେ ଅଞ୍ଚଳର ସାଂସ୍କୃତିକ ଚେତନା କି ଦରିଦ୍ର, ଲାଞ୍ଛିତ ଓ ଅପମାନିତ। ତେଣୁ ପ୍ରକୃତରେ ଯଦି ଆମେ ସାହିତ୍ୟକୁ ଭଲପାଉ, ଆଉ ଏହାର ସଂପ୍ରସାରଣ ସମାଜରେ

ଘଟୁବୋଲି ଇଚ୍ଛାକରୁ, ତା'ହେଲେ ସମ୍ପୂର୍ଣ୍ଣ ଏକ ଉତ୍ସର୍ଗୀକୃତ ମନୋଭାବ ହିଁ ପରିବେଶକୁ ପବିତ୍ର କରିଦେଇ ପାରିବ। ସଂପ୍ରତି ଯୁବଗୋଷ୍ଠୀ, ସାହିତ୍ୟ ବା ସାହିତ୍ୟ ସଭାପ୍ରତି ବିମୁଖ ରହୁଥିବାର କାରଣ ପ୍ରବୀଣମାନେ ଅନୁସନ୍ଧାନ କରିବାର ଆବଶ୍ୟକତା ରହିଛି। ଉପଯୁକ୍ତ ଉତ୍ତରାଧିକାରୀ ସୃଷ୍ଟିକରିବାରେ ଯଦି ଗୋଟିଏ ଜାତି ଅସମର୍ଥ ହୁଏ, ତା'ହେଲେ ସେ ଜାତିର ଭବିଷ୍ୟତ ଯେ ଅନ୍ଧକାରମୟ ଏହା ସୁନିଶ୍ଚିତ। ବର୍ତ୍ତମାନ ମୋବାଇଲ ଫୋନ୍, କମ୍ପ୍ୟୁଟର ଯୁଗରେ ସାହିତ୍ୟପ୍ରତି ଆକର୍ଷଣ ସୃଷ୍ଟି କରିବା ସହଜ ବ୍ୟାପାର ନୁହେଁ। ତଥାପି ପ୍ରଚେଷ୍ଟା ଯଦି ରହିବ ଅପ୍ରତିହତ,ତା'ହେଲେ ପ୍ରତିକୂଳ ପରିସ୍ଥିତିରେ ବି ଅନ୍ତତଃ ଆମର କର୍ତ୍ତବ୍ୟ ଆମେ କରିପାରୁଛେ ଏତିକି ଭାବନା ଆମକୁ ଦେଇପାରିବ ପ୍ରକୃତ ଆଶ୍ୱାସନା।

■

ସାହିତ୍ୟ ଓ ଫେସ୍‌ବୁକ୍

ଓଡ଼ିଆ ସାହିତ୍ୟର ରୀତି ଯୁଗରେ ଏ ନିୟମ ନିର୍ଦ୍ଧାରିତ ହୋଇ ରହିଥିଲା ଯେ, କେବଳ ସମ୍ଭ୍ରାନ୍ତ ବା ଉଚ୍ଚସ୍ତରର ବଂଶରେ ଜନ୍ମିତ ତରୁଣ ତରୁଣୀ ହୋଇପାରିବେ ନାୟକ ଓ ନାୟିକା। ସେଥିରେ ସାଧାରଣ ଲୋକଙ୍କ ପାଇଁ କୌଣସି ସ୍ଥାନ ନଥିଲା। ପରବର୍ତ୍ତୀ ସମୟରେ ଏହି ଭାବଧାରାରେ ଘଟିଥିଲା ଏକ କ୍ରାନ୍ତିକାରୀ ପରିବର୍ତ୍ତନ।ସାହିତ୍ୟ ମଧ୍ୟକୁ ସବୁ ପ୍ରକାରର ଚରିତ୍ରଙ୍କ ପ୍ରବେଶ ହୋଇଗଲା ଅବାଧ। ତଥାପି ସାହିତ୍ୟ ଜଗତରେ ହେଉ ବା ଗଣମାଧ୍ୟମରେ ହେଉ, ବହୁ ମଣିଷ ଉପେକ୍ଷିତ ହୋଇ ରହିଗଲେ ଓ ଏବେ ବି ରହିଯାଉଛନ୍ତି। ସାହିତ୍ୟ ପତ୍ରିକାରେ ସବୁକବି ଲେଖକଙ୍କ ସ୍ଥାନ ନଥାଏ। ସମ୍ବାଦପତ୍ର ମଧ୍ୟ ପ୍ରଭାବଶାଳୀ ବ୍ୟକ୍ତିଙ୍କୁ ପ୍ରାଧାନ୍ୟ ଦେବାର ପରମ୍ପରା ଏବେବି ଅବ୍ୟାହତ। ଏପରିକି ସମାଜରେ ଯେଉଁମାନେ ପ୍ରତିଷ୍ଠିତ ବ୍ୟକ୍ତି ସେମାନଙ୍କ ଜୀବନର କ୍ଷୁଦ୍ର କ୍ଷୁଦ୍ର ଘଟଣା ସବୁ ସମ୍ବାଦପତ୍ର ବା ଟିଭି ଚ୍ୟାନେଲ୍‌ମାନଙ୍କରେ ଯେପରି ପ୍ରସାରିତ ହୁଏ, ଠିକ୍ ସେହି ଅନୁରାଗ ସାଧାରଣ ସ୍ତରର ଜନତାଙ୍କ ପ୍ରତି ଉନ୍ମୁକ୍ତ ନୁହେଁ। କେତେକ ଦୃଷ୍ଟିରୁ ଏହା ମଧ୍ୟ ସୀମିତ ପରିସର ମଧ୍ୟରେ ସମ୍ଭବ ହୋଇ ନପାରିବା ଏକାନ୍ତ ସ୍ୱାଭାବିକ।

ଏ ପୃଥିବୀରେ ଜନ୍ମଗ୍ରହଣ କରିଥିବା ପ୍ରତ୍ୟେକ ମଣିଷ, ତା' ନିଜ ଦୃଷ୍ଟିରେ ହେଉଛି ତା' ଜୀବନ ନାଟକର ମୁଖ୍ୟ ନାୟକ ବା ନାୟିକା। ଚଳଚ୍ଚିତ୍ରରେ ଯେଉଁ ନାୟକ ନାୟିକାଙ୍କ କାହାଣୀ ପ୍ରଦର୍ଶିତ ହୁଏ କିମ୍ବା ବ୍ୟକ୍ତିଗତ ଓ ପାରିବାରିକ ଜୀବନର ବିଭିନ୍ନ ଘଟଣା ଯେପରି ସମ୍ବାଦପତ୍ର ବା ଗଣମାଧ୍ୟମରେ ପ୍ରସାରିତ ହୁଏ, ତାହା ଆମେ ସମେସ୍ତ ଜାଣୁ। ବିଶିଷ୍ଟ ରାଜନୈତିକ ନେତା ବର୍ଗ, ଚଳଚ୍ଚିତ୍ର ଜଗତର ବହୁ ଚର୍ଚ୍ଚିତ ଚରିତ୍ର ବୃନ୍ଦ ଓ କ୍ରୀଡ଼ାଜଗତର ସୁପ୍ରସିଦ୍ଧ କ୍ରୀଡ଼ାବିତ୍ ଯେପରି ଗୁରୁତ୍ୱ ସହକାରେ ଆମ ସମ୍ମୁଖରେ ପ୍ରତିଭାତ ହୁଅନ୍ତି ଆମ ସାଧାରଣ ବ୍ୟକ୍ତିମାନଙ୍କ ସୁଖ, ଦୁଃଖ, ହର୍ଷ ବିଷାଦ ଓ ନାନା ଉଲ୍ଲେଖନୀୟ ଘଟଣା ତଥା ଛୋଟ ଛୋଟ ଖୁସିର ମୁହୂର୍ତ୍ତ ସବୁ ପରଦା ଆଢୁଆଳରେ ରହିଯାଏ। ଏସବୁ ବିଷୟକୁ ଦୃଷ୍ଟି ସମକ୍ଷରେ ରଖି ଆଲୋଚନା କଲେ ଉପଲବ୍ଧ କରିହୁଏ ଯେ,

ଏକବିଂଶ ଶତାବ୍ଦୀରେ 'ଫେସବୁକ୍' କିପରି ଏକ ବୈପ୍ଳବିକ ପରିବର୍ତ୍ତନର ସୂତ୍ରଧର। ଅନେକେ ଫେସ୍‌ବୁକ୍ ପ୍ରତି ଅତ୍ୟନ୍ତ ବୀତସ୍ପୃହ। ଶ୍ରେଷ୍ଠ ପତ୍ରପତ୍ରିକାରେ ସ୍ଥାନ ପାଉନଥିବା କବି ଲେଖକମାନେ ଫେସ୍‌ବୁକ୍‌ରେ ନିଜ ନିଜ ସାହିତ୍ୟ ସୃଷ୍ଟିକୁ ପ୍ରସାରିତ କରିବାର ସୁଯୋଗ ପାଉଛନ୍ତି, ତାହା ରୁଢ଼ିବାଦୀ ରକ୍ଷଣଶୀଳ ତଥାକଥିତ ଭଦ୍ରବ୍ୟକ୍ତିମାନଙ୍କ ସକାଶେ ଅସହ୍ୟ ହୋଇଉଠେ ଓ ସେମାନେ ଏହି ଫେସ୍‌ବୁକ୍ ଲେଖକ ଲେଖିକାଙ୍କ ପ୍ରତି ନିମ୍ନସ୍ତରୀୟ ଭାବନା ପୋଷଣ କରଥାନ୍ତି। ଏକଥା ସତ୍ୟ ଯେ ଫେସ୍‌ବୁକ୍‌ରେ ଯେଉଁ ଅଖଣ୍ଡ ସ୍ୱାଧୀନତା ଉପଲବ୍ଧ, ତାହାର ସୁବିନିଯୋଗ କରିବା ସମସ୍ତଙ୍କ ନିମନ୍ତେ ସମ୍ଭବପର ନୁହେଁ। ତଥାପି ଫେସ୍‌ବୁକ୍‌ରେ ପ୍ରସାରିତ ସାହିତ୍ୟ କେତେ ଭାବଗର୍ଭକ, ଶୁଦ୍ଧ ଆବେଗ ସଂଜାତ-ତାହା ନିୟମିତ ଭାବରେ ଫେସ୍‌ବୁକ୍ ସହିତ ସଂପୃକ୍ତ ଦର୍ଶକମାନେ ନିଶ୍ଚୟ ସହଜରେ ଉପଲବ୍ଧି କରିପାରନ୍ତି। ଯେଉଁ କିଶୋର ତରୁଣ କବି, ଲେଖକଙ୍କ ସକାଶେ ସାହିତ୍ୟ ପତ୍ର ପତ୍ରିକାରେ ସ୍ଥାନ ନଥାଏ, ସେମାନେ ଏହି ଫେସ୍‌ବୁକ୍ ଜରିଆରେ ନିଜସ୍ୱ ପ୍ରତିଭାର ପ୍ରଦର୍ଶନ କରିପାରନ୍ତି ସ୍ୱାଧୀନ ଭାବରେ। ବେଳେ ବେଳେ ସେମାନଙ୍କ କବିତା ଓ ଗଳ୍ପ ଅଥବା ଚିଠିପତ୍ର ଯେପରି ଆବେଗ ବିଜଡ଼ିତ ହୋଇଥାଏ, ସେହିପରି ସ୍ୱଚ୍ଛତା ପ୍ରତିଷ୍ଠିତ ଲେଖକଙ୍କଠାରେ ମଧ୍ୟ ଦୁର୍ଲ୍ଲଭ। ଆଉ ଏକ ଉଲ୍ଲେଖନୀୟ ବିଷୟ ହେଉଛି, ଯେକୌଣସି ଲେଖା ବା ଫଟୋଗ୍ରାଫ୍‌ଟିଏ ପୋଷ୍ଟ କଲା ମାତ୍ରକେ ବିଭିନ୍ନ ମହଲରୁ ମତାମତ ପ୍ରକାଶର ଯେଉଁ ସୁଯୋଗ ମିଳେ, ତାହା ଆମକୁ ଏପର୍ଯ୍ୟନ୍ତ କୌଣସି ମାଧ୍ୟମ ପ୍ରଦାନ କରିପାରିନାହାନ୍ତି। ଏ ଦୃଷ୍ଟିରୁ କବି ଲେଖକମାନଙ୍କୁ ଯେଉଁ ନୂତନ ଉତ୍ସାହ ଓ ଉଦ୍ଦୀପନା ମିଳେ, ତାହା ପ୍ରକୃତରେ ଅବର୍ଣ୍ଣନୀୟ।

ବହୁ ସଚେତନ ବ୍ୟକ୍ତି ଏପରି ମତ ଦେବାର ଦେଖାଯାଏ ଯେ- ଏହି ଫେସ୍‌ବୁକ୍ କେବଳ 'ମୁଁ' କାରର ଏକ ଏକ ଶାଳୀନତା ବିଚ୍ୟୁତ ମାଧ୍ୟମ, ଯେଉଁଠି ଦେଖିଲେ ମୁଁ, ମୁଁ, ମୁଁ। ମୋର କବିତା, ମୋର, ଗଳ୍ପ, ମୋର ବିବାହ, ମୋର ପୁତ୍ର, ମୋର ସକଳ ସୁଖ ଦୁଃଖ -କେବଳ ଏସବୁର ଅତ୍ୟନ୍ତ ସଂକୀର୍ଣ୍ଣତା ଯୁକ୍ତ ଭାବପ୍ରବଣତାର ଏହା ଯେପରି ଏକ ଆୟୁଧ। ସେହି କାରଣରୁ ଅନେକ ସମୟରେ ଫେସବୁକ୍ ପ୍ରତି ଆକୃଷ୍ଟ ଦର୍ଶକମାନେ ମୁହଁ ଫେରାଇ ନେଇଥାନ୍ତି ସେଥିରୁ। ଏଥିରେ ଯେ ସତ୍ୟତା ନାହିଁ, ତାହା ନୁହେଁ। କିନ୍ତୁ ସହାନୁଭୂତିଶୀଳ ହୃଦୟନେଇ ଅବଲୋକନ କଲେ ଆମେ ଜାଣିପାରିବା ଯେ ପୃଥିବୀରେ ପ୍ରତିଟି ମଣିଷ ଟିକିଏ ସ୍ନେହ, ଶ୍ରଦ୍ଧା ଓ ଆନ୍ତରିକତା ଲାଭ କରିବା ସକାଶେ କେତେ ଲାଳାୟିତ ହୋଇ ରହିଥାଏ। ନିଜ ନିଜର ଦୁଃଖ ବିଷାଦ ବା ଛୋଟ ଛୋଟ ଆନନ୍ଦଦାୟକ ମୁହୁର୍ତ୍ତର ଚିତ୍ର ଫେସ୍‌ବୁକ୍‌ରେ ସ୍ଥାନିତ ହେଲେ ଓ ସେସବୁ ମୁହୂର୍ତ୍ତ ସହିତ ଆମେ ନିଜକୁ ଏକାତ୍ମ କରିଦେଇପାରିଲେ, ଆତ୍ମୀୟତାର ପୁଲକ ସମ୍ପ୍ରସାରିତ ହୋଇଯାଏ। କେବଳ

ସମସ୍ତେ ଯେ ନିଜ ନିଜର ଆତ୍ମପ୍ରସାର, ଆତ୍ମପ୍ରଶଂସାରେ ଆକ୍ରାନ୍ତ, ତାହା ନୁହେଁ। ଅନ୍ୟମାନଙ୍କର କୃତି ଓ କୃତିତ୍ୱ ମଧ୍ୟ ସେମାନଙ୍କର ସମ୍ମାନ ପ୍ରଦର୍ଶିତ। ଏହି କାରଣରୁ ଆମେ ଜାଣିନଥିବା ଗ୍ରାମ୍ୟସ୍ତରର ସାହିତ୍ୟ ସ୍ରଷ୍ଟାଙ୍କ ଠାରୁ ଆରମ୍ଭ କରି ଆନ୍ତର୍ଜାତିକ କ୍ଷେତ୍ରରେ ଅନାଲୋଚିତ ହୋଇ ରହିଯାଇଥିବା ଅନେକ ପ୍ରତିଭାଙ୍କୁ ମଧ୍ୟ ଏହି ଜରିଆରେ ଜାଣିପାରୁ ଓ ଅନୁଭବ କରିବାର ନୂତନ ପ୍ରେରଣା ମଧ୍ୟ ଲାଭ କରିପାରୁ। ସବୁକଥା ସବୁବେଳେ ପଠନ କରି ଆୟତ୍ତ କରି ହୁଏ ନାହିଁ। ତେଣୁ ଯେଉଁମାନେ ଭାବାବେଗର ତୀବ୍ର ତାଡ଼ନାରେ ଅନ୍ୟ କବିଲେଖକଙ୍କ ପ୍ରେରଣାଦୀପ୍ତ ଜୀବନ ଓ ସାହିତ୍ୟକୁ ଆମ ଦୃଷ୍ଟି ସମକ୍ଷକୁ ଆଣିପାରୁଛନ୍ତି, ସେମାନେ ଏକାନ୍ତ ଗ୍ରହଣୀୟ ଓ ନମସ୍ୟ ମଧ୍ୟ। ସଂପ୍ରତି ଫେସ୍‌ବୁକ୍‌ର ଚାହିଦା ବୃଦ୍ଧି ପାଇବା ଲକ୍ଷ୍ୟକରି ବିଶିଷ୍ଟ କବି ଲେଖକମାନେ ମଧ୍ୟ ନିଜ ନିଜ ସୃଷ୍ଟି ସମ୍ଭାର ଏଥିରେ ହିଁ ପ୍ରକାଶ କରୁଛନ୍ତି ଓ ସେ ସଂପର୍କିତ ପତ୍ରିକ୍ରିୟା ଲାଭ କରିବାପାଇଁ ସଦିଚ୍ଛା ପ୍ରକଟ କରୁଛନ୍ତି। ଏଭଳି ଘଟଣାରୁ ସ୍ୱତଃପ୍ରତିପାଦିତ ହୋଇଯାଏ ଯେ, ନୂତନ ଭାବରେ ଲେଖନୀ ଚାଳନା କରୁଥିବା ଅପରିପକ୍ୱ ତରୁଣଟିଏ ଯେପରି ଉତ୍ସାହପୂର୍ଣ୍ଣ ବାକ୍ୟପଢି ଆନନ୍ଦଲାଭ କରେ ଠିକ୍ ସେହିପରି ବୟସର ଅପରାହ୍ଣରେ ଉପନୀତ ଲେଖକମାନଙ୍କର ମଧ୍ୟ ସେହିପରି ନିଜ ନିଜ ସୃଷ୍ଟି-ବୈଚିତ୍ର୍ୟ ପାଠକଙ୍କ ଉପରେ କି ପ୍ରଭାବ ପକାଉଛି, ତାହା ଜାଣିବା ପାଇଁ ଉତ୍ସୁକ ହୋଇଉଠୁଥାନ୍ତି।

ଫେସ୍‌ବୁକ୍‌ର ଦୁରୁପୋଯୋଗ ସେତେବେଳେ କରାଯାଏ, ଯେତେବେଳେ ଅନ୍ୟମାନଙ୍କ ପ୍ରତି ଘୃଣା ସୃଷ୍ଟିକରିବାର ମନ୍ଦ ଉଦ୍ଦେଶ୍ୟ ଜଣକର ରହିଥାଏ। ଏହା ଏପରି ଏକ ସୌନ୍ଦର୍ଯ୍ୟମୟ ମାଧ୍ୟମ ଯେଉଁଠି ପାରସ୍ପରିକ ଶ୍ରଦ୍ଧାଭାବର ସଂପ୍ରସାରଣ କରିପାରେ ପ୍ରତିଟି ପୋଷ୍ଟ। ତାହା ଏକ ସୁସ୍ଥ ବାତାବରଣ ସୃଷ୍ଟିରେ ନିଏ ଉଲ୍ଲେଖନୀୟ ଭୂମିକା। ଏହା ବାସ୍ତବରେ କମ୍ କଥା ନୁହେଁ। ରକ୍ଷଣଶୀଳତା ଆଉ ପ୍ରତିପତ୍ତିଶାଳୀ ଲୋକଙ୍କ ବିରୁଦ୍ଧରେ ଏହା ଏକ ବୈପ୍ଳବିକ ଶିଖା। ଜାତି, ଧର୍ମ, ଭାଷା ଓ ଭୂଖଣ୍ଡକୁ କେନ୍ଦ୍ରକରି ଯେଉଁମାନେ ହିଂସା ଓ ଘୃଣାଭାବର ଉଦ୍ରେକ କରିବାର ମନ୍ଦ ଉଦ୍ଦେଶ୍ୟ ରଖିଥାନ୍ତି ଓ ସୁଯୋଗ ଲାଭ କରିବା ମାତ୍ରକେ ତାହାର ଅସତ୍ ବିନିଯୋଗ କରିବାରେ କୁଣ୍ଠିତ ହୁଅନ୍ତି ନାହି, ସେମାନେ ହିଁ ହେଉଛନ୍ତି ମାନବ କଲ୍ୟାଣ-ପରିପନ୍ଥୀ। ତେଣୁ ଆପଣାର ସୃଷ୍ଟି ବା ଜୀବନାନନ୍ଦକୁ ଆପଣାର ଶ୍ରଦ୍ଧାଭାବ ନେଇ ଯେଉଁମାନେ ତାକୁ ଫେସ୍‌ବୁକ୍ ସାହାଯ୍ୟରେ ସଂପ୍ରସାରିତ କରନ୍ତି ଓ ଅନ୍ୟମାନଙ୍କ ପ୍ରତି ମଧ୍ୟ ଉଦାର ଭାବନା ପ୍ରକାଶ କରନ୍ତି, ସେମାନେ ହିଁ ଏହା ସହିତ ସଂଯୁକ୍ତ ହେବା ପାଇଁ ଉପଯୁକ୍ତ।

'ଫେସ୍‌ବୁକ୍' ଯେଉଁ ସୁସ୍ଥ ଅକଳ୍ପନୀୟ ସୁସ୍ଥ ସ୍ୱାଧୀନତା ଆମ ପାଇଁ ପ୍ରଦାନ କରିଛି, ତାହା ବାସ୍ତବିକ ବିଜ୍ଞାନ ଓ ସାହିତ୍ୟ ଜଗତ ପାଇଁ ହେଉଛି ଅତ୍ୟନ୍ତ ବିସ୍ମୟକର,

ତଥା ଦେଶର ଏକତା, ଅଖଣ୍ଡତା, ଐତିହ୍ୟ, ସଂସ୍କୃତି ସବୁକିଛିକୁ ଅଧିକ ମଙ୍ଗଳମୟ କରିବାର ଏକ ପ୍ରକୃଷ୍ଟ ମାଧ୍ୟମ। ଜାତୀୟତା ମଧ୍ୟ ମାନବତା ବିରୋଧୀ ନହେବା ଆବଶ୍ୟକ। ତେଣୁ ସମଗ୍ର ପୃଥିବୀର ମାନବ ସମାଜକୁ ଗୋଟିଏ ସୁଦୃଢ ସୂତ୍ରରେ ବନ୍ଧନ ଯୁକ୍ତ କରିବାର ମଞ୍ଚ ପ୍ରଦତ୍ତ ହୋଇଛି ଏହାରି ମାଧ୍ୟମରେ। ଫେସ୍‌ବୁକ୍‌ର ଏହି ମହାନ ଉଦ୍ଦେଶ୍ୟ ପ୍ରତି ସଦା ସଚେତନ ରହିପାରିଲେ ତାହାକୁ ଶୁଭଙ୍କର ଦୃଷ୍ଟି ନେଇ ଆମେ ବିଚାର କରିପାରିବା ଓ ମୈତ୍ରୀ ତଥା ଭ୍ରାତୃତ୍ୱର ମହନୀୟ ଅନୁଭବକୁ ସମ୍ପ୍ରସାରିତ କରି ଏକ ସମୃଦ୍ଧଶାଳୀ ପୃଥିବୀର ଗଠନରେ ଗୁଣ୍ଡୁଚି ମୂଷାର ଭୂମିକା ନିର୍ଦ୍ୱନ୍ଦ୍ୱରେ ନେଇପାରିବା।

■

ସାହିତ୍ୟ ଓ ପୁସ୍ତକ ପ୍ରକାଶକ

ପୁସ୍ତକ ପ୍ରକାଶନକୁ ଏକ ବ୍ୟବସାୟିକ ବ୍ୟବସ୍ଥା ଭାବରେ ଯେଉଁମାନେ ଗ୍ରହଣ କରିଛନ୍ତି ସେମାନଙ୍କର ମଧ୍ୟ ଯେଉଁ ଉଲ୍ଲେଖନୀୟ ଅବଦାନ ରହିଛି, ତାହାକୁ ଆଦୌ ଅସ୍ୱୀକାର କରାଯାଇପାରିବ ନାହିଁ। ବିଶେଷତଃ ଆମେ ଓଡ଼ିଶାର କଥା ବିଚାରକୁ ନେଲେ କଟକ ବିନୋଦବିହାରୀରେ ଗଢି ଉଠିଥିବା ପକାଶନ ସଂସ୍ଥା ଗୁଡ଼ିକ ଯେ ଓଡ଼ିଆ ସାହିତ୍ୟର ବିକାଶରେ କେତେ ଉଲ୍ଲେଖନୀୟ ଭୂମିକା ଗ୍ରହଣ କରିଛି, ତାହା କାହାରି ଅଗୋଚର ନୁହେଁ। କବି ଲେଖକମାନଙ୍କ ପୁସ୍ତକ ପ୍ରକାଶନ ଓ ସଂପ୍ରସାରଣ କରି ସେମାନେ ତାଙ୍କୁ ସୁଖ୍ୟାତ କରିବାରେ ନେଇଛନ୍ତି ଅତ୍ୟନ୍ତ ଗୁରୁତ୍ୱପୂର୍ଣ୍ଣ ପଦକ୍ଷେପ। ଯେଉଁ କବି ଲେଖକମାନଙ୍କ ପୁସ୍ତକାବଳୀ ଦିନେ ଥିଲା ଦୁଷ୍ପ୍ରାପ୍ୟ, ସେଗୁଡ଼ିକ ସହଜ ଲଭ୍ୟ ହୋଇପାରିଛି ଏମାନଙ୍କ ଅପାର ଶ୍ରଦ୍ଧାଶୀଳତା ଦ୍ୱାରା। ତେଣୁ ଯଦିଓ ଏହା ବ୍ୟବସାୟିକ ଭିତ୍ତି ଉପରେ ପ୍ରତିଷ୍ଠିତ ତଥାପି ପ୍ରକାଶକମାନଙ୍କ ଆନ୍ତରିକତା ଏକାନ୍ତ ସ୍ମରଣୀୟ।

ତେବେ ଯେଉଁମାନେ ପୁସ୍ତକ ପ୍ରକାଶନ ଦ୍ୱାରା ଆର୍ଥିକ ଦିଗରୁ ଲାଭବାନ ହୋଇଛନ୍ତି, ସେମାନଙ୍କ ନିକଟରୁ ନୈରାଶ୍ୟସୂଚକ ବାଣୀ ଶୁଣିଲେ ଅସ୍ୱାଭାବିକ ମନେହୁଏ। ଏହା ସତ୍ୟ ଯେ ଓଡ଼ିଶାରେ ସାହିତ୍ୟ ପୁସ୍ତକର ପାଠକସଂଖ୍ୟା ସ୍ୱଳ୍ପ। ଏପରି ସ୍ଥଳରେ ମଧ୍ୟ ପୂର୍ବାପେକ୍ଷା ସୁଗ୍ରାହକଙ୍କ ସଂଖ୍ୟା ବୃଦ୍ଧି ହୋଇଥିବା କାହାକୁ ଅଜଣା ନୁହେଁ। ପୁସ୍ତକମେଳାଗୁଡ଼ିକ ଆୟୋଜନ କରିବା ଦ୍ୱାରା ଯେଉଁ କୋଟି କୋଟି ଅର୍ଥର ପୁସ୍ତକ ବିକ୍ରୟ ହୋଇପାରୁଛି, ତାହା କିଏ ବା ନଜାଣେ! ତେଣୁ ପାଠକମାନଙ୍କୁ ନିନ୍ଦାକରି, ଯେଉଁମାନଙ୍କ ଅର୍ଥରାଶି ଦ୍ୱାରା ପ୍ରକାଶକମାନେ ବିତ୍ତବାନ ହୋଇଛନ୍ତି, ତାହାକୁ ଅସ୍ୱୀକାର କରିବା ନିଶ୍ଚିତଭାବେ ଉଦାରତାର ଅଭାବ ବୋଲି କୁହାଯାଇପାରିବ।

ଯେଉଁମାନେ ପ୍ରଥମ ସୋପନରେ ପୁସ୍ତକ ପ୍ରକାଶ କରୁଥିଲେ, ସେମାନେ ପ୍ରଥମରୁ ଜଣେ ଜଣେ ଭାବଗ୍ରାହୀ ଓ ରସଗ୍ରାହୀ ଚିହ୍ନରା ପାଠକ ଥିଲେ। ବର୍ତ୍ତମାନ ଏଥିରେ ଯେଉଁ ବ୍ୟତିକ୍ରମ ଘଟିଛି ତାହା ଦୁଃଖଦାୟକ ନିଶ୍ଚୟ। ସବୁ ପ୍ରକାଶକ ଉଚ୍ଚକୋଟୀର

ସାହିତ୍ୟର ମହତ୍ତ୍ୱ ଆକଳନ କରିପାରନ୍ତି ନାହିଁ। ପ୍ରତିଭାକୁ ନିଜସ୍ୱ ଅନ୍ତର୍ଦୃଷ୍ଟିରେ ଚିହ୍ନିବା ଚିହ୍ନାଇବାରେ ଯେଉଁ ଗୁରୁଦାୟିତ୍ୱ ସେମାନଙ୍କ ଉପରେ ଅର୍ପିତ, ତାହାକୁ ସମ୍ପୂର୍ଣ୍ଣ ଭାବରେ ଭୁଲିଯାଇ କେବଳ ବଜାରରେ ଯେଉଁ ଲେଖକଙ୍କର କାଟତି ରହିଛି, ସେମାନଙ୍କ ବହି ହିଁ ପ୍ରକାଶ କରିଥାନ୍ତି ଆର୍ଥିକ ଲାଭ ଉପରେ ଦୃଷ୍ଟି ଦେଇ।

ଅନେକ ପ୍ରକାଶକ ସେହି ପୁସ୍ତକଗୁଡ଼ିକ ପ୍ରକାଶ କରିବା ପାଇଁ ଆଗ୍ରହୀ, ଯାହା ବିଶ୍ୱବିଦ୍ୟାଳୟର ସିଲାବସକୁ ଆଧାର କରି ରଚିତ ହୋଇଥିବ। ଏପରି ପୁସ୍ତକର ମୌଳିକ ମୂଲ୍ୟ ଥାଉ ବା ନଥାଉ, ତାହା ଯେ ଭଲଭାବରେ ବିକ୍ରୟ ହୋଇପାରିବ, ପ୍ରକାଶକମାନେ ଜାଣନ୍ତି। ଏଭଳି ନିର୍ବିଚାର ପ୍ରକାଶନ ହେତୁ ସାହିତ୍ୟର ଛାତ୍ରଛାତ୍ରୀମାନଙ୍କ ନିକଟକୁ ସବୁବେଳେ ଉଚ୍ଚକୋଟୀର ପୁସ୍ତକ ପହଞ୍ଚିପାରେ ନାହିଁ। ଛାତ୍ରଛାତ୍ରୀ ଅନ୍ୱେଷଣ କରୁଥାନ୍ତି ଏପରି ପୁସ୍ତକ, ଯାହା ହୋଇଥିବ ନିର୍ଦ୍ଦିଷ୍ଟ ବିଷୟବସ୍ତୁ ଆଧାରିତ। ନିଜର ସାହିତ୍ୟିକ ଚେତନାକୁ ପରିପୁଷ୍ଟ କରିବାପାଇଁ ନୁହେଁ, ବରଂ ପରୀକ୍ଷା ନିମନ୍ତେ କେଉଁ ପୁସ୍ତକ କେତେ ଉପଯୋଗୀ, ସେହି ଅନୁସନ୍ଧାନରେ ସେମାନେ ଥାଆନ୍ତି ସକ୍ରିୟ। ଯେଉଁ ଅଧ୍ୟାପକ ଅଧ୍ୟାପିକାମାନେ ଏଭଳି ଛାତ୍ରଛାତ୍ରୀମାନଙ୍କ ମନକୁ ସନ୍ତୁଷ୍ଟ କରିବା ପରି ଲେଖନୀ ଚାଳନା କରନ୍ତି, ସେମାନଙ୍କ ବହି ପ୍ରକାଶକମାନଙ୍କ ଦ୍ୱାରା ସର୍ବପ୍ରଥମେ ନିର୍ବାଚିତ ହୁଏ। ଏହା ଶତଶତ ସହସ୍ରାଧିକ ଛାତ୍ରଛାତ୍ରୀମାନଙ୍କ ଭବିଷ୍ୟତକୁ କିପରି ଅଚେତନତା ଅନ୍ତରାଳକୁ ଠେଲି ଦେଉଛି ତାହା ଭାବିଲେ ଗୋଦାବରୀଶ ମହାପାତ୍ରଙ୍କ 'ଉଠ କଙ୍କାଳ' କବିତାଟି ସ୍ୱତଃ ମନେପଡ଼ିଯାଏ। ନିଜ ମାଟି, ପାଣି ପବନକୁ ନିଜର ଉଚ୍ଚଚେତନା ସମ୍ପନ୍ନ ଲେଖକ ଲେଖିକାମାନଙ୍କୁ ଯେଉଁ ଛାତ୍ରଛାତ୍ରୀ ଆଦର କରି ଜାଣନ୍ତି ନାହିଁ, ସେ ଜାତି ଯେ କଙ୍କାଳ ସାର ନିର୍ଜୀବ ଗୋଷ୍ଠୀରେ ପରିଣତ ହୋଇଯିବ କ୍ରମେ କ୍ରମେ ଏ ଆଶଙ୍କା ବିବେକୀ ଗ୍ରାହକମାନଙ୍କୁ ବିଚଳିତ କରିଦିଏ।

ସମାଲୋଚନାମୂଳକ ଅସଂଖ୍ୟ ପୁସ୍ତକ ରଚନା କରି ନିଜର ଗୌରବକୀର୍ତ୍ତନ କରୁଥିବା ପ୍ରଫେସରଙ୍କ ସଂଖ୍ୟା ଊଣା ନୁହିଁ। ଆବଶ୍ୟକ ପଡ଼ିଲେ ସେମାନେ ଅନ୍ୟ କୌଣସି ଲେଖକ ଦ୍ୱାରା ରଚିତ ପୁସ୍ତକର ଭାଷାରେ କିଞ୍ଚିତ ପରିବର୍ତ୍ତନ କରି ନିଜେ ଲେଖକ ହେବାରେ ଗୌରବବୋଧ କରନ୍ତି। ଏପରି ପ୍ରଫେସରମାନଙ୍କ ଦୃଷ୍ଟିଭଙ୍ଗୀ ସାହିତ୍ୟ ଛାତ୍ରଛାତ୍ରୀମାନଙ୍କ ଚେତନାକୁ କିପରି ରସାତଳଗାମୀ କରେ, ସେ ଦୃଶ୍ୟର ଅଭାବନାହିଁ। ଏହି ସବୁ ଅବ୍ୟବସ୍ଥାର ମୂଳକାରଣ ହେଉଛନ୍ତି ପ୍ରକାଶକ ଗୋଷ୍ଠୀ। ସେମାନେ କେବଳ ବ୍ୟବସାୟିକ ଲକ୍ଷ୍ୟ ନରଖି ଉତ୍କୃଷ୍ଟ ବିଚାର ବିବେଚନାକୁ ପ୍ରାଧାନ୍ୟ ଦେବାର ଅନୁରାଗ ଯଦି ପ୍ରଦର୍ଶନ କରନ୍ତେ, ତା'ହେଲେ ଏ ଅଧଃପତନ ଦେଖିବାକୁ ମିଳନ୍ତା ନାହିଁ। ପାଠ୍ୟକ୍ରମ ଅନ୍ତର୍ଭୁକ୍ତ ବିଷୟ ଭିତ୍ତିରେ ପ୍ରତ୍ୟେକ ପ୍ରକାଶକ ପୁସ୍ତକ ପ୍ରକାଶନ କରିବା ଦ୍ୱାରା ଗୋଟିଏ

ଗୋଟିଏ ନିର୍ଦ୍ଦିଷ୍ଟ ବିଷୟକୁ କେନ୍ଦ୍ରକରି ଗୁଡ଼ାଏ ପୁସ୍ତକ ପ୍ରକାଶିତ ହେଉଛି, ଯାହା ଏକ ପ୍ରତିଦ୍ୱନ୍ଦ୍ୱିତାମୂଳକ ପରିବେଶ ସୃଷ୍ଟି କରୁଛି ପ୍ରକାଶନ ଜଗତରେ।

ଏ ପ୍ରକାରର ମନୋଭାବରୁ ଉତ୍ତୀର୍ଣ୍ଣ ହେବା ଲେଖକ, ପ୍ରକାଶକ ଓ ଛାତ୍ରଛାତ୍ରୀମାନଙ୍କ ପାଇଁ କ'ଣ ଅସମ୍ଭବ? ପୁଣି ପ୍ରତ୍ୟେକ ପ୍ରକାଶକ ଚାହିଁ ବସିଥାନ୍ତି ରାମମୋହନ ରାୟ ଫାଉଣ୍ଡସେନ ତାଙ୍କର ପ୍ରକାଶିତ ପୁସ୍ତକକୁ କିପରି ଚୟନ କରିବ। ଯେଉଁମାନେ ଏ ଚୟନ କମିଟିର ସଭ୍ୟ ସଭ୍ୟା ସେମାନଙ୍କୁ କରାୟତ୍ତ କରି ରଖିବା ଲାଗି ମଧ୍ୟ ଅନେକ ପ୍ରତିଶ୍ରୁତି ଦିଆଯାଇଥାଏ। ଏ ପ୍ରବନ୍ଧର ଲେଖକ ଏକ ପ୍ରତ୍ୟକ୍ଷ ଅଭିଜ୍ଞତା ଅର୍ଜନ କରିଥିଲା ସେଭଳି ଏକ ଘଟଣାରୁ। ଜଣେ ଲେଖକ ନିର୍ଦ୍ଦିଷ୍ଟ ପ୍ରକାଶକଙ୍କ ବହିଗୁଡ଼ିକ ମନୋନୀତ କରିଦେବା ଯୋଗୁଁ ପ୍ରକାଶକ ଲେଖକଙ୍କ ନିମିତ୍ତ ଏକ ଅଭିନନ୍ଦନ ଗ୍ରନ୍ଥ ପ୍ରକାଶ କରିଦେଇଥିଲେ। ଆଜିକାଲି ଷଷ୍ଠିପୂର୍ତ୍ତି ଉପଲକ୍ଷ୍ୟେ ଯେପରି ଅଭିନନ୍ଦନ ଗ୍ରନ୍ଥ ସବୁ ପ୍ରକାଶିତ ହେଉଛି,ତାହା ସାହିତ୍ୟାନୁରାଗର ନୁହେଁ, ଆତ୍ମ ପ୍ରଚାରର ବିକୃତ ସଂକେତ। ଏହି ଲେଖକ ଲେଖିକା ବା ପ୍ରଫେସରମାନେ ମନେ କରନ୍ତି ଯେ, ଏଭଳି ଅଭିନନ୍ଦନିକା ପ୍ରକାଶନ ଦ୍ୱାରା ସେମାନେ କାଳକାଳକୁ ଅମର ହୋଇ ରହିଯିବେ। ପୁଣି ସମ୍ପାଦନା ମଣ୍ଡଳୀରେ ଯେଉଁମାନଙ୍କ ନାମ ପ୍ରିଣ୍ଟ ଅକ୍ଷରରେ ଦେଖିବାକୁ ମିଳେ ସେମାନେ କିଛି କରିନଥାନ୍ତି। ସାହିତ୍ୟର ପ୍ରଫେସର ସମସ୍ତଙ୍କଠାରୁ ତାଙ୍କ ପ୍ରଶଂସା ମୁଖରିତ ଲେଖା ନିଜେ ମାଗନ୍ତି, ନିଜେ ତାକୁ ଡ଼ି.ଟି.ପି କରିବା ପାଇଁ ଦିଅନ୍ତି, ନିଜେ ପ୍ରୁଫ୍ ମଧ୍ୟ ଦେଖନ୍ତି ଓ ଶେଷରେ ଅଭିନନ୍ଦନ ସଭାର ଆୟୋଜନଟା ମଧ୍ୟ ନିଜେ ହିଁ କରିଥାନ୍ତି। ଏସବୁ ଆମେ କ'ଣ କେହି ଜାଣୁନା? ଏ ପ୍ରକାର ପରମ୍ପରା କେଉଁ ଦିଗରୁ ଆମ ସାହିତ୍ୟ ଜଗତକୁ ସମୃଦ୍ଧଶାଳୀ କରୁଛି, ତାହା ଭାବିହୁଏ ନାହିଁ। ମହାଭାରତରେ ବ୍ୟାସଦେବ କହିଛନ୍ତି- 'ଆତ୍ମପ୍ରଶଂସା, ଆତ୍ମହତ୍ୟା ସହିତ ସମାନ'। ରବୀନ୍ଦ୍ରନାଥ ଗାନ କରି ଉଠିଲେ –'ନିଜେରେ କରିତେ ଗୌରବ ଦାନ/ ନିଜେକେ କେବଲଇ କରି ଅପମାନ'। ଏହି କାଳଜୟୀ ପଂକ୍ତି ସବୁର ଭାବ-ସ୍ପନ୍ଦନକୁ ସାହିତ୍ୟ ଜଗତରେ ଥାଇ ବି ଆମେ ଗ୍ରହଣ କରିପାରୁନାହୁଁ କାହିଁକି? ମୋର ମନେପଡୁଛି ଏକଦା ମହାପାତ୍ର ନୀଳମଣି ସାହୁଙ୍କୁ ଏପରି ଏକ ପ୍ରସ୍ତାବ ଦିଅନ୍ତେ, ସେ ତତ୍‌କ୍ଷଣାତ୍ ତାହାକୁ ଅସ୍ୱୀକାର କରିଦେଇଥିଲେ। ତାଙ୍କର ଜୀବନ ଚରିତ ଲେଖୁଥିବା ଲେଖିକାଙ୍କୁ କହିଥିଲେ 'ଆହୁରି କେତେ ଭଲକାମ ଅଛି। ସେସବୁରେ ବୁଡ଼ି ନରହି ମୋ ଜୀବନୀ ରଚନା କରି କାହିଁକି ସମୟର ଅପଚୟ କରୁଛୁ।' କୌଣସି ଉଚ୍ଚକୋଟୀର ଲେଖକ ଲେଖିକା ତାଙ୍କ ଜୀବନ ସଂଙ୍କଳନ ବା ଅଭିନନ୍ଦନିକା ପ୍ରକାଶନ ପାଇଁ କଦାପି ବ୍ୟଗ୍ରତା ପ୍ରକାଶ କରିନଥାନ୍ତି।

ସଂପ୍ରତି ପ୍ରକାଶନ କ୍ଷେତ୍ରରେ ଆଉ ଏକ ଘଟଣା ଦେଖିବାକୁ ମିଳୁଛି। ତାହା

ହେଲା ଗ୍ରନ୍ଥ ସଂପାଦନା। ଏକ ମହତ ଲକ୍ଷ୍ୟ ନେଇ ଏହାର ଆରମ୍ଭ ହୋଇଥିଲା ଦିନେ। ମାତ୍ର ଲେଖକମାନଙ୍କ ଠାରୁ କିଛି ପ୍ରବନ୍ଧ ସଂଗ୍ରହ କରି ଆଣି ବିନା ଆୟାସରେ ପୁସ୍ତକ ପ୍ରକାଶନ କରାଯାଇପାରୁଛି। ପୁନଶ୍ଚ ଜଣେ ଜଣେ ସଂପାଦକ କୌଣସି କବି ଲେଖକଙ୍କ ରଚନାବଳୀ ଗ୍ରନ୍ଥାବଳୀ ଆକାରରେ ପ୍ରକାଶିତ ହେବାପରେ ତାକୁ ସଂପୂର୍ଣ୍ଣ ଉଠାଇନେଇ ନିଜ ସଂପାଦନରେ ପ୍ରକାଶ କରି ଦେଉଛନ୍ତି। ଏ ପ୍ରକାରର ମନୋବୃତ୍ତି ଯେ କୁତ୍ସିତ ଓ ସାହିତ୍ୟିକ ଶିଷ୍ଟତା ବିବର୍ଜିତ ତାହା ଆଉ ଚିନ୍ତା କରିବାର ଶକ୍ତି ସେମାନଙ୍କର ନଥାଏ। କେବଳ ନିଜେ ଏକ ଆଲୋଚନାତ୍ମକ ଭୂମିକା ଯୋଡ଼ିଦେଲେ ସେମାନେ ହୋଇଯାଆନ୍ତି, ସୁପ୍ରସିଦ୍ଧ ସଂପାଦକ। ପ୍ରକାଶକମାନେ ନିଜର ବ୍ୟବସାୟିକ ବୃଦ୍ଧି ବୃତ୍ତି ଏପରି ଭାବରେ ପ୍ରୟୋଗ କରି ଶାଳୀନତା ରକ୍ଷାର କେତେ ଯେ ଦୂରବର୍ତ୍ତୀ ମଧ୍ୟ ହୋଇଯାଆନ୍ତି, ତାହା ପ୍ରତିପାଦନ କରିବା ନିଷ୍ପ୍ରୟୋଜନ। ବ୍ୟବସାୟ ହେଉ, ମାତ୍ର ଏଥିରେ ମଧ୍ୟ ରହିଥିବା ଆବଶ୍ୟକ ସାଧୁତା ଆଉ ଶିଷ୍ଟାଚାର। କବି ଲେଖକଙ୍କ ମୃତ୍ୟୁର ପଚାଶବର୍ଷ ଅତିକ୍ରମ କରିଯିବା ପରେ ଆଉ ପରିବାର ଲୋକଙ୍କ ହାତରେ କପିରାଇଟ୍ ନଥାଏ। ବେଳେବେଳେ ବଂଶଧରମାନଙ୍କ ଭିତରେ ବି ଏହାକୁ କେନ୍ଦ୍ରକରି ସୃଷ୍ଟି ହୁଏ ମନୋମାଳିନ୍ୟ। ଏଥିପାଇଁ ଏ ପର୍ଯ୍ୟନ୍ତ ଲେଖକୀୟ ମର୍ଯ୍ୟାଦାକୁ ସଂରକ୍ଷିତ ରଖିବା ପରି ଯେ ଏକ ବିଧିବଦ୍ଧ ଆଇନ ପ୍ରଣୟନ ହୋଇନାହିଁ, ତାହା ଏକ ବିରାଟ ଅବସୋସ। ବିଶ୍ୱକବି ରବୀନ୍ଦ୍ରନାଥଙ୍କ ରଚନାବଳୀ, ଶ୍ରୀଅରବିନ୍ଦଙ୍କ ଓ ଶ୍ରୀମାଙ୍କ ରଚନା ସମଗ୍ର, ଜେ. କ୍ରିଷ୍ଣ ମୂର୍ତ୍ତି ଫାଉଣ୍ଡେସନ ଦ୍ୱାରା ଯେଉଁ ପୁସ୍ତକ ପ୍ରକାଶିତ ହେଉଛି ତାହା ଏକ ଏକ ଆଦର୍ଶ ଉଦାହରଣ।

ଏହାପରେ ଆଉ ଏକ ଦିଗ ପ୍ରତି ମଧ୍ୟ ଆମେ ଆଖି ବୁଜି ଦେଇ ପାରିବାନାହିଁ। ତାହା ହେଲା ବହିର ପ୍ରୁଫ୍ ସଂଶୋଧନ ନିର୍ଭୁଲ ଭାବରେ ସଂପାଦିତ ନହେବା। ଆଶ୍ଚର୍ଯ୍ୟ କଥା ଯେ ପଣ୍ଡିଚେରୀ ଶ୍ରୀ ଅରବିନ୍ଦ ଆଶ୍ରମରୁ ପ୍ରକାଶିତ ଗ୍ରନ୍ଥ ଗୁଡ଼ିକର ଆଦୌ କୌଣସି ତ୍ରୁଟି ଦେଖାଯାଏନାହିଁ। ଅଥଚ ଆମ ଓଡ଼ିଶାରେ ଏତେ ପ୍ରକାରର ପ୍ରେସ୍, କମ୍ପ୍ୟୁଟର ଆଉ ପ୍ରୁଫ୍ ସଂଶୋଧକ ଥିବା ସତ୍ତ୍ୱେ ମାଳମାଳ ତ୍ରୁଟିଯୁକ୍ତ ହୋଇ ଗ୍ରନ୍ଥ ପ୍ରକାଶିତ ହେବା ଯେକୌଣସି ସାଧୁ ପାଠକକୁ ଆହତ କରେ। ନିଜର ବନାନ ଅଶୁଦ୍ଧିକୁ ସ୍ୱୀକାର ନକରି ଏହା ଡ଼ି.ଟି.ପି ଜନିତ ଭୁଲ ବୋଲି ମଧ୍ୟ କହିବାପାଇଁ ଲେଖକଙ୍କ ଅଭାବ ନାହିଁ। ବାସ୍ତବରେ ଗୋଟିଏ ନିର୍ଭୁଲ ବାକ୍ୟ ବୋଧଗମ୍ୟ ଶୈଳୀରେ ରଚନା କରିବାର ସାମର୍ଥ୍ୟ ଯେଉଁମାନଙ୍କର ନଥାଏ ସେମାନେ ହୁଅନ୍ତି ଲେଖକ ଓ ପ୍ରକାଶକ ମଧ୍ୟ। ଭାଷାଜ୍ଞାନର ଏହି ଅଭାବ ପୂର୍ବରୁ ପରିଲକ୍ଷିତ ହେଉନଥିଲା ।। ବର୍ତ୍ତମାନ କେବଳ ବ୍ୟବସାୟ କୈନ୍ଦ୍ରିକ ହେବାରୁ ଏହି ଶୁଦ୍ଧତା ଅନ୍ତର୍ହିତ ହୋଇଯାଇଛି ପ୍ରକାଶକମାନଙ୍କ ନିକଟରୁ। ଏକ ଭଲ ପୁସ୍ତକକୁ ସୁନ୍ଦର କାଗଜରେ ମୁଦ୍ରିତ ନକରି ଅତ୍ୟନ୍ତ ଶସ୍ତା ଦରର କାଗଜରେ ଲେଖାଛାପି ଚଢା ମୂଲ୍ୟରେ

ବହି ବିକ୍ରି କରିବା ମଧ୍ୟ ହେଉଛି ଏକ ସାହିତ୍ୟିକ ଅପରାଧ । କେଉଁ ଗୁଣବତ୍ତାର କାଗଜଦ୍ୱାରା ପ୍ରକାଶିତ କେଉଁ ପୁସ୍ତକ କେତେ ମୂଲ୍ୟର ହେବ, ତାହା ନିର୍ଦ୍ଧାରଣ କରିବାର କୌଣସି ସରକାରୀ ନିୟନ୍ତ୍ରଣ ନଥିବାରୁ ମନଇଚ୍ଛା ପୁସ୍ତକର ମୂଲ୍ୟ ବଢାଇ ଚାଲିଥାନ୍ତି ଅସାଧୁ ପ୍ରକାଶକବୃନ୍ଦ । ଏପରି କେତେକେତେ ସମସ୍ୟା ମଧ୍ୟଦେଇ ପ୍ରକାଶନ ଚାଲିଛି ଅବିରାମ ଭାବରେ, ଏ ସ୍ରୋତକୁ ରୋକିବାର ଶକ୍ତି କାହାର ନାହିଁ, ଯେ ପର୍ଯ୍ୟନ୍ତ ଏକ ସ୍ୱାଭିମାନୀ ଆତ୍ମା ସାହିତ୍ୟିକ ଓ ପ୍ରକାଶକଙ୍କ ମଧ୍ୟରେ ଜାଗ୍ରତ ହୋଇ ନ ଉଠିଛି ।

■

ସାହିତ୍ୟ ଓ ବିଜ୍ଞାପନ

ଯେକୌଣସି ନିର୍ଭୁଲ ଓ ହୃଦୟସ୍ପର୍ଶୀ ରୂପରେ ବିଜ୍ଞାପନ ପରିବେଷଣ କରିବାର ଲିଖନ କଳା ମଧ୍ୟରୁ ସାହିତ୍ୟିକ ଅଭିରୁଚି ସ୍ୱତଃ ପ୍ରତିଫଳିତ ହୋଇଯାଏ। ବ୍ୟବସାୟ, ପ୍ରତିଷ୍ଠାନଗୁଡ଼ିକ ସେମାନଙ୍କ ଉତ୍ପାଦିତ ବା ବିତରିତ ସାମଗ୍ରୀ କିପରି ପ୍ରତ୍ୟେକ ବ୍ୟବହାରକାରୀଙ୍କ ପାଇଁ ଉତ୍ତମ ସେ ସମ୍ପର୍କରେ ନୂତନ ନୂତନ ଶୈଳୀ ସଂଯୋଗରେ ବିଜ୍ଞାପନ ପ୍ରଦର୍ଶନ କରିଥାନ୍ତି। ଏଭଳି ବିଜ୍ଞାପନ ଗୁଡ଼ିକରେ ଗୋଟିଏ ବାକ୍ୟ ରଚନା କରିବାରେ ମଧ୍ୟ ସୃଜନଶୀଳତାର ପରିଚୟ ସୁସ୍ପଷ୍ଟ ହୋଇଉଠେ। କେତେବେଳେ ଗୋଟିଏ ପାରାଗ୍ରାଫ୍‌ରେ ଓ କେତେବେଳେ ପୃଷ୍ଠା ପୃଷ୍ଠା ବ୍ୟାପୀ ମଧ୍ୟ ବିବରଣୀ ଲିଖିତ ହେବା ଦେଖାଯାଏ। ଏଭଳି ପ୍ରୟାସ ଜଣେ ଧୂରୀଣ ଲେଖକ ହୋଇ ନଥିଲେ କେହି ସହଜରେ କରିପାରିବେ ନାହିଁ। କେବଳ ଲିଖିତ ଆକାରର ବିଜ୍ଞାପନ ନୁହେଁ, କଥିତ ବା ମୌଖିକ ବିଜ୍ଞାପନର ଭାଷାରେ ମଧ୍ୟ ସାହିତ୍ୟିକ ଛଟା ଓ ଆନ୍ତରିକତା ଲକ୍ଷ୍ୟ କଲେ ଯେ କେହି ଉପଲବ୍ଧି କରିପାରିବେ।

ଆମେ ଯେତେବେଳେ ପରିବା ବଜାରକୁ ଯାଉ ସେତେବେଳେ ପରିବେଶ ଥାଏ କୋଳାହଳପୂର୍ଣ୍ଣ। କିନ୍ତୁ ସେହି କୋଳାହଳ ଭିତରେ ଯେଉଁମାନଙ୍କ ଆହ୍ୱାନ ସ୍ପଷ୍ଟ ଶୁଣାଯାଉଥାଏ ସେମାନେ ହେଉଛନ୍ତି ପରିବା ବିକାଳୀ। କୋବି, ବାଇଗଣ, ଟମାଟର, ଭେଣ୍ଡି, ଆଳୁ, ପିଆଜ, ଶାଗ ଆଦି ବିକ୍ରି କରୁଥିବା ଲୋକଙ୍କ କଣ୍ଠରେ ଯେଉଁ ସାହିତ୍ୟ ଝରିଆସେ, ତାହାକୁ ଏ ପର୍ଯ୍ୟନ୍ତ ସ୍ୱତନ୍ତ୍ର ଶ୍ରଦ୍ଧାର ସହ ଆଲୋଚନା ପରିସରଭୁକ୍ତ କରାଯାଇପାରିନାହିଁ। ଯିଏ ଯେତିକି ସରସ ଶବ୍ଦ ସମ୍ଭାରରେ କ୍ରେତାମାନଙ୍କ ଦୃଷ୍ଟି ଆକର୍ଷଣ କରିପାରେ, ତାହାର ଦ୍ରବ୍ୟ ଅଧିକ ସଂଖ୍ୟାରେ ବିକ୍ରୟ ହୋଇଯାଏ ସହଜ ଭାବରେ। ଯିଏ ଏହି ବେପାରକୁ ବୋଝ ବୋଲି ମନେକରେ,ତା'ର ମୁଖ ମଣ୍ଡଳ ଦେଖାଯାଏ ଗମ୍ଭୀର। ଆଉ ଯିଏ ଏହାକୁ ଏକ ଉତ୍ସାହ ଜନକ ଖେଳ ବୋଲି ମନେକରେ, ତାହାର ଆଖିରୁ ଝରେ ମମତାର ବିନ୍ଦୁ ବିନ୍ଦୁ ଆଲୁଅ ଓ ଶୁଦ୍ଧ ଉଚ୍ଚାରଣରେ ପ୍ରକାଶ ପାଇଥାଏ

ଆତ୍ମୀୟତାର ସୁଗନ୍ଧ। ସାଧାରଣ କ୍ରେତା ଏଭଳି ବିକ୍ରେତାମାନଙ୍କ ଉଦ୍ଦେଶ୍ୟରେ ଆକୃଷ୍ଟ ହୁଅନ୍ତି। ଆତ୍ମୀୟତା ଓ ଆନ୍ତରିକତାବିହୀନ ବିଜ୍ଞାପନ କେବେହେଲେ ହୃଦୟସ୍ପର୍ଶୀ ହୋଇପାରେନା। ଆମେ ସେଇ ଦୋକାନରୁ ଜିନିଷ କିଣୁ ଯିଏ ଆମକୁ ମନେ ହୁଅନ୍ତି ଆତ୍ମୀୟସ୍ୱଜନ ପରି ଅତ୍ୟନ୍ତ ନିକଟତର। ଶବ୍ଦକୁ ଶବ୍ଦ ଯୋଡ଼ି ପଦ୍ୟାତ୍ମକ ଶୈଳୀରେ ମଧ୍ୟ ବିକ୍ରି କରିପାରିବା ଏକ ବିଶିଷ୍ଟ କଳା। ଜଣେ ପାଉଁରୁଟି ବିକ୍ରେତା ଗଳି ଗଳିରେ କହି ବୁଲୁଥାଏ- "କିଏ ଖାଇବ ପାଉଁରୁଟି ଆସରେ ପିଲେ ଉଠି ଉଠି"। ଏହି ଡାକ ଶୁଣିବାପରେ ସତକୁ ସତ ଛୋଟ ପିଲାମାନେ ଘର ଭିତରୁ ପଦାକୁ ବାହାରି ପଡ଼ନ୍ତି। ପରିବା ହାଟରେ ଗୀତ ଗାଇ ଗାଇ ଲୋକଙ୍କୁ ଆମନ୍ତ୍ରଣ କରିବାର କଳାରେ ଯେ ପ୍ରବୀଣ, ତାହାର ଗ୍ରାହକଙ୍କ ପରିସର ମଧ୍ୟ ଅତ୍ୟନ୍ତ ବ୍ୟାପକ। କ୍ରେତାମାନଙ୍କୁ ଯେଉଁମାନେ ବିରକ୍ତିକର କଥା କହନ୍ତି, ତାଙ୍କ ଦୋକାନରେ ଭିଡ଼ ଜମେନାହିଁ। ଯେଉଁଠି ଟିକିଏ ସରସତାଯୁକ୍ତ ବ୍ୟବହାର ମଣିଷପାଏ, ସେ ଦିଗପ୍ରତି ଆକୃଷ୍ଟ ହୋଇପଡ଼େ କ୍ଷଣକରେ, ଏହାର ଭୁରି ଭୁରି ଉଦାହରଣ ପୁରପଲ୍ଲୀରେ ଆମେ ଦେଖିବାକୁ ପାଇବା। ଦୋକାନରେ ଯେଉଁ ଜିନିଷ ନାହିଁ, କ୍ରେତା ତାହା ନେବା ପାଇଁ ଆସିଛି। କିନ୍ତୁ ତାକୁ ଜିନିଷ ନାହିଁ ବୋଲି ସଂକ୍ଷିପ୍ତ ଉତ୍ତର ଦେଇ ଯିଏ ଫେରାଇଦିଏ ତା'ଠାରୁ ବୋକା ବ୍ୟବସାୟୀ ଆଉ କେହିନାହାନ୍ତି। ଦୋକାନରେ କ୍ରେତାର ଇପ୍‌ସିତ ପଦାର୍ଥ ନଥିଲେ ମଧ୍ୟ ଅନ୍ୟ ଜିନିଷ ପ୍ରତି ଆକର୍ଷଣ ସୃଷ୍ଟି କରିପାରିବା ଓ ଯେକୌଣସି ଗୋଟିଏ ଜିନିଷ ବିକ୍ରି କରିଦେଇପାରିବା ଏକ ବିଶେଷ ଗୁଣବତ୍ତାର ପରିଚୟ। ଆମେ ଦେଖୁ ଯେଉଁ ଡ୍ରେସ୍ ଦୋକାନକୁ ଗଲେ ଶହ ଶହ ପୋଷାକ ଆଣି ଆମ ଆଗରେ ଦେଖାଇଦେଉଥିବା ସେଲସ୍‌ମ୍ୟାନ ହିଁ ଆମର ପ୍ରିୟ। ଆଉ ଯିଏ ଏ ଦିଗରେ ଶ୍ରମକୁଣ୍ଠ, ତା' ଦୋକାନରୁ ମୁହଁ ମୋଡ଼ି ଦେଇ ଚାଲି ଆସିବାରେ ବିଳମ୍ବ ଲାଗେନା। ଏପରିକି ଯେଉଁ ଡାକ୍ତର ସୁମଧୁର ବାକ୍ୟରେ କହେ ପଦେ କଥା, ରୋଗୀ ତାହାଙ୍କ ପାଖକୁ ଯିବାକୁ ସଦା ଆଗ୍ରହାନ୍ୱିତ।

ମନେପଡୁଛି ଏକ ବ୍ୟକ୍ତିଗତ ଘଟଣା। ଏ ଲେଖକ ଏକ ଔଷଧ ଦୋକାନକୁ ଯାଇଥିବା ବେଳେ ଜଣେ କ୍ରେତା ଆସି କହିଲେ-ଅନ୍ୟ କୌଣସି ଦୋକାନରୁ ଔଷଧ ଆଣିଛି ବୋଲି କହିଲେ ମୋ ମାଆଙ୍କ ରୋଗ କଷ୍ଟ ଲାଘବ ହୁଏ ନାହିଁ। ନିର୍ଦ୍ଦିଷ୍ଟ ଭାବରେ ସେଇ ଦୋକାନରୁ ବଟିକା ନେଲେ ସେ ଆରାମ ଅନୁଭବ କରନ୍ତି। ଇଂରାଜୀରେ ଲିଟରେଚର Literature ବୋଲି ଯାହା କୁହାଯାଏ, ତାହା ପ୍ରତ୍ୟେକ ଔଷଧ ସମ୍ପର୍କିତ ବିବରଣୀକୁ ମଧ୍ୟ ବୁଝାଏ। ବିଜ୍ଞ ଡାକ୍ତରମାନେ ଏହି Literature ଯେତିକି ମନେରଖି ପାରନ୍ତି ଓ ଗୀତଭଳି ଗାଇଯାଆନ୍ତି ପରିଣତ ବୟସ ପର୍ଯ୍ୟନ୍ତ ସାହିତ୍ୟର ଛାତ୍ରଛାତ୍ରୀମାନଙ୍କ ମଧ୍ୟରେ ଏ ଆନ୍ତରିକତାର ଅଭାବ ଦେଖିଲେ ସେଥିପାଇଁ କଷ୍ଟ ଅନୁଭୂତ ହୁଏ। ରେଳ

ବଗିରେ ଭିକ୍ଷାବୃତ୍ତିକୁ ଆଦରି ନେଇଥିବା ଅସହାୟ ଲୋକଟିର କଣ୍ଠରୁ ଝରିପଡୁଥାଏ ସାଲବେଗ, ଦୀନକୃଷ୍ଣ, ମଧୁସୂଦନଙ୍କ କବିତା। ଅଥଚ ଏପରି ପଦପଙ୍କ୍ତି ସ୍ୱର-ତାଳ-ଲୟ ସହକାରେ ଗାନ କରିବା ପାଇଁ ଆମ ସାହିତ୍ୟ ଛାତ୍ରଛାତ୍ରୀମାନେ ଅତ୍ୟନ୍ତ ଲଜ୍ଜା ଓ ସଂକୋଚ ଅନୁଭବ କରନ୍ତି।

ବହି ବିକ୍ରି ହେଉନାହିଁ-ଏକଥା ଯେଉଁ ଦୋକାନୀ କହେ, ତାହା ବହିର ଦୋଷ ନୁହେଁ, ତାହା ତା'ର ନିଜର ବହିକୁ ବିଜ୍ଞପିତ କରିବା କଳାର ଅସାମର୍ଥ୍ୟ। ପରିବା ଦୋକାନରୁ ଆରମ୍ଭ କରି ଔଷଧ ଦୋକାନ, ବହିଦୋକାନ, ଯାନ ବାହାନ ବିକ୍ରୟ କେନ୍ଦ୍ର କେଉଁଠି ନାହିଁ ବିଜ୍ଞାପନର ବିଭବ? ଯେଉଁଠି ଉପସ୍ଥାପିତ ବିଜ୍ଞପ୍ତିର ଭାଷାଚାତୁର୍ଯ୍ୟ, ସେଠାରେ ରହିଛି ସାହିତ୍ୟର ଚମକ। ଆମେ ଯେଉଁ ବାର୍ଷିକ କ୍ୟାଲେଣ୍ଡର ଓ ପାଞ୍ଜି କିଣୁ ତା' ଭିତରେ ରହିଥାଏ କେତେ ପ୍ରକାରର ବିଜ୍ଞାପନ। ରାସ୍ତାରେ ଯେଉଁ ସାଇନ୍ ବୋର୍ଡ଼ ସବୁ ଦେଖିବାକୁ ମିଳେ, ସେଥିରେ ବି ଲେଖା ହୋଇଥାଏ ସାହିତ୍ୟର ଭାଷା। ବାଲେଶ୍ୱରର ଜଣେ ହୋମିଓପାଥି ଡାକ୍ତରଙ୍କ ନିକଟକୁ ଯାଇ ଏ ଲେଖକ ଦେଖିଲା ସେହି କ୍ଲିନିକ୍‌ର ନାମ ହେଉଛି "ଫକୀରମୋହନ ହୋମିଓ କ୍ଲିନିକ୍"। ଏହି ଗୋଟିଏ ଶବ୍ଦ ହିଁ ଆକୃଷ୍ଟ କରିନେଲା ମୋତେ ଡାକ୍ତରଙ୍କ ନିକଟକୁ। ଶାନ୍ତିନିକେତନ ଯିବାବେଳେ ବୋଲପୁରର ଯେଉଁ ହୋଟେଲଗୁଡ଼ିକରେ ଆପ୍ୟାୟିତ ହେବାର ସୁଯୋଗ ଏ ଲେଖକକୁ ମିଳିଛି, ସେହି ହୋଟେଲ ଗୁଡ଼ିକର କାନ୍ଥରେ ଶୋଭାପାଉଥାଏ ରବୀନ୍ଦ୍ରନାଥଙ୍କ ସ୍ୱହସ୍ତ ଲିଖିତ କବିତାର ସୁନ୍ଦର ଓ କଳାକାରୁକାର୍ଯ୍ୟପୂର୍ଣ୍ଣ ଉପସ୍ଥାପନ। ଏହାହିଁ ବିଜ୍ଞାପନ। ମାତ୍ର ବିଜ୍ଞାପନ ବିଜ୍ଞାପନ ଭାବରେ ଧରା ନଦେଇ ଯେତେବେଳେ ସାହିତ୍ୟ ରୂପରେ ଅଧିକାର କରିନିଏ ମନକୁ, ସେଥିରେ ହିଁ ସନ୍ନିହିତ ତା'ର ସଫଳତା।

ଏ ଲେଖକ ନିକଟକୁ ଥରେ ଆସିଥାନ୍ତି ଜଣେ ଜ୍ୟୋତିଷ। ସେଥିରେ ମୋର ଆସ୍ଥା ନଥାଏ। ଯୁବକ ଅଧ୍ୟାପକ ଥିବାବେଳେ ମନ ଖରାପ ହେଲେ ବାପା ମାଆଙ୍କୁ ମୁଁ କହେ ମୁଁ ଆଉ ଏ ଘରେ ରହିବି ନାହିଁ। ପଳାୟନ କରିବି ଦୂର ଦୂରାନ୍ତରକୁ। ଏହି ବିଷୟ ଜ୍ୟୋତିଷ ମହାଶୟଙ୍କୁ କହି ମୋ ସଂପର୍କରେ ଆଶଙ୍କା ଯୁକ୍ତ ପିତାମାତା ଡାକି ଆଣିଥାନ୍ତି ତାଙ୍କୁ। ମୋ ପ୍ରକୋଷ୍ଠରୁ ମୁଁ ସେତେବେଳେ ବାହାରିଲି ନାହିଁ। ଜ୍ୟୋତିଷଙ୍କ ଆଗରେ ମୋର ଅସ୍ଥିର ମାନସିକତାକୁ ବାପାମାଆ ଉପସ୍ଥାପନ କରିବା ପରେ ଜ୍ୟୋତିଷ ଜଣକ ନିର୍ମଳ ହାସ୍ୟ ପ୍ରକଟ କଲେ। କହିଲେ ଏସବୁ ତୁଚ୍ଛା କଥା। ପୁଅ ପଳାୟନ କରିବାର ପ୍ରଶ୍ନ ଉଠୁନାହିଁ। ତାଙ୍କର ଶତାଧିକ ପ୍ରିୟ ଛାତ୍ରଛାତ୍ରୀମାନଙ୍କୁ ଛାଡ଼ି ସେ ଯିବେ କେଉଁଠାକୁ? ଏହି କଥା ପଦକ ଶୁଣିବା ପରେ ପ୍ରକୋଷ୍ଠ ଅନ୍ତରାଳରୁ ଆର୍ବିଭୂତ ହୋଇଥିଲେ ଏ ଲେଖକ। ଜ୍ୟୋତିଷ ଅର୍ଥପ୍ରାପ୍ତିରେ ଲାଭବାନ ହୋଇ ଆନନ୍ଦରେ ଫେରିଲେ ସ୍ୱଗୃହକୁ। ସିଏ କ'ଣ

ତ୍ରିକାଳଦର୍ଶୀ ଥିଲେ ? କଦାପି ନୁହେଁ। କଥା କହିବାର ଶୈଳୀରେ ଯେଉଁ ଆନ୍ତରିକତାର ପରିଚୟ ସେ ଦେଇଥିଲେ, ସେଥିରେ ପ୍ରଚ୍ଛନ୍ନ ହୋଇ ରହିଥିଲା ବିଜ୍ଞାପନର ବୈଭବ। ଆଗରୁ କୁହାଯାଇଛି ବିଜ୍ଞାପନ କେବେହେଲେ ନିଜର ପ୍ରକୃତ ରୂପନେଇ ଉଭା ହୁଏନାହିଁ। କିମ୍ବା ସିଧାସଳଖ କୌଣସି କଥା କହେନାହିଁ। ବଙ୍କେଇ କହିବା, ତୀର୍ଯକ୍ରକଶୈଳୀରେ ବର୍ଣ୍ଣନା କରିବା କିମ୍ବା ସାବଲୀଳ ରୀତିରେ ଉପସ୍ଥାପନ କରିବାର ଯେଉଁ କଳା ପ୍ରଦର୍ଶିତ ହୁଏ ବିଜ୍ଞାପନରେ, ତାହା ବିଜ୍ଞ ଲେଖକମାନେ ହିଁ କରିପାରନ୍ତି। ସେମାନେ ଜାଣିନଥାନ୍ତି ଯେ, ସାହିତ୍ୟ ଲୁଚି ରହିଛି ତାଙ୍କ ଆତ୍ମାରେ। ନିଜ ଅଜାଣତରେ ଜୀବିକା ଅର୍ଜନ ସକାଶେ ଯେଉଁମାନେ ବିଜ୍ଞାପନ ରଚନା କରନ୍ତି ଅଥବା ନିଜର ଚାହିଦା ବୃଦ୍ଧି ନିମନ୍ତେ କୌଶଳପୂର୍ଣ୍ଣ ରୂପେ କଥା କହିଜାଣନ୍ତି, ସେମାନଙ୍କ ମଧ୍ୟରେ ସାହିତ୍ୟର ସୁରଭି ନାଭି କେନ୍ଦ୍ରରେ ଥିବା କସ୍ତୁରୀ ପରି।

ସାହିତ୍ୟ ପତ୍ରପତ୍ରିକା ବ୍ୟତୀତ ଅନ୍ୟ ବିଷୟକ ପତ୍ରିକା ଓ ଖବର କାଗଜମାନଙ୍କରେ ଯେଉଁ ବିଜ୍ଞାପନର ପୃଷ୍ଠା ପରେ ପୃଷ୍ଠା ଆମ ଆଖିକୁ ଚମକାଇ ଦିଏ, ତା' ଭିତରେ ରହିଥାଏ ସାହିତ୍ୟିକ ଭାଷାମାଧୁର୍ଯ୍ୟ। ସାହିତ୍ୟ ପଢୁନଥିବା ବ୍ୟକ୍ତିମାନେ ଏହି ବିଜ୍ଞାପନ ପଢି ଆକୃଷ୍ଟ ହୁଅନ୍ତି ସେଥିରେ ଉଲ୍ଲିଖିତ ବିଷୟ ପ୍ରତି। ତେଣୁ ବିଜ୍ଞାପନ ଉତ୍କଣ୍ଠାର ସହିତ ପାଠ କରୁଥିବା ବ୍ୟକ୍ତି ଭିତରେ ବି ରହିଛି ସାହିତ୍ୟର ଆସ୍ଥାନ। ସେମାନଙ୍କୁ ଆମେ ଚିହ୍ନି ପାରୁନା ବୋଲି ବେରସିକ, ଅରସିକ ଶୁଷ୍କାଦପି ଶୁଷ୍କ ବୋଲି ବର୍ଣ୍ଣନା କରି ଏଡ଼ାଇ ଦେଉ। ଯଦି ଆମ ଅବହେଳାର ପାତ୍ର ନହୋଇ ସେମାନେ ହୁଅନ୍ତେ ଶ୍ରଦ୍ଧାର ମଣିଷ, ତା'ହେଲେ ତାଙ୍କ ଭିତରକୁ ସାହିତ୍ୟ ପ୍ରବେଶ କରାଇବା ହୋଇଯାଆନ୍ତା ସହଜସାଧ। ଯେଉଁମାନେ ରାସ୍ତାଘାଟର ପ୍ରାଚୀର ବକ୍ଷରେ ଲେଖନ୍ତି ବିଜ୍ଞାପନର ଅକ୍ଷର, ସେମାନେ ଜଣେ ଜଣେ କଳାକାର। ଅଥଚ କେବେ କୌଣସି ସାହିତ୍ୟ ଛାତ୍ର ଭାବିଲେଣି କି ଆମର ଅକ୍ଷର ତାଙ୍କ ପରି ସୁନ୍ଦର ହେବନାହିଁ କାହିଁକି ? ଅକ୍ଷର ଗୁଡ଼ିକୁ ଜୀବନ୍ତ ରୂପ ପ୍ରଦାନ କରିବା ବିଶେଷ ପ୍ରତିଭାର ପରିଚୟ। ଏମାନଙ୍କ ଲିଖନ କଳାରୁ ସାହିତ୍ୟ ଛାତ୍ରଛାତ୍ରୀମାନେ ଜ୍ଞାନ ଆହରଣ କରିବାର ଆବଶ୍ୟକତାକୁ କ'ଣ ଅସ୍ୱୀକାର କରାଯାଇପାରିବ ? ବିଜ୍ଞାପନ ମଧ୍ୟ ଶୁଷ୍କ ନିରସ ଅନାକର୍ଷଣୀୟ ଏକ ସାଧାରଣ ବିଷୟ ନୁହେଁ, ଏହା ସାହିତ୍ୟ ସହିତ ସମ୍ପର୍କିତ ଏକ ସ୍ୱତନ୍ତ୍ର କଳା ଏହାକୁ ମର୍ଯ୍ୟାଦା ସହକାରେ ଗ୍ରହଣ କରାଗଲେ ସାହିତ୍ୟର ଜଗତ ଅନୁଭୂତ ହେବ କେତେ ପରିବ୍ୟାପ୍ତ ଓ କେତେ ପ୍ରେରଣାଦୀପ୍ତ ନିଶ୍ଚିତ ଭାବରେ।

■

ସାହିତ୍ୟ ଓ ଯୋଗସାଧନା

ସାହିତ୍ୟର ଆଭିମୁଖ୍ୟ କେବଳ ଚିତ୍ତବିନୋଦନ ବୋଲି ଯେଉଁମାନେ ମନେକରନ୍ତି, ସେମାନେ ସାହିତ୍ୟ ସହିତ ଯୋଗ ସାଧନାର ସଂପର୍କ କି ନିବିଡ଼, ତାହା ଉପଲବ୍ଧି କରିପାରିବେ ନାହିଁ। ବାସ୍ତବରେ ତୁଚ୍ଛା ଆମୋଦ ପ୍ରଦାନ କରିବା ସାହିତ୍ୟ ରଚନାର ମୁଖ୍ୟ ଲକ୍ଷ୍ୟ ହୋଇନପାରେ। ଯେଉଁ ସାହିତ୍ୟ ଆମ ଅନ୍ତଃସ୍ଥଳକୁ ତୀବ୍ର ଭାବରେ ଆଲୋଡ଼ିତ କରିବା ସଂଗେ ସଂଗେ ଜୀବନର ଲକ୍ଷ୍ୟ ପଥକୁ ପରିଚ୍ଛନ୍ନ ଭାବରେ ପ୍ରଦର୍ଶନ କରିଦେଇପାରେ, ତାହା ହିଁ ହେଉଛି ପ୍ରେରଣା-ଗର୍ଭିତ। ସାହିତ୍ୟ ହିଁ ପାଠକକୁ ପ୍ରଦାନ କରିପାରେ ନବଜନ୍ମର ଅନୁଭୂତି। ପ୍ରତିଟି ମୁହୂର୍ତ୍ତ ମଣିଷ ପାଇଁ କିପରି ସୃଜନଶୀଳ ସେଥିପ୍ରତି ସଚେତନ କରିଦିଏ ଯେଉଁ ସାହିତ୍ୟ, ତାହାହିଁ ଚିରନ୍ତନ ଜ୍ୟୋତିରେ ଉଦ୍ଭାସିତ।

ଅନେକେ ଏକଥା ହୁଏତ ଭାବିପାରନ୍ତି ଯେ ତା' ବୋଲି ଯୋଗସାଧନା ସହିତ ସାହିତ୍ୟର ବା ସଂପର୍କ କ'ଣ? ଯୋଗଯୁକ୍ତ ଜୀବନ ଯେଉଁ ମହତ୍ତର ସତ୍ୟ ଅନୁଭବ କରିପାରେ, ଯୋଗବିଯୁକ୍ତ ଚଞ୍ଚଳ ଓ ଅସ୍ଥିର ଅଶାନ୍ତ ମନ ସେହି ସତ୍ୟ ଶିବ ଓ ସୁନ୍ଦରର ନିକଟବର୍ତ୍ତୀ ହେବା ସମ୍ଭବପର ନୁହେଁ। ଉଚ୍ଚମାନର ସାହିତ୍ୟ-ସୃଜନ ପାଇଁ ଜଣକୁ ଯେ ଯୋଗସାଧନା ବଣ ଜଙ୍ଗଲ ମଧ୍ୟରେ ବା ପାର୍ବତ୍ୟ ଗୁମ୍ଫା ଭିତରେ ସୀମାବଦ୍ଧ ହୋଇ କରିବାକୁ ହେବ, ତାହା ନୁହେଁ, ଯିଏ ଉନ୍ନତମାନର ହୃଦୟଗ୍ରାହୀ ଚିତ୍ର ଅଙ୍କନ କରିପାରେ ନିଜ ସୃଷ୍ଟି ସମ୍ଭାର ମଧ୍ୟରେ, ସେ ସଚେତନ ଭାବରେ ଯୋଗସାଧନା କରିବାର ମଧ୍ୟ କୌଣସି ଆବଶ୍ୟକତା ନଥାଏ। ଯାହାକୁ ଆମେ ପ୍ରକୃତ ଯୋଗନାମରେ ଅଭିହିତ କରିବା, ସେଇ ଯୋଗ ସଚେତନ ପ୍ରଚେଷ୍ଟା ଦ୍ୱାରା କେବଳ କରାଯାଏ ନାହିଁ, ତାହା ସ୍ୱତଃସ୍ଫୂର୍ତ୍ତ ଭାବରେ ସ୍ରଷ୍ଟାର ଅନ୍ତରାତ୍ମା ମଧ୍ୟରେ ଅନୁଷ୍ଠିତ ହେଉଥାଏ, ଏପରିକି ତା'ର ଅଜାଣତରେ। ସେଥିପାଇଁ ଯେଉଁମାନେ ନିଃସ୍ୱାର୍ଥପର, ନିରହଙ୍କାର ଓ ନିବିଡ଼ ସମ୍ବେଦନଶୀଳତାରେ ସୁକୋମଳ ଏକ ଜୀବନ ନିର୍ବାହ କରନ୍ତି, ସେମାନଙ୍କ କ୍ଷେତ୍ରରେ ଏହି ଯୋଗାଭ୍ୟାସ ହେଉଥାଏ ସ୍ୱତଃସ୍ଫୂର୍ତ୍ତ ଭାବରେ। ମେରୁଦଣ୍ଡକୁ ସିଧାକରି ବସିବା ଦ୍ୱାରା କିମ୍ବା ନିଃଶ୍ୱାସ

ପ୍ରଶ୍ୱାସ ନିୟନ୍ତ୍ରଣ ଦ୍ୱାରା ଯୋଗ ସାଧନା ହୋଇଯାଏନାହିଁ। ସବୁଠୁ ଶ୍ରେଷ୍ଠଯୋଗ ହେଉଛି 'ସହଯୋଗ'। ଆମ ତନ୍ତ୍ରବିଦ୍ୟାରେ କେତେ ନା କେତେ ପ୍ରକାରର ସାଧନା ପଦ୍ଧତି ଉଲ୍ଲିଖିତ ହୋଇ ରହିଛି। ସେସବୁ ଗୂଢ଼ବିଦ୍ୟା ଆୟତ୍ତ କରିପାରିଲେ ହିଁ ଯେ ଜଣେ ଯୋଗୀ ହୋଇଯାଏ, ତାହା ନୁହେଁ। ତନ୍ତ୍ର, ମନ୍ତ୍ର, ଶାରୀରିକ କଷ୍ଟବରଣ ମାଧ୍ୟମରେ ସାଧୁତା ଆଉ ସହାନୁଭୂତି ଅର୍ଜନ କରିବା କ'ଣ କେବେ ହେଲେ ସମ୍ଭବ ?

ଏସବୁ କାରଣରୁ ଆମେ ଗଭୀର ଭାବରେ ଏକ ନିଗୂଢ଼ତର ସତ୍ୟର ନିକଟବର୍ତ୍ତୀ ହୋଇପାରିବା। ଯୋଗସାଧନା କବି ବା ଲେଖକ କରେ ନାହିଁ। ସାଧନାର ଉତ୍ତରଣ ଘଟୁଥାଏ ଅନ୍ତରାତ୍ମା ମଧ୍ୟରେ ଅତିସୂକ୍ଷ୍ମ ରହସ୍ୟନେଇ। ଯୋଗସାଧନା ତେଣୁ ଅନ୍ତରାତ୍ମାର ହେଉଛି କାର୍ଯ୍ୟ। ଜଣେ ଯେତେ ନିବେଦିତ, ସମର୍ପିତ ଓ ଉତ୍ସର୍ଗୀକୃତ ଚେତନା ନେଇ ଲେଖିପାରେ କାବ୍ୟ କବିତା, ଗଳ୍ପ, ଉପନ୍ୟାସ, ତାହାର ହୃଦୟ ସେତିକି ବିଶାଳ, ସମ୍ପ୍ରସାରିତ ଓ ପରିଶୁଦ୍ଧ ହୋଇ ଚାଲିଥାଏ ଅବିରତ। ଅନ୍ତରାତ୍ମାର ସଚ୍ଚୋଟ ପଣିଆ ହେଲା ସବୁଠୁ ଅଧିକ ମହତ୍ତ୍ୱପୂର୍ଣ୍ଣ। ସାହିତ୍ୟରେ ସହାନୁଭୂତିର ବାଣୀ ଉଚ୍ଚାରଣ କରୁଥିବା ଲେଖକ ଯଦି ନିଜ ଭିତରେ ଥାଏ ନିର୍ମମ ଓ ନୈତିକତା ବିହୀନ ତା' ହେଲେ ତା'ର ସାହିତ୍ୟ କଦାପି କାହାକୁ ମହନୀୟ ଚିନ୍ତନରେ ଉଦ୍‌ବୁଦ୍ଧ କରିପାରେନା। ମହର୍ଷି ବାଲ୍ମିକି, ବ୍ୟାସଦେବ-ଏମାନେ ସର୍ବ ପ୍ରଥମେ ହେଉଛନ୍ତି ମହାଯୋଗୀ ଓ ତା'ପରେ ମହାକବି। ସମଗ୍ର ସଂସାରର ମଙ୍ଗଳ କାର୍ଯ୍ୟରେ ଦ୍ରବୀଭୂତ ଥିଲା ସେମାନଙ୍କ ଆତ୍ମାନୁଭୂତି। ସେହି କାରଣରୁ 'ରାମାୟଣ' ଓ 'ମହାଭାରତ' ଯେଉଁ ଉଚ୍ଚତମ ଆଦର୍ଶର ପ୍ରତିଷ୍ଠା କରିପାରିଛନ୍ତି, ତାହା ପୃଥିବୀ ଇତିହାସରେ ବିରଳ।

ଆଧୁନିକ ଯୁଗରେ ଆମେ ଲକ୍ଷ୍ୟ କରିପାରିବା ସ୍ୱାମୀ ବିବେକାନନ୍ଦ ବା ଶ୍ରୀ ଅରବିନ୍ଦଙ୍କ ଜୀବନଧାରାକୁ। ବିବେକାନନ୍ଦଙ୍କ ରଚନାବଳୀ ପାଠ କରୁଥିବା ବ୍ୟକ୍ତି ମଧ୍ୟକୁ ହିଁ ସେ ଶବ୍ଦ ସମ୍ଭାର ଅବତରଣ କରୁଛି ଯେଉଁ ଭାବଭୂମିରୁ, ତାହାର ଦ୍ୟୁତି ଅଲୌକିକ ନିଶ୍ଚୟ। ଚିକାଗୋର ଧର୍ମ ମହାସଭାରେ ବିବେକାନନ୍ଦ ତାଙ୍କ ବକ୍ତବ୍ୟ ଉପସ୍ଥାପନ କରିବା ପୂର୍ବରୁ ଯେଉଁ ଆନ୍ତରିକତା ଭରା କଣ୍ଠସ୍ୱରରେ ସମ୍ବୋଧନ କରିଥିଲେ ସମସ୍ତଙ୍କୁ, ତାହା ହିଁ ସଭାକକ୍ଷ ମଧ୍ୟରେ ସୃଷ୍ଟି କରିଥିଲା ଏକ ଶାଶ୍ୱତ ତରଙ୍ଗ। ଯାହାକିଛି ବିବେକାନନ୍ଦ ରଚନା କରିଯାଇଛନ୍ତି, ତା' ମଧ୍ୟରେ ସନ୍ନିହିତ ହୋଇରହିଛି ମଣିଷ ହୃଦୟକୁ ଚନ୍ଦ୍ରଲୋକିତ କରିଦେବାର ସ୍ନିଗଧତା ଓ ଶୀତଳତା।

ଶ୍ରୀଅରବିନ୍ଦଙ୍କ ଅତିମାନସ ଯୋଗ ସହିତ ନିଜକୁ ସଂପୃକ୍ତ କରି ରଖିଥିବା ଶ୍ରୀମାଙ୍କ ରଚନାବଳୀରେ ଆମେ ଶୁଣିପାରିବା ସେହି ମହାନ ମନ୍ତ୍ରଧ୍ୱନି, ଯାହା ପରିପୂର୍ଣ୍ଣ ହୋଇ ରହିଛି ଅନାବିଳ ସ୍ନେହଶୀଳତା ନେଇ। ଶ୍ରୀ ଅରବିନ୍ଦ କୌଣସି ଏକ ପତ୍ରରେ

ଲେଖିଛନ୍ତି ଯେ, ସଚେତନ ଭାବରେ ଯୋଗସାଧନା କରିବା ଦ୍ୱାରା ତାଙ୍କ କବିତାର ଆବିର୍ଭାବ ହୋଇଉଠିଛି କିପରି ସ୍ୱତଃସ୍ଫୂର୍ତ୍ତ । ଯେଉଁମାନେ ଅତ୍ୟନ୍ତ ଗଳଦ୍‌ଘର୍ମ ହୋଇ ଶ୍ରମ ସ୍ୱୀକାର କରି କବି ହେବାପାଇଁ ଛାଟିପିଟି ହୁଅନ୍ତି, ସେମାନେ ଏହି ସ୍ୱତଃସ୍ଫୂର୍ତ୍ତ ଭାବାବେଗର ପ୍ରକାଶ ମାଧୁର୍ଯ୍ୟକୁ ଅନୁଭବ କରିପାରିବେ ନାହିଁ । ସାହିତ୍ୟ ଯଦି ହୁଏ ମଣିଷ ନିମିତ୍ତ ଜୀବନ ବଞ୍ଚିବାର ଏକ ଶ୍ରେଷ୍ଠ ପ୍ରେରଣା, ତା'ହେଲେ ଯିଏ ସାହିତ୍ୟଶିଳ୍ପୀ ସିଏ କିପରି ରହିପାରିବ ଅନୁଦାର ଓ ଅଶାନ୍ତ ହୋଇ ? ସାହିତ୍ୟ ଓ ଯୋଗସାଧନା ପରସ୍ପର ସହିତ ନିବିଡ଼ ଭାବରେ ସମ୍ପର୍କାନ୍ୱିତ ବୋଲି କହିବା ଦ୍ୱାରା ଛଦ୍ମତା ଓ ଛଳନାକୁ ଏଠାରେ ଅସ୍ୱୀକାର କରାଯାଉଛି । ଯାହାକିଛି ସତ୍ୟ ଶିବ ଓ ସୁନ୍ଦରର ଆବାହନ କରେ, ସେହି ଚେତନା ହିଁ ହେଉଛି ବାସ୍ତବରେ ଯୋଗସିଦ୍ଧ ସ୍ରଷ୍ଟାର ସଂକେତ । ଜଗନ୍ନାଥ ଦାସ, ବଳରାମ ଦାସ, ଅଚ୍ୟୁତାନନ୍ଦ ଦାସ, ଗଂଗାଧର ମେହେର, ମନୋଜ ଦାସ ବା ରାମଚନ୍ଦ୍ର ବେହେରାଙ୍କ ପରି ସାହିତ୍ୟ ଶିଳ୍ପୀମାନେ କିପରି ସମୁନ୍ନତ ଚେତନାର ଅଧିକାରୀ ତାହା ସମସ୍ତେ ଜାଣନ୍ତି ।

ସାହିତ୍ୟଶିଳ୍ପୀ ବୈରାଗୀ ନୁହେଁ । ସେ ହେଉଛି ବାସ୍ତବରେ ଜୀବନାନୁରାଗୀ । ଜୀବନପ୍ରତି ବିତୃଷ୍ଣା ବା ନିସ୍ପୃହ କୌଣସି ମଣିଷ ସତ୍‌ସାହିତ୍ୟ ସର୍ଜନାରେ ସକ୍ଷମ ହୋଇପାରିବନାହିଁ । ନିଜସ୍ୱ ବ୍ୟକ୍ତିଗତ ଦୁଃଖ ସକାଶେ ଯିଏ ଅଭିଶାପ ବର୍ଷଣ କରେ, ସେ ଦିବ୍ୟ ଆଶିଷର ପ୍ରତିଭୂ ହୋଇପାରିବ କିପରି ? ଅନେକ ବ୍ୟକ୍ତି ଅନ୍ୟମାନଙ୍କର ଅମଙ୍ଗଳ ସକାଶେ ଆମର ନିଃଶ୍ୱାସ ପଡୁ ବୋଲି କୁହନ୍ତି । ସେପରି ପ୍ରଖରତର ଅକଲ୍ୟାଣକର ନିଶ୍ୱାସ ତ୍ୟାଗ କରୁଥିବା ହୃଦୟ କେବେ ହେଲେ ନିଷ୍ପାପ ହୋଇପାରେନା । ଡ଼. ମାୟାଧର ମାନସିଂହ ତାଙ୍କ ଆତ୍ମଜୀବନୀ 'ଶିକ୍ଷାବିତ୍‌ର ଗାଥା' ରେ ନିଜ ଜୀବନାନୁଭୂତି ବର୍ଣ୍ଣନା କରି କହିଛନ୍ତି ଯେ, ସବୁ ଯନ୍ତ୍ରଣା ସତ୍ତ୍ୱେ ସେ ସମସ୍ତଙ୍କ ପ୍ରତି କ୍ଷମାଶୀଳ ହୋଇ ସହ୍ୟ କରିନେବେ ବିରୂପ ବ୍ୟବହାର । ମହାତ୍ମାଗାନ୍ଧୀଙ୍କ ଦର୍ଶନ ଆଉ କ'ଣ କି ? ଯେତେବେଳେ ତାଙ୍କୁ ଅନୁରୋଧ କରାଗଲା ଏକ ବାର୍ତ୍ତା ପ୍ରଦାନ କରିବାପାଇଁ, ସେତେବେଳେ ସେ ଶିଶୁ ସୁଲଭ ହସ ଓଠରେ ଖେଳାଇ ଉତ୍ତର ଦେଇଥିଲେ ଯେ, 'ମୋ ଜୀବନ ହିଁ ହେଉଛି ମୋ ବାର୍ତ୍ତା ।' ସେ ମଧ୍ୟ ଉଚ୍ଚତର ଚେତନାର କବିବୋଲି ସେମାନଙ୍କୁ ଚିହ୍ନଟ କରିଛନ୍ତି, ଯେଉଁମାନେ ମଣିଷ ଭିତରେ ଥିବା ସକଳ ସଦ୍‌ଗୁଣାବଳୀକୁ ଉଜ୍ଜୀବିତ କରିଦେଇପାରନ୍ତି । ସମଗ୍ର ପୃଥିବୀରେ ଆମେ ଦେଖୁ ଯେଉଁ ଅକଳ୍ପନୀୟ ସାହିତ୍ୟର ଭଣ୍ଡାର, ସେ ସବୁ ପୁସ୍ତକ ଯେ ପଠନଯୋଗ୍ୟ ଓ ପ୍ରେରଣାଦାୟକ, ଏହା କେବେ ହେଲେ କୁହାଯାଇପାରିବନାହିଁ । ଜୀବନର ଅର୍ଥହୀନତା, ଶୂନ୍ୟତା ଓ ଅସାରତା ଯେଉଁଠି ଚିତ୍ରିତ, ତାହା କାହିଁକି ରଚିତ ବୋଲି ଆମ ମନରେ ଏକ ପ୍ରଶ୍ନ ଉଠିବା ଅସ୍ୱାଭାବିକ ନୁହେଁ ।

ଜୀବନ ଯଦି ଶୂନ୍ୟଗର୍ଭ, ତାକୁ ପୂର୍ଣ୍ଣ କରିବାପାଇଁ ସାହିତ୍ୟର ହୁଏ ସୃଜନ। ଜୀବନ ଯଦି ଅସାର, ତା'ହେଲେ ତାହାକୁ ସାରଗର୍ଭକ କରିବା ପାଇଁ ସୃଷ୍ଟି ହୁଏ ସାହିତ୍ୟ-ଶିଳ୍ପ। ଜୀବନ ଯଦି ଏକ ଅଭିଶାପ, ତାହାକୁ ଆଶୀର୍ବାଦରେ ରୂପାନ୍ତରିତ କରିବାର ଶକ୍ତି ଓ ଅନୁରକ୍ତି ସୃଷ୍ଟି କରେ ଯେଉଁ ସାହିତ୍ୟ, ତାହା ହିଁ ଆମର ଏକାନ୍ତ କାମ୍ୟ ଓ ଗ୍ରହଣୀୟ।

ପୁସ୍ତକ ପାଠ କରିବା ପୂର୍ବର ମଣିଷ ଓ ପରର ମଣିଷ ଯଦି ସମାନ, ତା'ହେଲେ ସେ ସାହିତ୍ୟ ପ୍ରଭାବହୀନ। ସାହିତ୍ୟ ପୁସ୍ତକଟିଏ ପାଠ କରିସାରିବା ପରେ ଯେତେବେଳେ ମଣିଷ ବଦଳି ଯାଇପାରେ, ସେତେବେଳେ ହିଁ ତାର ଜୀବନ ହୁଏ ଜ୍ୟୋତିସ୍ନାତ। ସାହିତ୍ୟ ଓ ଯୋଗସାଧନାର ମଣିକାଞ୍ଚନ ସଂଯୋଗ ଯେତେବେଳେ ଘଟେ, ସେତେବେଳେ ହିଁ ସେଥିରୁ ସୃଷ୍ଟି ହୁଏ ଜୀବନାମୃତ। ଏହି ଅମୃତ ଆସ୍ୱାଦନ କରିବାର ସୁଯୋଗ ପ୍ରାପ୍ତ ହୁଏ ଯେଉଁମାନଙ୍କୁ, ସେମାନେ ନିଶ୍ଚୟ ଯେ ଧନ୍ୟ ଓ ମହାପୁଣ୍ୟର ନିକଟବର୍ତ୍ତୀ, ଏଥିରେ ସନ୍ଦେହର ଅବକାଶ ଅନୁପସ୍ଥିତ।

■

ସାହିତ୍ୟ ଓ ସମ୍ମୋହନ ବିଦ୍ୟା

ସମ୍ମୋହନ ବିଦ୍ୟାର ପ୍ରୟୋଗ ପ୍ରକୃତରେ ମନୋଚିକିତ୍ସା କ୍ଷେତ୍ରରେ କରାଯାଇଥାଏ। ମାନସିକ ବ୍ୟାଧିଗ୍ରସ୍ତ ମଣିଷକୁ ସ୍ୱାଭବିକ ଅବସ୍ଥାକୁ ଆଣିବା ନିମିତ୍ତ, ତା'ଜୀବନର ଅବ୍ୟକ୍ତ ଆଘାତକୁ ଜାଣିବାର ଆବଶ୍ୟକତା ଅନୁଭବ କରିଥା'ନ୍ତି ମନୋଚିକିତ୍ସକ ବୃନ୍ଦ। କେଉଁ କାରଣରୁ ମାନସିକ ଅସୁସ୍ଥତାର ଯନ୍ତ୍ରଣା ଜଣେ ଭୋଗ କରୁଛି, ତାହାର ମୂଳ ଉତ୍ସ ନିରୂପଣ କରିବା ହେଉଛି ତାତ୍ପର୍ଯ୍ୟପୂର୍ଣ୍ଣ। ଏହି ମହତ୍ ଉଦ୍ଦେଶ୍ୟ ନିମିତ୍ତ ଯେଉଁ ବିଦ୍ୟା ଅଭିପ୍ରେତ, ତାହାର ଅସତ୍ ବିନିଯୋଗ ମଧ୍ୟ ପରିଲକ୍ଷିତ ହୁଏ। ଅନେକ ତନ୍ତ୍ର ସାଧନା ପାଇଁ କୌଣସି ନିର୍ଦ୍ଦିଷ୍ଟ ମଣିଷକୁ ନିଜ ଆଡ଼କୁ ଆକର୍ଷିତ କରିନିଅନ୍ତି, ଯାହାର ଦୃଷ୍ଟାନ୍ତ ଦୁର୍ଲଭ ନୁହେଁ। ଏପରି କ୍ଷେତ୍ରରେ ତାନ୍ତ୍ରିକର ପଶ୍ଚାଧାବନ କରିଥାଏ ସମ୍ପୂର୍ଣ୍ଣ ଅଚେତନ ଭାବରେ ସମ୍ମୋହିତ ହୋଇଥିବା ବ୍ୟକ୍ତିଜଣକ। ଏଭଳି ମନ୍ଦ ଉଦ୍ଦେଶ୍ୟ ଚାଳିତ ତାନ୍ତ୍ରିକଙ୍କ କବଳରୁ ଉଦ୍ଧାର ପ୍ରାପ୍ତ ହୋଇ ଯେଉଁମାନେ ଆସିଥାନ୍ତି, ସେମାନଙ୍କ ଅନୁଭୂତି ବେଳେବେଳେ ସମ୍ବାଦପତ୍ରରେ ମଧ୍ୟ ପ୍ରକାଶିତ ହୋଇଥାଏ। ଏହି ସମ୍ମୋହନ ଶକ୍ତି ହେଉଛି ଅତ୍ୟନ୍ତ କ୍ଷଣସ୍ଥାୟୀ। ନିର୍ଦ୍ଦିଷ୍ଟ ସମୟ ଅତିକ୍ରାନ୍ତ ହେବାପରେ ଆଉ ଏହାର ପ୍ରଭାବ ବଳବତ୍ତର ରହିପାରେ ନାହିଁ। ଅନେକ ସମୟରେ ନିଜର ପ୍ରେମିକ ବା ପ୍ରେମିକାକୁ ଲାଭ କରିବା ସକାଶେ ଅନେକେ ତନ୍ତ୍ର ବିଦ୍ୟାର ସହାୟତା ନେଇଥାନ୍ତି। ଏ ଲେଖକ ନିଜ ଅଭିଜ୍ଞତା ବଳରେ ଜାଣିଛି ଯେ ଜଣେ ପ୍ରେମିକ (ଅଧ୍ୟାପକ) ଜଣେ ଝିଅକୁ ଭଲପାଇ ତାନ୍ତ୍ରିକର ସହାୟତା ନେବାପାଇଁ ଅପଚେଷ୍ଟା କରିଥିଲେ ଓ ଏ ସମ୍ପର୍କରେ ମୋତେ ପରାମର୍ଶ ମାଗିବାରୁ, ମୁଁ କେବଳ ଗୋଟିଏ ପ୍ରଶ୍ନ କରିଥିଲି ଯେ- ଉକ୍ତ ଛାତ୍ରୀଜଣଙ୍କର ପ୍ରେମାନୁରାଗ ଆପଣଙ୍କ ପ୍ରତି କେତେ ସମୟ ପର୍ଯ୍ୟନ୍ତ ଅବ୍ୟାହତ ହୋଇ ରହିବ ? ଏ ପ୍ରଶ୍ନରେ ବିଚଳିତ ପ୍ରେମିକ ପ୍ରବର ପୁନଶ୍ଚ ତାନ୍ତ୍ରିକଙ୍କ ଆଶ୍ରୟ ଗ୍ରହଣ କଲେ। ସେଠାରୁ ପ୍ରତ୍ୟାବର୍ତ୍ତନ କରି ମୋତେ ମ୍ଳାନ ବଦନରେ କହିଲେ, "ସାର୍, ତାହା ନିର୍ଦ୍ଦିଷ୍ଟ କେତେ ସମୟ ଅନ୍ତେ ଅନ୍ତର୍ହିତ ହୋଇଯିବ। ତାନ୍ତ୍ରିକ ମହାଶୟ କୌଣସି

ଗ୍ୟାରେଣ୍ଟି ଦେବାକୁ ମନା କରିଦେଲେ।" ଏହାପରେ ଅବଶ୍ୟ ତାଙ୍କ ମନୋଭାବରେ ପରିବର୍ତ୍ତନ ଦେଖାଦେଇଥିଲା।

ଏସବୁ ବିଷୟ ସାହିତ୍ୟ ପ୍ରସଙ୍ଗରେ କାହିଁକି ଉଲ୍ଲେଖନୀୟ ? ସଂସ୍କୃତରେ ସାହିତ୍ୟକୁ କୁହାଯାଇଛି 'କାନ୍ତା ସମ୍ମିତ ଉପଦେଶ' ବୋଲି । ଅର୍ଥାତ୍ ସାହିତ୍ୟ ଜଣେ ଲାଳିତ୍ୟମୟୀ ଲଳନା ପରି ଉପଦେଶ ଦେଇଥାଏ। ଅନେକ କ୍ଷେତ୍ରରେ ଦେଖିବାକୁ ମିଳେ ଯେ ଗୁରୁଜନ, ପିତାମାତା, ବନ୍ଧୁବର୍ଗଙ୍କ ସଦୁପଦେଶ ପ୍ରଭାବହୀନ ସାବ୍ୟସ୍ତ ହୋଇଥାଏ। ଏପରି ଜଟିଳ କ୍ଷେତ୍ରରେ ଯେତେବେଳେ କୌଣସି ଘନିଷ୍ଠତମ ନାରୀ କୋମଳ ବଚନରେ କିଛି ବୁଝାଇ ଦେଇଥାଏ, ତାହା ଦିଗଭ୍ରାନ୍ତ ମଣିଷକୁ କ୍ଷଣକରେ ପରିବର୍ତ୍ତିତ କରିଦେଇପାରେ। ମୋ ନିଜ ଅନୁଭୂତିରୁ ପ୍ରସଙ୍ଗଟିଏ ଉତ୍‌ଥାପନ କଲେ ଅଯୌକ୍ତିକ ହେବନାହିଁ। ଜଣେ ଛାତ୍ର ଏତେ ସିଗାରେଟ ପାନରେ ଥିଲେ ଅଭ୍ୟସ୍ତ ଯେ, ସେଥିରୁ ତାଙ୍କୁ ମୁକ୍ତ କରିବା କଦାପି ସମ୍ଭବ ନଥିଲା। ତାଙ୍କର ଥାଆନ୍ତି ଜଣେ ଆଦର୍ଶ ପ୍ରଣୟିନୀ। ତାଙ୍କରି ମଧ୍ୟ ଦେଇ କାର୍ଯ୍ୟହାସଲ କରିବା ନିମିତ୍ତ ନିଷ୍ପତ୍ତି ନେଇଥିଲି ମୁଁ। ଏହା କିଛି ବଡ଼ କଥାନୁହେଁ। ସୁଶ୍ରୀ ପ୍ରଣୟିନୀ ଜଣକ କହିଲେ ଏତିକି ତାଙ୍କ ପ୍ରଣୟୀଙ୍କୁ "ତୁମ ମୁହଁରୁ ସବୁବେଳେ ଦୁର୍ଗନ୍ଧ ବାହାରୁଛି। ଏ ସିଗାରେଟ ଖାଇବା ନ ଛାଡ଼ିବା ପର୍ଯ୍ୟନ୍ତ ମୋ ସହିତ ବାର୍ତ୍ତାଳାପ କରିବ ନାହିଁ।" ବାସ୍ ଏତିକିରେ ସମସ୍ୟାର ସରଳ ସମାଧାନ ହୋଇଗଲା।

ଏକଥା କହିବାର ଅର୍ଥ ହେଉଛି ଯେ ସିଧାସଳଖ କର୍କଶ ବଚନର ଶୁଷ୍କ ଉପଦେଶ କାହାକୁ ସ୍ପର୍ଶ କରେନାହିଁ। କଥାଟିକୁ ଯେପର୍ଯ୍ୟନ୍ତ କମନୀୟ ଶୈଳୀରେ ବ୍ୟକ୍ତ କରାନଯାଇଛି, ସେ ପର୍ଯ୍ୟନ୍ତ କାହା ହୃଦୟକୁ ଜୟ କରିବା ସମ୍ଭବପର ନୁହେଁ। ଏସବୁ ଦୃଷ୍ଟିରୁ ବିଚାର କଲେ ଶ୍ରେଷ୍ଠ ସାହିତ୍ୟ ହେଉଛି ଶକ୍ତିଶାଳୀ ସମ୍ମୋହନ ବିଦ୍ୟାଠାରୁ ବହୁ ଗୁଣରେ ପ୍ରଭାବଦୀପ୍ତ। ସାହିତ୍ୟ ଯାହାକୁ ସମ୍ମୋହିତ କରେ, ସେ କ୍ଷଣକାଳ ପାଇଁ ନୁହେଁ ଚିରକାଳ ପାଇଁ ପରିବର୍ତ୍ତିତ ହୋଇଯାଏ। ଜଣେ ସାହିତ୍ୟ ଶିକ୍ଷକ ଭାବରେ ଏକଦା କାଳିନ୍ଦୀ ଚରଣ ପାଣିଗ୍ରାହୀଙ୍କ 'ମାଂସର ବିଳାପ' ଗଳ୍ପ ଶ୍ରେଣୀ କକ୍ଷରେ ପଢାଇବା ଉତ୍ତାରୁ କିଛିଦିନ ପରେ ଜଣେ ଛାତ୍ର ମୋ ଆଗରେ ସେହି ଶ୍ରେଣୀକକ୍ଷ ମଧ୍ୟରେ ସ୍ୱୀକାର କଲେ ଯେ ସେ, 'ମାଂସର ବିଳାପ' ଗଳ୍ପ ପଢାହେବା ଦିନଠାରୁ ମାଂସାହାର ପରିତ୍ୟାଗ କରିଛନ୍ତି। କାଳିନ୍ଦୀଚରଣ ପାଣିଗ୍ରାହୀ ପାଠକ ଅନ୍ତରରେ ଯେଉଁ ସମ୍ବେଦନଶୀଳତା ଜାଗ୍ରତ କରିବାର ମହତ୍ ଲକ୍ଷ୍ୟ ନେଇ ଏ ଗଳ୍ପଟି ରଚନା କରିଛନ୍ତି, ତାହାର ପ୍ରଭାବ କେତେ ଗଭୀର ହୋଇପାରେ, ତାହାର ଏହା ଏକ ଦୃଷ୍ଟାନ୍ତ ମାତ୍ର। କର୍କଶ ମଣିଷକୁ କୋମଳ ସତ୍ତା, ଦୁଷ୍ଟକୁ ଶିଷ୍ଟ ରୂପରେ, ଖଳନାୟକକୁ ନାୟକ ଭାବରେ ରୂପାନ୍ତରିତ କରିଦେବାର ଦିବ୍ୟଶକ୍ତି

ଯଦି କାହା ଭିତରେ ଥାଏ, ତେବେ ତାହା ହେଲା ସାହିତ୍ୟ। ମହର୍ଷି ବାଲ୍ମିକୀଙ୍କ ରଚିତ 'ରାମାୟଣ'ଠାରୁ ଆରମ୍ଭ କରି ମନୋଜ ଦାସଙ୍କ 'ଲକ୍ଷ୍ମୀର ଅଭିସାର' ଗଳ୍ପ ପର୍ଯ୍ୟନ୍ତ ଉଚ୍ଚମାନର ସାହିତ୍ୟ କୃତି ମଣିଷକୁ ଅନ୍ଧକାରରୁ ଆଲୋକକୁ, ଅସତ୍ ପଥରୁ ସତ୍‌ପଥକୁ ଓ ମରଣ ଭୟ ଦ୍ୱାରା ଆକ୍ରାନ୍ତ ମଣିଷକୁ ଅମୃତ ଉପଲବ୍ଧି ପ୍ରତି ଯେପରି ନେଇ ଆସିପାରିଛି, ତାହା ଅତୁଳନୀୟ।

ସବୁ ଦୃଷ୍ଟିରୁ ବିଚାର କଲେ ଏହା କହିବା ଆଦୌ ଅସଙ୍ଗତ ହେବନାହିଁ ଯେ, ସାହିତ୍ୟ ହିଁ ମାନବ ପ୍ରାଣକୁ ସମ୍ମୋହିତ କରିଦେଇପାରେ ସମ୍ବେଦନଶୀଳତାର ଯାଦୁକରୀ ଶକ୍ତିଦ୍ୱାରା। ଯିଏ ଉଚ୍ଚସ୍ତରୀୟ ସାହିତ୍ୟ ସ୍ପର୍ଶରେ ସମ୍ମୋହିତ, ତାହା କ୍ଷଣକାଳ ପାଇଁ ନୁହେଁ, ଚିରକାଳ ସ୍ପନ୍ଦିତ ହୋଇ ରହିବାର ପ୍ରେରଣାରେ ଭାବପୂର୍ଣ୍ଣ। ଏହାବୋଲି ଯେ ସମ୍ମୋହନ ବିଦ୍ୟାର କୌଣସି ଆବଶ୍ୟକତା ନାହିଁ, ଏହା ପ୍ରତିପାଦନ କରିବା ନିଶ୍ଚୟ ପୂର୍ଣ୍ଣାଙ୍ଗ ଦୃଷ୍ଟିର ପରିଚୟ ହୋଇନପାରେ। ତେବେ ନିଜର କ୍ଷୁଦ୍ର ସ୍ୱାର୍ଥ ସକାଶେ ଯେଉଁମାନେ ସମ୍ମୋହନ ଶକ୍ତି ପ୍ରୟୋଗ କରନ୍ତି, ସେମାନେ ହେଉଛନ୍ତି ଅପଶକ୍ତିର କ୍ରୀଡ଼ନକ। ଆଉ ଅପରପାର୍ଶ୍ୱରେ ଯେଉଁମାନେ ମହତ୍ ଉଦ୍ଦେଶ୍ୟ ନେଇ ଏହି ବିଦ୍ୟା ଆୟତ୍ତ କରୁଛନ୍ତି ଓ ମଣିଷର ଉପକାର ନିମିତ୍ତ ତାହାକୁ ପ୍ରୟୋଗ କରିଛନ୍ତି, ସେମାନେ ତାହାର ପ୍ରକୃତ ଅଧିକାରୀ, ଏଥିରେ ସନ୍ଦେହର ଅବକାଶ ନାହିଁ। ଯେଉଁ ମନୋଚିକିତ୍ସକବୃନ୍ଦ ଏହାର ଆବଶ୍ୟକ ପ୍ରୟୋଗ କରିଥାନ୍ତି, ସେମାନେ ଯଦି ସାହିତ୍ୟ ପଠନ ଦ୍ୱାରାଅନୁପ୍ରାଣିତ ହୋଇପାରନ୍ତେ, ତା'ହେଲେ ସେମାନଙ୍କ ଚିକିତ୍ସା ହୋଇପାରିବ ଅଧିକ ଫଳପ୍ରଦ। ସାହିତ୍ୟ ବିବର୍ଜିତ କୌଣସି ଚିକିତ୍ସକ ମନୁଷ୍ୟ ପ୍ରାଣରେ ଆଶା, ଭରସା, ଶାନ୍ତି ଓ ସାନ୍ତ୍ୱନାର ଗଭୀର ଭାବ ସୃଷ୍ଟି କରିପାରିବେ ନାହିଁ। ମନୋଚିକିତ୍ସକମାନେ ସେହି କାରଣରୁ କିପରି ସାହିତ୍ୟ ସଚେତନ ହେବେ ତା'ର ବିଧିବଦ୍ଧ ତାଲିମ ବ୍ୟବସ୍ଥା ପ୍ରବର୍ତ୍ତିତ ହେବାର ପ୍ରୟୋଜନ ରହିଛି। ସେହିପରି ଯେଉଁମାନେ ସାହିତ୍ୟ ସୃଜନ ସହ ସମ୍ପର୍କିତ, ସେମାନେ ମଧ୍ୟ ସମ୍ମୋହନ ବିଦ୍ୟାର ନିଗୂଢ଼ ରହସ୍ୟ ଆୟତ୍ତ କରିବାର ଅଭିଳାଷ ପୋଷଣ କଲେ, ତା' ଦ୍ୱାରା ନିଜସ୍ୱ ରଚନାକୁ ସେମାନେ ପ୍ରଦାନ କରିପାରିବେ ଅଲୌକିକ ସାମର୍ଥ୍ୟ। ସାହିତ୍ୟ ଯାହା ଦୃଶ୍ୟମାନ ସତ୍ୟ ସେତିକିରେ ସନ୍ତୁଷ୍ଟ ନୁହେଁ। ମିଛକଥା କହିପାରିବାର ଦକ୍ଷତା ଯାହାର ନାହିଁ, ସେ କେବେହେଲେ ଲେଖକ ହେବା ସମ୍ଭବ ନୁହେଁ। ଓଡ଼ିଆ ସାହିତ୍ୟର ବିଶିଷ୍ଟ ସ୍ରଷ୍ଟା ମହାପାତ୍ର ନୀଳମଣି ସାହୁ ସେଥିପାଇଁ ଏକ ପ୍ରବନ୍ଧ ରଚନା କରିଥିଲେ, ଯାହାର ଶୀର୍ଷକ ଥିଲା 'ମିଛ ମିଛ ଟିକିଏ ମିଛ'। ମିଥ୍ୟା କହିବା ଏକ ସ୍ୱତନ୍ତ୍ର କଳା। କାହାରି ଅନିଷ୍ଟ ନକରି ବରଂ ମଣିଷର କଲ୍ୟାଣ ନିମିତ୍ତ ଯେଉଁ ମିଛ କାହାଣୀ ସୃଷ୍ଟି କରାଯାଏ, ତାହା ଦୃଶ୍ୟମାନ ପ୍ରକୃତ ବାସ୍ତବତାଠାରୁ ଅଧିକ ସତ୍ୟାଶ୍ରୟୀ। ଚିକିତ୍ସକ ସେଥିପାଇଁ ଏହି କଳା ଆୟତ୍ତ

କରିବାର ଆବଶ୍ୟକତାକୁ କେହି ଅସ୍ୱୀକାର କରିପାରିବେ ନାହିଁ। ଇଂରାଜୀ ସାହିତ୍ୟର ଏକ ଲୋକପ୍ରିୟ ଗଳ୍ପ ରହିଛି, ଯେଉଁ ଗଳ୍ପରେ ଜଣେ ଡାକ୍ତର ରୋଗୀମାନଙ୍କୁ କେବଳ ସତ୍ୟ ହିଁ କହିଥାନ୍ତି। ଏହାଦ୍ୱାରା ଦେଖାଯାଏ ଯେ ରୁଗ୍‌ଣ ବ୍ୟକ୍ତିଟି ଅତିଶୀଘ୍ର ମୃତ୍ୟୁମୁଖୀ ହୋଇପଡ଼େ। ଦୁରାରୋଗ୍ୟ ବ୍ୟାଧିଗ୍ରସ୍ତ ଜଣେ ବ୍ୟକ୍ତି ଯାହାଙ୍କର ବଞ୍ଚିବାର କୌଣସି ସମ୍ଭାବନା ନଥିଲା ତାକୁ ସତ୍ୟ ନକହି ମିଥ୍ୟା କହିବା ସକାଶେ ଡାକ୍ତରବାବୁଙ୍କ ଜଣେ ଅନ୍ତରଙ୍ଗ ବନ୍ଧୁ ପରାମର୍ଶ ଦିଅନ୍ତି। ଡାକ୍ତର ପରାମର୍ଶ ଅନୁଯାୟୀ ଯେତେବେଳେ ଜୀବନରେ ପ୍ରଥମଥର ପାଇଁ ମିଥ୍ୟା କହିଲେ ଦେଖାଗଲା ମୃତ୍ୟୁମୁଖୀ ରୁଗ୍‌ଣ ବ୍ୟକ୍ତିଟି କ୍ରମଶଃ ସୁସ୍ଥ ଓ ସ୍ୱାଭାବିକ ହୋଇଆସିଲା। ଏ କ୍ଷେତ୍ରରେ କଲ୍ୟାଣକାରୀ ମିଥ୍ୟାକଥନ ସମ୍ମୋହନ କଳାର ଏକ ମହାନ୍ ଅଂଶ ବୋଲି କୁହାଯାଇପାରିବ। ତେଣୁ ସାହିତ୍ୟ ଶିଳ୍ପୀମାନେ ବିଧିବଦ୍ଧ ଭାବରେ ସମ୍ମୋହନ ବିଦ୍ୟା ସଂପର୍କରେ ତାଲିମ ଗ୍ରହଣ ନକଲେ ମଧ୍ୟ ଏଥିପ୍ରତି ଅନୁକୂଳ ଉନ୍ମୁଖତା ପ୍ରକାଶ କରିବା ହେବ ଯଥେଷ୍ଟ। କାରଣ ଯାହା ସମ୍ମୋହନ ବିଦ୍ୟାର ସାରାଂଶ, ତାହା ସାହିତ୍ୟ ସ୍ରଷ୍ଟାର ଆତ୍ମା ସହିତ ଅବିଚ୍ଛିନ୍ନ।

ସାହିତ୍ୟ ଓ ସମ୍ମୋହନ ବିଦ୍ୟା-ଉଭୟ ହିଁ ହେଉଛି ମାନବୀୟ ମାଙ୍ଗଲ୍ୟ ନିମିତ୍ତ ଉଦ୍ଦିଷ୍ଟ। ଉଭୟ ବିଦ୍ୟାର ସମ୍ପର୍କ ଅତିନିବିଡ଼। ସମ୍ମୋହନ ଶକ୍ତିର ସୂକ୍ଷ୍ମ ପ୍ରଭାବରେ ସାହିତ୍ୟ ହୁଏ ଚିତ୍ତାକର୍ଷକ। ସାହିତ୍ୟର ପ୍ରେରଣା ବଳରେ ସମ୍ମୋହନ ବିଦ୍ୟା ହୋଇପାରେ ସାର୍ଥକତା ବିମଣ୍ଡିତ। ଉଭୟର ମର୍ମାର୍ଥକୁ ଯଥାର୍ଥ ଭାବରେ ଆତ୍ମସ୍ଥ କରିପାରିବା ହିଁ ହେଉଛି ସବୁଠାରୁ ମହତ୍ତ୍ୱପୂର୍ଣ୍ଣ ବିଷୟ।

■

ସାହିତ୍ୟ ଓ ଚିତ୍ରକଳା

ସାହିତ୍ୟ ଓ ଚିତ୍ରକଳାର ସମ୍ପର୍କ କି ନିବିଡ଼, ତାହା ବୁଝାଇବାର ଆବଶ୍ୟକତା ନଥାଏ। ଉଭୟ କଳାର ମହତ୍ ଉଦ୍ଦେଶ୍ୟ ମଧ୍ୟ ହେଉଛି ସମାନ। ବିଶ୍ୱକବି ରବୀନ୍ଦ୍ରନାଥ ଚିତ୍ରକଳାକୁ କବିତାର ଆଉ ଏକ ପ୍ରଭାବଶାଳୀ ରୂପ ବୋଲି ବ୍ୟକ୍ତ କରିଛନ୍ତି। ଏଠାରେ ଉଲ୍ଲେଖଯୋଗ୍ୟ ଯେ ସ୍ୱୟଂକବି ରବୀନ୍ଦ୍ରନାଥ ତାଙ୍କ ଜୀବନର ଅନ୍ତିମ ପର୍ଯ୍ୟାୟରେ ଜଣେ ସଫଳ ଚିତ୍ରଶିଳ୍ପୀରେ ପରିଣତ ହୋଇଯାଇଥିଲେ। ତାଙ୍କ ସୃଷ୍ଟିଶୀଳ ହସ୍ତରୁ ଚିତ୍ରାଙ୍କନର ବୈଚିତ୍ର୍ୟ ଆମକୁ ମୁଗ୍ଧ କରିଦିଏ। ଏଠାରେ ଏକଥା ମଧ୍ୟ କହିରଖିବା ଆବଶ୍ୟକ ଯେ, ରବୀନ୍ଦ୍ରନାଥ ଯେତେବେଳେ ଲେଖନ୍ତି କବିତା, ଯେଉଁ ଅଂଶଗୁଡ଼ିକରେ ସଂଶୋଧନର ଆବଶ୍ୟକତା ପଡ଼େ, ସେସବୁ ଶବ୍ଦକୁ କଲମର କାଳୀରେ ସେ ରୂପାୟିତ କରିଦିଅନ୍ତି ଏକ ଏକ ବିଚିତ୍ର ଚିତ୍ରରେ। ଅପୂର୍ବ କବିତାଟି ସଂମ୍ପୂର୍ଣ୍ଣ ନିର୍ଭୁଲ ଭାବରେ ପଢିହେବା ସଂଗେ ସଂଗେ ଚିତ୍ରର ସୌନ୍ଦର୍ଯ୍ୟରେ ମଧ୍ୟ ଦର୍ଶକ ଚିତ୍ତ ଦ୍ରବୀଭୂତ ହୋଇଯାଏ। ଏହାଦ୍ୱାରା ଏକ ବିଶେଷ କଳା ନୈପୁଣ୍ୟର ସୌନ୍ଦର୍ଯ୍ୟ ଦର୍ଶନ କରିପାରେ। ଏ ଦୃଷ୍ଟିରୁ ରବୀନ୍ଦ୍ରଙ୍କ ପାଣ୍ଡୁଲିପିର ପୃଷ୍ଠାଗୁଡ଼ିକ ଅତ୍ୟନ୍ତ ଆକର୍ଷଣୀୟ। ରବୀନ୍ଦ୍ରନାଥଙ୍କ ସୁପୁତ୍ର ରଥୀନ୍ଦ୍ରନାଥ ଉତ୍ତରାଧିକାରୀ ସୂତ୍ରରେ ଲାଭ କରିଥିଲେ ଏହି ଚିତ୍ରକଳାର ଦକ୍ଷତା।

ପୃଥିବୀର ମହାନ ଚିତ୍ରଶିଳ୍ପୀମାନେ ଯେପରି ଭାବରେ ରଂଗ ଓ ତୂଳୀ ସାହାଯ୍ୟରେ ଆପଣାର ଭାବନାକୁ ବ୍ୟକ୍ତ କରିଛନ୍ତି, ତାହା ବହୁ ଦୃଷ୍ଟିରୁ ଅର୍ଥପୂର୍ଣ୍ଣ। ଲିଓନାର୍ଡ଼ ଡାଭିନ୍‌ସିଙ୍କ ନାମ ସହିତ କିଏ ବା ପରିଚିତ ନୁହେଁ! ତାଙ୍କର ଶ୍ରେଷ୍ଠକୃତି ହେଉଛି 'ମୋନାଲିସା'। ମୋନାଲିସା ନାମ୍ନୀ ତରୁଣୀର ଓଠ ଓ ଆଖିରେ ସେ ଯେଉଁ ସ୍ମିତହାସ୍ୟର ରେଖା ଅଙ୍କନ କରିଛନ୍ତି, ତାହାକୁ ନେଇ ଏପର୍ଯ୍ୟନ୍ତ କଳା-ଚର୍ଚ୍ଚା ରହିଛି ଅବ୍ୟାହତ ହୋଇ। 'ମୋନାଲିସା' କିଏ ? ଏହାର ଯଥାର୍ଥ ଉତ୍ତର ସନ୍ଧାନ ସକାଶେ ଚିତ୍ର ସମୀକ୍ଷକମାନେ ଯେଉଁ ଆନ୍ତରିକ ପ୍ରୟାସ କରିଛନ୍ତି ଓ କରୁଛନ୍ତି, ତାହା ଅନ୍ତଃହୀନ। ପୁନଶ୍ଚ ମୋନାଲିସାର ମୁଖମଣ୍ଡଳରେ କି ଭାବ ଅନ୍ତର୍ଗୁମ୍ଫିତ, ତାହାର ବ୍ୟାଖ୍ୟା ମଧ୍ୟ ଭିନ୍ନ ଭିନ୍ନ ଭାବରେ କରାଯାଇଛି। ଏ

ସମୀକ୍ଷାର ଏକ ଶୀର୍ଷ ସୋପାନରେ ଉପନୀତ ହୋଇ ଏକାଧିକ ବାଖ୍ୟାକାର ଏହି ଚୂଡ଼ାନ୍ତ ନିଷ୍ପତ୍ତିରେ ପହଞ୍ଚିଲେ ଯେ ଏହା ଅନ୍ୟ କାହାର ନୁହେଁ, ଏହା ହେଉଛି ସ୍ୱୟଂ ଲିଓନାଡ଼ୋ ଡାଭିନ୍‌ସଙ୍କର ନାରୀରୂପ। ଲିଓନାଡ଼ୋ ଡାଭିନ୍‌ସିଙ୍କୁ ଏ ଚିତ୍ର ସହିତ ମିଳାଇ ଦେଖିଲେ ଅନୁଭବ କରିହୁଏ ଯେ ଏହା ତାଙ୍କରି ହିଁ ପ୍ରତିରୂପ। ପୃଥିବୀର ଚିତ୍ର ଦର୍ଶକ ଓ ସମୀକ୍ଷକମାନଙ୍କୁ ଏହା ବିସ୍ମିତ କରିଦେଇଥିଲା।

ସାହିତ୍ୟ କ୍ଷେତ୍ରରେ ଆମେ ଦେଖିବା ଯେ କବି ଲେଖକବୃନ୍ଦ ଅନେକ ସମୟରେ ନାୟିକାର ଭାବାବେଗ ଚିତ୍ରଣ କଲାବେଳେ ନିଜକୁ ହିଁ ପ୍ରକଟ କରିଦେଇଛନ୍ତି। ବିଶେଷତଃ ଗୌଡ଼ୀୟ ବୈଷ୍ଣବ ସାହିତ୍ୟରେ ଏହାର ସୌନ୍ଦର୍ଯ୍ୟ ପାଠକବୃନ୍ଦ ଲାଭ କରିପାରନ୍ତି। ଓଡ଼ିଆ ସାହିତ୍ୟର ଇତିହାସ ଲେଖକ ଡ.ମାୟାଧର ମାନସିଂହ, ଗୋପାଳକୃଷ୍ଣଙ୍କ କବିତାବଳୀର ସମୀକ୍ଷା କରିବାକୁ ଯିବାବେଳେ ଶ୍ରୀରାଧାଙ୍କ ଆବେଗାନୁଭୂତି ଗୋପାଳକୃଷ୍ଣଙ୍କ ନିଜସ୍ୱ ବୋଲି ପ୍ରତିପାଦନ କରିଛନ୍ତି। ବିଦଗ୍ଧଚିନ୍ତାମଣିର ସ୍ରଷ୍ଟା ଅଭିମନ୍ୟୁ ସାମନ୍ତସିଂହାର ତ ସିଧାସଳଖ କହନ୍ତି "ଓ କରିବି ଆଲୋ ଦାସୀ ଡାକିଲେ କିଶୋରୀ।"ସେହିପରି ଆଧୁନିକ ଯୁଗର ବିଭିନ୍ନ ଉପନ୍ୟାସରେ ମଧ ନାୟିକାର ରୂପ ଓ ଅନୁଭବ ମଧ ଦେଇ ଔପନ୍ୟାସିକ ନିଜ ନାରୀତ୍ୱର ପରିପ୍ରକାଶ ଘଟାଇଛନ୍ତି। ମହାପାତ୍ର ନୀଳମଣି ସାହୁଙ୍କୁ ଜଣେ ବିଦଗ୍ଧ ପାଠକ ସ୍ପଷ୍ଟ ଭାବରେ ପତ୍ରରେ ଲେଖିଥିଲେ "ଏ ନିବେଦିତା ଅନ୍ୟ କେହି ନୁହଁନ୍ତି, ଆପଣ ସ୍ୱୟଂ ନିଜେ"। କେବଳ ନାରୀଚିତ୍ରଣ ସମୟରେ ନୁହେଁ ପ୍ରତ୍ୟେକ ଚରିତ୍ର ଭିତରେ ଲେଖକୀୟ ବ୍ୟକ୍ତିତ୍ୱର ପ୍ରତିଫଳନକୁ ଆମେ ପ୍ରତ୍ୟକ୍ଷ କରିପାରିବା।

ଚିତ୍ରକର ମାତ୍ରକେ ହେଉଛନ୍ତି ପ୍ରକୃତିପ୍ରିୟ। ଏ ପୃଥିବୀରେ ଯେତେ ଚିତ୍ର ଅଂକନ କରାଯାଇଛି, ଯଦି ସେସବୁର ଏକ ସାମଗ୍ରିକ ସମୀକ୍ଷା ସମ୍ଭବ ହୁଏ ତା' ହେଲେ ଦେଖିବାକୁ ମିଳିବ ଯେ ପ୍ରକୃତି ସମ୍ବନ୍ଧିତ ଚିତ୍ରର ଆଧିକ୍ୟ କେତେ ରହିଛି। ସୂର୍ଯ୍ୟୋଦୟ, ସୂର୍ଯ୍ୟାସ୍ତ, ସୁନୀଳ ଆକାଶ, ଗୋଧୂଳି ଲଗ୍ନ, ନାନା ରଂଗର ଫୁଲର ପ୍ରସ୍ଫୁଟନ, ବିଚିତ୍ରବର୍ଣ୍ଣା ପ୍ରଜାପତି, ବିଭିନ୍ନ ରଙ୍ଗର ପକ୍ଷୀକୁଳ, ନଦୀ, ସମୁଦ୍ର, ହ୍ରଦ, ପାହାଡ଼ ଏସବୁକୁ କାବ୍ୟଶିଳ୍ପୀମାନେ ଯେପରି ପ୍ରାଣବନ୍ତ ଅଭିବ୍ୟକ୍ତି ଦେଇଛନ୍ତି ଚିତ୍ରଶିଳ୍ପୀମାନଙ୍କ ପ୍ରକୃତି ଅନୁରାଗ ସହିତ ତାହା ଏକାନ୍ତ ତୁଳନୀୟ। ବିଭିନ୍ନ ପୌରାଣିକ ଐତିହାସିକ ଚରିତ୍ର ତଥା ପ୍ରାଚୀନ ସଂସ୍କୃତି ମଧ ଉଭୟ ଚିତ୍ରକଳା ଓ ସାହିତ୍ୟର ଏକ ମୁଖ୍ୟ ପ୍ରସଙ୍ଗ। କଟକରେ ଉତ୍କଳ ସମ୍ମିଳନୀ ଅନୁଷ୍ଠିତ ହେବା ବେଳେ କବିବର ରାଧାନାଥ ରାୟ କହିଥିଲେ "ଗଙ୍ଗାଧର ହେଉଛନ୍ତି ଉତ୍କଳର ରବି ବର୍ମା"। ଭାରତର ଜଣେ ପୃଥିବୀ ପ୍ରସିଦ୍ଧ ଚିତ୍ରକର, ଯାହାଙ୍କ କୃତି ସମୂହରେ ଭାରତୀୟ ସଂସ୍କୃତି ସହିତ ପ୍ରକୃତିର ଜୀବନ୍ତ ଆଲେଖ୍ୟ ଅଂକିତ ହୋଇଛି। ସେ ଦୃଷ୍ଟିରୁ ଗଂଗାଧରଙ୍କୁ ତାଙ୍କ ଭଳି

ଉଚ୍ଚତମ ସୋପାନର ଶିଳ୍ପୀଙ୍କ ସହିତ ଗଂଗାଧରଙ୍କ ତୁଳନା କରିବା କବିବର ରାଧାନାଥଙ୍କ ଅନ୍ତର୍ଦୃଷ୍ଟିରେ ପରିଚାୟକ ।

ଦେଖାଯାଏ ଯେ ଚିତ୍ରଶିଳ୍ପୀମାନେ କଳ୍ପନାର ଆଶ୍ରୟ ନେଇ ଚିତ୍ରଅଙ୍କନ କରିଥାନ୍ତି ଓ ଯେଉଁମାନେ ବାସ୍ତବ ଜଗତରେ ଚରିତ୍ରମାନଙ୍କୁ ଅନୁଭବ କରିଥାନ୍ତି, ତାହା ସ୍ୱତଃସ୍ଫୂର୍ତ୍ତ ଭାବରେ ପ୍ରତିପାଦିତ ହୋଇଯାଏ । ସେହିପରି ସାହିତ୍ୟ କ୍ଷେତ୍ରରେ ମଧ୍ୟ ବାସ୍ତବବାଦୀ, ଆଦର୍ଶବାଦୀ ଓ କଳ୍ପନା ବିଳାସୀ ସାହିତ୍ୟ ସ୍ରଷ୍ଟାଙ୍କ ପ୍ରତିଭାର ପରିଚୟ ଏକାନ୍ତ ସୁଲଭ ।

ଅନେକ ସାହିତ୍ୟ ପୁସ୍ତକ ଚିତ୍ର ସମ୍ବଳିତ ଭାବରେ ପ୍ରକାଶିତ ହୁଏ । ସେହିପରି ପତ୍ରପତ୍ରିକାଗୁଡ଼ିକ ମଧ୍ୟ । ଏହା ଦ୍ୱାରା ପାଠକଙ୍କ ମନରେ ବର୍ଣ୍ଣିତ ବିଷୟର ଏକ ଜୀବନ୍ତ ଚିତ୍ର ସଂସ୍ଥାପନ କରିଦେବା ହେଉଛି ଅସଲ ଉଦ୍ଦେଶ୍ୟ । ସେହିପରି ପୁସ୍ତକ ଓ ପତ୍ରପତ୍ରିକାଗୁଡ଼ିକର ମଲାଟ ଆକର୍ଷଣୀୟ, କେବେକେବେ ସାଂକେତିକ ଭାବବହନ-କ୍ଷମ ଚିତ୍ରଦ୍ୱାରା ଦୃଷ୍ଟି ଆକର୍ଷଣକାରୀ ହୋଇଥିବା ଲକ୍ଷ୍ୟ କରାଯାଏ । ସତ୍ୟ କହିବାକୁ ଗଲେ ଏହି ଚିତ୍ରିତ ମଲାଟ ହିଁ ଯେକୌଣସି ପୁସ୍ତକ ସମ୍ପର୍କରେ ଏକ ପ୍ରଭାବଶାଳୀ ଭାବସଞ୍ଚାର କରିପାରେ ଦର୍ଶକ ମନରେ । ଅପରପକ୍ଷରେ ଅତିଉଚ୍ଚ ଭାବ-ସମ୍ପନ୍ନ ପୁସ୍ତକ ହୋଇଥିଲେ ମଧ୍ୟ ଯାହାର ମଲାଟରେ ସୌନ୍ଦର୍ଯ୍ୟ ଓ ପରିପକ୍ୱତାର ପରିଚୟ ପରିଦୃଷ୍ଟ ହୁଏ ନାହିଁ, ତାହା ପ୍ରଭାବହୀନ ହୋଇପଡ଼େ । ସାହିତ୍ୟକୁ ପାଠକମାନଙ୍କ ଦ୍ୱାରା ବହୁଳ ଭାବରେ ଆଦୃତ କରାଇବା ନିର୍ଭର କରେ ଏହି ଚିତ୍ର ସଜ୍ଜୀକରଣ ମାଧ୍ୟମରେ । ଆଜି ନୁହେଁ ଶତଶତ ବର୍ଷ ତଳେ ମଧ୍ୟ ଉଚ୍ଚକୋଟୀର ପୁସ୍ତକଗୁଡ଼ିକରେ ସୁନ୍ଦର ଓ ମନୋଲୋଭା ଚିତ୍ରାଙ୍କନ ଆବିଷ୍କାର କଲେ ହୃଦୟରେ ଅପୂର୍ବ ଆନନ୍ଦ ଭରିଯାଏ । ଗଂଗାଧର ମେହେରଙ୍କ 'ପ୍ରଣୟବଲ୍ଲରୀ' କୁ ନେଇ ନୂତନଶୈଳୀର ଚିତ୍ର ଅଙ୍କନ କରିଥିଲେ ଜଣେ ତରୁଣ ଚିତ୍ରକର ଜୟନ୍ତ ମେହେର । ଏପରି ଦୁର୍ଲଭ ଦୃଶ୍ୟ ସାଧୁ ସମାଜ ନିମିତ୍ତ ଆଣିଦେଇଥିଲା ଏକ ନାନ୍ଦନିକ ଆନନ୍ଦ । ଦୁର୍ଭାଗ୍ୟର କଥା ଯେ ସେହି ତରୁଣ ଚିତ୍ରକର ଅଳ୍ପ ବୟସରେ ପ୍ରାଣତ୍ୟାଗ କରିଛନ୍ତି । ତେବେ ଯାହାହେଉ ତାଙ୍କ ଅଙ୍କିତ ଚିତ୍ରସବୁ ସଂରକ୍ଷିତ ହୋଇ ରହିଛି ।

ଅନେକ ବିଶିଷ୍ଟ ଚିତ୍ରକର ଚିତ୍ରାଙ୍କନରେ ଅତ୍ୟାଧୁନିକ ଅର୍ଥପ୍ରକାଶ କରିବାପାଇଁ ଯେପରି ବିକଳତା ପ୍ରଦର୍ଶନ କରିଛନ୍ତି, ତାହାକୁ ପାଠକମାନେ ସକାରାତ୍ମକ ଦୃଷ୍ଟିରେ ଦେଖିପାରିନାହାନ୍ତି । ତେଣୁ ଆଧୁନିକ କବିତା ପରି, ଆଧୁନିକ ଚିତ୍ରାବଳୀ ଅତ୍ୟଧିକ ସାଂକେତିକ, ଅବୋଧ ଓ ଆତ୍ମକୈନ୍ଦ୍ରିକ ନହେବା ପାଇଁ ଚିତ୍ରକରବୃନ୍ଦଙ୍କ ସଚେତନତା ଆଜି ଅତ୍ୟନ୍ତ ଜରୁରୀ । ରବୀନ୍ଦ୍ରନାଥ କବି । ତେଣୁ ତାଙ୍କ ଗଦ୍ୟରେ ଯେପରି କବିତ୍ୱର ଛନ୍ଦ ଓ ସାଂଗୀତିକତା ଫୁଟିଉଠିଛି ସେହିପରି ମଧ୍ୟ ସେହି ଭାବାବେଗ ସଂଗୀତର ମୂର୍ଚ୍ଛନା ତାଙ୍କ ପ୍ରତିଟି ଛବି ମଧ୍ୟରେ ହୋଇଛି ଗୁମ୍ଫିତ ।

ପୃଥିବୀର ମହାନ ଚିତ୍ରଶିଳ୍ପୀ ଓ ଲେଖକମାନଙ୍କ ମଧ୍ୟରେ ଯେଉଁ ସୌନ୍ଦର୍ଯ୍ୟବୋଧ ଓ ଅଂଗୀକାରବଦ୍ଧତା ପରିଦୃଷ୍ଟ ହୁଏ, ତାହା ହେଉଛି କଳାଜଗତର ଶ୍ରେଷ୍ଠ ପ୍ରେରଣା। ସାହିତ୍ୟ ନାମରେ ଅସାହିତ୍ୟ ସୃଷ୍ଟି ହେବା ଓ ଚିତ୍ରାଙ୍କନ ଦ୍ୱାରା ନଗ୍ନତା ଓ ଅଶ୍ଳୀଳତା ପ୍ରଦର୍ଶନ କୌଣସି ଦୃଷ୍ଟିରୁ ଶୁଭଙ୍କର ହୋଇନପାରେ। ସେମାନେ ଚେତନା ଜଗତର ମହତ ସ୍ପନ୍ଦନ ପ୍ରତି ଯେତିକି ଉନ୍ମୁଖ ହୋଇରହିବେ, ସେତିକି ତାଙ୍କର ସୃଷ୍ଟି ଦିବ୍ୟ ଭାବ ସଞ୍ଚରଣଶୀଳ ହୋଇପାରିବ। ଯେଉଁ ଲେଖକମାନେ ମହାପୁରୁଷମାନଙ୍କ ଚିତ୍ରାଙ୍କନ କରନ୍ତି, ସେମାନେ ତାଙ୍କର ଜୀବନୀ ପୁସ୍ତକ ନିବିଷ୍ଟ ଚିତ୍ତରେ ଅଧ୍ୟୟନ କରିନପାରିଲେ ମହାପୁରୁଷଙ୍କ ଆତ୍ମାର ମହନୀୟତାକୁ ଉଦ୍‌ଭାସିତ କରିଦେଇପାରିବେ ନାହିଁ। ସେହିପରି ଲେଖକମାନେ ମଧ୍ୟ ଯେତେବେଳେ ଜୀବନୀ ରଚନା କରୁଛନ୍ତି, ସେତେବେଳେ ସେଭଳି ପ୍ରେରଣାପୂର୍ଣ୍ଣ ଗ୍ରନ୍ଥାଧ୍ୟୟନର ଜ୍ୟୋତି ବିଚ୍ଛୁରିତ ହୋଇଥାଏ। ଅନେକ ବିଶିଷ୍ଟ ଚିତ୍ରଶିଳ୍ପୀ ଅଲୌକିକ ଭାବରେ ଏହା ଅନୁଭବ କରିଥାନ୍ତି ଯେ, ସ୍ୱୟଂ ମହାପୁରୁଷମାନଙ୍କ ଦିବ୍ୟସତ୍ତା ତାଙ୍କ ତୂଳୀ ଓ ରଂଗଦ୍ୱାରା ରୂପାୟିତ ହେବାକୁ ନ ଚାହିଁଲେ କୌଣସି ଶିଳ୍ପୀ ସେହି ସର୍ବମାନ୍ୟ ପ୍ରତିଭାର ନିର୍ମଳ ରୂପକୁ କେବେହେଲେ ଅଂକିତ କରି ପାରିବା ସମ୍ଭବ ହୋଇନପାରେ। ଠିକ୍ ସେହିପରି ଶ୍ରେଷ୍ଠ ଲେଖକମାନେ ଯେତେବେଳେ ଜୀବନୀ ରଚନା କରିବା ପରି ମହତ କାର୍ଯ୍ୟରେ ନିୟୋଜିତ, ସେତେବେଳେ ସେହି ମହାପୁରୁଷମାନଙ୍କ ଉଦ୍ଦେଶ୍ୟରେ ସମ୍ପୂର୍ଣ୍ଣ ସମର୍ପିତ। ବଂଗଳା ସାହିତ୍ୟରେ ଅଚିନ୍ତ୍ୟ କୁମାର ସେନ୍ ଗୁପ୍ତ ଯେତେବେଳେ ରାମକୃଷ୍ଣ ପରମହଂସଙ୍କ ବ୍ୟକ୍ତିତ୍ୱ ଦ୍ୱାରା ତୀବ୍ର ଭାବରେ ଆଲୋଡ଼ିତ, ସେତେବେଳେ ତାଙ୍କର ଚାରିଖଣ୍ଡ ଜୀବନୀ ପୁସ୍ତକ ଲାଭ କରିଛି ଅପୂର୍ବ ସଫଳତା। ତାଙ୍କ ଏ ପୁସ୍ତକ ରଚନା ପୂର୍ବର ସାହିତ୍ୟ ସାଧନା ଉପରେ ଆଲୋକପାତ କରି ବିଶିଷ୍ଟ ସମାଲୋଚକ ଦାଶରଥି ଦାସ କହିଛନ୍ତି ଯେ ଦେହବାଦୀ ଉପନ୍ୟାସ ରଚନା କରି ଇନ୍ଦ୍ରିୟ ଲାଳସାକୁ ଚରିତାର୍ଥ କରୁଥିବା ଏ ଲେଖକ ସତେଯେପରି ରାମକୃଷ୍ଣ ପରମହଂସଙ୍କ ଜୀବନୀ ରଚନା କରି ତାହାର ପ୍ରକୃତ ପ୍ରାୟଶ୍ଚିତ କରିଛନ୍ତି। ବିଶ୍ୱ ପ୍ରସିଦ୍ଧ ଲେଖକ ରୋମାଁରୋଲାଁ ରାମକୃଷ୍ଣ, ବିବେକାନନ୍ଦ ଓ ଗାନ୍ଧୀଙ୍କ ଜୀବନୀ ରଚନା କରିବା ବା ଲୁଇ ଫିସର ଗାନ୍ଧୀଙ୍କ ସହିତ ଅନେକ ଦିନ ବିତାଇବା ପରେ ଯେଭଳି ଗାନ୍ଧୀ ବ୍ୟକ୍ତିତ୍ୱକୁ ଜୀବନ୍ତ ରୂପାୟନ କରିପାରିଛନ୍ତି, ତାହା ଏ ସ୍ଥଳରେ ଏକାନ୍ତ ସ୍ମରଣୀୟ।

ଚିତ୍ର ହେଉ ବା ସାହିତ୍ୟ-ଉଭୟ ଭିତରେ ନିଶ୍ଚୟ ରହିଛି ଏକ ସାମାଜିକ ଅଂଗୀକାରବଦ୍ଧତା ଓ ମହତ୍ ଆଦର୍ଶ। ଏହି ପ୍ରକୃତ ଲକ୍ଷ୍ୟ ବିଚ୍ୟୁତ ଚିତ୍ର ବା ସାହିତ୍ୟ କେବେହେଲେ କାହାର ଉପକାର ସାଧନ କରିପାରିବ ନାହିଁ। କଲ୍ୟାଣଧର୍ମୀ କଳାଭାବରେ ଚିତ୍ରାଙ୍କନ ଓ ସାହିତ୍ୟର ମର୍ଯ୍ୟାଦା ଓ ଆକର୍ଷଣ ସର୍ବଦା ଅମ୍ଳାନ କାଳୋତ୍ତୀର୍ଣ୍ଣ। ■

ସାହିତ୍ୟ ଓ ବୟନକଳା

ମଣିଷ ଯେଉଁଦିନଠାରୁ ସଚେତନ ହେଲା ସ୍ୱଶରୀରକୁ ଆଚ୍ଛାଦନ କରିବା ପାଇଁ ସେଦିନଠାରୁ ବୟନକଳାର କଳ୍ପନା ଉଦ୍ରେକ ହୋଇଛି ତା'ମନରେ। କପାଚାଷ କରି ତୁଳା ଉତ୍ପାଦନ କରିବା ଓ ସେଥିରୁ ବସ୍ତ୍ର ପ୍ରସ୍ତୁତ କରିବାର କଳା ସେ ଆୟତ୍ତ କରିଛି ଚେତନାର କ୍ରମବିକାଶ ଧାରାରେ। ଏହି ହସ୍ତକଳା କିପରି ସୁବିକଶିତ ରୂପଲାଭ କରିଛି ତାହା ଦେଖିଲେ ବିସ୍ମିତ ହେବାକୁ ପଡ଼ିଥାଏ। ପୁରୁଷ ଓ ନାରୀ ଉଭୟଙ୍କ ନିମନ୍ତେ ସ୍ୱତନ୍ତ୍ର ସ୍ୱତନ୍ତ୍ର ପ୍ରକାରର ବସ୍ତ୍ର ବୟନ କରି ତନ୍ତଶିଳ୍ପୀ ଯେଉଁ ପ୍ରତିଭାର ପରିଚୟ ପ୍ରଦାନ କରିପାରିଛି, ତାହାମାନବ-ସଭ୍ୟତାର ଏକ ଶ୍ରେଷ୍ଠସଫଳତା। ଏତେ ସୂକ୍ଷ୍ମବସ୍ତ୍ର ବୟନ କରିବାରେ ଶିଳ୍ପୀ ନିଜ ଦକ୍ଷତାର ପରିଚୟ ଦେଇଛି ଯାହାର ଭିନ୍ନଭିନ୍ନ ରୂପରେଖ ଦେଖିବାକୁ ମିଳେ ପ୍ରତ୍ୟେକ ଦେଶ ପ୍ରଦେଶ ଓ ଅଞ୍ଚଳ ମଧ୍ୟରେ।

ତେବେ ଆଜି ଉକ୍ତ ବୟନ-ପରମ୍ପରାର ଯେଉଁ ବୈଚିତ୍ର୍ୟ ଲକ୍ଷ୍ୟକରି ଆମେ ବିସ୍ମିତ ଓ ଆନନ୍ଦିତ ହେଉଛୁ, ତାହା ଶତଶତ ବର୍ଷର ନିରବଚ୍ଛିନ୍ନ ତପସ୍ୟାର ଚରମ ଅଭିବ୍ୟକ୍ତି। ଏ ପ୍ରସଙ୍ଗରେ ଯଦିଓ ବିଭିନ୍ନ ଆଞ୍ଚଳିକ ବିଶେଷତ୍ୱକୁ ବର୍ଣ୍ଣନା କରାଯାଇପାରେ; ଏଠାରେ ସମ୍ବଲପୁରୀ ବସ୍ତ୍ରର ସୁଷମା ଅବତାରଣା ଏକାନ୍ତ ଆକର୍ଷଣୀୟ ଓ ଯୁକ୍ତିସଙ୍ଗତ। ସମ୍ବଲପୁରୀ ବସ୍ତ୍ରର ଚାହିଦା ଓ ରୁଚି-ସଂପନ୍ନତାକୁ ଅନୁଧ୍ୟାନ କରିବାର ଯେ ନିଶ୍ଚୟ ଆବଶ୍ୟକ, ଏହା କହିବା ନିଷ୍ପ୍ରୟୋଜନ। ଏହି ସମ୍ବଲପୁରୀ ବୟନକଳା ବିକଶିତ ହୋଇଉଠିଛି ଅସଂଖ୍ୟ ସଚେତନ ଶିଳ୍ପୀଙ୍କ ଉଲ୍ଲେଖଯୋଗ୍ୟ ଯୋଗଦାନ ଦ୍ୱାରା। ପୁରୁଷ ପରିଧାନ କରୁଥିବା ବସ୍ତ୍ରଠାରୁ ନାରୀ ଅଙ୍ଗକୁ ଆଚ୍ଛାଦିତ କରିରଖୁଥିବା ବସ୍ତ୍ର ଯେ ଅଧିକ କାରୁକାର୍ଯ୍ୟମୟ, ତାହା କିଏବା ନଜାଣେ ? ବିଭିନ୍ନ ରଂଗରଶାଢ଼ୀ ପ୍ରସ୍ତୁତ କରିବାରେ ଶିଳ୍ପୀର ଯେଉଁ ସୌନ୍ଦର୍ଯ୍ୟ ଚେତନା ସୁବିକଶିତ ହୋଇଉଠିଛି, ତାହା ସାହିତ୍ୟ-ସମ୍ବନ୍ଧିତ ନିଶ୍ଚିତ ଭାବରେ।

ପ୍ରଥମ ବିଷୟ ହେଲା କଳ୍ପନାର ଯାଦୁକରୀ କଳା। ଜଣେ କବିର କବିତା

କଳ୍ପନା ଦ୍ୱାରା ଯେପରି ସୌନ୍ଦର୍ଯ୍ୟ ବିମଣ୍ଡିତ ହୋଇଥାଏ, ହସ୍ତତନ୍ତ ଶିଳ୍ପୀର କଳ୍ପନାର ଡେଣା ତଦ୍ରୂପ ଶକ୍ତିଶାଳୀ। ପୁନଶ୍ଚ ନିଜସ୍ୱ କଳ୍ପନାକୁ ରୂପାୟିତ କରିବା ନିମନ୍ତେ ସାହିତ୍ୟଶିଳ୍ପୀ ଯେପରି ଆନ୍ତରିକତା ପ୍ରଦର୍ଶନ କରେ ଠିକ୍ ସେହିପରି ବୟନଶିଳ୍ପୀଟିଏ ମଧ୍ୟ ନିଜ ମସ୍ତିଷ୍କ-ସଂଜାତ କଳ୍ପନା-ପ୍ରବଣତା ଦ୍ୱାରା ବସ୍ତ୍ରକୁ ସୁଷମାନ୍ୱିତ କରିଦେଇଥାଏ। ବିଭିନ୍ନ ପ୍ରକାରର ତାଳପତ୍ର, ଜୀବଜନ୍ତୁ, ପଶୁପକ୍ଷୀ, ମଣିଷ-ଏହାର ଚିତ୍ର ପ୍ରସ୍ଫୁଟନ କରି ଶାଢ଼ୀ ମଧ୍ୟରେ ପ୍ରତିଭାର ଯେଉଁ ପ୍ରଲେପ ଶିଳ୍ପୀ ପ୍ରଦାନ କରେ ତାହା ଦର୍ଶକ ଭିତରେ ସୃଷ୍ଟି କରିପାରେ ଏକ କାବ୍ୟିକ ଅନୁଭବ।

କେବଳ ନିଜର ବ୍ୟବସାୟ ବାଣିଜ୍ୟ ସକାଶେ ଅର୍ଥ ଉପାର୍ଜନ ପାଇଁ ଯେଉଁମାନେ ଏହି କଳା ସହିତ ସମ୍ବନ୍ଧିତ, ସେମାନେ ସାହିତ୍ୟିକ ଭାବ ଦ୍ୱାରା ନିଜ ଅଜାଣତରେ ମଧ୍ୟ ଉଦ୍‌ବୁଦ୍ଧ ହୋଇଥାନ୍ତି। ଏହା ବ୍ୟତୀତ ଏପରି ଅନେକ ସଚେତନ ଶିଳ୍ପୀ ଅର୍ଥ ଉପାର୍ଜନ ଉଦ୍ଦେଶ୍ୟରେ କେବଳ ନୁହେଁ, ନିଜର କଳା ପ୍ରାଣତାର ନିଦର୍ଶନ ପ୍ରଦାନ କରିବା ନିମିତ୍ତ ସୃଷ୍ଟି କରନ୍ତି ଅସଂଖ୍ୟ ବସ୍ତ୍ର ଯାହା ଭିନ୍ନ ଭିନ୍ନ ସୁରୁଚିର ଉଚ୍ଚାଙ୍ଗ ପରିଚିତି। କାରଣ ଜଣେ କବି ପ୍ରକୃତିକୁ ଦେଖି ଯେପରି ବିଭୋର ହୋଇଯାଏ, ଠିକ୍ ସେହିପରି ବୟନଶିଳ୍ପୀ ପ୍ରକୃତି-ସଂନ୍ଦର୍ଶନ କରି ସମଭାବରେ ହୋଇଥାଏ ଭାବବିହ୍ୱଳ। ଏହି ବସ୍ତ୍ରଗୁଡ଼ିକ ଉପରେ ଚିତ୍ରିତ ବୃକ୍ଷଲତା, ନଦୀ, ପର୍ବତ ମଧ୍ୟ କଥା କହିଥାନ୍ତି। କେବଳ ଶୁଣିଲା ଲୋକର ସେହି ଶ୍ରବଣ ଶକ୍ତି ଥିବା ଆବଶ୍ୟକ। ଦ୍ୱିତୀୟ କଥା ହେଲା, ଉଚ୍ଚକୋଟୀର ସାହିତ୍ୟ ସର୍ଜନା ସର୍ବଦା ଜୀବନକୁ କଳାବିମଣ୍ଡିତ କରିବା ସଂଗେ ସଂଗେ ଜୀବନ ପାଇଁ ସଂରକ୍ଷିତ କରି ରଖିଦେଇଥାଏ ଏକ ମହାନ୍ ବାର୍ତ୍ତା। ଏହି ସନ୍ଦେଶ ବିହୀନ ସାହିତ୍ୟ କଦାପି ଅର୍ଥପୂର୍ଣ୍ଣ ମନେ ନହେବା ଯେପରି ସ୍ୱାଭାବିକ, ସେହିପରି ବସ୍ତ୍ରକଳା ବ୍ୟବହାର ଉପଯୋଗୀ ହେବାର ଆବଶ୍ୟକତା ରହିଥିବା ସହିତ ଜୀବନ ପାଇଁ ଏକ ମହାନ୍ ବାର୍ତ୍ତା ସେଠାରେ ଅନ୍ତର୍ଗୁମ୍ଫିତ ହୋଇ ନ ରହିଲେ ତାହା କଳାତ୍ମକ ସିଦ୍ଧି ପ୍ରାପ୍ତ ହୁଏ ନାହିଁ। କାବ୍ୟକବିତାର ନାମକରଣ ଯେପରି ଅଲୌକିକ ପ୍ରତିଭାର ଉଦ୍ଭାସନ, ଠିକ୍ ସେହିପରି ପ୍ରତ୍ୟେକ ବସ୍ତ୍ରର ନାମକରଣରେ ଫୁଟିଉଠେ କଳାତ୍ମକ ଆବେଦନ। ଶାଢ଼ୀଗୁଡ଼ିକର ନାମର ଦୃଷ୍ଟାନ୍ତ ହେଉଛି 'ବିଚିତ୍ରା', 'ମୃଗନୟନୀ', 'ତପସ୍ୱିନୀ', 'ଅନୁରାଧା','ଅନସୂୟା', 'ପରୀ' ଆଦି। କାବ୍ୟଗୁଡ଼ିକ ଯେପରି ନାୟିକାଙ୍କ ସୁମଧୁର ନାମଦ୍ୱାରା ନାମିତ ହେବାର ପରମ୍ପରା ରହିଆସିଛି ସେପରି ଭାବରେ ଏହି ଶାଢ଼ୀଗୁଡ଼ିକର ନାମକରଣ ମଧ୍ୟ କରାଯାଇଛି କାବ୍ୟିକ-ପ୍ରବେଗର ପରିଚୟ ପ୍ରଦାନ କରି।

ଯେଉଁମାନେ ବୟନଶିଳ୍ପୀମାନେ କାବ୍ୟକବିତା, ପୁରାଣ ପ୍ରସିଦ୍ଧ ସାହିତ୍ୟକୃତି ଅଧ୍ୟୟନରେ ଆଗ୍ରହୀ, ସେମାନେ ନିଜ କଳାକୃତି ମଧ୍ୟରେ ଜୀବନ ସକାଶେ ସଂଯୋଜିତ କରିଦେଇଥା'ନ୍ତି ଏକ ଏକ ପବିତ୍ର ସନ୍ଦେଶ। ଯେଉଁ ଫୁଲପତ୍ର ପକ୍ଷୀକୂଳ ସେଥିରେ

ଚିତ୍ରିତ, ତାହା ଏକ ଏକ ପ୍ରତୀକ ଭାବରେ ପ୍ରଯୁକ୍ତ ହୋଇଥା'ନ୍ତି ଶିଳ୍ପୀର ସଚେତନ ସାଧନା ଦ୍ୱାରା । ଆଧୁନିକ କବିତାରେ ଯେପରି ପ୍ରତୀକ, ଚିତ୍ରକଳ୍ପ ମିଥ୍ ଚେତନାର ବ୍ୟବହାର ଏକାନ୍ତ ତାପର୍ଯ୍ୟପୂର୍ଣ୍ଣ, ସେହିପରି ବୟନଶିଳ୍ପୀର କୃତିରେ ମଧ ପ୍ରତୀକାତ୍ମକ ପରିବେଷଣ ସର୍ବଦା ହୋଇଥାଏ ଅଧିକ ଭାବପୂର୍ଣ୍ଣ । ବର୍ତ୍ତମାନ ନାରୀ ଓ ପୁରୁଷଙ୍କ ପରିଧାନ ବ୍ୟତୀତ ଏପରି ଅନେକ ସ୍ୱତନ୍ତ୍ର କଳାକୃତି ପ୍ରସ୍ତୁତ ହେଉଛି, ଯାହା ଗୃହ ଓ ବିଭିନ୍ନ ଅନୁଷ୍ଠାନର ପ୍ରାଚୀରକୁ ପରିଶୋଭିତ କରିବା ପାଇଁ ଉଦ୍ଦିଷ୍ଟ । ପଦ୍ମଶ୍ରୀ ଶିଳ୍ପଗୁରୁ କୁଞ୍ଜବିହାରୀ ମେହେରଙ୍କ ନିର୍ମିତ 'ଗାନ୍ଧିଜୀକେ ଅବଦାନ', 'ଷ୍ଟେଚ୍ୟୁ ଅଫ୍ ଲିବର୍ଟି', 'ବିଦ୍ୟାଦାତ୍ରୀ ମା' ସରସ୍ୱତୀ', 'ବୁଦ୍ଧଂ ଶରଣଂ ଗଚ୍ଛାମି', 'ସ୍ୱଭାବକବି ଗଙ୍ଗାଧର ମେହେର' ଆଦି ୱାଲ ହ୍ୟାଙ୍ଗିଙ୍ଗ୍ ପ୍ରସିଦ୍ଧି ଅର୍ଜନ କରିଛି । ଅନ୍ୟତମ ପଦ୍ମଶ୍ରୀ ଓ ଶିଳ୍ପଗୁରୁ-ସମ୍ମାନ ପ୍ରାପ୍ତ ଡ. ଚତୁର୍ଭୁଜ ମେହେର ଶାଢୀରେ କେବଳ ପ୍ରାକୃତିକ ଚିତ୍ର ପ୍ରସ୍ଫୁଟନ କରିବାରେ ସନ୍ତୁଷ୍ଟ ନୁହନ୍ତି । ଏହାକୁ ସ୍ୱର୍ଣ୍ଣିମ ସ୍ପର୍ଶରେ ଅଳଂକୃତ କରିବାର ଯେଉଁ ପ୍ରୟାସ କରିଛନ୍ତି, ତାହା ସୁପ୍ରସିଦ୍ଧ ଅଭିନେତ୍ରୀ ଐଶ୍ୱର୍ଯ୍ୟା ରାୟଙ୍କ ପାଇଁ ମଧ ଆକର୍ଷଣୀୟ ପରିଧାନ ଭାବରେ ପରିଗୃହୀତ ହୋଇଛି । ଗୋଟିଏ ଶାଢୀର ନିର୍ମାଣ ସମୟ ବର୍ଷାଧିକ ବୋଲି ଜଣାପଡ଼ିଯାଏ । କେତେ ସୂକ୍ଷ୍ମ କାରୁକାର୍ଯ୍ୟ ବିମଣ୍ଡିତ ହେଲେ ଏଥିପାଇଁ ବର୍ଷ ବର୍ଷ ସମୟ ଅତିକ୍ରାନ୍ତ ହୋଇପାରେ ତାହା ଏଥିରୁ ଅନୁମେୟ । ବର୍ତ୍ତମାନ ଆଉ ଅନେକ ଶିଳ୍ପୀ ଏପରି ଦୁର୍ଲଭ ବାର୍ତ୍ତା ସମ୍ବଳିତ କଳାକୃତି ପ୍ରସ୍ତୁତ କରୁଛନ୍ତି ଯାହାଦ୍ୱାରା ସେମାନେ ଦେଶ ବିଦେଶର ବହୁ ସମ୍ମାନ ଦ୍ୱାରା ଆଦୃତ । ଆମେରିକା, ଋଷିଆ, ଜର୍ମାନ, ଜାପାନ, ଚୀନ୍, ପ୍ରଭୃତି ବିଭିନ୍ନ ଉନ୍ନତ ରାଷ୍ଟ୍ରକୁ ଆମନ୍ତ୍ରିତ ହୋଇ ସେମାନେ ନିଜସ୍ୱ କଳା ପ୍ରଦର୍ଶନ ଅବ୍ୟାହତ ରଖିପାରିଛନ୍ତି । ବିଂଶ ଶତାବ୍ଦୀର ଷଷ୍ଠ ଦଶକ ଆଡ଼କୁ ବିଶିଷ୍ଟ ବାନ୍ଧଶିଳ୍ପୀ ରାଧାଶ୍ୟାମ ମେହେର, ଯିଏ ସମ୍ବଲପୁରର ବିଶିଷ୍ଟ କୃତୀ ସନ୍ତାନ, ସେ ହିଁ ହେଉଛନ୍ତି ଏହି ସମ୍ବଲପୁରୀ ବସ୍ତ୍ରକୁ ଜାତୀୟ ଓ ଆନ୍ତର୍ଜାତୀୟ ସ୍ତରରେ ପହଞ୍ଚାଇବାର ଶ୍ରେଷ୍ଠ ନାୟକ । ସେ ସମୟର ସୁପ୍ରସିଦ୍ଧ ଚଳଚ୍ଚିତ୍ର ଅଭିନେତ୍ରୀମାନେ ତାଙ୍କ ନିର୍ମିତ ବସ୍ତ୍ର ପରିଧାନ କରିବାର ପ୍ରମାଣ ରହିଛି । ସେହିପରି ପଣ୍ଡିତ ଜବାହାରଲାଲ୍ ନେହେରୁଙ୍କ ଠାରୁ ଆରମ୍ଭ କରି ଜାତୀୟ ସ୍ତରର ବହୁ ବିଶିଷ୍ଟ କୃତୀ ସନ୍ତାନ ତାଙ୍କ କଳାର ଉଚ୍ଚ ପ୍ରଶଂସା କରିଯାଇଛନ୍ତି ।

ଓଡ଼ିଶାର ବିଶିଷ୍ଟ କବି ବ୍ରଜନାଥ ରଥ ବରପାଲି ପରିଦର୍ଶନ କରିବା ପରେ ଲେଖିଥିଲେ ଏକ ଏକପଦୀ କବିତା । ତାହାକୁ ଏଠାରେ ଉଦ୍ଧାର କଲେ ସାହିତ୍ୟ ଓ ବୟନଶିଳ୍ପର ସାଦୃଶ୍ୟକୁ ଯେକେହି ଅନୁଭବ କରିପାରିବେ ।

'ଏଠାରେ ଧୂଳିମାଟି
ହୋଇଛି ମଧୁମୟ

ଗୋଟିଏ ଲେଖନୀର ଗାରେ,
ଏଠାରେ କଳାପନା
ରଙ୍ଗବୋଲି ହୋଇ
କୋଟିଏ ସୂତାଖିଏ ଝରେ ।

ସ୍ୱଭାବକବି ଗଙ୍ଗାଧର ମେହେରଙ୍କ ଅମୃତ ଲେଖନୀ ବଳରେ ବରପାଲିର ପ୍ରତିଟି ଧୂଳିକଣା ସାହିତ୍ୟ ଭାବପୂର୍ଣ୍ଣ ଏବଂ ବୟନଶିଳ୍ପୀଙ୍କ କଳ୍ପନାର ରଙ୍ଗରେ ଅଜସ୍ର ତନ୍ତ କଳାକୃତି ଏହି ଭୂମିକୁ କରିଦେଇଛି ଅନୁପମ । ଅର୍ଥାତ୍ କବିର ମଧୁସିକ୍ତ ଚେତନା ଓ ବୟନଶିଳ୍ପୀର ନିରବଚ୍ଛିନ୍ନ ସାଧନା ମଧ୍ୟରେ ରହିଛି ଯେଉଁ ସମାନ ମୂର୍ଚ୍ଛନା, ତାହାର ଏକ ଶ୍ରେଷ୍ଠ ସଂକେତ ହେଉଛି ଉଦ୍ଧୃତ ପଦଟି । ସ୍ୱଭାବକବି ଗଙ୍ଗାଧର ମେହେର ନିଜେ ଥିଲେ ଜଣେ ସାର୍ଥକ ବୟନଶିଳ୍ପୀ । ତାଙ୍କ ଦ୍ୱାରା ପ୍ରସ୍ତୁତ ବସ୍ତ୍ର କିପରି ସୁଚିକ୍କଣ ବା ମସୃଣ ଓ ଆକର୍ଷଣୀୟ ଥିଲା ତାହା କବିପୁତ୍ର ଭଗବାନ ମେହେରଙ୍କ ରଚିତ 'ପିତୃପ୍ରସଙ୍ଗ ଗ୍ରନ୍ଥରୁ ପ୍ରମାଣିତ ହୋଇଯାଏ ।

ଭାରତବର୍ଷର ଏକାଧିକ ମହାନ୍ ସାହିତ୍ୟ ସାଧକ ବୟନକଳା ସହିତ ଥିଲେ ସଂଯୁକ୍ତ । ସନ୍ଥ କବୀର ଜାତିରେ ଥିଲେ ଝୋଲିଆ । ଯେପରି ଗଙ୍ଗାଧର ହେଉଛନ୍ତି ଭୁଲିଆ । ସେହିପରି ତିରୁଭଲ୍ଲୁଭର, ଯିଏ 'ତିରୁ କୁରାଳ' ରଚନା କରି ପୃଥିବୀ ବିଖ୍ୟାତ ହୋଇଛନ୍ତି, ସେ ମଧ୍ୟ ତନ୍ତ ଚାଳନାରେ ଥିଲେ ସୁଦକ୍ଷ । ଆଉ ଏକ ଉଲ୍ଲେଖନୀୟ କଥା ହେଉଛି, ତନ୍ତ ଶିଳ୍ପୀମାନେ ଯେତେବେଳେ ବସ୍ତ୍ରବୟନ କରନ୍ତି ସେତେବେଳେ ବିଶିଷ୍ଟ କବିମାନଙ୍କ କାବ୍ୟଗୁଡ଼ିକର ସୁପ୍ରସିଦ୍ଧ ପଂକ୍ତି ଗାୟନ କରି ଅପୂର୍ବ ସଂଗୀତମୟ ପରିବେଶ ସୃଷ୍ଟି କରିଥା'ନ୍ତି ତନ୍ତଶାଳାରେ । ସ୍ୱଭାବକବି ଗଙ୍ଗାଧର ମେହେର ମଧ୍ୟ ନିଜ ଯୌବନ କାଳରେ ଉପେନ୍ଦ୍ର ଭଞ୍ଜ, ଦୀନକୃଷ୍ଣ ଦାସ, ଅଭିମନ୍ୟୁ ସାମନ୍ତସିଂହାର ପ୍ରମୁଖଙ୍କ କାବ୍ୟକବିତା ଆବୃତ୍ତି କରି ବସ୍ତ୍ରବୟନ କରୁଥିଲେ । ତାଙ୍କୁ କୁହାଯାଏ 'ରଙ୍ଗାଜୀବ ଗଙ୍ଗାଧର' । ଅର୍ଥାତ୍ ରଙ୍ଗ ଯାହାର ଜୀବିକା ସେ ହେଉଛନ୍ତି 'ରଙ୍ଗାଜୀବ' । ଏହି ରଙ୍ଗାଜୀବମାନଙ୍କ ସରଳତା ନିରୀହତା ଉତ୍ସର୍ଗୀକୃତ ମନୋଭାବ ସାହିତ୍ୟ ଶିଳ୍ପୀର ବ୍ୟକ୍ତିତ୍ୱ ସହିତ ସାମଞ୍ଜସ୍ୟ ରକ୍ଷାକରିଆସିଛି ।

କେବଳ ସୂତାବସ୍ତ୍ର ନୁହେଁ, କୋଷା ବସ୍ତ୍ର ବୟନରେ ମଧ୍ୟ ପ୍ରସିଦ୍ଧି ଅର୍ଜନ କରିଛି ପଶ୍ଚିମ ଓଡ଼ିଶା । କୁଷ୍ଟା ଜାତିର ଶିଳ୍ପୀମାନେ ଏହି କୌଶେୟ ବସ୍ତ୍ର ବୟନ କରିଥା'ନ୍ତି, ଯେଉଁଠୁ ମଠା ବାପ୍ତା ବସ୍ତ୍ର ନିର୍ମିତ ହୋଇଥାଏ । ପୁନଶ୍ଚ ସଂପ୍ରତି ଏହି ବସ୍ତ୍ରମାନଙ୍କ ଉପରେ ଶ୍ରେଷ୍ଠ କାବ୍ୟ ପଂକ୍ତି ଗୁଡ଼ିକ ପରିଶୋଭିତ ହେବା ଦ୍ୱାରା ତାହାର ସାହିତ୍ୟିକ ଆବେଦନ ବୃଦ୍ଧିଲାଭ କରିଛି । ଉଭୟ ବୟନଶିଳ୍ପୀ ଓ ସାହିତ୍ୟଶିଳ୍ପୀର ପ୍ରାଣାବେଗରେ ଯେଉଁ ସୃଜନଶୀଳତାର ଆଲୋକ ବିଦ୍ୟମାନ ତାହା ନିଶ୍ଚିତ ଭାବରେ ଏକ ମହନୀୟ ସମ୍ମିଳନ ।

■

ସାହିତ୍ୟ ଓ ମୃଣ୍ମୟ କଳା

ମାଟିକୁ ନେଇ ମୂର୍ତ୍ତି ନିର୍ମାଣର କଳା କେତେ ଯେ ପ୍ରାଚୀନ, ତାହା କଦାପି ନିର୍ଦ୍ଧାରଣ କରାଯାଇନପାରେ । ଏହି ମୃତ୍ତିକା ବ୍ୟବହାର ଦ୍ୱାରା ରନ୍ଧନ ପାତ୍ର, ପାନପାତ୍ର ତଥା ଘରର ଛାତ ପାଇଁ ଖପର ତିଆରି ହୋଇଛି କୁମ୍ଭକାରମାନଙ୍କ ଦ୍ୱାରା । ଆଜି ସିନା ସହରୀ ଜୀବନ ଧାରାରେ ଅଭ୍ୟସ୍ତ ମଣିଷକୁ ମାଟି ପାତ୍ରର ବ୍ୟବହାର ପାଇଁ ଅନିଚ୍ଛୁକ, କିନ୍ତୁ ଦିନ ଥିଲା ଏହି ମାଟି ନିର୍ମିତ ନାନା ଦ୍ରବ୍ୟ ମଣିଷ ଲାଗିଥିଲା ଅତ୍ୟାବଶ୍ୟକ ଓ ଆକର୍ଷଣୀୟ ।

କୁମ୍ଭକାର ବା କୁମ୍ଭାର ଯେତେବେଳେ ଶଗଡ଼ ଗାଡ଼ିର ଚକର ମଧ୍ୟ ଭାଗରେ କଞ୍ଚା ମାଟି ପିଣ୍ଡୁଳା ମଧ୍ୟରୁ ସୁଚିକ୍କଣ ହାଣ୍ଡି, ଘୋଡ଼ା, ହାତୀ ଆଦି କେତେ ଆକର୍ଷଣୀୟ ଦ୍ରବ୍ୟ ସୃଷ୍ଟି କରୁଥାଏ, ତାହା ନିର୍ନିମେଷ ନୟନରେ ଦେଖିବା ଏକ ଅପୂର୍ବ ଉପଲବ୍ଧି । ସତେଯେମିତି କୁମ୍ଭକାର ସେ ସମୟରେ ପ୍ରତୀତ ହୁଅନ୍ତି ଜଣେ ଅସାଧାରଣ ଯାଦୁକର ଭାବରେ । କେଉଁ ମାଟିରେ କେଉଁ ପ୍ରକାରର ଜିନିଷ ତିଆରି କାରାଯାଇ ପାରିବ, ତାହା ପରୀକ୍ଷା କରି ଜାଣି ପାରନ୍ତି ସେମାନେ । ମାଟି ଆମର ମାଆ । ଏହି ମାତୃ-ସଦୃଶା ମୃତ୍ତିକାର କଳାପୂର୍ଣ୍ଣ ବ୍ୟବହାର କରିବା ବେଳେ ମଧ୍ୟ ମମତାମୟୀ ମାତୃ-ଚେତନା ଦ୍ୱାରା ପରିଚାଳିତ ହେଉଥାନ୍ତି ଏହି ମୃତ୍ତିକା ଶିଳ୍ପୀବୃନ୍ଦ । କେବଳ ପୁରୁଷ ଶିଳ୍ପୀମାନଙ୍କ ହାତରେ ଯେ ଏହି ଚକ୍ରାକାର ଘୂର୍ଣ୍ଣନରୁ ସୃଷ୍ଟିହୁଏ ମାଟି ପାତ୍ର ତାହା ନୁହେଁ, ସ୍ତ୍ରୀଲୋକମାନଙ୍କ ଦ୍ୱାରା ହାତରେ ତିଆରି ହୁଏ ନାନା ପ୍ରକାର ଛୋଟ ଛୋଟ ଆକର୍ଷଣୀୟ ଦେବ ଦେବୀଙ୍କ ପ୍ରତିମୂର୍ତ୍ତି, ତଥା ଈଶ୍ୱର ପୂଜନ ସକାଶେ ମାଟିଦୀପ । ଏହାର ଆଧୁନିକ ନାମକରଣ କରାଯାଇଛି 'ଟେରାକୋଟା' । ବର୍ତ୍ତମାନ ଏହି ଟେରାକୋଟା ଶିଳ୍ପ ଏତେ ପ୍ରସିଦ୍ଧି ଅର୍ଜନ କରିଛି ଯେ ଭାରତୀୟ ଶିଳ୍ପୀମାନେ ଦେଶବିଦେଶକୁ ଯାତ୍ରାକରି ପ୍ରଦର୍ଶନ କରୁଛନ୍ତି ଏହାର କଳା-ବୈଭବ । ଏତେ ପ୍ରକାରର ଜିନିଷ ତିଆରି ହେଉଛି ମାଟିକୁ ବ୍ୟବହାର କରି, ଯାହାର ତାଲିକା ହେବ ଅତ୍ୟନ୍ତ ସୁଦୀର୍ଘ । ଏହି ଶିଳ୍ପୀମାନେ ସାଧାରଣତଃ ଉଚ୍ଚଶିକ୍ଷାରୁ ବଞ୍ଚିତ । ସାହିତ୍ୟ ଅଧ୍ୟୟନ ଓ ମନନଠାରୁ ମଧ୍ୟ ସେମାନେ ଦୂରବର୍ତ୍ତୀ । ମାତ୍ର ସାହିତ୍ୟର ଯାହା

ସର୍ବମୂଳ ଆବେଦନ, ସେହି ସମ୍ବେଦନଶୀଳତା ହେଉଛି ତାଙ୍କଜୀବନର ଶ୍ରେଷ୍ଠ ସମ୍ପଦ। ଶାନ୍ତିନିକେତନରେ ଦେଖିବାକୁ ମିଳେ ବିଶ୍ୱକବି ରବୀନ୍ଦ୍ରନାଥଙ୍କ ମୃଣ୍ମୟ ମୂର୍ତ୍ତି ବିଭିନ୍ନ ଦୋକାନରେ କିପରି ସଜ୍ଜିତ ହୋଇ ରହିଛି ବିକ୍ରୟ କରିବା ଉଦ୍ଦେଶ୍ୟରେ। ଏହାର ବଜାର ମୂଲ୍ୟ ବର୍ତ୍ତମାନ ଯେଉଁ ସୋପାନରେ ପହଞ୍ଚିଛି, ସେଥିରେ କୁମ୍ଭକାରମାନେ ଆର୍ଥିକ ସ୍ୱଚ୍ଛଳତା ଲାଭ କରି ସମାଜରେ ସୁପ୍ରତିଷ୍ଠିତ ହୋଇପାରିଛନ୍ତି।

ଓଡ଼ିଶାର ପଶ୍ଚିମାଞ୍ଚଳରେ 'ପୂରାଁଉଆଁସ' ବୋଲି ଏକ ପର୍ବ ଘରେ ଘରେ ପାଳିତ ହୋଇଥାଏ। ସେଦିନ ଗାଈ, ବାଛୁରୀ, ବଳଦ, ହାତୀ ଆଦି ମାଟି ନିର୍ମିତ ମୂର୍ତ୍ତିକୁ ପୂଜାର୍ଚ୍ଚନା କରାଯାଏ ଓ ଗୃହର ଶିଶୁ ବାଳକ ବାଳିକାମାନେ ଏ ସବୁ ମୂର୍ତ୍ତିକୁ ମାଟିଚକ ନିର୍ମିତ ଛୋଟ ଛୋଟ ଗାଡ଼ି ତିଆରିକରି ରାସ୍ତାରେ ତାହାକୁ ରଶି ଦ୍ୱାରା ଟାଣି ଟାଣି ଖେଳି ବୁଲୁଥାନ୍ତି। ଏ ପ୍ରକାରର ଦୃଶ୍ୟ ପୂର୍ବପରି ଆଉ ଦୃଶ୍ୟମାନ ହେଉନଥିଲେ ମଧ୍ୟ ଗ୍ରାମାଞ୍ଚଳରେ ଏହି ପର୍ବ ଏ ପର୍ଯ୍ୟନ୍ତ ଶିଶୁ କିଶୋରଙ୍କ ପ୍ରାଣରେ ଉଲ୍ଲାସ ଭରି ଦେଇପାରିଛି।

ସାହିତ୍ୟ କେବଳ କାବ୍ୟ କବିତାରେ କିମ୍ବା ଗଳ୍ପ ଉପନ୍ୟାସରେ ଥାଏ, ତାହା ନୁହେଁ। କୁମ୍ଭକାରମାନଙ୍କର ଏ ଯେଉଁ କଳା-ସାଧନା କିମ୍ବା ମୃତ୍ତିକା ନିର୍ମିତ ଦେବଦେବୀ, ଗୃହପାଳିତ ପଶୁପକ୍ଷୀଙ୍କର ପୂଜାର୍ଚ୍ଚନା ସାହିତ୍ୟର ସର୍ବମୂଳ ଭାବାବେଗକୁ ସମ୍ପ୍ରସାରିତ କରିଆସିଛି ଯୁଗଯୁଗ ବ୍ୟାପୀ। ସମଗ୍ର ଭାରତବର୍ଷରେ ଏହି ଟେରୋକୋଟା ଶିଳ୍ପ ଏତେ ଅଭିନନ୍ଦିତ ଓ ଉଚ୍ଚ ପ୍ରଶଂସିତ ଯେ, ତାହା ଦେଶ ଭିତରେ ଆବଦ୍ଧ ନରହି ଆଜି ଅନ୍ତର୍ଜାତୀୟ ହସ୍ତଶିଳ୍ପ ବଜାରରେ ବିଶେଷ ସୁଖ୍ୟାତି ଅର୍ଜନ କରିପାରିଛି।

ତେବେ ମନରେ ପ୍ରଶ୍ନ ଉଠିବା ସ୍ୱାଭାବିକ ଯେ, ଏହି ମୃଣ୍ମୟକଳା ସହିତ ସାହିତ୍ୟର ସଂପର୍କ କ'ଣ ? ଯେଉଁମାନେ ହେଉଛନ୍ତି ମୃଣ୍ମୟ-ଶିଳ୍ପୀ, ସେମାନେ ସମସ୍ତେ ଯେ ସାହିତ୍ୟ ପ୍ରତି ସଚେତନ ଥାଆନ୍ତି, ତାହା ନୁହେଁ। ଆମର ଏକ ସାଧାରଣ ଧାରଣା ଯେ, ସାହିତ୍ୟ କେବଳ ପୁସ୍ତକ ମଧ୍ୟରେ ସୀମିତ। ମାତ୍ର ସାହିତ୍ୟର ପରିସର ଯେ କେତେ ବ୍ୟାପକ, ତାହା ଆଲୋଚନା କରିବାର ବିଶେଷ ପ୍ରୟୋଜନ ନାହିଁ। ପ୍ରତ୍ୟେକ ମଣିଷର ହୃଦୟରେ ସାହିତ୍ୟର ଭାବଧାରା ହିଁ ତାକୁ ବିକଶିତ କରୁଥାଏ ନିରନ୍ତର। କୁମ୍ଭକାର ମାଟି ସଂଗ୍ରହଠାରୁ ଆରମ୍ଭ କରି ବିଭିନ୍ନ ମୂର୍ତ୍ତି ଓ ଦ୍ରବ୍ୟଗୁଡ଼ିକ ମାଟିରେ ତିଆରି କରିବାବେଳେ ଯେଉଁ ସୌନ୍ଦର୍ଯ୍ୟମୟ କଳ୍ପନାରେ ଅଧୀର ହୁଏ, ତାହା ହିଁ ତା'ର କଳାପାଟବତାକୁ ପ୍ରଦାନ କରିଥାଏ ଅଭିଳଷିତ ପରିପୂର୍ଣ୍ଣତା।

ଏହି ଦୃଷ୍ଟିରୁ ଦେଖିବାକୁ ଗଲେ ପ୍ରତ୍ୟେକ ମୃଣ୍ମୟ ଶିଳ୍ପୀ ହେଉଛନ୍ତି ମାଟିରେ ସାହିତ୍ୟ- ସୃଷ୍ଟି କରୁଥିବା ଜଣେ ଜଣେ ସଫଳ ସାହିତ୍ୟ-ଶିଳ୍ପୀ ମଧ୍ୟ। ଏଠାରେ ଆଉ ଏକ

ବିଷୟ ଚର୍ଚ୍ଚା ପରିସରକୁ ଆସିପାରିବ, ଯାହା ହେଲା ଲେଖକ ଓ କବିମାନଙ୍କୁ ଏହି ମୃତ୍ତିକା କଳା ପ୍ରଦାନ କରିପାରେ ସୌନ୍ଦର୍ଯ୍ୟାନୁଭୂତିର ବିଶେଷ ପୁଲକ । ସେହିପରି ସାଧାରଣ ଦର୍ଶକମାନେ ମଧ୍ୟ ମାଟିରେ ନିର୍ମିତ ବିଭିନ୍ନ ପ୍ରକାରର ଜିନିଷ ଓ ପ୍ରତିମୂର୍ତ୍ତି ଦେଖି ଯେପରି ଚକିତ ହୁଅନ୍ତି, ତାକୁ ନେଇ ଗୃହ ସଜ୍ଜୀକରଣର ସ୍ୱପ୍ନ ମଧ୍ୟ ଦେଖିଥାନ୍ତି । ଆମର ଧାରଣା ଯେଉଁ ଘରେ ବହିଥାକ ନାହିଁ, ତାହା ସୁନ୍ଦର ଦେଖାଯାଇପାରେନା । ମାତ୍ର ଏହି ପୁସ୍ତକାବଳୀ ସହିତ ମୃତ୍ତିକା ନିର୍ମିତ ଦୀପଟିଏ ଗଣେଶ ବା ସରସ୍ୱତୀଙ୍କର ମୂର୍ତ୍ତିଟିଏ ଯେତେବେଳେ ସଜ୍ଜିତ ହୋଇ ରହେ, ସେତେବେଳେ ଗୃହକର୍ତ୍ତାଙ୍କର ନାନ୍ଦନିକ ଚେନତାର ପରିଶୁଦ୍ଧତା ସ୍ୱତଃ ଅନୁଭୂତ ହୋଇପାରେ ।

ଅନେକ ସମୟରେ ଦେଖାଦେଇଛି ଯେ, ବିଶିଷ୍ଟ କବି-ପ୍ରତିଭାମାନଙ୍କ ମାଟି ମୂର୍ତ୍ତି ଲୋକପ୍ରିୟତା ଅର୍ଜନ କରିପାରିଛି । ଏହାର ଏକ ଶ୍ରେଷ୍ଠ ଉଦାହରଣ ହେଉଛି ଶାନ୍ତିନିକେତନ । ଏଠାରେ ରବୀନ୍ଦ୍ରନାଥଙ୍କୁ କାନ୍ଥରେ ଝୁଲାଇ ରଖିବା ପରି ପତଳା ଆକାରରେ ନିର୍ମିତ ମାଟି ମୂର୍ତ୍ତି ସହିତ ତାଙ୍କର ନୋବେଲ ପୁରସ୍କାର ଗ୍ରହଣ ସମୟର ପୋଷାକ ପରିହିତ ଆକର୍ଷଣୀୟ ମୂର୍ତ୍ତି ହଜାର ହଜାର ସଂଖ୍ୟାରେ ପର୍ଯ୍ୟଟକଙ୍କ ଦ୍ୱାରା ଆଦୃତ ହୋଇଥାଏ । ଜଣେ ବିଶିଷ୍ଟ କବିଙ୍କୁ ନେଇ ମୃତ୍ତିକା-ଶିଳ୍ପ ଯେ କେତେ ଅଗ୍ରଗାମୀ ହୋଇପାରେ ଓ ଦାରିଦ୍ର୍ୟ ନିପୀଡ଼ିତ ଜୀବନରେ ଆଶାର ସଞ୍ଚାର କରିପାରେ, ତାହା ଅନୁଧ୍ୟାନ କରିବାର ବିଷୟ । ପୃଥିବୀର ଆଉ ଅନ୍ୟାନ୍ୟ ସ୍ଥଳରେ ଏହି ଲୋକାଦୃତ ପରମ୍ପରାର ଦୃଷ୍ଟାନ୍ତ କେତେ ରହିଛି, ତାହା ଅନ୍ୱେଷଣ ସାପେକ୍ଷ । ସେ ଯାହା ହେଉ ନା କାହିଁକି, ମହାତ୍ମାଗାନ୍ଧୀ, ସ୍ୱାମୀ ବିବେକାନନ୍ଦ, ରାମକୃଷ୍ଣ ପରମହଂସଙ୍କ ଭଳି ଉଚ୍ଚଚେତନା ସମ୍ପନ୍ନ ମହାପୁରୁଷଙ୍କ ପ୍ରତିମୂର୍ତ୍ତି ସବୁ ଏଭଳି ଧାରାରେ ଯଦି ବହୁ ସଂଖ୍ୟାରେ ନିର୍ମିତ ହୋଇପାରିବ, ତା'ହେଲେ ଜନସାଧାରଣ ଅତିକମ୍ ମୂଲ୍ୟ ବିନିଯୋଗ କରି ତାହା କ୍ରୟ କରିପାରିବେ ଓ ତତ୍ଦ୍ୱାରା ଘରେ ଘରେ ପ୍ରତିଭା ପୂଜାର ଏକ ସୁବିମଳ ମହତ୍ତ୍ୱ ପ୍ରକାଶିତ ହେବାରେ ଲାଗିବ ।

ଥରେ ଏ ଲେଖକ ଜଣେ ମୃତ୍ତିକା ଶିଳ୍ପୀଙ୍କ ସହିତ ବାର୍ତ୍ତାଳାପ କଲା ସମୟରେ ସେ ସୂଚନା ଦେଲେ ଯେ, ପ୍ରତିଟି ଥର ମାଟି ସଂଗ୍ରହ କରିବା ବେଳକୁ ଧରିତ୍ରୀ ମାତାଙ୍କୁ ପ୍ରାର୍ଥନା କରନ୍ତି ସେ ଯେଉଁ ଆନ୍ତରିକତା ତଥା ବିନମ୍ରତା ନେଇ, ସେଥିରେ ବାସ୍ତବିକ ପ୍ରତିଫଳିତ ହୋଇଯାଏ ମହତ୍ କାବ୍ୟ-ଶିଳ୍ପର ମଙ୍ଗଳାଚରଣ । ଏହି ଜାତିର ନିର୍ଦ୍ଦିଷ୍ଟ ଦେବତା ମଧ୍ୟ ରହିଥାନ୍ତି । ପ୍ରତିବର୍ଷ ସେହି ଦେବ-ପୂଜା ମଧ୍ୟ ନିରାଡ଼ମ୍ବର ଭାବରେ ପାଳିତ ହୋଇଥାଏ । ସେଦିନ ମୃତ୍ତିକା ଶିଳ୍ପୀବୃନ୍ଦ ସମ୍ପୂର୍ଣ୍ଣ ଉପବାସ ରହି ପବିତ୍ର ମନୋଭାବରେ ପୂଜାର୍ଘ୍ୟ ପ୍ରଦାନ କରନ୍ତି ତାଙ୍କ ଚିରପୂଜ୍ୟ ଦେବତାଙ୍କୁ ଯେ ସମସ୍ତ ନିର୍ମାଣ ତାଙ୍କ ଦ୍ୱାରା

ସୁମ୍ପନ୍ନ ହେଉ ବୋଲି। ବର୍ତ୍ତମାନ ଜାତୀୟ ଓ ଅର୍ନ୍ତଜାତୀୟ ସ୍ତରରେ ଅନେକ ଶିଳ୍ପୀ ଯେଉଁ ସ୍ୱୀକୃତି ଓ ପୁରସ୍କାର ଲାଭ କରିଛନ୍ତି ତାହା ମଧ୍ୟ ବଜାର ଚାହିଦାର ଏକ ସଫଳ ଦୃଶ୍ୟ। ଏପରି ପାରମ୍ପରିକ କଳାକୁ ପ୍ରୋତ୍ସାହିତ କରିବାରେ ସରକାରଙ୍କ ସ୍ୱଷ୍ଟ ଭୂମିକା ବାରି ହୋଇପଡ଼େ।

ସାହିତ୍ୟ ସାଧନାରେ ନିମଗ୍ନ ସ୍ରଷ୍ଟା ବୃନ୍ଦ ମୃତ୍ତିକାକଳା ସହିତ ଯେତିକି ନିଜକୁ ସଂପୃକ୍ତ ରଖିବେ ସେହି ପରିମାଣରେ ସେମାନଙ୍କ ଆତ୍ମିକ ବିକାଶ ମଧ୍ୟ ସ୍ୱତଃ ସାଧିତ ହୋଇପାରିବ। ଆପଣାର ପରିବାର ମଧ୍ୟରେ ଏହି ନୈତିକ ବୃତ୍ତିକୁ ଅବ୍ୟାହତ ରଖିବା ପାଇଁ ଯେଉଁଠି ପ୍ରୟାସ କରାଯାଇଛି, ତାହା ପାରମ୍ପରିକ ସଂସ୍କୃତିକୁ ସେତିକି ମହାନ ଅଭିରୁଚିରେ ସମୃଦ୍ଧଶାଳୀ କରିଆସିଛି। ସର୍ବଭାରତୀୟ କ୍ଷେତ୍ରରେ ସରକାରଙ୍କ ତରଫରୁ ଯେଉଁସବୁ ତାଲିମ ଗ୍ରହଣକେନ୍ଦ୍ର ପ୍ରତିଷ୍ଠା କରଯାଇଛି, ସେଥିରେ ଅନ୍ୟବର୍ଗର ବହୁ ତରୁଣ ତରୁଣୀ ମଧ୍ୟ ଶିକ୍ଷାଗ୍ରହଣ କରିବାର ମାର୍ଗ ଉନ୍ମୋଚିତ ହୋଇଯାଇଛି। ଏହି ଏକବିଂଶ ଶତାବ୍ଦୀ ହେଉଛି ଏପରି ଏକ ସୁବର୍ଣ୍ଣ ସୁଯୋଗର ସମୟ, ଯେଉଁ ସମୟରେ କୌଣସି ବିଦ୍ୟା ନିର୍ଦ୍ଦିଷ୍ଟ ଗୋଷ୍ଠୀ ମଧ୍ୟରେ ଆଉ ଆବଦ୍ଧ ରହିବା ସମ୍ଭବ ନୁହେଁ। ସୁଦୂର ବିଦେଶକୁ ଏହିସବୁ କଳାକୃତିର ପ୍ରେରଣ ଦ୍ୱାରା ଯେଉଁ ସାହିତ୍ୟିକ ଓ ସାଂସ୍କୃତିକ ଭାବବିନିମୟ ସଂପ୍ରସାରିତ ହେବାରେ ଲାଗିଛି, ତାହା ଭବିଷ୍ୟତ ପୃଥିବୀ ପାଇଁ ଯେ ତ୍ୟାଗ ଓ ସମର୍ପଣର ଏକ ଶୁଭ ସଂକେତ, ଏହା କହିବା ବାହୁଲ୍ୟ ମାତ୍ର।

■

ସାହିତ୍ୟ ଓ ଗ୍ରନ୍ଥାଗାର ବିଜ୍ଞାନ

ଗ୍ରନ୍ଥ ସଜ୍ଜୀକରଣ ଯେ ଏକ ବିଜ୍ଞାନ ହୋଇପାରେ, ଏହା ଆଧୁନିକ କାଳରେ ବଳିଷ୍ଠ ରୂପରେ ପ୍ରମାଣିତ ହୋଇସାରିଛି । ଯେଉଁ ଛାତ୍ରଛାତ୍ରୀମାନେ ଏହି ବିଜ୍ଞାନ-ସମ୍ମତ-ଗ୍ରନ୍ଥ ସଜ୍ଜୀକରଣର ବିଦ୍ୟାଲାଭ କରନ୍ତି, ସେମାନେ ସାହିତ୍ୟ ପ୍ରତି କିପରି ଅନୁରକ୍ତ, ତାହା ନିର୍ଦ୍ଦିଷ୍ଟ ଲକ୍ଷ୍ୟ ନେଇ ନିରୀକ୍ଷଣ କରିପାରିଲେ ଯେକେହି ଉପଲବ୍ଧି କରିପାରିବେ ନିଶ୍ଚୟ । ପ୍ରକୃତ କଥା ହେଲା ବାଲ୍ୟକାଳରୁ ସାହିତ୍ୟ ପ୍ରତି ଥିବା ଛାତ୍ରଛାତ୍ରୀଙ୍କ ସୁଗଭୀର ଆକର୍ଷଣ । ବହୁ ଗ୍ରନ୍ଥାଗାର ବିଜ୍ଞାନର ଛାତ୍ରଛାତ୍ରୀ ସେଥିପାଇଁ ସାହିତ୍ୟ ପୁସ୍ତକଗୁଡ଼ିକର ସଜ୍ଜୀକରଣ ସକାଶେ ପ୍ରଥମେ ଆଗ୍ରହ ପ୍ରକାଶ କରୁଥିବା ଅନେକ କ୍ଷେତ୍ରରେ ଦେଖିବାକୁ ମିଳେ । ଆଉ ଏକ କାରଣ ହେଲା ସାହିତ୍ୟ ବ୍ୟତୀତ ଅନ୍ୟାନ୍ୟ ଯେଉଁସବୁ ବିଦ୍ୟା ରହିଛି, ତାହା ନିର୍ଦ୍ଦିଷ୍ଟ ପାଠକଙ୍କ ମଧ୍ୟରେ ସୀମିତ । କିନ୍ତୁ ଗଳ୍ପ, କବିତା, ଉପନ୍ୟାସ, ନାଟକ, ଜୀବନୀ, ଆତ୍ମଜୀବନୀ ଆଦି ସାହିତ୍ୟର ବିଭିନ୍ନ ବିଭାଗର ଅସରନ୍ତି ସୃଷ୍ଟି ଆଦର ଲାଭ କରେ ପ୍ରାୟ ସମସ୍ତ ପ୍ରକାରର ପାଠକମାନଙ୍କ ଦ୍ୱାରା । ବିଜ୍ଞାନ, ବାଣିଜ୍ୟ, କଳା, ଯେକୌଣସି ବିଭାଗର ଛାତ୍ରଛାତ୍ରୀ, ଅଧ୍ୟାପକ, ଅଧ୍ୟାପିକା, ଆନ୍ତରିକ ଆଗ୍ରହ ପ୍ରକାଶ କରିଥାନ୍ତି ଏହି ସବୁ ସାହିତ୍ୟିକ କୃତି ସହିତ ଭାବ-ସଂପର୍କ ପ୍ରତିଷ୍ଠା କରିବା ସକାଶେ । ତେଣୁ ଯିଏ ଯେକୌଣସି ବିଷୟର ଛାତ୍ର ବା ଅଧ୍ୟାପକ ହୁଅନ୍ତୁ ନା କାହିଁକି, ପ୍ରାୟ ସମସ୍ତେ ହେଉଛନ୍ତି ମୂଳତଃ ସାହିତ୍ୟାନୁରାଗୀ । ଏଭଳି ଅନୁରାଗର ଅଧିକାରୀ ଛାତ୍ରଛାତ୍ରୀମାନେ ଯେତେବେଳେ ସ୍ନାତକୋତ୍ତର ଶ୍ରେଣୀରେ ଲାଇବ୍ରେରୀ ସାଇନ୍‌ସ ବା ଗ୍ରନ୍ଥାଗାର ବିଜ୍ଞାନ ଅଧ୍ୟୟନ କରିବା ଲାଗି ପ୍ରବେଶ କରନ୍ତି ବିଶ୍ୱବିଦ୍ୟାଳୟ ସ୍ତରରେ, ସେତିକିବେଳେ ତାଙ୍କ ପାଇଁ ସବୁଠୁ ଅଧିକ ଦୃଷ୍ଟି ଆକର୍ଷଣକାରୀ ବିଷୟ ହୋଇଥାଏ ସାହିତ୍ୟ ସମ୍ବନ୍ଧୀୟ ପୁସ୍ତକ ସମୂହ । ଯିଏ ଯେଉଁ ଅନୁଷ୍ଠାନରୁ ଆଗମନ କରିଥାନ୍ତି ବିଶ୍ୱବିଦ୍ୟାଳୟ ଉଦ୍ଦେଶ୍ୟରେ, ସେଇ ଅଞ୍ଚଳର ସାହିତ୍ୟିକ ପ୍ରତିଭାମାନଙ୍କୁ ଗ୍ରନ୍ଥାଗାର ମଧ୍ୟରେ ଅନ୍ୱେଷଣ କରିବାର ସାନନ୍ଦ ଆଗ୍ରହ ପ୍ରକାଶ କରିଥାନ୍ତି ଅନାବିଳ ଚିତ୍ତରେ ।

ଏହି ଗ୍ରନ୍ଥାଗାର ବିଜ୍ଞାନର ଛାତ୍ରଛାତ୍ରୀମାନେ ପୁସ୍ତକ ସଜ୍ଜୀକରଣ ଶିକ୍ଷା

ଅଭ୍ୟାସ କରିବା ପାଇଁ ସାହିତ୍ୟ ପୁସ୍ତକଗୁଡ଼ିକର ସାହାଯ୍ୟ ନେଇଥାନ୍ତି ଅତ୍ୟନ୍ତ ଆଗ୍ରହ ସହକାରେ ।

ଯେକୌଣସି ଗ୍ରନ୍ଥାଗାରରେ ଯେତିକି ବିଭାଗର ପୁସ୍ତକ ସଂରକ୍ଷିତ ହୋଇ ରହିଥାଏ, ତା' ମଧ୍ୟରେ ଲୋକପ୍ରିୟ ବିଭାଗ ହେଉଛି ସାହିତ୍ୟ । ଗ୍ରନ୍ଥାଗାରିକ ଏବଂ ଗ୍ରନ୍ଥ ପ୍ରଦାନ କରୁଥିବା କର୍ମଚାରୀ ଅତ୍ୟନ୍ତ ଉତ୍ତମ ଭାବରେ ଜାଣନ୍ତି ଯେ ତାଙ୍କୁ ସାହିତ୍ୟ ପୁସ୍ତକ ପ୍ରତିଦିନ କେତେ ଇସ୍ୟୁ କରିବାକୁ ପଡୁଛି । ଏହି ନିର୍ଦ୍ଦିଷ୍ଟ କାରଣରୁ ବେଳେବେଳେ ଏହା ମଧ ଦେଖାଯାଏ ଯେ ସାହିତ୍ୟ ବିଭାଗର ପୁସ୍ତକଗୁଡ଼ିକ ସ୍ଥାନଚ୍ୟୁତ ହୋଇ ଅସ୍ତବ୍ୟସ୍ତ ଅବସ୍ଥାରେ ଇତସ୍ତତଃ ପଡ଼ିରହିଛନ୍ତି । ତେଣୁ ଗ୍ରନ୍ଥାଗାରରେ ସବୁଠୁ ଅଧିକ ଯତ୍ନଶୀଳତା ଯଦି ଆବଶ୍ୟକ କରେ, ତାହା ହେଉଛି ସାହିତ୍ୟ ବିଭାଗ । ସାହିତ୍ୟ ସମାଲୋଚନା ଓ ଗବେଷଣା ନାମରେ ଅନେକ ଛାତ୍ର ଓ ଗବେଷକ ପୁସ୍ତକ ଗୁଡ଼ିକର ଅସତ୍ ବ୍ୟବହାର କରୁଥିବା ମଧ୍ୟ ପରିଲକ୍ଷିତ ହୁଏ । ବିଭିନ୍ନ ପୁସ୍ତକର ଏକ ଗୁରୁତ୍ୱପୂର୍ଣ୍ଣ ଅଧ୍ୟାୟକୁ ବିଚ୍ଛିନ୍ନ କରି ସେମାନେ କ୍ଷତବିକ୍ଷତ ଅବସ୍ଥାରେ ପୁସ୍ତକ ଫେରାଇଥାଆନ୍ତି । ଯେଉଁମାନେ ସାହିତ୍ୟର ନିଷ୍ଠାପର ପାଠକ, ସେମାନଙ୍କ ଦ୍ୱାରା ଏପରି ଅପକର୍ମ ହୁଏନାହିଁ । ଗବେଷଣା ନାମରେ ପାଠଚୋରୀ କରିବାର ଏହି କୁତ୍ସିତ ମନୋବୃତ୍ତି ଉଭୟ ସାହିତ୍ୟ ଓ ଗ୍ରନ୍ଥାଗାର ବିଜ୍ଞାନ ପ୍ରତି ଯେ ଅପମାନ ସୂଚକ ନିନ୍ଦିତ କର୍ମ, ଏହା କହିବା ବାହୁଲ୍ୟ ମାତ୍ର ।

ଯେଉଁମାନେ ସାହିତ୍ୟ ପୁସ୍ତକ ଅଧ୍ୟୟନରେ ଆଗ୍ରହୀ, ସେମାନଙ୍କର ଆଉ ଏକ ବଡ଼ ଦାୟିତ୍ୱ ହେଉଛି ଗ୍ରନ୍ଥାଗାରର ସଜ୍ଜୀକରଣ ବ୍ୟବସ୍ଥାକୁ କୌଣସି ପ୍ରକାରେ ବିପର୍ଯ୍ୟସ୍ତ ନକରିବା । ଆହୁରି ଅନେକ ଅଛନ୍ତି, ଯେଉଁମାନେ ଲାଇବ୍ରେରୀରୁ ବହିନେଇ ଆଉ ତାକୁ ଫେରସ୍ତ କରିବାର ଇଚ୍ଛା ପ୍ରକଟ କରନ୍ତି ନାହିଁ । ଏ ପ୍ରକାର ମନୋବୃତ୍ତି ଲାଇବ୍ରେରୀ ସାଇନ୍‌ସ୍ ଏବଂ ସାହିତ୍ୟ-ବିଦ୍ୟା ଉଭୟ ପ୍ରତି କେତେ ଦାୟିତ୍ୱହୀନତାର ପରିଚୟ, ତାହା ବୁଝାଇବାର ଆବଶ୍ୟକତା ନଥାଏ ।

ଭାଷା ଓ ସାହିତ୍ୟ ବିଭାଗର ଛାତ୍ରଛାତ୍ରୀ ଅଧ୍ୟାପକ ଅଧ୍ୟାପିକା ପୁସ୍ତକ କ୍ରୟ କରିବାରେ ଯଦି କୁଣ୍ଠିତ, ତା' ହେଲେ ମଧ ତାହା ସାହିତ୍ୟିକ ଅଭିରୁଚିର ସମ୍ପୂର୍ଣ୍ଣ ପରିପନ୍ଥୀ । ଯେଉଁମାନେ ନିଜ ଘରେ ଲାଇବ୍ରେରୀ ଭଳି ପୁସ୍ତକ ସଜ୍ଜିତ କରିରଖନ୍ତି, ସେମାନେ ଗ୍ରନ୍ଥାଗାର ବିଜ୍ଞାନ ସମ୍ପର୍କରେ ସମ୍ପୂର୍ଣ୍ଣ ଅଚେତନ । ଏଭଳି କ୍ଷେତ୍ରରେ ଲାଇବ୍ରେରୀ ସାଇନ୍‌ସର ଛାତ୍ର ବା ଅଧ୍ୟାପକଙ୍କର ସାହାଯ୍ୟ ଗ୍ରହଣ କରି ଯଦି ନିଜ ଗୃହ ଗ୍ରନ୍ଥାଳୟଟିକୁ ସୁବ୍ୟବସ୍ଥିତ ରୂପ ଦିଆଯାଏ, ତା'ହେଲେ ତାହା ଏକ ସୌନ୍ଦର୍ଯ୍ୟମୟ ବାତାବରଣ ସୃଷ୍ଟିରେ ଏକାନ୍ତ ସମର୍ଥ ହୋଇପାରିବ । ଗ୍ରନ୍ଥାଗାର ବିଜ୍ଞାନର ଛାତ୍ରଛାତ୍ରୀମାନେ ସାହିତ୍ୟ ପ୍ରତି ଅନୁରକ୍ତି ପ୍ରକାଶ କରିବା ଓ ସାହିତ୍ୟର ଛାତ୍ରଛାତ୍ରୀମାନେ

ଗ୍ରନ୍ଥାଗାର ବିଜ୍ଞାନ ବିଷୟରେ ଜାଣିବାର ଉତ୍ସାହ ପ୍ରକଟ କରିବା ହେଉଛି ଗ୍ରନ୍ଥାଗାର ଉଦ୍ଦେଶ୍ୟରେ ଏକ ଶ୍ରେଷ୍ଠ ସମ୍ମାନ।

ଜଣେ କେହି ବିଶିଷ୍ଟ ଲେଖକ କହିଛନ୍ତି ଯେ ତାହା ହିଁ ବିଶ୍ୱବିଦ୍ୟାଳୟ, ଯେଉଁଠି ରହିଛି ମୂଲ୍ୟବାନ ଗ୍ରନ୍ଥାଗାରଟିଏ। ଯଦି ଗୃହ ପରିସର ମଧ୍ୟରେ ବି ପୁସ୍ତକର ଆଲମିରା ସୁସଜ୍ଜିତ, ତାହା ବିଶ୍ୱବିଦ୍ୟାଳୟର ମହାନୀୟତା ପ୍ରକଟନ କରିଦିଏ।ପୃଥିବୀର ଜଣେ ସୁପ୍ରସିଦ୍ଧ ଲେଖକ ଲୋକ ଗହଳିରୁ ମୁକ୍ତ ହୋଇ ନିଜସ୍ୱ ଗ୍ରନ୍ଥାଗାରକୁ ଯେତେବେଳେ ପ୍ରବେଶ କଲେ, ସେତେବେଳେ କହିଉଠିଲେ ଯେ, "ଏବେ ମୁଁ ପ୍ରକୃତ ମଣିଷଙ୍କ ଗହଣକୁ ଆସିପାରିଛି।"

ପୁସ୍ତକଗୁଡ଼ିକ ଶୁଷ୍କ ନୀରସ କାଗଜର ସ୍ତୂପ ନୁହେଁ। ପ୍ରତ୍ୟେକ ବହିର ଯେ ରହିଛି ଯେ ଏକ ଜୀବନୀ-ଶକ୍ତି, ସେ ସଂପର୍କରେ ଆମେ ପ୍ରାୟତଃ ଆଦୌ ସଚେତନ ନଥାଉ। ଅସଜଡ଼ା ବହିଟିଏ ତାକୁ ସଜାଇ ରଖିବାର ଯେଉଁ ଇଙ୍ଗୀତ ଦେଉଥାଏ, ତାହାକୁ ଯଥାର୍ଥ ଭାବରେ ହୃଦୟଙ୍ଗମ କରିପାରିବା ହେଉଛି ଉଚ୍ଚକୋଟୀର ପାଠକ କିମ୍ବା ପୁସ୍ତକ ସଜ୍ଜୀକରଣ ଦାୟିତ୍ୱରେ ଥିବା କର୍ମଚାରୀଙ୍କ ପ୍ରକୃତ ଅଙ୍ଗୀକାରବଦ୍ଧତା। କୌଣସି ମଣିଷଙ୍କ ଉପସ୍ଥିତି ନଥିବା ଏକ ଗ୍ରନ୍ଥାଗାର ମଧକୁ ଆପଣ ପ୍ରବେଶ କରନ୍ତୁ, ଦେଖିବେ ପ୍ରତିଟି ପୁସ୍ତକରୁ ଏକ ସଂଗରେ ଜ୍ଞାନ ଓ ନିରବତାର ସ୍ପନ୍ଦନ କିପରି ସ୍ଫୁରିତ ହେଉଛି ଅହର୍ନିଶି।

ଅନେକ ସମୟରେ ବହୁ ଗବେଷକ, ପାଠକ ଅଭିଯୋଗ କରନ୍ତି ଯେ, ଯେଉଁ ବହିଟି ଆମେ ଖୋଜୁଛୁ, ତାହା ସହଜରେ ମିଳୁନାହିଁ। ଏ କ୍ଷେତ୍ରରେ ମଧ ପୁସ୍ତକ ମଧରେ ବିରାଜିତ ରହି ଆପଣ ଆନ୍ତରିକ ପ୍ରାର୍ଥନା କରନ୍ତୁ, ଇପ୍‌ସିତ ବହି ଖଣ୍ଡିକ ଆପଣଙ୍କ ଦୃଷ୍ଟି ପଥାରୂଢ଼ ହେଉ ବୋଲି। ଦେଖିବେ ନିଶ୍ଚିତ ଭାବରେ ସେ ବହିଟି ଆପଣଙ୍କ ହାତରେ ଧରାଦେବ ଆପଣାଛାଏଁ। ଆମ ଚେତନାର ବିକାଶ ନିମନ୍ତେ କେଉଁ ପୁସ୍ତକ ପାଠ କରିବା ବିଧେୟ, ତାହାର କୌଣସି ତାଲିକା କରନ୍ତୁ ନାହିଁ। ଏ ବିଷୟରେ କାହାର ପରାମର୍ଶ ମଧ ନିଅନ୍ତୁ ନାହିଁ। କେବଳ ସମ୍ପୂର୍ଣ୍ଣ ନିରବ ଓ ନିଶ୍ଚଳ ଭାବରେ ଧ୍ୟାନୀ ମଣିଷର ସତ୍ ସ୍ୱଭାବ ନେଇ ଗ୍ରନ୍ଥାଗାର ମଧରେ ପ୍ରବେଶ କରନ୍ତୁ। ଆନ୍ତରିକ ମମତାପ୍ଲୁତ ଚକ୍ଷୁରେ ପୁସ୍ତକଗୁଡ଼ିକୁ ନିର୍ନିମେଷ ନୟନରେ ଦେଖନ୍ତୁ। ତା'ପରେ ଦେଖିବେ କି ଯାଦୁଖେଳ ଆରମ୍ଭ ହେଉଛି। ଆପଣ ଯାହା ଚାହୁଁଥିବେ କିମ୍ବା ଆପଣଙ୍କ ଅନ୍ତରାତ୍ମା ପାଇଁ ଯେଉଁ ପୁସ୍ତକ ଆବଶ୍ୟକ ଥିବ, ଅଲୌକିକ ଭାବରେ ସେହି ପୁସ୍ତକ ଓ ପୁସ୍ତକର ସେହି ସୁନିର୍ଦ୍ଦିଷ୍ଟ ପୃଷ୍ଠାଗୁଡ଼ିକ ଆପଣଙ୍କ ଆଗରେ ସ୍ୱତଃ ଉନ୍ମୋଚିତ ହୋଇଯିବ। ଏହା ସୂକ୍ଷ୍ମସ୍ତରର ଏପରି ଏକ ମହନୀୟ ଅନୁଭୂତି, ଯାହା ଅର୍ଜନ କରିବା ସକାଶେ ଗ୍ରନ୍ଥାଗାର ବିଜ୍ଞାନ ଓ ସାହିତ୍ୟ ବିଭାଗର ଛାତ୍ରଛାତ୍ରୀମାନେ ଆପଣାର ମହତ୍ ଅଭୀପ୍‌ସା ପ୍ରକଟ କରିବାର ଆବଶ୍ୟକତା ରହିଛି।

'ବିଶ୍ୱାସେ ମିଳଇ ହରି ତର୍କେ ବହୁଦୂର।' ଏହିପରି ଅଟଳ ବିଶ୍ୱାସ ନେଇ ବହିମାନଙ୍କୁ ଯତ୍ନ ସହକାରେ ନିରୀକ୍ଷଣ କଲେ ସ୍ୱତଃ ସେମାନେ ଆପଣଙ୍କୁ ଡାକିନେବେ ତାଙ୍କ ନିକଟକୁ।

ଜଣେ ନିଃସନ୍ତାନ ଭଦ୍ରବ୍ୟକ୍ତିଙ୍କୁ ପୁସ୍ତକଗୁଡ଼ିକୁ ଯତ୍ନରେ ସାଇତି ରଖିବାବେଳେ ତାଙ୍କୁ ପ୍ରଶ୍ନ କରାଗଲା ଆପଣଙ୍କ ପୁତ୍ରକନ୍ୟା କେତେଜଣ? ଭଦ୍ରବ୍ୟକ୍ତି ଉତ୍ତର ଦେଲେ ଅସଂଖ୍ୟ। ତା'ପରେ ସ୍ୱଗୃହସ୍ଥିତ ଗ୍ରନ୍ଥାଗାର ଉଦ୍ଦେଶ୍ୟରେ ସେ ଦୃଷ୍ଟି ଆକର୍ଷଣ କଲେ ଅତିଥିଙ୍କ। ଏହା କହିବାର ତାତ୍ପର୍ଯ୍ୟ ହେଲା ଯେ, ନିଜ ପୁତ୍ର କନ୍ୟାଙ୍କୁ କିମ୍ବା ଅନାଥ ବାଳକ ବାଳିକାଙ୍କୁ ଯେପରି ଭାବରେ ଆମେ ସ୍ନେହ ପ୍ରଦର୍ଶନ କରୁ, ଠିକ୍ ସେହିପରି ଦରଦୀ ପ୍ରାଣ ନେଇ ପୁସ୍ତକର ଯତ୍ନ ଆମେ ନେଲେ ସେମାନେ ନିଜ ଆତ୍ମଜ ସଦୃଶ ଯେ ଆମର ନିକଟବର୍ତ୍ତୀ ହୋଇଉଠିବେ, ଏଥିରେ ତିଳେମାତ୍ର ସନ୍ଦେହ ନାହିଁ।

କେବଳ ପୁସ୍ତକରେ ଲିପିବଦ୍ଧ ହୋଇଥିବା ଜ୍ଞାନ ଗ୍ରହଣ କରିବା ଆଦୌ ଯଥେଷ୍ଟ ନୁହେଁ। ପ୍ରତ୍ୟେକଟି ଶବ୍ଦ ସୃଷ୍ଟିର ପଶ୍ଚାତ ଭାଗରେ ବିଦ୍ୟମାନ ପ୍ରାଣବନ୍ତ ପରିଶୁଦ୍ଧ ପ୍ରଦେଶକୁ ଅନୁଭବ କରିପାରିବା ହେଉଛି ସର୍ବୋତ୍କୃଷ୍ଟ। ଉପରେ ଉପରେ ଭାସମାନ ଅବସ୍ଥାରେ ନରହି ତେଣୁ ଗଭୀରତା ମଧ୍ୟକୁ ଯାତ୍ରା କରିବା ହେଉଛି ପ୍ରକୃତ ତୀର୍ଥାଭିଯାନ। ବହିଠାରୁ ଶ୍ରେଷ୍ଠ ତୀର୍ଥ ଆଉ କ'ଣ ବା ରହିଛି ଏ ସଂସାରରେ! ତାହାକୁ ଯେଉଁମାନେ ଜ୍ଞାନର ଆଧାର ବୋଲି ମନେକରନ୍ତି, ସେମାନଙ୍କ ପ୍ରଜ୍ଞା ବିକଶିତ ହେବା ସ୍ୱାଭାବିକ। ଆଉ ଯେଉଁମାନେ ଏହାକୁ ପ୍ରେମର ପ୍ରସ୍ଫୁଟନ ଭାବରେ ଆରାଧନା କରନ୍ତି, ସେମାନଙ୍କ ଅନ୍ତରାତ୍ମାକୁ ପରସ୍ତ ପରସ୍ତ କରି ଉନ୍ମୋଚିତ କରିଦେବାରେ ଏହି ଅଧ୍ୟୟନ ହିଁ ଗ୍ରହଣ କରିଥାଏ ସର୍ବଶ୍ରେଷ୍ଠ ଭୂମିକା। ଆଉ ତାହା ହିଁ ତ ଜୀବନର ଏକାନ୍ତ କାମ୍ୟ। ଗ୍ରନ୍ଥାଗାର ବିଜ୍ଞାନ ଓ ସାହିତ୍ୟ ସୃଜନ ତଥା ପଠନର ସଂପର୍କ କେଉଁପରି ସୂକ୍ଷ୍ମ ସ୍ତରରେ ନିହିତ, ତା'ର କୌଣସି ପ୍ରମାଣ ଉପସ୍ଥାପନ କରିବାର ଆବଶ୍ୟତା ନାହିଁ। ଯେଉଁମାନେ ଏହାକୁ ବିଜ୍ଞାନ ଭାବରେ ଅଧ୍ୟୟନ କରୁଛନ୍ତି, ସେମାନେ ପ୍ରତିଟି ପୁସ୍ତକକୁ ଜୀବନଯୁକ୍ତ ସ୍ରଷ୍ଟା ସନ୍ନିବିଷ୍ଟ ଆଧାର ବୋଲି ମନେକରିବେ ଓ ତାହାର ଯତ୍ନ ନେବେ ଅତ୍ୟନ୍ତ ଆନ୍ତରିକ ଭାବେ, ତେବେ ଯାଇ ସେମାନଙ୍କ ଅଧ୍ୟୟନ ହେବ ସମ୍ପୂର୍ଣ୍ଣ। ସେହିପରି ଗ୍ରନ୍ଥାଗାର ବିଜ୍ଞାନର ଛାତ୍ର ବା ଶିକ୍ଷକ ଭଳି ଯେଉଁମାନେ ସାହିତ୍ୟ ପଠନ ରାଜ୍ୟକୁ ପ୍ରବେଶ କରିବେ ଆଉ ବହିର ବର୍ଣ୍ଣିତ ବିଷୟ ଯେପରି ପ୍ରାଣବନ୍ତ, ବହିଟି ମଧ୍ୟ ଠିକ୍ ସେହିପରି ବାଗ୍‌ଦେବୀ ମାଆ ସରସ୍ୱତୀଙ୍କ ଅଙ୍ଗ ପ୍ରତ୍ୟେଙ୍ଗର ଏକ ଏକ ସୁକୋମଳ ଅଂଶ ବୋଲି ଗ୍ରହଣ କରିବେ, ସେମାନଙ୍କ ଅନ୍ତରାତ୍ମାରେ ଯେଉଁ ପରିପୂର୍ଣ୍ଣତା ପ୍ରକଟିତ ହେବ, ତାହା ବାସ୍ତବରେ ବର୍ଣ୍ଣନାନୀତ।

■

ସାହିତ୍ୟ ଓ ଫଟୋଗ୍ରାଫି

ସୁନ୍ଦର ଆଲୋକଚିତ୍ରଟିଏ ସାହିତ୍ୟର ଭାବ-ସ୍ପନ୍ଦନକୁ ପ୍ରକାଶ କରିଥାଏ ମାର୍ମିକ ଭାବରେ। ସାହିତ୍ୟର ଲକ୍ଷ୍ୟ ଯେପରି ମଣିଷ ହୃଦୟକୁ ଭାବାକୁଳ କରିବାପାଇଁ ଉଦ୍ଦିଷ୍ଟ, ସେହିପରି ଫଟୋଗ୍ରାଫିର ମଧ୍ୟ ଅସଲ ଆଭିମୁଖ୍ୟ ହେଲା ଦର୍ଶକ ହୃଦୟରେ ଏକ ଭାବ-ତନ୍ମୟତା ସୃଷ୍ଟି କରିବା। କେହି ହାତରେ କ୍ୟାମେରା ଧରି ଯେକୌଣସି ପ୍ରକାରେ ଫଟୋ ଉତ୍ତୋଳନ କରିଦେଲେ ତାହା ଯେ ସଫଳ କୃତି ହୋଇଯିବ, ତାହା ନୁହେଁ। ଏଥିପାଇଁ ଆବଶ୍ୟକ ଏକ ଭିନ୍ନ କଳାତ୍ମକ ଦୃଷ୍ଟିଭଙ୍ଗୀ। ଏ ପୃଥିବୀର ନାନା ଦୃଶ୍ୟକୁ ଅନୁଭବ କରିବାର ଗ୍ରହଣଶୀଳତା ଯାହାର ରହିଛି, ଆଉ ପ୍ରତ୍ୟେକଟି ଦୃଶ୍ୟକୁ କଳାକାରର ଆଖି ନେଇ ଦେଖିବାର ଶକ୍ତି ଯାହା ଭିତରେ ରହିଛି, ସିଏ ହିଁ ଚିତ୍ର ଉତ୍ତୋଳନ ସମୟରେ ସର୍ବଦା ସଚେତନ ତଥା ଆବେଗ-ପ୍ରବଣ ହୋଇ ରହିଥାଏ। ଏ ସଂସାରକୁ ଦେଖିବାର ଏକ କଳାତ୍ମକ ଦୃଷ୍ଟି ଯେଉଁମାନେ ଆୟତ୍ତ କରିପାରନ୍ତି, ସେମାନଙ୍କ ଉତ୍ତୋଳିତ ଫଟୋଗ୍ରାଫ୍ ହିଁ ସାହିତ୍ୟ ପରି ହୋଇଥାଏ ଭାବ-ସଂଚାର-କ୍ଷମ।

ଫଟୋଗ୍ରାଫି ଏକ ସ୍ୱତନ୍ତ୍ର କଳା ଓ ଏଥିପାଇଁ ଦେଶ ବିଦେଶରେ ଅନେକ ଶିକ୍ଷାନୁଷ୍ଠାନ ବା ତାଲିମ୍ କେନ୍ଦ୍ର ମଧ୍ୟ ପ୍ରତିଷ୍ଠିତ। ଯେଉଁମାନେ ସୁଦକ୍ଷ ଶିକ୍ଷକମାନଙ୍କଠାରୁ ଯଥୋଚିତ ଦିଗଦର୍ଶନ ଲାଭ କରିଥାନ୍ତି, ସେମାନେ ଏହାକୁ ଜୀବିକା ଅର୍ଜନର ଏକ ଶ୍ରେଷ୍ଠ ପନ୍ଥା ଭାବରେ ଗ୍ରହଣ କରିବାରେ କୌଣସି ଅସୁବିଧା ନଥାଏ। ଫଟୋ ଷ୍ଟୁଡ଼ିଓ ଗୁଡ଼ିକ ଅନେକ ସଂଖ୍ୟାରେ ପ୍ରତିଷ୍ଠିତ ହେବାଦ୍ୱାରା ଏହି ସୁନିର୍ଦ୍ଦିଷ୍ଟ କଳା ଯେ ସମସ୍ତଙ୍କ ଦ୍ୱାରା ସ୍ୱୀକୃତି ଲାଭ କରିପାରିଛି, ଏହା କହିବାର ପ୍ରୟୋଜନୀୟତା ବାସ୍ତବରେ ନାହିଁ। କେତେଜଣ ଫଟୋଗ୍ରାଫର ଥାଆନ୍ତି, ଯେଉଁମାନଙ୍କର ଏହି ନିଜସ୍ୱ ଫଟୋ ଉତ୍ତୋଳନ ମଧ୍ୟରେ ଥାଏ ପ୍ରତିଭାଦୀପ୍ତ ଚେତନାର ଅବସ୍ଥିତି। କେବଳ କବିତା ରଚନା କଲେ ବା ଗଳ୍ପ ରଚନା କଲେ ଯେ ସାହିତ୍ୟ ହୋଇଯାଏ, ତାହା ନୁହେଁ, ଫଟୋଗ୍ରାଫି ମଧ୍ୟରେ ବି ସନ୍ନିହିତ ହୋଇ ରହିଥାଏ ଏହି ସାହିତ୍ୟିକ ଉପାଦାନର ସୌନ୍ଦର୍ଯ୍ୟ। ଅନେକ ବର୍ଷ ତଳେ

ଉତ୍ତୋଳିତ ହୋଇଥିବା ଏକ ଛବିକୁ ଚାହିଁଦେବା ମାତ୍ରକେ ଦର୍ଶକର ହୃଦୟରେ ଯେଉଁ ଅନୁକମ୍ପନ ସୃଷ୍ଟିହୁଏ ଓ ଆଖିର ଭାବ ବଦଳିଯାଏ କ୍ଷଣକରେ, ଏତେ କିୟତକ୍ଷଣ ମଧ୍ୟରେ ତ ସାହିତ୍ୟ ବି ସେହି ଆବେଦନ ସୃଷ୍ଟି କରିପାରେ ନାହିଁ। ମାତ୍ର ଥରକର ଦୃଷ୍ଟିପାତରେ ଯେଉଁ ଭିନ୍ନ ଜଗତକୁ ଚାଲିଯାଇପାରେ ମଣିଷର ମନ, ତାହା ଏକ ଅଲୌକିକ ଅନୁଭବର ଶିହରଣ ସୃଷ୍ଟି କରିଦିଏ ଅନ୍ତର ଭିତରେ। ମାତ୍ର ଗୋଟିଏ ମୁହୂର୍ତ୍ତରେ ହିଁ କେତେ କେତେ ଅତୀତର ସ୍ମୃତିସ୍ନିଗ୍ଧ ଦିନଗୁଡ଼ିକ ରୋମାଞ୍ଚ ସୃଷ୍ଟି କରିଦିଏ ମାନବିକ-ଚେତନା ସ୍ତରରେ।

ପୁନଶ୍ଚ, ଯେଉଁମାନେ ହେଉଛନ୍ତି ଉଚ୍ଚକୋଟୀର ଫଟୋଗ୍ରାଫର ସେମାନେ ଉଚ୍ଚମାନର ସାହିତ୍ୟ ସହିତ ଆପଣାକୁ ସଂଯୁକ୍ତ କରି ରଖିବାର ପ୍ରେରଣା ଲାଭ କରିଥାନ୍ତି ସ୍ୱତଃସ୍ଫୂର୍ତ୍ତ ଭାବରେ। କେବଳ ବ୍ୟବସାୟିକ ମନୋବୃତ୍ତି ନେଇ ଯେଉଁମାନେ ଏହି କ୍ଷେତ୍ରରେ ଅବତୀର୍ଣ୍ଣ ହୁଅନ୍ତି, ସେମାନେ ଆଉ କଳା-କୈନ୍ଦ୍ରିକ ଜୀବନର ଅଧିକାରୀ ହୋଇପାରିନଥାନ୍ତି। ଏହା ସତ୍ୟ ଯେ, ଫଟୋଗ୍ରାଫି ଅର୍ଥ ଉପାର୍ଜନର ଏକ ମାଧ୍ୟମ ଭାବରେ ଗୃହୀତ ହୋଇଆସିଛି। ତେଣୁ କେବଳ ଅର୍ଥଲାଭର ଲୋଭ ରଖିଥିବା ଫଟୋଗ୍ରାଫର ଅଧିକ ଦୂର ଅଗ୍ରସର ହୋଇପାରିବା ଅସମ୍ଭବ। ଯାହାର ନାହିଁ ଟିକିଏ ନିଃସ୍ୱାର୍ଥପରତା, ନାହିଁ ଜୀବନକୁ ନିଃସର୍ତ୍ତ ଭାବରେ ଭଲ ପାଇବାର ବ୍ୟାକୁଳତା, ତାହାର ହାତ ଦେଇ ଫଟୋଗ୍ରାଫ୍ କେବେ ହେଲେ ଜୀବନ୍ତ ହୋଇପାରେନା। ଭୋକିଲା କୁକୁରଟିଏ, ଜୀର୍ଣ୍ଣଶୀର୍ଣ୍ଣ, ଶରୀର ଧାରଣ କରିଥିବା ଦରିଦ୍ର ମଣିଷଟିଏ, ଡେଣା ଭାଙ୍ଗିଯାଇଥିବା ପକ୍ଷୀଟିର ବେଦନା ଯାହାକୁ ଆହତ କରିପାରେ ନାହିଁ, ସେ କିପରି ହୋଇପାରିବ ଉପଯୁକ୍ତ ଫଟୋଗ୍ରାଫର ? ବ୍ୟବସାୟଭିତ୍ତିକ ଫଟୋଗ୍ରାଫି ସହିତ ଜଡ଼ିତ ବ୍ୟକ୍ତିମାନେ ବୈବାହିକ କାର୍ଯ୍ୟକ୍ରମ, ଯାତ୍ରା ନାଟକ, ସଭାସମିତି ଏବଂ ବିଭିନ୍ନ ସାମାଜିକ ପର୍ବପର୍ବାଣି ଉତ୍ସବ ଆଦିର ଫଟୋ ଉଠାଇଥାନ୍ତି ଏବଂ ଅତ୍ୟନ୍ତ ଚଢ଼ା ଦରରେ ତାହାକୁ ବିକ୍ରୟ କରିଥାନ୍ତି।

ସାଂପ୍ରତିକ ସମୟରେ ଏହିପରି ଫଟୋଗ୍ରାଫରମାନଙ୍କର ବ୍ୟବସାୟରେ ବ୍ୟାଘାତ ସୃଷ୍ଟି ହୋଇସାରିଛି। ତାହାର ମୁଖ୍ୟକାରଣ ହେଲା ସ୍କ୍ରିନ୍ ଟଚ୍ ମୋବାଇଲ୍‌ର ନିର୍ମାଣ ଓ ବହୁଳ ମାତ୍ରାରେ ତାହାର ସଂପ୍ରସାରଣ। ଯେକେହି ବ୍ୟକ୍ତି ମୋବାଇଲ ଫୋନ୍‌ଟିଏ ହାତରେ ଧରି ଯେକୌଣସି ସ୍ଥାନରେ ଫଟୋଟିଏ ଉଠାଇଦେଲେ ଯେ ତାହା କଳାର ମର୍ଯ୍ୟାଦା ଲାଭ କରିପାରିବ, ଏହା କଦାପି ନୁହେଁ। ଏଥିପାଇଁ ଦରକାର ଏକ ଅନ୍ତର୍ଦୃଷ୍ଟି। ଦରକାର ଅନ୍ତର୍ବେଦନା। ଦରକାର ଅନ୍ତର୍ଚେତନା। ଏ ସବୁ ଅନ୍ତର୍ଚକ୍ଷୁର ଉନ୍ମୀଳନ ଘଟିନଥିଲେ ଶ୍ରେଷ୍ଠ ଫଟୋଗ୍ରାଫର ହେବା କଦାପି ସମ୍ଭବ ନୁହେଁ। ଉଚ୍ଚମାନର ସାହିତ୍ୟକୁ ଏହି ଚିତ୍ର ଉତ୍ତୋଳନ ସହିତ ସମୀକ୍ଷକମାନେ ତୁଳନା କରିଛନ୍ତି। ଓଡ଼ିଆ କଥାଜଗତର ମହାନ ଶିଳ୍ପୀ ସୁରେନ୍ଦ୍ର ମହାନ୍ତି ରାଧାନାଥ ରାୟଙ୍କ 'ଚିଲିକା'କୁ ଫଟୋଗ୍ରାଫି ବୋଲି

ବ୍ୟକ୍ତ କରିଛନ୍ତି। ଏହାଦ୍ୱାରା ରାଧାନାଥଙ୍କ ପ୍ରକୃତ ଚିତ୍ରର ସଫଳତାକୁ ମଳିନ କରିଦିଆଯାଇଛି ବୋଲି ଯେପରି କେହି ମନେ ନକରନ୍ତି। ପ୍ରକୃତିପ୍ରେମୀ ରାଧାନାଥ ଯେପରି ଭାବରେ ପ୍ରତିଟି ଦୃଶ୍ୟର ଅଂକନ କରିଛନ୍ତି, ତାହା ପାଠ କରିବା ମାତ୍ରକେ ଚକ୍ଷୁ ସମକ୍ଷରେ ସେଗୁଡ଼ିକର ଦୃଶ୍ୟ ସ୍ପଷ୍ଟ ଭାବରେ ପାଠକ ଦେଖିବାରେ ସକ୍ଷମ ହୁଏ। ସେଥିପାଇଁ ହିଁ ରାଧାନାଥ ବା ତାଙ୍କ ପରି ଅନେକ କବି ଲେଖକ ଯେ ନିଶ୍ଚିତ ଭାବରେ ସାର୍ଥକ ଜୀବନ-ଚିତ୍ର ବା ପ୍ରକୃତି ଚିତ୍ର ଉତ୍ତୋଳକ ଭାବରେ ସମ୍ବର୍ଦ୍ଧିତ ହେବେ ନିଶ୍ଚୟ। ଜଣେ ବିଶ୍ୱ-ବିଖ୍ୟାତ ନାଟ୍ୟକାର ଏକଦା କହିଥିଲେ ଯେ 'ମୁଁ କେବେହେଲେ ନାଟକ ରଚନା କରେନାହିଁ। ମୋ ଆଖି ଆଗରେ ଗୋଟିଏ ପରେ ଗୋଟିଏ ଦୃଶ୍ୟ ଯେପରି ଉଦ୍ଭାସିତ ହୋଇଉଠେ, ତାହାକୁ କେବଳ ଶବ୍ଦାଙ୍କନ କରିବା ମୋର ଏକମାତ୍ର କର୍ତ୍ତବ୍ୟ।' ଏପରି ଆତ୍ମ ସ୍ୱୀକାରୋକ୍ତି ସୂଚାଇଦିଏ ଯେ କବି, ଲେଖକ, ନାଟ୍ୟକାର, ଚଳଚ୍ଚିତ୍ରର କାହାଣୀ ଲେଖକ ସଂଳାପ ସଂରଚକ-ସମସ୍ତେ ବାସ୍ତବରେ ଯାହା ଦେଖନ୍ତି ଅନ୍ତର୍ମନ ଦେଇ ତାହାର ଦୃଶ୍ୟାଙ୍କନ ହିଁ କରିଥାନ୍ତି ନିଖୁଣ ଭାବରେ।

ଯେଉଁ ଫଟୋଗ୍ରାଫର ଯେତିକି ସାହିତ୍ୟ ସଚେତନ, ସିଏ ସେତିକି ଆବେଦନ-କ୍ଷମ ଆଲୋକ ଚିତ୍ର ସୃଷ୍ଟିରେ ସକ୍ଷମ। ସେହିପରି ଯେଉଁ ଲେଖକ ଲେଖିକା, କବି, ଗାଳ୍ପିକ, ନାଟ୍ୟକାର ଯେତିକି ସୁନ୍ଦରରୁ ସୁନ୍ଦରତର ଫଟୋଗ୍ରାଫ୍ ମଧ୍ୟରେ ଦୃଷ୍ଟିନିବଦ୍ଧ କରିପାରନ୍ତି, ସେମାନେ କଳ୍ପନା ରାଜ୍ୟର ଉଚ୍ଚରୁ ଉଚ୍ଚତର ସୋପାନକୁ ସହଜରେ ଉତ୍ତୀର୍ଣ୍ଣ ହୋଇଯାଆନ୍ତି। ଫଟୋଗ୍ରାଫ୍-ଯାହା ଭାବ-ଉଦ୍ରେକକାରୀ, ତାହା ନିଶ୍ଚୟ ସାହିତ୍ୟିକ ଭାବ-ସମ୍ଭାରରେ ପରିପୂର୍ଣ୍ଣ। ଆଉ ଯେଉଁ ସାହିତ୍ୟ ଗୋଟିଏ ଗୋଟିଏ ପଦରେ ବାକ୍ୟରେ ସୃଷ୍ଟି କରିପାରେ ଫଟୋଗ୍ରାଫିର ଜୀବନୀ-ଶକ୍ତି, ତାହା ସେତିକି ସ୍ପର୍ଶ-କ୍ଷମ। ଫଟୋଗ୍ରାଫକୁ ପ୍ରାଣହୀନ ଚିତ୍ର ବୋଲି ମନେକରିବା କଦାପି ପରିପକ୍ୱ ଚିନ୍ତନର ପରିଚାୟକ ହୋଇନପାରେ। ଯେଉଁ ଫଟୋ ଦର୍ଶନ ମାତ୍ରକେ ଅତୀତର ସ୍ମୃତି ଜାଗ୍ରତ ହୋଇଉଠେ, ନ ଦେଖିଥିବା ଚିତ୍ର ବା ଚରିତ୍ର ମଧ୍ୟ ଜୀବନ୍ତ ଭାବରେ ଅନୁଭବ କରିହୁଏ, ତାହା କ'ଣ ସାହିତ୍ୟଠାରୁ କମ୍ ଆବେଦନକ୍ଷମ ?

ଏହିସବୁ କାରଣରୁ ଯେକୌଣସି ପ୍ରକାର ରୀତିରେ ଆମେ ଏହାର ଆଲୋଚନା କରୁନା କାହିଁକି, ଏହା ଯେ ଏକ ସମ୍ବେଦନଶୀଳ ପ୍ରସଙ୍ଗ, ଏଥିରେ ସନ୍ଦେହ ନାହିଁ। ମହାତ୍ମାଗାନ୍ଧୀ, ରବୀନ୍ଦ୍ରନାଥ, ଜବାହାରଲାଲ ନେହେରୁ ସର୍ଦ୍ଦାର ବଲ୍ଲଭଭାଇ ପଟେଲ ପ୍ରମୁଖଙ୍କ କଳାଧଳା ଫଟୋଗ୍ରାଫ୍ ଦେଖିବା ମାତ୍ରକେ ସତେ ଯେମିତି ଦର୍ଶକ ଶତବର୍ଷ ପୂର୍ବର ସମୟକୁ ନିଜସ୍ୱ ଅନ୍ତରରେ ମାର୍ମିକ ଭାବରେ ଅନୁଭବ କରିପାରେ। ଛୋଟ ରଙ୍ଗୀନ ପ୍ରଜାପତିଟିଏ, ବାଇଚଢେଇର ବସାଟିଏ, ସୂର୍ଯୋଦୟ ବା ସୂର୍ଯ୍ୟାସ୍ତର ଦୃଶ୍ୟ

ନିଶ୍ଚିତ ଭାବରେ ରମଣୀୟ। କିନ୍ତୁ ଏହାକୁ ଯେତେବେଳେ କ୍ୟାମେରା ଭିତରେ ସୁସଜ୍ଜିତ କରିଦିଆଯାଏ, ସେତେବେଳେ ବିମୁଗ୍ଧ ଦର୍ଶକ ମନେମନେ ପ୍ରଶ୍ନ କରେ-ଆରେ, 'ଏ ଦୃଶ୍ୟ ତ ମୁଁ ସହସ୍ରବାର ଦେଖିଛି। କିନ୍ତୁ ଏହା ଯେ ଏତେ ସୁନ୍ଦର, ତାହା ଅନୁଭବ କରିପାରିନଥିଲି।' ଏଇଠି ହିଁ ଫଟୋଗ୍ରାଫିର ଚରମ ସାର୍ଥକତା। ସାହିତ୍ୟର ଶ୍ରେଷ୍ଠତ୍ୱ ମଧ୍ୟ ଏହି ଦୃଷ୍ଟିକୋଣରୁ ହିଁ ବିଚାର୍ଯ୍ୟ। ମଣିଷ ଯେତିକି ଆଧୁନିକ ହେବାରେ ଅଗ୍ରସର ହେଉଥିବ, ତାହାର ଏହି ଫଟୋଗ୍ରାଫିକ୍ ଚେତନା ଉନ୍ନତରୁ ଉନ୍ନତତର ହୋଇଚାଲିଥିବ। ଅନେକ ସାହିତ୍ୟ ପୁସ୍ତକରେ କେବଳ ଲେଖା ଯେ ସ୍ଥାନ ପାଇଥାଏ, ତାହା ନୁହେଁ। ଫଟୋଗ୍ରାଫ୍‌ର ସଂଯୋଜନା ପୁସ୍ତକଟିକୁ କରିଦିଏ ଆହୁରି ଆକର୍ଷଣୀୟ ଓ ଚିତ୍ତସ୍ପର୍ଶୀ। ପ୍ରକୃତରେ ସାହିତ୍ୟ ଆଉ ଫଟୋଗ୍ରାଫ୍-ଏ ଉଭୟର ଏକତ୍ରିକରଣ ଯେଉଁଠି ସମ୍ଭବ ହୁଏ, ତାହା ପାଠକମାନଙ୍କ ପାଇଁ ଅଧିକ କଳାତ୍ମକ ଉପଲବ୍ଧି-ସଞ୍ଚାରକ ହୋଇଉଠେ। ସାହିତ୍ୟ ଯେମିତି ଏକ ଶ୍ରେଷ୍ଠକଳା, ଫଟୋଗ୍ରାଫି ମଧ୍ୟ ହେଉଛି ସେହିପରି ଉନ୍ନତ ସ୍ତରର ଏକ ଦୀପ୍ତିଶାଳୀ କଳା-ମାଧୁର୍ଯ୍ୟ। ସାହିତ୍ୟ ଆଉ ଫଟୋଗ୍ରାଫି ଏହି ଉଭୟ କଳାତ୍ମକ ବିଭବ ଆମ ଜୀବନକୁ ଯେତିକି ସମୃଦ୍ଧଶାଳୀ କରିପାରିଛି ଭବିଷ୍ୟତରେ ତାହା ଆହୁରି ସଂପ୍ରସାରିତ ହେବ ନିଶ୍ଚୟ। ଉଭୟ କଳାର ନିର୍ମାତା ହେଉଛନ୍ତି ସମାନ ଭାବରେ ଶୈଳ୍ପିକ-ଚେତନାର ଅଧିକାରୀ। ଆଧୁନିକ ଯୁଗରେ ଫଟୋଗ୍ରାଫିକୁ କୌଣସି ଦୃଷ୍ଟିରୁ ନ୍ୟୂନ ସ୍ଥାନ ଦିଆଯାଇପାରିବ ନାହିଁ। ସାହିତ୍ୟକୁ ଯେମିତି ଉଚ୍ଚାସନ ପ୍ରାପ୍ତ ହୋଇଛି, ଫଟୋଗ୍ରାଫିକୁ ମଧ୍ୟ ସାହିତ୍ୟର ଅଙ୍ଗୀଭୂତ କରିବା ଦ୍ୱାରା ଉଭୟଙ୍କ ଗୌରବ ବର୍ଦ୍ଧିତ ହେବ ନିଶ୍ଚିତ ଭାବରେ।

■

ସାହିତ୍ୟ ଓ ଚଳଚ୍ଚିତ୍ର

ଏକ ଉଚ୍ଚକୋଟୀର ଚଳଚ୍ଚିତ୍ର ମଧ୍ୟରେ ପରିପୂର୍ଣ୍ଣ ହୋଇ ରହିଥାଏ ସାହିତ୍ୟିକ ଆବେଦନର ଆବେଗ। କେତେକ ଦର୍ଶକମାନଙ୍କୁ ଇନ୍ଦ୍ରିୟ ଉତ୍ତେଜନାକାରୀ ଦୃଶ୍ୟ ପ୍ରଦର୍ଶନ କରିବା ଯେଉଁ ଚଳଚ୍ଚିତ୍ରର ହୁଏ ଲକ୍ଷ୍ୟ, ତାହା ସାହିତ୍ୟ ପଦବାଚ୍ୟ ହେବା ଅସମ୍ଭବ। ଅନେକ ମହାନ ଚଳଚ୍ଚିତ୍ର ପ୍ରଯୋଜକ ଓ ନିର୍ଦ୍ଦେଶକ ସୁବିଖ୍ୟାତ ଉପନ୍ୟାସ ବା କାହାଣୀ ଉପରେ ପ୍ରତିଷ୍ଠିତ ଚଳଚ୍ଚିତ୍ର ନିର୍ମାଣ କରି କଳାତ୍ମକ ଅଭିରୁଚିର ଯେଉଁ ପରିଚୟ ଦେଇଛନ୍ତି, ତାହା ବାସ୍ତବିକ ଏକ ଏକ ପ୍ରେରଣାଦୀପ୍ତ ଦୃଷ୍ଟାନ୍ତ। ବିଗତ ଶତାବ୍ଦୀର ଶ୍ରେଷ୍ଠ ଭାରତୀୟ ଔପନ୍ୟାସିକ ଶରତ ଚନ୍ଦ୍ର ଚାଟାର୍ଜୀଙ୍କର ଅନେକ ଉପନ୍ୟାସ ଚଳଚ୍ଚିତ୍ର ରୂପରେ ପ୍ରଦର୍ଶିତ ହୋଇ ଅସମାନ୍ୟ ଲୋକପ୍ରିୟତା ଅର୍ଜନ କରିଛି। ହିନ୍ଦୀ ଭାଷାରେ ନିର୍ମିତ 'ଅନୋଖା ବନ୍ଧନ', 'ଦେବଦାସ', 'ସ୍ୱାମୀ', ଆଦି ଚଳଚ୍ଚିତ୍ର ତାହାର ଏକ ଏକ ଉଦାହରଣ। 'ଦେବଦାସ' ହେଉଛି ଶରତଚନ୍ଦ୍ରଙ୍କ ମାଷ୍ଟର ପିସ୍। ଏହାକୁ ଅବଲମ୍ବନ କରି ଏ ପର୍ଯ୍ୟନ୍ତ ତିନିଥର ନିର୍ମିତ ହୋଇଛି ଚଳଚ୍ଚିତ୍ର ଓ ଏସବୁ ଦେବଦାସ ପୁସ୍ତକରେ ଶରତଚନ୍ଦ୍ରଙ୍କ ଅଶ୍ରୁ ଯେପରି ଜଡ଼ିତ ଠିକ୍ ସେହିପରି ଅଶ୍ରୁଳ ଆବେଦନ ସୃଷ୍ଟି କରିଛି ଦରଦୀ ଦର୍ଶକ ହୃଦୟରେ। 'ସ୍ୱାମୀ' ଏକ କ୍ଷୁଦ୍ର ଉପନ୍ୟାସ। ଅଥଚ ଗିରିଶ କର୍ଣ୍ଣାଡ଼ ଓ ସବାନା ଆଜମୀଙ୍କ ଜୀବନ୍ତ ଅଭିନୟ ଏହାର ଶ୍ରେଷ୍ଠ ଆକର୍ଷଣ। 'ଶ୍ରୀକାନ୍ତ' ଉପନ୍ୟାସଟି ସିରିଏଲ ଭାବରେ ପ୍ରଦର୍ଶିତ ହେଉଥିଲା ଦିଲ୍ଲୀ ଦୂରଦର୍ଶନ ତରଫରୁ। ଏଭଳି ସାହିତ୍ୟର ଚଳଚ୍ଚିତ୍ର ରୂପାୟନ ସୃଷ୍ଟି କରିଛି ସୌନ୍ଦର୍ଯ୍ୟମୟ ଦିଗ୍‌ଦର୍ଶନ।

ବଙ୍ଗଳାର ବିଶିଷ୍ଟ ଔପନ୍ୟାସିକ ବିଭୂତି ଭୂଷଣ ବନ୍ଦୋପାଧ୍ୟାୟଙ୍କ 'ପଥେର ପାଞ୍ଚାଲୀ' ଉପନ୍ୟାସକୁ ସୁବିଖ୍ୟାତ ଚଳଚ୍ଚିତ୍ର ନିର୍ଦ୍ଦେଶକ ସତ୍ୟଜିତ୍ ରାୟ ଯେପରି ଉପସ୍ଥାପନ କଲେ ଅସାମାନ୍ୟ କଳାତ୍ମକ ଶୈଳୀରେ, ତାହା ହୋଇଗଲା ଭାରତବର୍ଷର ଏକ ମହାନ କଥାଚିତ୍ର। ସାହିତ୍ୟକୁ ଲୋକପ୍ରିୟ କରିବା ଦିଗରେ ଚଳଚ୍ଚିତ୍ର ଯେ ନେଇପାରେ ଏକ ବିଶିଷ୍ଟ ଭୂମିକା, ଏହା ବାରମ୍ବାର ପ୍ରମାଣିତ ହୋଇଯାଇଛି।

ଓଡ଼ିଆରେ ରଚିତ ଭଗବତୀ ଚରଣ ପାଣିଗ୍ରାହୀଙ୍କ 'ଶିକାର' ଗଳ୍ପକୁ କେନ୍ଦ୍ରକରି ହିନ୍ଦୀରେ ନିର୍ମିତ ହେଲା ଚଳଚ୍ଚିତ୍ର 'ମୃଗୟା'। ଘିନୁଆର ଚରିତ୍ର ଚିତ୍ରାୟିତ ହୋଇଛି ଯେଉଁ ଅଭିନବ ଶୈଳୀରେ, ତାହା ଏକାନ୍ତ ପ୍ରାଣସ୍ପର୍ଶୀ ନିଶ୍ଚୟ। ଓଡ଼ିଆରେ ମଧ୍ୟ ଅନେକ ଉପନ୍ୟାସର ଚଳଚ୍ଚିତ୍ରାୟନ ସମ୍ଭବ ହୋଇପାରିଛି। 'ଅମଡ଼ାବାଟ' 'କା', 'ମଲାଜହ୍ନ', 'ବଧୂ ନିରୁପମା', 'ଛମାଣ ଆଠଗୁଣ୍ଠ', ପ୍ରଭୃତିର ଯେଉଁ ହୃଦୟସ୍ପର୍ଶୀ ଅଭିବ୍ୟକ୍ତି ଘଟିଛି ସିନେ-ପରଦାରେ, ତାହା ମରମୀ ଦର୍ଶକମାନଙ୍କୁ କରିଛି ଅଭିଭୂତ। ସାହିତ୍ୟକୁ ଚଳଚ୍ଚିତ୍ର ଭାବରେ ରୂପାୟିତ କରିବା ଦ୍ୱାରା ସାହିତ୍ୟ ଲୋକଙ୍କ ଅଧିକ ନିକଟବର୍ତ୍ତୀ ଯେ ହୋଇପାରିଛି, ଏହା କହିବା ନିଷ୍ପ୍ରୟୋଜନ।

ସେହିପରି ଆଉ ଏକ ଦିଗ ସଂପର୍କରେ ଆଲୋଚନା କରିବାର ଆବଶ୍ୟକତା ରହିଛି, ତାହା ହେଲା ଚଳଚ୍ଚିତ୍ର ନିର୍ମାଣ ମାଧ୍ୟମରେ ସାହିତ୍ୟର ଅନ୍ତଃସ୍ୱରକୁ ଉନ୍ମୋଚନ କରିବା। ନିର୍ଦ୍ଦିଷ୍ଟ କୌଣସି ବିଖ୍ୟାତ ପୁସ୍ତକର କାହାଣୀ ଉପରେ ପର୍ଯ୍ୟବସିତ ନ ହୋଇଥିଲେ ମଧ୍ୟ କାହାଣୀ ଲେଖକ, ସଂଳାପ ସଂଚରକ ଓ ନିର୍ଦ୍ଦେଶକଙ୍କ ତଥା ଅଭିନେତା ଅଭିନେତ୍ରୀଙ୍କ ନିଷ୍ଠାଯୁକ୍ତ ପ୍ରତିବଦ୍ଧତା ଯୋଗୁଁ ଅନେକ ଚଳଚ୍ଚିତ୍ର ଉଚ୍ଚକୋଟୀର ସାହିତ୍ୟର ମର୍ଯ୍ୟାଦା ଲାଭ କରିପାରିଛି। ରାଜକପୁରଙ୍କ ଦ୍ୱାରା ନିର୍ମିତ 'ମେରା ନାମ ଜୋକର', 'ଚୋରୀଚୋରୀ', 'ଚାର୍‌ସୋ ବିଶ୍' ଆଦି ସିନେମା ଦେଖିବା ମାତ୍ରକେ ଏକ ସୂକ୍ଷ୍ମ ଜୀବନଦର୍ଶନକୁ କିପରି ରାଜକପୁର ଉଦ୍‌ଘାଟିତ କରିଛନ୍ତି ଅଭିନବ ଶୈଳୀରେ, ତାହା ଧ୍ୟାନସ୍ଥ ହୋଇ ଚିନ୍ତାକଲେ ଜଣାପଡ଼ିଯାଏ। ଏହି ଚଳଚ୍ଚିତ୍ରଗୁଡ଼ିକ କେବଳ ମନୋରଞ୍ଜନଧର୍ମୀ ନୁହେଁ, ହେଉଛି ଜୀବନଧର୍ମୀ। ଜୀବନର ନାନା ଅନୁଭୂତି ମଧ୍ୟ ଦେଇ କିପରି ଅମୃତ ଆହରଣ କରାଯାଇପାରେ ତାହାର ବିନମ୍ର ଅଭିବ୍ୟକ୍ତି ହେଉଛି ଏପରି କଥାଚିତ୍ରର ସୃଷ୍ଟି।

ମୀନା କୁମାରୀଙ୍କ ଅଭିନୀତ 'ପାକିଜା' କି ସଂଗୀତମୟ! ଦର୍ଶକ ଚିତ୍ତକୁ ମୂଳରୁ ଶେଷ ପର୍ଯ୍ୟନ୍ତ ଏକ ଗଭୀର ସାଂଗୀତିକ ମୂର୍ଚ୍ଛନାରେ ତାହା ବାନ୍ଧିରଖିପାରେ। ନାସିରୁଦ୍ଦିନ ଶାହାଙ୍କ ଅଭିନୀତ 'ମାସୁମ' ଚଳଚ୍ଚିତ୍ରଟି ମଧ୍ୟ ସରଳତାର ଓ ପିତୃ ମାତୃ-ହୃଦୟର କି ପରିଚୟ ନ ଦେଇଛି!

ମହାତ୍ମାଗାନ୍ଧୀଙ୍କୁ କେନ୍ଦ୍ରକରି ସୃଷ୍ଟି ହେଲା ଯେଉଁ 'ଗାନ୍ଧୀ' ଚଳଚ୍ଚିତ୍ରଟି, ତାହା ତ ପୃଥିବୀର ଏକ ଶ୍ରେଷ୍ଠ କଳାକୃତି। ଗାନ୍ଧୀ ଭୂମିକାରେ ଯିଏ ଅଭିନୟ କରନ୍ତି , ସେ ଗାନ୍ଧୀଙ୍କ ପରି ନିରାମିଷ ଆହାର ଗ୍ରହଣ କରି ଶାକାହାରୀ ହେବାପରେ ଅବତୀର୍ଣ୍ଣ ହୁଅନ୍ତି ଅଭିନୟରେ। ଏ ପ୍ରକାରର ତ୍ୟାଗପୂତ ଅଭିନୟ ମଧ୍ୟରେ ଘଟିଥାଏ ଆତ୍ମିକ ଶକ୍ତିର ସ୍ଫୁରଣ। ମହାତ୍ମାଗାନ୍ଧୀଙ୍କ ଜୀବନୀ ଅଧ୍ୟୟନ କଲେ ଜଣେ ଯେପରି ତାଙ୍କ ବିଶାଳ ବ୍ୟକ୍ତିତ୍ୱକୁ

ବୁଝିବା ସମ୍ଭବ, ଠିକ୍ ସେହିପରି ଏପରି ଚଳଚ୍ଚିତ୍ର ଗୋଟିଏ ପୁସ୍ତକଠାରୁ ମଧ୍ୟ ଅଧିକ ଆବେଦନ ସୃଷ୍ଟି କରିପାରେ ଦର୍ଶକଙ୍କ ମଧ୍ୟରେ।

ଅତ୍ୟନ୍ତ କ୍ଷୋଭର ବିଷୟ ଯେ, ଅଧିକାଂଶ ସିନେଦର୍ଶକ ଏପରି କଳାତ୍ମକ ଚଳଚ୍ଚିତ୍ର ଦେଖିବାକୁ ଭଲ ପାଆନ୍ତି ନାହିଁ। ସେମାନଙ୍କ ପାଇଁ ଆବଶ୍ୟକ ଫାଇଟିଂ, ରୋମାନ୍ସ, ନିମ୍ନମାନର ହାସ୍ୟରସ। ସେଥିପାଇଁ ବହୁ ପ୍ରଯୋଜକମାନେ ମାନବ-ଚିତ୍ତର ଏହି ନିମ୍ନ ପ୍ରବୃତ୍ତିକୁ ଚରିତାର୍ଥ କଲାଭଳି ଶହଶହ ସିନେମା ପ୍ରସ୍ତୁତ କରିଛନ୍ତି ଓ କରୁଛନ୍ତି। ସେମାନଙ୍କ ମୂଳଲକ୍ଷ୍ୟ ହେଲା ବ୍ୟବସାୟ। ତରୁଣ ଗୋଷ୍ଠୀଙ୍କ ରୋମାଣ୍ଟିକ୍ ଭାବନାକୁ ଅବଲମ୍ବନ କରି ସେମାନେ ଯେଉଁ ଶୋଷଣ କରନ୍ତି ପରୋକ୍ଷ ଭାବରେ, ତାହା ନା ଜାଣିପାରନ୍ତି ଯୁବଗୋଷ୍ଠୀ ନା ଜାଣିପାରନ୍ତି ଚଳଚ୍ଚିତ୍ର ସେନ୍‌ସର ବୋର୍ଡ଼ ବା ସମୀକ୍ଷକମାନେ। ଏପରି ଚଳଚ୍ଚିତ୍ର ସବୁକୁ ସାହିତ୍ୟିକ ସୌନ୍ଦର୍ଯ୍ୟସିକ୍ତ ବୋଲି ତ କୁହାଯାଇ ପାରିନାହିଁ ବରଂ ସାହିତ୍ୟର ଆତ୍ମାକୁ ହତ୍ୟା କରୁଥିବା ଏହା ଏକ ଏକ ତୀକ୍ଷ୍ଣ ଅସ୍ତ୍ରଧାର। ଏଭଳି ଅସ୍ତ୍ରାଗାରରେ ବନ୍ଦୀ ନିରୀହ ଜନତାର ମାନସିକତା। ଏଥିରୁ ଉତ୍ତୀର୍ଣ୍ଣ ହେବା କ'ଣ ସମ୍ଭବ ନୁହେଁ? ଲୋକ ଯାହା ଚାହୁଁଛନ୍ତି, ତାହା ପରିବେଷଣ କରିବା ନା ଲୋକ ଯାହା ଚାହିଁବା ଉଚିତ, ତାକୁ ଦୃଶ୍ୟାୟନ ସ୍ତରକୁ ଆଣିବା ଆବଶ୍ୟକ ? ବିଶ୍ୱକବି ରବୀନ୍ଦ୍ରନାଥ ଏକଦା କହିଥିଲେ ଯେ, 'ଲୋକମାନଙ୍କୁ ଭଲ ଜିନିଷ ନିରବଚ୍ଛିନ୍ନ ଭାବରେ ଦେଇ ଚାଲିଲେ ସେମାନେ ତାହା ଗ୍ରହଣ କରିବାପାଇଁ ଉପଯୁକ୍ତ ହୋଇଉଠିବେ ଧୀରେ ଧୀରେ।'

ଯେଉଁମାନେ ଚଳଚ୍ଚିତ୍ର ପ୍ରସ୍ତୁତି ସହିତ ଜଡ଼ିତ, ସେମାନଙ୍କ ସାହିତ୍ୟିକ ଅଭିରୁଚି ଉତ୍କୃଷ୍ଟକଳାର ଆତ୍ମା ସହିତ ନିବିଡ଼ ସଂପୃକ୍ତି ଓ ମାନବିକ ସମ୍ବେଦନଶୀଳତାର ଅନୁଭୂତି ରହିବା ନିହାତି ଆବଶ୍ୟକ। ଯେଉଁ ପୁସ୍ତକଟି ଶ୍ରେଷ୍ଠ ବିବେଚିତ ଅଥଚ ଲୋକପ୍ରିୟତା ଅର୍ଜନରୁ ବଞ୍ଚିତ, ସେଭଳି କୃତିକୁ କେନ୍ଦ୍ରକରି କଥାଚିତ୍ର କଳ୍ପିତ ହେବାର ପ୍ରଯୋଜନୀୟତା ଆଜି ଅଧିକ ପ୍ରାସଙ୍ଗିକ। ଉଦାହରଣ ସ୍ୱରୂପ ଉଲ୍ଲେଖ କରାଯାଇପାରେ ଯେ, ଗୋପୀନାଥ ମହାନ୍ତିଙ୍କ 'ପରଜା' ବା 'ଅମୃତର ସନ୍ତାନ' ଉପନ୍ୟାସ, ପ୍ରତିଭା ରାୟଙ୍କ 'ଶିଳାପଦ୍ମ', 'ଦେହାତୀତ', ଚନ୍ଦ୍ରଶେଖର ରଥଙ୍କ 'ଯନ୍ତ୍ରାରୂଢ଼', 'ଅସୂର୍ଯ୍ୟ ଉପନିବେଶ' ବା 'ନବଜାତକ', ମନୋଜ ଦାସଙ୍କ 'ପ୍ରଭଞ୍ଜନ' ବା 'ଅମୃତ ଫଳ' ଭଳି ଉପନ୍ୟାସ ଗୁଡ଼ିକୁ ଚଳଚ୍ଚିତ୍ର ଭାବରେ ରୂପାୟିତ କରିବାର ସୁଦୃଢ଼ ସାହସର ଅଭାବ ନିଶ୍ଚୟ ରହିଛି। ଏହିସବୁ ଉପନ୍ୟାସକୁ ପ୍ରାଣବନ୍ତ ରୀତିରେ ଉପସ୍ଥାପନ କରାଗଲେ ଦର୍ଶକମାନଙ୍କ ମଧ୍ୟରେ ଅଭିନବ ଅଭିରୁଚିର ଯେ ଉନ୍ମୋଚନ ହୋଇପାରିବ, ଏଥିରେ ସନ୍ଦେହ ନାହିଁ।

ଏ ପ୍ରସଙ୍ଗରେ ଆଉ ଏକ ବିଷୟ ଉଲ୍ଲେଖନୀୟ ଯେ, ଗୋଟିଏ ଭାଷାରେ ସାହିତ୍ୟ ପୁସ୍ତକ ବା ଲେଖକଙ୍କ ସହିତ ଅନ୍ୟ ଭାଷାର ସାହିତ୍ୟ ଓ ସୃଜନଶିଳ୍ପୀଙ୍କୁ ତୁଳନାତ୍ମକ

ଭାବରେ ବିଶ୍ଳେଷଣ କରିବାର ପରମ୍ପରା ଅତ୍ୟନ୍ତ ସମୃଦ୍ଧ। ମାତ୍ର ଚଳଚ୍ଚିତ୍ର ସହିତ ମଧ୍ୟ ଯେ ଉଚ୍ଚକୋଟୀର ସାହିତ୍ୟ ଗ୍ରନ୍ଥର ତୁଳନା କରାଯାଇପାରେ- ଏହି ଅବବୋଧ ଏ ପର୍ଯ୍ୟନ୍ତ ଅବିକଶିତ। ଏହା ବିଜ୍ଞ ସାହିତ୍ୟ ସମୀକ୍ଷକ ଓ ସିନେ-ସମୀକ୍ଷକଙ୍କ ଦୃଷ୍ଟି ପରିସରକୁ ଆସିଲେ ନୂତନ ନୂତନ ତଥ୍ୟ ଓ ତତ୍ତ୍ୱର ଯେ ରମଣୀୟ ବ୍ୟାଖ୍ୟାନ ସମ୍ଭବ, ତାହା ହୃଦୟଙ୍ଗମ କରିବାରେ ବିଳମ୍ବ ହେବନାହିଁ। ସାହିତ୍ୟ ପୁସ୍ତକ ପଢିବା ସମୟରେ ପାଠକ ଆଖି ଆଗରେ ଯେଉଁ ଜୀବନ୍ତ ଦୃଶ୍ୟସବୁ ଦେଖାଯାଉଥାଏ ତାହାକୁ ହିଁ ଅଙ୍କନ କରିବା ବା ପ୍ରତିଫଳନ କରିବା ଚଳଚ୍ଚିତ୍ରର କର୍ତ୍ତବ୍ୟ। ଚଳଚ୍ଚିତ୍ର ମଧ୍ୟ ଯେ ଉଚ୍ଚମାନର ସାହିତ୍ୟିକ ଗୌରବ ଲାଭ କରିବା ଲାଗି ଉପଯୁକ୍ତ-ଏହାର ଅନୁଶୀଳନ ଅନାବଶ୍ୟକ। ଚାର୍ଲି ଚାପଲିନ୍‌ଙ୍କ ଭଳି ଚଳଚ୍ଚିତ୍ର ନିର୍ମାତା ଓ ଅଭିନେତା ସର୍ବଦା ନିଜ କାହାଣୀ ସକାଶେ ନିର୍ବାଚନ କରୁଥିଲେ ମଣିଷ ଜୀବନର ଏକ ଏକ ଏପରି ଚିତ୍ର, ଯେଉଁଠି ରହିଥିଲା ମନୁଷ୍ୟ ଜୀବନର ସୌନ୍ଦର୍ଯ୍ୟମୟ ମୁହୂର୍ତ୍ତର ମହିମାନ୍ୱିତ ଅଭିବ୍ୟକ୍ତି। ଏକଦା ଜଣେ ସାମ୍ବାଦିକ ତାଙ୍କୁ ପ୍ରଶ୍ନ କରିଥାନ୍ତି ଯେ-ପୃଥିବୀରେ ଏପରି ଅନେକ ଘଟଣା ଘଟୁଛି, ଯାହା ଅତ୍ୟନ୍ତ କୁତ୍ସିତ ଓ ବୀଭତ୍ସ। ଏସବୁକୁ ଆପଣ ଚିତ୍ରାୟନ କରୁନାହାନ୍ତି କାହିଁକି ? ଚାପଲିନ୍ ଉତ୍ତର ଦେଇ କହିଥିଲେ ଯେ, "ଖରାପ କଥା ଅଛି। ଥାଉ ଯାହା ଭଲ ତାକୁ ହିଁ ଆମେ ଚଳଚ୍ଚିତ୍ରରେ ଦର୍ଶକମାନଙ୍କ ନିମନ୍ତେ ପ୍ରସ୍ତୁତ କରିବା।"ଅର୍ଥାତ୍ ଚାପଲିନ୍ ଏକଥା ସଂକେତାତ୍ମକ ଭାବରେ କହିଦେଇଛନ୍ତି ଯେ, ସମାଜରେ ଯାହା କିଛି ବର୍ଜ୍ୟ, ତାହା ଚଳଚ୍ଚିତ୍ର ନିମିତ୍ତ କେବେହେଲେ ନିର୍ବାଚିତ ହୋଇପାରିବ ନାହିଁ। ମଣିଷ ଭିତରର ଯେଉଁ ସବୁ ମହନୀୟ ଗୁଣରାଶି ରହିଛି, ତାହାକୁ ହିଁ ପ୍ରଦର୍ଶିତ କରିବା ଦ୍ୱାରା ଆମେ ଲୋକଙ୍କ ଚିତ୍ତରେ ମହାନତା ପ୍ରତି ଦୃଷ୍ଟି କେନ୍ଦ୍ରୀଭୂତ କରିପାରିବା। ଆମ ସମାଜରେ ଯାହାକିଛି କଦର୍ଯ୍ୟ ଘଟଣା ଘଟେ, ତା' ପଛରେ ହିଂସାତ୍ମକ ବା ଅଶାଳୀନ ଚିତ୍ରଯୁକ୍ତ ଚଳଚ୍ଚିତ୍ରର ଯେ ପ୍ରଭାବ ପ୍ରଚ୍ଛନ୍ନ ହୋଇ ଯେ ରହିଛି, ଏହାକୁ କେହି ଅସ୍ୱୀକାର କରିପାରିବେ ନାହିଁ। ଏଭଳି ଦୃଶାୟନ ସଂପର୍କରେ ମଧ୍ୟ ଯେ ସୁଦୃଢ ଯୁକ୍ତି ବିଦ୍ୟମାନ, ତାହାବି ଏକ ଦୁର୍ଭାଗ୍ୟଜନକ ସତ୍ୟ। ଯୁକ୍ତିଦ୍ୱାରା ନୁହେଁ, ମଣିଷର ଜୀବନକୁ ସୌନ୍ଦର୍ଯ୍ୟସିକ୍ତ କରିବାର ସ୍ନିଗ୍ଧ ଭାବନା ଦ୍ୱାରା ହିଁ ଏ କ୍ଷେତ୍ରରେ ପରିବର୍ତ୍ତନ ଆନୟନ ଏକାନ୍ତ ସମ୍ଭବ। ଚଳଚ୍ଚିତ୍ର ଓ ସାହିତ୍ୟର ଆବେଦନ ଅଭିନ୍ନ ହେଲେ ସୃଷ୍ଟି ହୋଇପାରେ ଏକ ସମୃଦ୍ଧଶାଳୀ ସମାଜ। ତେଣୁ ଏ ଉଭୟ କଳାକୁ ଗୋଟିଏ ନିର୍ଦ୍ଦିଷ୍ଟ ବିନ୍ଦୁରେ ଉପନୀତ କରିବାପାଇଁ ଆବଶ୍ୟକ ଅସୀମ ଶ୍ରଦ୍ଧା ଓ କଲ୍ୟାଣକର ସଂକଳ୍ପ।

■

ସାହିତ୍ୟ ଓ ସଂଗୀତବିଦ୍ୟା

ଯେଉଁମାନେ ସଂଗୀତ-ବିଦ୍ୟା ପ୍ରତି ଆକୃଷ୍ଟ ସେମାନେ ସାହିତ୍ୟର ମୂଲ୍ୟବୋଧ ଆହରଣ କରିବା ସର୍ବପ୍ରଥମ ଆବଶ୍ୟକତା। ସଂଗୀତ ହେଉଛି ସାହିତ୍ୟର ସ୍ୱର୍ଗୀୟ ସୁଧାଧାରା। ଯେଉଁମାନେ ସ୍ୱର୍ଗଚ୍ୟୁତ ଗନ୍ଧର୍ବ ପରି କବିଚିତ୍ତ ନେଇ ଭୂମିଷ୍ଠ ହୁଅନ୍ତି ଏ ପୃଥିବୀରେ, ସେମାନେ ଅପୂର୍ବ ସଂଗୀତ ରଚନାକରି ରମ୍ୟ ଓ ଲଳିତ ଅନୁଭବରେ ପାଠକମାନଙ୍କୁ ଉତ୍ତୀର୍ଣ୍ଣ କରିନେଇ ଯାଆନ୍ତି ଏକ ଊର୍ଦ୍ଧ୍ୱତର ସୂକ୍ଷ୍ମଜଗତକୁ। ପ୍ରେମ ସଂଗୀତ, ଭଜନ ବା ଜଣାଣ-ଯାହା ବି ହେଉନା କାହିଁକି ତା' ମଧ୍ୟରେ ପ୍ରଚ୍ଛନ୍ନ ହୋଇ ରହିଥିବା ସାଙ୍ଗୀତିକ-ଧ୍ୱନି ହେଉଛି ଭାବମୟ ବାତାବରଣ-ସୃଷ୍ଟିକ୍ଷମ ଶବ୍ଦାବଳୀର ସଂହତ ସମାବେଶ। ତେଣୁ ଯେଉଁମାନେ ଗାୟକ ଗାୟିକା ଭାବରେ ସଫଳ ହେବାପାଇଁ ସଂଗୀତ ସାଧନାରେ ନିମଗ୍ନ ହୁଅନ୍ତି, ସେମାନେ ସେହି ସଂଗୀତର ଭାବ ମଧ୍ୟରେ ଅବଗାହନ କରିପାରିବା ହେଉଛି ସବୁଠୁ ତାତ୍ପର୍ଯ୍ୟପୂର୍ଣ୍ଣ। ଅନେକ ସଂଗୀତଶିଳ୍ପୀ ଅଛନ୍ତି ଯେଉଁମାନେ ସଂଗୀତର ଗୂଢ଼ାର୍ଥ ଆଦୌ ହୃଦୟଙ୍ଗମ ନକରି କେବଳ ନିର୍ଲିପ୍ତ କଣ୍ଠରେ ଗାନ କରନ୍ତି ସଂଗୀତ, ଯାହା ଭ୍ରମ ପ୍ରମାଦପୂର୍ଣ୍ଣ ହେବାର ଆଶଙ୍କା ରହିଛି ସର୍ବଦା। ସଂଗୀତ-ମଧ୍ୟସ୍ଥ ଭାବଧାରାକୁ ଧାରଣ କରିପାରିବା ହେଲା ସାହିତ୍ୟର ପ୍ରକୃତ ଅଧ୍ୟୟନ ଓ ମନନ। ଭାବ ସହିତ ହୃଦୟ ସଂଯୁକ୍ତ ହୋଇଗଲେ ଯେଉଁ ସ୍ୱର ନିର୍ଝର ପ୍ରବାହିତ ହୁଏ ଶିଳ୍ପୀ କଣ୍ଠରୁ, ତାହାର ପ୍ରଭାବ ହୋଇଯାଏ ଗଭୀରତର। ଲକ୍ଷ୍ୟ କରାଯାଏ ଯେ ସଂଗୀତ ଶିଳ୍ପୀମାନେ ଯେତେବେଳେ ଗାନ କରିବାପାଇଁ ପ୍ରଚେଷ୍ଟାରତ, ସେତେବେଳେ ସେମାନଙ୍କ ସାଧନା ପଥରେ ପ୍ରତିବନ୍ଧକ ହୋଇ ଆର୍ବିଭୁତ ହୁଏ ସାହିତ୍ୟ ପ୍ରତି ଅନାନ୍ତରିକତା। କାରଣ ଅନେକ ଶବ୍ଦ ବୁଝି ନପାରିବା ଫଳରେ ସେମାନେ ତାକୁ ତ୍ରୁଟିପୂର୍ଣ୍ଣ ଭାବେ ଉଚ୍ଚାରଣ କରିଥାନ୍ତି, ଯାହା ଶ୍ରୋତା ଅନ୍ତରରେ ଭାବ-ପ୍ରବାହ ସୃଷ୍ଟିରେ ହୁଏ ଅନ୍ତରାୟ। ସଂଗୀତଟିକୁ ମୂଳରୁ ଶେଷ ପର୍ଯ୍ୟନ୍ତ ନିବିଷ୍ଟ ଚିତ୍ତରେ ବାରମ୍ବାର ଅଧ୍ୟୟନ କରିବା, ତାହାର ପ୍ରତିଟି ଶବ୍ଦର ଭାବାର୍ଥକୁ ଆବିଷ୍କାର କରିବା ଆଉ ଅତ୍ୟନ୍ତ ଧ୍ୟାନସ୍ଥ ଚିତ୍ତରେ ତପସ୍ୟା କରିବାର ନିର୍ମଳତା ନେଇ ଯେତେବେଳେ ଗାୟକ

ଗାୟିକା ନିଜସ୍ୱ କଣ୍ଠସ୍ୱର ଉନ୍ମୁକ୍ତ କରିଦିଅନ୍ତି, ସେତେବେଳେ ହିଁ ତାହା ଅଦ୍ଭୁତ ଭାବ ସଞ୍ଚାର-କ୍ଷମ ହୋଇଯାଇପାରେ।

ପ୍ରାଚୀନ ଯୁଗରେ ଅପୂର୍ବ ପ୍ରସିଦ୍ଧି ଅର୍ଜନ କରିଥିବା ତାନ୍‌ସେନ୍‌ଙ୍କ ଭଳି ଶିଳ୍ପୀ ମେଘମଲ୍ଲାର ରାଗରେ ଯେତେବେଳେ ସଂଗୀତ ଗାନ କରୁଥିଲେ, ଆଶ୍ଚର୍ଯ୍ୟ ଜନକ ଭାବରେ ଆକାଶର ଚତୁର୍ଦ୍ଦିଗରୁ ମେଘମାଳାର ଶୁଭାଗମନ ଓ ବର୍ଷାର ସ୍ୱଚ୍ଛଧାରା ଦେଖି ବିସ୍ମିତ ହୋଇଯାଉଥିଲେ ଦର୍ଶକ। ଏହା ଏକ ବଳିଷ୍ଠ ଦୃଷ୍ଟାନ୍ତ ମାତ୍ର, ସଂଗୀତ ଶିଳ୍ପୀର ସାହିତ୍ୟର ଆତ୍ମା ସହିତ ଏକାତ୍ମତା ଅର୍ଜନ ସମ୍ଭବ ହେଲେ ରାଗ-ସଂଗୀତର ଧ୍ୱନି ଯେ କେତେ ଚମକପ୍ରଦ ତାହା ସ୍ୱତଃ ପ୍ରମାଣିତ ହୋଇଯାଏ। ଆଜି କାହାନ୍ତି ସେହି ତାନସେନ୍? କାହାନ୍ତି ସେହି ଦର୍ଶକ ବା ଶ୍ରୋତା? କାହାନ୍ତି ସେଭଳି ସଂଗୀତକାର? ଆଉ କାହାନ୍ତି ତାକୁ ବ୍ୟାପକ ସ୍ତରରେ ପହଞ୍ଚାଇ ପାରୁଥିବା ଶାସକ ବା ପ୍ରଶାସକ? ଏହା ବା ଏପରି ଘଟଣା ଆଦି ଆମକୁ ଅବିଶ୍ୱାସ୍ୟ ମନେ ହେବାର ଯଥେଷ୍ଟ କାରଣ ବିଦ୍ୟାମାନ। ଯେହେତୁ ଆମେ ମନ ଓ ପ୍ରାଣ ଇଲାକାରେ ବନ୍ଦୀ, ତେଣୁ ଆତ୍ମାର ସ୍ୱଷ୍ଟ ସ୍ୱର ଶୁଣିବାରେ ଅକ୍ଷମ।

ସାମ୍ପ୍ରତିକ ସମୟର ସୁପ୍ରସିଦ୍ଧ ସଂଗୀତଶିଳ୍ପୀ ଲତା ମଙ୍ଗେସକର ମାତ୍ର ଗୋଟିଏ ଦିନ ହିଁ ବିଦ୍ୟାଳୟକୁ ଯାଇଥିଲେ। ଏକଦା ଏକ ଭଜନ ଗାନ କରିବା ବେଳେ ଲତା ଭାବ ପ୍ରବାହର ଅଗାଧ ଜଳରାଶି ଭିତରେ ନିମଗ୍ନ ହୋଇ ସଂଜ୍ଞା ହରାଇଥିଲେ କିୟତ୍‌କ୍ଷଣ ପାଇଁ। ଯେତେବେଳେ ଚେତନା ତାଙ୍କର ଫେରିଆସିଲା, ଆଶ୍ଚର୍ଯ୍ୟଜନକ ଭାବରେ ଯେଉଁଠି ଗୀତ ଗାଇବା ସେ ଛାଡ଼ି ଦେଇଥିଲେ ସେଇଠୁ ହିଁ ପୁନଶ୍ଚ ଆରମ୍ଭ କଲେ ସେହି ମର୍ମସ୍ପର୍ଶୀ ଭଜନର ଅବଶିଷ୍ଟ ପଦପଂକ୍ତି। ଅର୍ଥାତ୍ ଯେତିକି ସମୟ ସେ ଥିଲେ ଚେତନା-ବିହୀନ, ତାହା ତାଙ୍କ ମନର ସଂଜ୍ଞାହତ ଅବସ୍ଥା ମାତ୍ର। ଚୈତନ୍ୟ ଜଗତର ବିଚ୍ଛିନ୍ନତା ନୁହେଁ। ଭିତରେ ଭିତରେ ସେହି ଚେତନା-ଶକ୍ତି ତା'ର ସଂଯୋଗ ଅବ୍ୟାହତ କରି ରଖିଥିଲା ସଂଗୀତର ଭାବାତ୍ମା ସହିତ। ଏତେ ଗଭୀରତର ସ୍ତରକୁ ସବୁ ସଂଗୀତ ଶିଳ୍ପୀ ପ୍ରବେଶ କରିବା ସହଜ ନୁହେଁ। ତେଣୁ ସେପରି ଆଶା ରଖିବା ଅବାସ୍ତବ।

ଏ ସମଗ୍ର ପୃଥିବୀ ଓ ବିଶ୍ୱ ବ୍ରହ୍ମାଣ୍ଡ ଏକ ଚିତ୍ତ-ସ୍ତବ୍ଧ-କ୍ଷମ ମହାସଂଗୀତର ମହାପ୍ରବାହ। ଏଠି ପକ୍ଷୀର କାକଳିରେ ସଂଗୀତ। ସମୁଦ୍ରର ଲହରୀମାଳାରେ ସଂଗୀତ, ଝରଣାର ଝର୍ଝର ନାଦରେ, ପୁଷ୍ପପାଖୁଡ଼ାର ପ୍ରସ୍ଫୁଟନ ଓ ସୌରଭ ବିଚ୍ଛୁରଣରେ ସଂଗୀତ ଭରପୁର। ଗଛରେ ସବୁଜ କଅଁଳ ପତ୍ର ମୁକୁଳିତ ହେବାରେ, ସୂର୍ଯ୍ୟକିରଣ, ଚନ୍ଦ୍ରର ଜ୍ୟୋସ୍ନା, ତାରା ଓ ନକ୍ଷତ୍ରମାନଙ୍କ ଆଲୋକ ଦାନରେ ସର୍ବତ୍ର ଭରିରହିଛି ସଂଗୀତର ମହାନ ମୂର୍ଚ୍ଛନା। ଯେଉଁ ସଂଗୀତଛାତ୍ର ଏହି ଭାବ-ସତ୍ୟ ସହିତ ଯେତିକି ମାତ୍ରାରେ ସମ୍ବନ୍ଧିତ ସେ ସେତିକି ମାତ୍ରାରେ ବିଶ୍ୱ-ବିତାନର ମାଧୁର୍ଯ୍ୟ ନିଜସ୍ୱ କଣ୍ଠରେ ଫୁଟାଇ ଉଠାଇବାକୁ

ସକ୍ଷମ। ଓଡ଼ିଆରେ ସଂଗୀତ ସାଧନା କରୁଥିବା ଛାତ୍ର ବା ଶିକ୍ଷକ ଉପେନ୍ଦ୍ର ଭଞ୍ଜ, ଅଭିମନ୍ୟୁ ସାମନ୍ତସିଂହାର, ଭକ୍ତଚରଣ ଦାସ, ଗୋପାଳକୃଷ୍ଣ ପଟ୍ଟନାୟକ, ସାଲବେଗ, ଗଂଗାଧର ମେହେର, ଉତ୍କଳମଣି ଗୋପବନ୍ଧୁ ଦାସ, ଗୋଦାବରୀଶ ମିଶ୍ର, ରାଧାମୋହନ ଗଡ଼ନାୟକ ବା ଅନ୍ନଦାଶଙ୍କର ରାୟ ପ୍ରଭୃତିଙ୍କ ଲିଖିତ ଅଜସ୍ର କବିତାରେ ଯେଉଁ ସାଂଗୀତିକତା ପରିପୂର୍ଣ୍ଣ ହୋଇରହିଛି, ତାହାକୁ ପ୍ରଥମେ ଅନୁଭବ କରିବାର ଆବଶ୍ୟକତା ଆଶା କରାଯିବା ସ୍ୱାଭାବିକ। ଏହି ସଂଗୀତରେ ଯେଉଁ ରାଗ ଅନୁଯାୟୀ ରଚିତ ରାଗର ଶୈଳୀ ଆୟତ୍ତ କରିବା ଓ ଉପଯୁକ୍ତ ମର୍ଯ୍ୟାଦାର ସହିତ ଗାୟନ କରିବା ହେଉଛି ପ୍ରକୃତରେ ସମସ୍ତ ପ୍ରକାର ସିଦ୍ଧିର ମୂଳସୂତ୍ର। ଏପରିକି ବିଭିନ୍ନ ପ୍ରକାରର ବାଦ୍ୟଯନ୍ତ୍ର ମଧ୍ୟରୁ ସୃଷ୍ଟି ହେଉଥିବା ଧ୍ୱନି ସହିତ ସ୍ନେହସିକ୍ତ ସାନ୍ନିଧ୍ୟ ଲୋଡ଼ିବା ପଣର ଏକ ପରିଚୟ। ଯେଉଁମାନେ ସଂଗୀତର ସ୍ୱର ସଂଯୋଜନା କରନ୍ତି, ସଂଗୀତ ଗାନର ନିର୍ଦ୍ଦେଶନା ଦେଇଥାନ୍ତି, ସେମାନେ ମଧ୍ୟ ଏହି ମାର୍ଗକୁ ଅନୁସରଣ କରିବା ବିଧେୟ। କାରଣ ଏପରି ହାର୍ଦ୍ଦିକତା ବିହୁନେ ସ୍ୱର ସଂଯୋଜନା ବା ନିର୍ଦ୍ଦେଶନା କେବେହେଲେ ପ୍ରଭାବଶାଳୀ ଓ ହୃଦୟଗ୍ରାହୀ ହୋଇପାରିବ ନାହିଁ।

ବର୍ତ୍ତମାନ ସଂଗୀତ ନାମରେ ଯାହାକିଛି ସୃଷ୍ଟି ହେଉଛି ତାହା ନିମ୍ନ ପ୍ରାଣର ଉତ୍ତେଜନାମୂଳକ ପ୍ରକାଶ ମାତ୍ର। ଏହାର କୌଣସି ସ୍ଥାୟୀ ପ୍ରଭାବ ଆଶା କରାଯାଇ ପାରେନା। ଅସ୍ଥିର-ଚିତ୍ତ ମଣିଷକୁ ସ୍ଥିର ତଥା ସ୍ଥିତପ୍ରଜ୍ଞ କରିଦେବା ଯଦି ସଂଗୀତର ମହାନ ଲକ୍ଷ୍ୟ, ତା' ହେଲେ ଏହା ତାହାର ସଂପୂର୍ଣ୍ଣ ପରିପନ୍ଥୀ। ବରଂ ମନୁଷ୍ୟର ଅସ୍ତବ୍ୟସ୍ତ ବିବ୍ରତ ଇତସ୍ତତଃ ମନପ୍ରାଣକୁ ଅଧିକରୁ ଅଧିକ ଉଦ୍‌ବିଗ୍ନ, ଉତ୍ତେଜନା ପୂର୍ଣ୍ଣ ଉଶୃଙ୍ଖଳ କରିଦେବାର ଲକ୍ଷ୍ୟକରାଯାଉଛି। ଲତା ମଙ୍ଗେସକରଙ୍କୁ ଏହି ନୂତନ ଯୁଗର ସଂଗୀତ ସଂପର୍କରେ ଏକ ପ୍ରଶ୍ନ ପଚାରିବା ଦ୍ୱାରା ସେ ଉତ୍ତର ଦେଇଥିଲେ ଯେ, 'ପୁରାତନ ସଂଗୀତ ସବୁ ଯାହା ଗାନକରିବାର ସୁଯୋଗ ମୁଁ ପାଇଛି ସେ ସବୁ ମୋ ସ୍ମୃତିରେ ବର୍ତ୍ତମାନ ବି ସତେଜ। କିନ୍ତୁ ଯେତିକି ନୂତନ ସଂଗୀତ ଗାନ କରିବାକୁ ପଡ଼ିଛି ତାହା ସଂଗେ ସଂଗେ ବିସ୍ମୃତି ଗର୍ଭରେ ବିଲୀନ ହୋଇଯାଇଛି।' ଏହା ତେଣୁ ସାମୟିକ ଏକ ଫେସନ, ଏକପ୍ରଦର୍ଶନ ପ୍ରିୟ ସମ୍ମୋହନ ବ୍ୟତୀତ ଆଉକିଛି ନୁହେଁ। ଯାଦୁ ବିଦ୍ୟାର ପ୍ରଭାବ ବରଂ ଅଧିକ। ତା'ଠାରୁ ଆହୁରି ନିସ୍ତେଜ ଓ ନିରର୍ଥକ ଏସବୁ ଶ୍ରୁତିକଟୁ ଶବ୍ଦ ବିଭ୍ରାଟ।

ଯେଉଁମାନେ ଉଚ୍ଚକୋଟୀର ସାହିତ୍ୟ ଅଧ୍ୟୟନର ଅଭିଳାଷ ପୋଷଣ କରନ୍ତି ସେମାନେ ସଂଗୀତ ଶୁଣିବା ପାଇଁ ଅପେକ୍ଷା କରି ରହିଥା'ନ୍ତି ଯେ, ଯାହା ତାଙ୍କୁ ବହୁ ଦ୍ୱନ୍ଦ୍ୱ ଓ ସଂଘର୍ଷରୁ ମୁକ୍ତିର ପ୍ରଶାନ୍ତ ସ୍ପର୍ଶ ଦେବାରେ ସକ୍ଷମ ହେବ। ସ୍ୱାମୀ ବିବେକାନନ୍ଦଙ୍କ କଣ୍ଠ ନିଃସୃତ ଭଜନ ଶୁଣିବା ବେଳେ ରାମକୃଷ୍ଣ ପରମହଂସ ଭୁଲିଯାଉଥିଲେ ସମସ୍ତ ସାଂସାରିକ

ପ୍ରଭାବକୁ। ବିବେକାନନ୍ଦ ସାହିତ୍ୟର ମୂଳ ଭୂମିଟିକୁ ସ୍ପର୍ଶ କରିପାରିଥିବା ହେତୁ ତାଙ୍କ କଣ୍ଠରେ ମର୍ମରିତ ହୋଇଉଠୁଥିଲା ଆଧ୍ୟାତ୍ମିକ ଅଭୀପ୍ସାର ଅଭିନିବିଷ୍ଟତା। ସେହିପରି ମୀରାଙ୍କ କଣ୍ଠନିଃସୃତ ଭଜନ ପ୍ରକୃତରେ ପ୍ରେମ ସଂଗୀତ ବ୍ୟତୀତ ଆଉ କିଛି ନୁହେଁ। ସେ ପ୍ରେମ ଶାଶ୍ୱତ ଓ ଚିରନ୍ତନ। ଯିଏ ସଂଗୀତ ବିଦ୍ୟାପ୍ରତି ଅନୁରାଗୀ ହେବେ ସେମାନଙ୍କ ଲକ୍ଷ୍ୟ ଆଦୌ ସୀମିତ ବା ସଂକୀର୍ଣ୍ଣ ପରିସରରେ ସଂକୁଚିତ ହୋଇ ରହିବା ଉଚିତ ହୋଇନପାରେ। କାରଣ ସାହିତ୍ୟର ମହାନ ଜଗତ ମଧ୍ୟକୁ ପ୍ରବେଶ କରିପାରିଲେ ଯେଉଁ ଉଚ୍ଚତର ସୋପାନକୁ ଉତ୍ତୋଳିତ ହୋଇଯିବାର ଆନନ୍ଦ ମିଳେ ସଂଗୀତ ମଧ୍ୟ ତାହା ହିଁ ପ୍ରଦାନ କରେ। ଆଉ ଏକ ଗଭୀରତର ସତ୍ୟର ଉନ୍ମୋଚନ କରିବା ଆମର ପରମ କର୍ତ୍ତବ୍ୟ। ତାହା ହେଲା ସଂଗୀତ ପରିବେଷଣ ସମୟରେ କୌଣସି କଣ୍ଠଶିଳ୍ପୀ ନିମ୍ନ ପ୍ରକୃତିର ଅଂହକାର ବା ଇର୍ଷା ଭାବନାର ଅନେକ ଊର୍ଦ୍ଧ୍ୱରେ ଅବସ୍ଥାନ କରୁଥାନ୍ତି। ଏପରି ଅଂହକାର ଶୂନ୍ୟ ସଂଗୀତଧ୍ୱନି ମାନବିକ ଆତ୍ମାର ଉତ୍ତରଣରେ ନେଇଥାଏ ଉଲ୍ଲେଖନୀୟ ଭୂମିକା। ଆମ ମନର ସକଳ ସଂକୀର୍ଣ୍ଣତାକୁ ଏହା ମହାଭାବର ବିରଳ ସ୍ପର୍ଶରେ ସ୍ପନ୍ଦିତ କରିବା ଦ୍ୱାରା ଆମେ ବାସ୍ତବରେ ପରମେଶ୍ୱରଙ୍କ ଅତ୍ୟନ୍ତ ନିକଟବର୍ତ୍ତୀ ହୋଇଯିବା ଯେ ସ୍ୱାଭାବିକ ଏଥିରେ ସନ୍ଦେହ ନାହିଁ। ସାହିତ୍ୟ ଯେପରି ଆମ କ୍ଷୁଦ୍ର ହୃଦୟକୁ ବିଶାଳତର କରିଦେଇପାରେ ତାହାର ସଂଗୀତ ରୂପାୟନ ସେହିପରି ଆମକୁ ନେଇଯାଏ ଏକ ଅଲୌକିକ ଜଗତକୁ।

ସଂଗୀତକଳା ହେଉଛି ଗାନ୍ଧର୍ବ ବିଦ୍ୟା। ତେଣୁ ଏହାର ମୂଳ ଉତ୍ସ ରହିଛି ଊର୍ଦ୍ଧ୍ୱ ଜଗତରେ। ସୂକ୍ଷ୍ମ-ଭାବ-ଆହରଣ-କ୍ଷମ ଚେତନା ବଳରେ ମଣିଷ ତାହାକୁ ଆଣି ପ୍ରତିଷ୍ଠିତ କରିପାରିଛି ଏହି ସାଂସାରିକ ଜୀବନର ସ୍ୱାର୍ଥଯୁକ୍ତ ଭୂମି ଉପରେ। ଅର୍ଥାତ୍ ସମସ୍ତ ପ୍ରକାରର ହିସାବୀ ମନରୁ ଆପଣାକୁ ମୁକ୍ତ କରି ଏକ ପରମ ଚେତନାରେ ଆତ୍ମଲୀନ ହେବା ସକାଶେ ଏହା ପ୍ରଦାନ କରି ଆସିଛି ଶୁଭଙ୍କର ସନ୍ଦେଶ। ଆମେ-ଗ୍ରହଣ-କ୍ଷମ ନ ହେଲେ ତାହା ହୋଇଯିବ ତିରୋହିତ। ଆଉ ଅପର ପକ୍ଷରେ ଆମେ ଯଦି ଆନ୍ତରିକତା-ଯୁକ୍ତ ହୋଇପାରିବା ତା'ହେଲେ ତାହାର ପୁନଃପୁନଃ ପୁନର୍ଜନ୍ମ ଘଟୁଥିବ ଅଶେଷ ଆଶା ଓ ପରିଶୁଦ୍ଧ ପ୍ରେମାଭିଳାଷର ଦିବ୍ୟ ସଂକେତ ବହନ କରି। ସାହିତ୍ୟ ଓ ସଂଗୀତ-ବିଦ୍ୟାର ଘନିଷ୍ଠତାକୁ ଅନୁଭବ କରିପାରୁଥିବା ମାନବ-ହୃଦୟ ଏହି ଦିବ୍ୟ ଭାବ ଧାରଣକ୍ଷମ ବୋଲି ନିଜକୁ ପ୍ରମାଣିତ କରିଦେଉ, ଏହା ହିଁ ଭାରତ-ଭାରତୀଙ୍କ ନିକଟରେ ବ୍ୟାକୁଳ ପ୍ରାର୍ଥନା।

■

ସାହିତ୍ୟ ଓ ପରିବାର ପରିଚାଳନା

ଗୋଟିଏ ପରିବାରକୁ ସୁପରିଚାଳିତ କରିବାପାଇଁ ସାହିତ୍ୟର କେତେ ଯେ ଆବଶ୍ୟକତା ରହିଛି, ତାହାକୁ କେହି ଅସ୍ୱୀକାର କରିପାରିବେ ନାହିଁ। ଅନୁସନ୍ଧାନ କଲେ ଏକଥା ମଧ୍ୟ ପ୍ରମାଣିତ ହୋଇଯାଇପାରେ ଯେ ପ୍ରତିଟି ପରିବାରରେ ସାହିତ୍ୟ କିପରି ସଂହତି ସ୍ଥାପନ କରିବାରେ ନେଇଛି ଉଲ୍ଲେଖନୀୟ ଭୂମିକା। ଯେଉଁ ପରିବାରର ସଦସ୍ୟ ସଦ୍ୟସା ସାହିତ୍ୟ ପୁସ୍ତକ ଅଧ୍ୟୟନର ଅଭିଳାଷ ପୋଷଣ କରନ୍ତି, ସେହି ପରିବାରରେ ଅଶାନ୍ତିର ମାତ୍ରା ଅତ୍ୟନ୍ତ ନଗଣ୍ୟ। ଏହି ସୁନ୍ଦର ଅଭ୍ୟାସ ନଥିଲେ ପରଚର୍ଚ୍ଚାରେ, କଳିକଜିଆରେ, ନିଜସ୍ୱ କ୍ଷୁଦ୍ର ସ୍ୱାର୍ଥ ସାଧନ ଜନିତ ହିଂସାରେ ଘରଦ୍ୱାରକିପରି ଧ୍ୱସ୍ତ ବିଧ୍ୱସ୍ତ ହୋଇଯାଏ, ତାହା ପୋଲିସ୍ ଥାନାକୁ ଆସୁଥିବା ଅଭିଯୋଗ ପର୍ଯ୍ୟବେକ୍ଷଣ କଲେ ମଧ୍ୟ ଜଣେ ଅନାୟାସରେ ଜାଣିପାରିବ।

ବାସ୍ତବରେ ଯେ କୌଣସି କବି ଓ ଲେଖକଙ୍କ ପ୍ରଥମ କର୍ତ୍ତବ୍ୟ ହେଲା ପାରିବାରିକ ଜୀବନକୁ ସୌହାର୍ଦ୍ଦ୍ୟସିକ୍ତ କରିବାର ବାର୍ତ୍ତା ନିଜସ୍ୱ ସୃଷ୍ଟି ଭିତରେ ଗୁମ୍ଫନ କରିବା। ଭକ୍ତକବି ମଧୁସୂଦନ ରାଓ ସେଥିପାଇଁ ଗାଇ ଉଠିଲେ-"ବୈକୁଣ୍ଠ ସମାନ ଆହା ଅଟେ ସେହିଘର/ ପରସ୍ପର ସ୍ନେହ ଯହିଁଥାଏ ନିରନ୍ତର"। ମଧୁସୂଦନଙ୍କ ଏହି କବିତା ପଂକ୍ତିଟି ଘରେ ଘରେ ପରିଚିତ ଓ ପ୍ରସାରିତ। ମାତ୍ର ଏହାକୁ ଯେତିକି ନିଷ୍ଠାର ସହିତ ବୁଝିବାର ଆବଶ୍ୟକତା ରହିଛି, ତାହା ଯଥାର୍ଥ ଭାବରେ ହୃଦ୍‌ବୋଧ କରିନପାରିବା ଦ୍ୱାରା ପରିବାର ମଧ୍ୟରେ ନାନା ସଂକଟ ଦେଖାଦିଏ। ଆଜି ଭାରତୀୟ ସଂସ୍କୃତିର ଯାହା ମୂଳପିଣ୍ଡ, ସେହି ଯୌଥ ପରିବାର କିପରି କାଚଖଣ୍ଡ ପରି ଭାଙ୍ଗିପଡୁଛି ସାମାନ୍ୟ ଟିକିଏ ଶ୍ରଦ୍ଧାଶୀଳତାର ଅଭାବ ଯୋଗୁଁ, ତାହା ପ୍ରତ୍ୟେକେ ଅନୁଭବ କରିପାରୁଥିବେ। ଏଭଳି ଦୁଃସ୍ଥିତି ଭିତରେ ମଧ୍ୟ ଅନେକ ଏକାନ୍ନବର୍ତ୍ତୀ ପରିବାର ତିଷ୍ଠି ରହିବା ବିଭୁକୃପା ବ୍ୟତୀତ ଅନ୍ୟକିଛି ନୁହେଁ। ପରସ୍ପର ପ୍ରତି ସ୍ନେହାନୁରାଗ ନରହିଲେ ପାରିବାରିକ ଜୀବନ ହୋଇଯାଏ ଅଭିଶପ୍ତ। ଏପରିକି ଯୌଥ ପରିବାର କାହିଁକି, କେବଳ ସ୍ୱାମୀ ସ୍ତ୍ରୀ ଏକାଠି ରହୁଥିବା ଘରଭିତରେ ମଧ୍ୟ ଦେଖାଯାଉଛି ତୁମୁଳଝଡ଼। କେହି କାହାରହୃଦୟ ମଧ୍ୟକୁ ପ୍ରବେଶ କରିବାରେ ନାରାଜ।

ମଣିଷ ଏ ପୃଥିବୀରୁ ଚନ୍ଦ୍ରକୁ ପହଞ୍ଚିପାରୁଛି ସତ, କିନ୍ତୁ ନିଜର ଅତି ନିକଟରେ ରହିଥିବା ଆତ୍ମୀୟ ସ୍ୱଜନଙ୍କ ହୃଦୟ ମଧ୍ୟକୁ ପ୍ରବେଶ କରିବାରେ ସେ କିପରି ଅସମର୍ଥ, ତାହାର ଭୁକ୍ତଭୋଗୀ ଆମେ ସମସ୍ତେ ।

ସ୍ୱଭାବକବି ଗଙ୍ଗାଧର ମେହେର ତାଙ୍କ ରଚିତ 'ମଧୁମୟ' କବିତାରେ କହିଛନ୍ତି ଯେ, ଏ ଜୀବନରେ ଦୁଃଖ ଓ ବିଷାଦ ରହିଛି ସତ୍ୟ । ମାତ୍ର ଜନକଜନନୀଙ୍କ ସ୍ନେହ, ବୁଧବନ୍ଧୁଙ୍କ ସହିତ ସଦାଳାପ, ଜାୟାର ପ୍ରଣୟ-ଏସବୁ ହେଉଛନ୍ତି ଏକ ଏକ ମଧୁର ନିର୍ଝର । ମଣିଷର ଦୁଃଖ, ନ୍ୟୂନତା ବୋଧ, ଯନ୍ତ୍ରଣା ଜର୍ଜରିତ ମନ ଏହି ମଧୁର ନିର୍ଝରର ସ୍ପର୍ଶ ଲାଭ କରିବା ଦ୍ୱାରା ସବୁ ତିକ୍ତ ଅନୁଭୂତି ଧୋଇ ହୋଇଯିବାର ସମ୍ଭାବନା ଅତ୍ୟୁଜ୍ଜ୍ୱଳ । ଏପରି କାବ୍ୟକବିତା ପଠନ ଦ୍ୱାରା ଗୃହ ପରିସରରେ ପ୍ରତିଷ୍ଠିତ ହୋଇଥାଏ ପବିତ୍ରତାର ଏକ ଅନ୍ତର୍ଗତ ସାଂଗୀତିକ ମାଧୁର୍ଯ୍ୟ । ଯେଉଁମାନେ ଉଚ୍ଚକୋଟୀର ଲେଖକ ଲେଖିକା, ସେମାନଙ୍କର ସର୍ବମୂଳ ପ୍ରସଙ୍ଗ ହେଉଛି ପାରିବାରିକ ଶାନ୍ତି-ମନ୍ତ୍ରର ନିରବଚ୍ଛିନ୍ନ ଉଚ୍ଚାରଣ । ଏପରି ବିଷୟବସ୍ତୁକୁ କେନ୍ଦ୍ରକରି ପୁସ୍ତକ, ପ୍ରବନ୍ଧ ଇତ୍ୟାଦି ରଚିତ ହେଉଥିଲେ ମଧ୍ୟ ତାହା ଯେଉଁମାନଙ୍କୁ ଉଦ୍‌ବୁଦ୍ଧ କରିବାର ଆବଶ୍ୟକତା ଥାଏ, ସେମାନେ ଏଥିପ୍ରତି ଆଗ୍ରହ ପ୍ରକାଶ କରିନଥାନ୍ତି । ଆଉ ଏକ ଏକ ସ୍ଥାନରେ ଦେଖାଯାଏ ଯେ, ଜଣେ ଜଣେ ସୁପ୍ରସିଦ୍ଧ ଲେଖକ ବା କବି ନିଜ ସାଧନା ପ୍ରତି ଏତେ ମାତ୍ରରେ ଆସକ୍ତ ଯେ ପରିବାରର ଅନ୍ୟ କାହାରି ଉପକାର ନିମିତ୍ତ ସେମାନେ ଚିନ୍ତା ସୁଦ୍ଧା କରନ୍ତି ନାହିଁ । ଏସବୁ ସମସ୍ୟାକୁ ଦୂର କରିବା ପାଇଁ ସାହିତ୍ୟିକ ହେବା ବା ସାହିତ୍ୟ ଅଧ୍ୟୟନ କରିବାଠାରୁ ଆହୁରି ଗୁରୁତ୍ୱପୂର୍ଣ୍ଣ ବିଷୟ ହେଲା ନିଜସ୍ୱ ଆତ୍ମାରେ ରହିଥିବା ଅସଲ ସାହିତ୍ୟକୁ ଆବିଷ୍କାର କରିପାରିବା । ତଦନୁଯାୟୀ ଜୀବନ 'ଧୀର ପାଣି ପଥର କାଟେ' ନ୍ୟାୟରେ ଶାନ୍ତିପୂର୍ଣ୍ଣ ରୀତିନେଇ ପ୍ରବାହିତ ହୋଇଯାଏ । ଜୀବନକୁ ନୌକା ସହିତ ତୁଳନା କରାଯାଇଛି ଏଇଥିପାଇଁ । ନୌଚାଳନା ସମୟରେ ଯେପରି ଝଡ଼ଝଞ୍ଜାର, ବର୍ଷା ବିଜୁଳିର ସମ୍ମୁଖୀନ ହେବାକୁ ପଡ଼େ ନଦୀସ୍ରୋତରେ ବା ସମୁଦ୍ର ବକ୍ଷରେ, ଠିକ୍ ସେହିପରି ଜୀବନକୁ ପରିଚାଳନା କରିବାକୁ ପଡ଼େ ପଦେ ପଦେ ସତର୍କ ହୋଇ ।

ସାହିତ୍ୟ ପୁସ୍ତକରେ ବି ଥାଏ, ହୃଦୟରେ ବି ଥାଏ । ଯେଉଁମାନେ କେବଳ ପଢାପଢିରେ ଅତି ନିପୁଣ, ମାତ୍ର ଆପଣାର ବିବେକ-ବାର୍ତ୍ତା ଶୁଣିବାରେ ଅକ୍ଷମ, ସେମାନଙ୍କ ସାହିତ୍ୟପାଠ କେବଳ ମନୋରଞ୍ଜନଧର୍ମୀ ଏକ ମାଧ୍ୟମ ବୋଲି କୁହାଯାଇପାରିବ । ପରିବାର ପରିଚାଳନାରେ ସାହିତ୍ୟର ଭୂମିକା ରହିଛି ବୋଲି କହିବାର ପ୍ରକୃତ ଅର୍ଥ ହେଉଛି ହାର୍ଦ୍ଦିକତାର ପ୍ରୟୋଜନ ଏକାନ୍ତ ଜରୁରୀ ବୋଲି ସୂଚାଇଦେବା । ହୃଦୟ ଯାହାର ଯେତିକି ନିର୍ମଳ ଓ ପରିଚ୍ଛନ୍ନ, ସିଏ ସେତିକି ସାହିତ୍ୟ-ପ୍ରାଣ । କିଛି ପଢିନଥିଲେ ବି ସେ ହେଉଛି ପ୍ରକୃତରେ ସାହିତ୍ୟର ଅନ୍ତଃସ୍ରୋତ, ଯିଏ ପ୍ରତିମୁହୂର୍ତ୍ତରେ ସମସ୍ତ ପ୍ରକାରର ମାନ ଅଭିମାନ

ଘୃଣା ପରନିନ୍ଦା ଇତ୍ୟାଦିକୁ ମନରେ ସ୍ଥାନ ଦିଏ ନାହିଁ। ସହନଶୀଳତା ହେଉଛି ପାରିବାରିକ ଶ୍ରଦ୍ଧାକୁ ଅକ୍ଷୁଣ୍ଣ ରଖିବାର ଏକ ଦିବ୍ୟାସ୍ତ୍ର। ମହାତ୍ମାଗାନ୍ଧୀ ଏହି ସହନଶୀଳତାକୁ ମଧ୍ୟ ଯଥେଷ୍ଟ ନୁହେଁ ବୋଲି ଅଭିହିତ କରିଦେଇଛନ୍ତି। ତାଙ୍କ ମତରେ ସହନଶୀଳତା ନୁହେଁ, ପରସ୍ପରର ଆନ୍ତରିକତାକୁ ପ୍ରେମର ସୂତ୍ରରେ ବାନ୍ଧି ରଖିବା ହିଁ ହେଉଛି ଅବ୍ୟର୍ଥ ମହୌଷଧୀ। ଯେଉଁ ସାହିତ୍ୟରେ ନୈତିକତାର ବର୍ଣ୍ଣନା ଅଧିକ, ତାହାକୁ ଶ୍ରେଷ୍ଠ ସାହିତ୍ୟର ମର୍ଯ୍ୟାଦା ଦିଆଯାଏ ନାହିଁ। କିନ୍ତୁ ଯେଉଁଠି କେବଳ କଳାନିପୁଣତା ପ୍ରକାଶ ପାଇଥାଏ, ସମୀକ୍ଷକମାନେ ତାହାକୁ ହିଁ ଉଚ୍ଚକୋଟୀର ସାହିତ୍ୟର ମାନ୍ୟତା ପ୍ରଦାନ କରିବା ଦୁର୍ଭାଗ୍ୟଜନକ। ଯଦି ନୀତିନିଷ୍ଠତା ପାରିବାରିକ ଶାନ୍ତି ପ୍ରତିଷ୍ଠାର ହୁଏ ମୂଳସୂତ୍ର, ତା'ହେଲେ ସାହିତ୍ୟ ନୀତିଶିକ୍ଷା ପ୍ରଦାନ କରିବା କେଉଁ ଦୃଷ୍ଟିରୁ ଅଯୁକ୍ତିକର ? ସ୍ୱଭାବକବି ଗଙ୍ଗାଧର ମେହେରଙ୍କ 'ପ୍ରଣୟବଲ୍ଲରୀ' କାବ୍ୟରେ ଶକୁନ୍ତଳା ଯେତେବେଳେ ଶ୍ୱଶୁରାଳୟ ଯାତ୍ରା କରୁଛନ୍ତି, ତା' ପୂର୍ବରୁ ତାଙ୍କ ପିତା କଣ୍ୱ ମୁନି ଯେଉଁ ଉପଦେଶ ପ୍ରଦାନ କରିଛନ୍ତି, ତାହା ପାରିବାରିକ ଓ ସାଂସାରିକ ଜୀବନ ନିମନ୍ତେ ଏକାନ୍ତ ଅନୁସରଣୀୟ। ଅବଶ୍ୟ ଏହା କୁହାଯାଇପାରେ ଯେ ନୈତିକତାର ବାର୍ତ୍ତା କଳାତ୍ମକ ଭାବରେ ସାହିତ୍ୟରେ ଉତ୍‌କୀର୍ଣ୍ଣ ହେବା ସମୀଚୀନ। ନୈତିକତାକୁ ବାଦଦେଇ ସାହିତ୍ୟର ଚିନ୍ତନ କରାଯାଇନପାରେ। ଉଚ୍ଚକୋଟୀର ସାହିତ୍ୟର ପ୍ରଭାବକୁ ଛାଡ଼ିଦେଇ ପାରିବାରିକ ଜୀବନର ଶାନ୍ତି ଓ ସଂହତି କଳ୍ପନା କରାଯାଇନପାରେ।

ଅତିବଡ଼ୀ ଜଗନ୍ନାଥ ଦାସଙ୍କ 'ଭାଗବତ' ଘରେ ଘରେ ଆଦୃତ ହେବାର ମୂଳକାରଣ ହେଉଛି ପାରିବାରିକ ପରିଶୁଦ୍ଧତା ନିମନ୍ତେ ଯୁଗଯୁଗବ୍ୟାପୀ ତାହା ଜନଜୀବନ ଉପରେ ବ୍ୟାପକ ପ୍ରଭାବ ବିସ୍ତାର କରିପାରିଛି। ଏହା ମଧ୍ୟ କଳା ଦୃଷ୍ଟିରୁ ହେଉଛି ଶ୍ରେଷ୍ଠ କାବ୍ୟ ରଚନାର ସାର୍ଥକ ନିଦର୍ଶନ। ଯେକୌଣସି ପରିବାରରେ ସଦସ୍ୟ ସଦସ୍ୟାମାନେ ଯଦି ସାହିତ୍ୟ ପାଠରେ ନିମଜ୍ଜିତ ହୋଇ ରହିଥା'ନ୍ତି, ତା'ହେଲେ ସେହି ଘରେ ବିରାଜମାନ କରିଥାଏ ଏକ ହାର୍ଦ୍ଦିକତାପୂର୍ଣ୍ଣ ନିରବତା। ପରସ୍ପର ହୃଦୟକୁ ବୁଝିପାରିବାର କ୍ଷମତା ଥିଲେ ଅଧିକ ବାକ୍ୟ ବିନିମୟ କରିବାକୁ ପଡ଼େନାହିଁ। ଯେଉଁ ଗୃହରେ ଶିଶୁ-ପ୍ରାଣର ହର୍ଷ ଉଲ୍ଲାସ ବ୍ୟକ୍ତ ହୁଏ ନାହିଁ, ବୟସ୍କମାନଙ୍କ ମଧ୍ୟରେ ମୃଦୁ ମଧୁର ଭାଷା ବିନିମୟ ହୁଏନାହିଁ, ଯେଉଁ ଘର ଅତିଥି ସତ୍କାର ପାଇଁ ଉନ୍ମୁକ୍ତ ହୋଇ ରହିପାରେ ନାହିଁ, ତାହାକୁ ଘରବୋଲି କୁହାଯିବ ବା କିପରି ? ସବୁ ପ୍ରକାରର ଆନ୍ତରିକତା ସତ୍ତ୍ୱେ ପାରିବାରିକ ଜୀବନରେ ଅସଂଗତି ସୃଷ୍ଟି ହେବା ପରିଲକ୍ଷିତ ହୁଏ, ଯାହା ଆମର ଆୟତ୍ତାଧୀନ ନୁହେଁ। ଏହିସବୁ ଅସହାୟତା ମଧ୍ୟରେ ବି ପାରିବାରିକ ପ୍ରୀତିଭାବକୁ ଯଦି କିଏ ଅକ୍ଷୁଣ୍ଣ ରଖିପାରେ, ତାହା ହେଲା ସାହିତ୍ୟ। ଏ ସାହିତ୍ୟ ହୃଦୟ ମଧ୍ୟରୁ ସ୍ୱତଃସ୍ଫୂର୍ତ୍ତ ଭାବରେ ସ୍ଫୁରିତ ହୋଇପାରେ କିମ୍ବା ଉଚ୍ଚକୋଟୀର ଗ୍ରନ୍ଥାଧ୍ୟୟନରୁ ଆହରଣ କରାଯାଇପାରେ। ■

ସାହିତ୍ୟ ଓ ଗଣମାଧ୍ୟମ

ସାହିତ୍ୟ ଓ ଗଣମାଧ୍ୟମର ସମ୍ପର୍କଅତି ପୁରାତନ। ସମ୍ବାଦପତ୍ର ପ୍ରକାଶନ ମାଧ୍ୟମରେ ସାହିତ୍ୟର ଯେପରି ସମ୍ପ୍ରସାରଣ ଘଟିଛି, ତାହାକୁ କେହିହେଲେ ଅସ୍ୱୀକାର କରିପାରିବେ ନାହିଁ।ଯଦିଓ ଏ ଉଭୟର ସଂପର୍କ ପୁରାତନ ବୋଲି ଉଲ୍ଲେଖ କରାଯାଇଛି, ଏହିଠାରୁ ହିଁ ନୂତନତାର ଯୁଗ ଉଦ୍‌ଘାଟିତ ହୋଇଛି ପୃଥିବୀର, ଆମ ଦେଶ ଓ ପ୍ରଦେଶର ବିଭିନ୍ନ ସ୍ତରରେ। ମୁଦ୍ରାଯନ୍ତ୍ରର ଯଦି ପ୍ରତିଷ୍ଠା ହୋଇପାରିନଥାନ୍ତା ଓ ଖବରକାଗଜ ମାଧ୍ୟମରେ ଗଳ୍ପ କବିତା ପ୍ରବନ୍ଧ ଆଦି ଅସଂଖ୍ୟ ପାଠକଙ୍କ ନିକଟରେ ନପହଞ୍ଚିଥାନ୍ତା, ତା'ହେଲେ ସାହିତ୍ୟର ଲୋକପ୍ରିୟତା ଯେତିକି ପରିବର୍ଦ୍ଧିତ ହୋଇଛି, ତାହା ସମ୍ଭବ ହୋଇନଥାନ୍ତା। ସେହିପରି ସମ୍ବାଦପତ୍ରରେ ସଂପାଦକମାନେ ଜଣେ ଜଣେ ପ୍ରତିଷ୍ଠିତ ଲେଖକ ହୋଇଥିବାରୁ ସମ୍ବାଦପତ୍ର ସାହିତ୍ୟିକ-ଅଭିରୁଚି ସମ୍ପନ୍ନ ହୋଇପାରିଛି। ଉତ୍କଳମଣି ଗୋପବନ୍ଧୁ ଦାସଙ୍କ ପ୍ରତିଷ୍ଠିତ 'ସମାଜ', ଗୌରୀଶଙ୍କର ରାୟଙ୍କ 'ଉତ୍କଳ ଦୀପିକା', ପ୍ୟାରୀମୋହନ ଆଚାର୍ଯ୍ୟଙ୍କ 'ଉତ୍କଳପୁତ୍ର', ପଣ୍ଡିତ ନୀଳମଣି ବିଦ୍ୟାରତ୍ନଙ୍କ ଦ୍ୱାରା ସମ୍ପାଦିତ 'ସମ୍ବଲପୁର ହିତୈଷିଣୀ' ଆଦି ଯେତେ ସମ୍ବାଦପତ୍ର ଉପରେ ପାଠକର ଆଖି ବୁଲି ଆସେ ସେମାନେ ସେତିକି ଉଚ୍ଚସ୍ତରୀୟ ସାହିତ୍ୟିକଙ୍କ ଓ ସଂପାଦକଙ୍କ ନିବିଡ଼ ସାନ୍ନିଧ୍ୟ ଅନୁଭବ କରିଥାନ୍ତି। ଏ ବିଷୟରେ ଗବେଷଣା ଆଶାନୁରୂପ ଭାବରେ ହୋଇପାରିଲେ ଏହି ସଂପାଦନା ଓ ସାହିତ୍ୟ ସର୍ଜନା ମଧ୍ୟରେ ନିହିତ ସମ୍ବନ୍ଧ କେତେ ନିଗୂଢ଼ ସ୍ତରର ଏକ ଅନ୍ତର୍ସତ୍ୟ, ତାହା ଯଥାର୍ଥ ରୂପେ ପ୍ରମାଣିତ ହୋଇଯିବ। ହୋଇପାରିଛି ମଧ୍ୟ।

ଯେଉଁ ଭାଷାର ସାହିତ୍ୟ ଯେତିକି ଉଚ୍ଚସ୍ତରାଶ୍ରିତ, ସେହି ଭାଷାର ସମ୍ବାଦପତ୍ର ମଧ୍ୟ ସାହିତ୍ୟିକ ସୌନ୍ଦର୍ଯ୍ୟ ଧାରଣରେ ସେତିକି ସକ୍ଷମ। ସଂପ୍ରତି ଗଣମାଧ୍ୟମ କେବଳ ସମ୍ବାଦପତ୍ର ମଧ୍ୟରେ ଆବଦ୍ଧ ନୁହେଁ। ଦୂରଦର୍ଶନ, ବିଭିନ୍ନ ପ୍ରକାରର ନୂତନ ନୂତନ ଟିଭି ଚ୍ୟାନେଲ ଆଦି ଇଲେକ୍ଟ୍ରୋନିକ୍ସ ମାଧ୍ୟମ ସାହିତ୍ୟର ଲୋକପ୍ରୟିତା ସୃଷ୍ଟି ଦିଗରେ ଯେ ଉଲ୍ଲେଖନୀୟ ଭୂମିକା ନିର୍ବାହ କରିଛି, ଏହା ଅନସ୍ୱୀକାର୍ଯ୍ୟ। ତେବେ ଏଗୁଡ଼ିକରେ ପ୍ରସାରିତ

ବିଭିନ୍ନ କାର୍ଯ୍ୟକ୍ରମଗୁଡ଼ିକ ସାହିତ୍ୟ ସଂପ୍ରୀତି ପ୍ରତି ବୀତସ୍ପୃହ ରହିବାର ଦୃଷ୍ଟାନ୍ତ ନୈରାଶ୍ୟଜନକ। ଯେଉଁମାନେ ଏହି କାର୍ଯ୍ୟକ୍ରମର ନିଷ୍ପାଦକ ବା ସଂଯୋଜକ, ତାଙ୍କର ଲେଖାରେ ବା ଉପସ୍ଥାପନ ଶୈଳୀରେ ଅତି ଆଧୁନିକତା ନାମରେ ଯେଉଁ ଶବ୍ଦ ଓ ଠାଣିର ପ୍ରଦର୍ଶନ କରାଯାଏ, ତାହା ସାହିତ୍ୟିକ ଭାବାନୁକୂଳ ହୋଇପାରୁନାହିଁ। ଏ ଦିଗରେ ଉକ୍ତ ସଂସ୍ଥାମାନଙ୍କ ସୁପରିଚାଳକମାନେ ସମାଜ ପ୍ରତି ଏକ ନିରୁତା ଅଙ୍ଗୀକାରବଦ୍ଧତା ପ୍ରଦର୍ଶିତ କରିପାରିନାହାନ୍ତି। ସମ୍ବାଦପତ୍ର, ଟିଭି ଆଦି ଚ୍ୟାନେଲକୁ ଛାଡ଼ିଦେଲେ ଆକାଶବାଣୀର ସାହିତ୍ୟ ପ୍ରତି ଅବଦାନ ଦେଖି ଅଭିଭୂତ ହେବାକୁ ପଡ଼ିଥାଏ। ସହରାଞ୍ଚଳର ବା ଗ୍ରାମାଞ୍ଚଳର ଯେତିକି ଶିକ୍ଷିତ ବା ଅଶିକ୍ଷିତ ବ୍ୟକ୍ତି ରେଡ଼ିଓ ଶୁଣନ୍ତି ଆଉ ତାହା ଦ୍ୱାରା ଗଭୀର ଭାବେ ଅନୁପ୍ରାଣିତ ଅନୁଭବ କରନ୍ତି, ତାହା ଅତୁଳନୀୟ।

ମୋବାଇଲ୍ ଫୋନ୍ ନିର୍ମିତ ହେବାପରେ ଫେସ୍‌ବୁକ୍, ହ୍ୱାଟସଆପ୍, ଇନ୍‌ଷ୍ଟାଗ୍ରାମ ପ୍ରଭୃତି ବିଭାଗଗୁଡ଼ିକ ବିଶେଷତଃ ଯୁବ ସଂପ୍ରଦାୟକୁ କବଳିତ କରି ରଖିଛନ୍ତି। ସେଥିରେ ଉଭୟ ସକରାତ୍ମକ ଓ ନକରାତ୍ମକ ଦିଗ ସଂପର୍କରେ ଯେଭଳି ସଚେତନତା ପ୍ରକାଶ କରିଥାନ୍ତି, ତାହା ସୃଜନଶୀଳ ଆତ୍ମାକୁ ତୀବ୍ର ଭାବରେ ଆଲୋଡ଼ିତ କରିଦେଉଥାଏ। ଏହା ଭାବ ବିନିମୟର ଏକ ଏକ ମାଧ୍ୟମ ଓ ଏହି ଭାବ ବିନିମୟର ମାଧ୍ୟମ ଭାବରେ ସର୍ବବ୍ୟାପ୍ତ। ତାରୁଣ୍ୟର ତେଜ ଅସତ୍ ଉଦ୍ଦେଶ୍ୟରେ ବିନିଯୁକ୍ତ ହେଲେ ସମାଜରେ ଏକ ବିଧ୍ୱଂସକାରୀ ଅପଶକ୍ତି ଭାବେ ଆବିର୍ଭୁତ ହୋଇଛି ବୋଲି ଆତଙ୍କ ସୃଷ୍ଟି ହେବାର ଅନେକ କାରଣ ରହିଛି। ଏହି ଲୋକ-କୋଳାହଳ ମଧ୍ୟରେ ବୟସ ନିର୍ବିଶେଷରେ କିଛି ବ୍ୟକ୍ତି ମାନବିକ ବିଧି ଓ ବ୍ୟବହାରକୁ ସୁମାର୍ଜିତ କରିବା ସକାଶେ ଯେପରି ଅଙ୍ଗୀକାରବଦ୍ଧ, ତଦ୍ୱାରା ଏକ ଅନ୍ତର୍ଗତ ସୁସ୍ଥ-ଚିନ୍ତନ ମଧ୍ୟ ଯେ ଅଦୃଶ୍ୟ ଭାବରେ ପ୍ରବାହିତ, ଏହାକୁ ମଧ୍ୟ ଅସ୍ୱୀକାର କରାଯାଇନପାରେ।

ଗଣମାଧ୍ୟମ ହେଲା ଗଣମାନଙ୍କ ନିମିତ୍ତ ଉଦ୍ଦିଷ୍ଟ। ସେଥିପାଇଁ ସେମାନଙ୍କର ପରମ କର୍ତ୍ତବ୍ୟ ହେଉଛି ଜନତାଙ୍କୁ ଯଥାର୍ଥ ମାର୍ଗରେ ପରିଚାଳିତ କରିବା। ଏହି ମହାନ୍ ଭୁମିକା ଯେଉଁମାନେ ବିସ୍ମରିଯାଇ କେବଳ ଜନତାର ଦାବି ଉପସ୍ଥାପନ କରନ୍ତି ଓ ସେତିକିରେ ନିଜର କର୍ତ୍ତବ୍ୟ ସମ୍ପାଦନ ଶେଷ ହେଲା ବୋଲି ମନେକରନ୍ତି, ତାହା ପ୍ରକୃତ ଗଣମାଧ୍ୟମର ଲକ୍ଷ୍ୟଠାରୁ ଦୂରବର୍ତ୍ତୀ ହୋଇଯାଏ। ବାସ୍ତବରେ ଗଣମାଧ୍ୟମ ହେଲା ଗଣଚେତନା ଉଦ୍ରେକ କରିବାର ଏକ ମହତ୍ତର ମାଧ୍ୟମ। ମାହାତ୍ମାଗାନ୍ଧୀ ବା ଉତ୍କଳମଣି ଗୋପବନ୍ଧୁ ଦାସ ଏ କଥାକୁ ଅକ୍ଷରେ ଅକ୍ଷରେ ପାଳନ କରିଥିଲେ ବୋଲି ଦେଶ ବା ପ୍ରଦେଶରେ ଚେତନାର ଆଲୋକ ବିଚ୍ଛୁରିତ ହୋଇପାରିଥିଲା। ମହାତ୍ମାଗାନ୍ଧୀ ଥିଲେ ଅହିଂସାର ପୂଜାରୀ। ଅହିଂସା ତ ଯେ ପାରିବାରିକ ସ୍ତରଠାରୁ ଅନ୍ତର୍ଜାତୀୟ ସ୍ତର ପର୍ଯ୍ୟନ୍ତ

ଉତ୍ତମ ବୁଝାମଣା ପ୍ରତିଷ୍ଠା କରିପାରେ, ଏହା ନିଜ ଜୀବନରେ ପରୀକ୍ଷା କରି ସେ ଉପଲବ୍ଧି କରିପାରିଥିଲେ। ସ୍ୱାଧୀନତା ଆନ୍ଦୋଳନ ସମୟରେ ମଧ୍ୟ ହିଂସାଚରଣକୁ ସେ କଦାପି ସମର୍ଥନ କରିନାହାନ୍ତି, କିମ୍ବା ଶସ୍ତା ଲୋକପ୍ରିୟତା ଅର୍ଜନ କରିବାପାଇଁ କେବେହେଲେ ଆକାଂକ୍ଷା ପୋଷଣ କରିନାହାନ୍ତି। ସମ୍ବାଦ ପରିବେଷଣ ଯଦି ହୁଏ କେବଳ ଏକ ଅନାସକ୍ତ ବର୍ଣ୍ଣନା, ତାହା ପାଠକ ଭିତରେ ଉଦ୍‌ବେଳନ ସୃଷ୍ଟି କରିବାରେ ଅକ୍ଷମ। ସମ୍ବାଦ ସହିତ ସମୀକ୍ଷା ଯେଉଁଠି ସଂଯୁକ୍ତ, ତାହା ହିଁ ଜନତାଙ୍କ ମଧ୍ୟରେ ସୃଷ୍ଟି କରିପାରେ ଏକ ଚେତନାଦୀପ୍ତ ଅଧ୍ୟାୟ।

ଜନତା ଓ ଜନତା ଜନାର୍ଦ୍ଦନ-ଏ ଉଭୟ ଶବ୍ଦର ଅର୍ଥ ହେଉଛି ଭିନ୍ନ ଭିନ୍ନ। ଯେଉଁମାନେ କେବଳ ନିଷ୍ପ୍ରାଣ ଜନପୁଞ୍ଜର ଏକ ଏକ ଅସାର ଅସ୍ତିତ୍ୱ ସେମାନଙ୍କ ଦ୍ୱାରା କୌଣସି ମହତ୍ କାର୍ଯ୍ୟ ସାଧିତ ହୋଇପାରେ ନାହିଁ। ଅପରପକ୍ଷରେ ଯେଉଁମାନେ ଚେତନାଦୀପ୍ତ ନିର୍ମାଣ-କ୍ଷମ-ଶକ୍ତି, ସେମାନେ ହେଉଛନ୍ତି ଯଥାର୍ଥରେ ଜନତା ଜନାର୍ଦ୍ଦନ। ଏହିମାନଙ୍କ ଅବଦାନରେ ପୃଥିବୀ ହୁଏ କଲ୍ୟାଣ ଅଭିମୁଖୀ ବ୍ରତରେ ଆବଦ୍ଧ। ସଂପ୍ରତି ଗଣମାଧ୍ୟମର ଯେପରି ବିସ୍ଫୋରଣ ଘଟିଛି, ତା' ତୁଳନାରେ ଏହି ଚେତନଶୀଳ ସମାଜ ସୃଷ୍ଟିର ସମ୍ଭାବନା ଅଧିକ ସଂକୁଚିତ ହୋଇପଡ଼ିଛି। ଅଧିକାଂଶ ଗଣମାଧ୍ୟମ ନିଜସ୍ୱ ଆର୍ଥିକ ଲାଭାଂଶକୁ ବୃଦ୍ଧି କରିବାରେ ଯେଭଳି ତତ୍ପର, ସେମାନଙ୍କଠାରୁ ଆଦର୍ଶ ବାର୍ତ୍ତାର ପ୍ରଚାର ପ୍ରସାର ଆଶା କରିବା ନିରର୍ଥକ। କୌଣସି ଗଣମାଧ୍ୟମ କଦାପି ଏକଥା ସ୍ୱୀକାର କରିବେ ନାହିଁ ଯେ, ସେମାନେ ଗଣ-ଚେତନା ସୃଷ୍ଟିରେ ଅକ୍ଷମ। କିନ୍ତୁ ଏତେ ସମ୍ବାଦପତ୍ର, ଏତେ ଟିଭି ଚ୍ୟାନେଲ, ସମଗ୍ର ବାତାବରଣକୁ ଉଷ୍ମ କରି ରଖିଥିବା ସତ୍ତ୍ୱେ ଆମ ମାନବ-ସମାଜ ଏତେ ବିଭ୍ରାନ୍ତ, ବିବେକଶୂନ୍ୟ ଓ ମହତ୍ ଉଦ୍ଦେଶ୍ୟ ବିହୀନ ହୋଇ କିପରି କାଳାତିପାତ କରନ୍ତି, ତାହା ଭାବିଲେ ଆଶ୍ଚର୍ଯ୍ୟ ଲାଗେ। ଏହି ମହାନ୍ ଗଣତାନ୍ତ୍ରିକ ରାଷ୍ଟ୍ର ଭାରତବର୍ଷର ଗଣତାନ୍ତ୍ରିକ ଚେତନା କେତେ ପରିମାଣରେ ସୁରକ୍ଷିତ, ତାହା କହିବା ନିଷ୍ପ୍ରୟୋଜନ। ଅଚେତନ ଜନତାଙ୍କୁ ସଚେତନ କରିବାର ସୁଦୃଢ଼ ମଙ୍ଗଳମୟ ଆକାଂକ୍ଷା ବିହୁନେ ଏ କାର୍ଯ୍ୟ ବାସ୍ତବତାରେ ରୂପାନ୍ତରିତ ହେବା ଅସମ୍ଭବ। ଯେଉଁ ଘଟଣା ହଟଚମଟକାରୀ, ଯାହା ଚାଞ୍ଚଲ୍ୟକର ଓ ଚର୍ଚ୍ଚାର ଖୋରାକ ଯୋଗାଇବାରେ ଅଧିକ ଉତ୍ତପ୍ତ, ସେପରି ଖବରକୁ ସର୍ବାଗ୍ରେ ଗୁରୁତ୍ୱ ଦେବାର ଯେଉଁ ଉତ୍ତେଜନା କ୍ରମଶଃ ବୃଦ୍ଧିପ୍ରାପ୍ତ ହେଉଛି, ତାହା ଯେ ସମାଜକୁ ଧ୍ୱଂସାଭିମୁଖୀ କରିବାରେ ନେଉଛି ମୁଖ୍ୟ ଭୂମିକା, ଏହା ନିଜର କ୍ଷୁଦ୍ର ସ୍ୱାର୍ଥ ସାଧନ କରୁଥିବା ଗଣମାଧ୍ୟମଗୁଡ଼ିକ ହୃଦୟଙ୍ଗମ କରିପାରନ୍ତି ନାହିଁ। ଟିଭି ଚ୍ୟାନେଲ ମାନଙ୍କରେ ସେପରି ଘଟଣାକୁ ଉଚ୍ଚକିତ କଣ୍ଠସ୍ୱରରେ ବାରମ୍ବାର ବିଘୋଷିତ କରିବା ଓ ବଡ଼ ବଡ଼ ଅକ୍ଷରରେ ଟିଭି ପରଦା ଉପରେ ତାକୁ ପ୍ରଦର୍ଶନ କରିବାର ଯେଉଁ ମନୋଭାବ

ଲକ୍ଷ୍ୟ କରାଯାଉଛି, ସେଥିରେ ସାହିତ୍ୟର ପ୍ରଭାବ ଯେ ସଂପୂର୍ଣ୍ଣ ଶୂନ୍ୟ, ଏହା ହିଁ ଉପଲବ୍ଧ କରିହୁଏ। ଆମ ସମାଜ-ଜୀବନରେ ଯେଉଁସବୁ ନକାରାତ୍ମକ ଘଟଣା ଅଟେ, ତାହାକୁ ସମସ୍ତଙ୍କ ଆଗକୁ ଆଣିବାରେ ସାମ୍ବାଦିକମାନେ ଯେଉଁ ତତ୍ପରତା ଅନୁଭବ କରନ୍ତି ସକରାତ୍ମକ ଘଟଣାର ପ୍ରକୃତ ବାଖ୍ୟା କରିବାରୁ ସେତିକି ନିବୃତ୍ତ ହୋଇ ରହିଥା'ନ୍ତି। ଏହା ଯେତେ ଅପ୍ରିୟ ହେଲେ ମଧ୍ୟ ଯେ ନିଷ୍ଠୁର ସତ୍ୟ, ଏହାକୁ କିଏ ବା ଅସ୍ୱୀକାର କରିବ ?

ସମ୍ବାଦପତ୍ର ପ୍ରକାଶ କରିବା, ଟିଭି ଚ୍ୟାନେଲ ଆରମ୍ଭ କରିବା, ଫେସବୁକ୍ ବା ହ୍ୱାଟ୍‌ସଆପ୍ ପ୍ରବର୍ତ୍ତନ କରିବା ଯଦି ହୁଏ କେବଳ ବ୍ୟବସାୟ, ତା'ହେଲେ ଏହା କେବେହେଲେ କଲ୍ୟାଣମୂଳକ ପଦକ୍ଷେପ ନେବାରେ ସକ୍ଷମ ହୋଇପାରିବ ନାହିଁ। ମିଥ୍ୟା, ହିଂସାତ୍ମକ ଉତ୍ତେଜନା ସୃଷ୍ଟିକାରୀ ସମ୍ବାଦ ପରିବେଷଣରୁ କ୍ଷାନ୍ତ ହୋଇ ନ ରହିବା ଯାଏଁ ଓ ସାହିତ୍ୟବୋଧ ପ୍ରତ୍ୟେକଙ୍କ ଭିତରେ ପ୍ରତିଷ୍ଠିତ ନ ହେବା ପର୍ଯ୍ୟନ୍ତ ଏପରି ଗଣ-ବିରୋଧୀ ଗଣମାଧ୍ୟମ ଗଣଧ୍ୱଂସୀ ହୋଇ ରହିଥିବ। ସାମ୍ବାଦିକ ଓ ସମ୍ପାଦକ ଭାବରେ ମହାତ୍ମାଗାନ୍ଧୀ, ଉତ୍କଳମଣି ଗୋପବନ୍ଧୁ ଦାସ, ହରେକୃଷ୍ଣ ମହତାବ, ରାଧାନାଥ ରଥ ଯେପରି ନିଃସ୍ୱାର୍ଥପର ଆଉ ନିରପେକ୍ଷ ଭାବରେ ନିଜ କର୍ତ୍ତବ୍ୟ ସମ୍ପାଦନା କରିଯାଇଛନ୍ତି, ତାହା ଆଜିର ଦୁଃସ୍ଥିତି ମଧ୍ୟରେ ଏକାନ୍ତ ସ୍ମରଣୀୟ ଓ ଅନୁସରଣୀୟ। ଏହା ସମ୍ଭବ ହୋଇପାରିଲେ ସାହିତ୍ୟ ଓ ଗଣମାଧ୍ୟମର ଆତ୍ମିକ ଚେତନା ମଧ୍ୟରେ ଆଉ କୌଣସି ଭିନ୍ନତା ରହିବନାହିଁ। ସାହିତ୍ୟ ଯେପରି କଲ୍ୟାଣ ଅଭିମୁଖୀ, ଗଣମାଧ୍ୟମ ସେପରି ଗଣଚେନତାର ହେବ ବଳିଷ୍ଠ ବାର୍ତ୍ତାବହ। ସମାଜ ସଂସ୍କାର ପାଇଁ ନେଇପାରିବ ପ୍ରଭାବଶାଳୀ ଭୂମିକା। ଜାତି, ବର୍ଣ୍ଣ, ଧର୍ମ, ଭାଷାର ଦ୍ୱାହି ଦେଇ ଯେଉଁମାନେ ସୃଷ୍ଟି କରନ୍ତି ତାଣ୍ଡବଲୀଳା, ସେମାନଙ୍କୁ ଆୟତ୍ତାଧୀନ କରି ରଖିବାରେ ଗଣମାଧ୍ୟମ ହେବ ସଫଳ, ଯଦି ସାହିତ୍ୟିକ ଅଭିରୁଚି ହେବ ଗଭୀରରୁ ଗଭୀରତର।

■

ସାହିତ୍ୟ ଓ ଦୈନନ୍ଦିନ ଜୀବନ

ସାହିତ୍ୟ ପୁସ୍ତକ କେବଳ ଶ୍ରେଣୀ କକ୍ଷରେ ଅଧ୍ୟୟନ ଓ ଅଧ୍ୟାପନା ପାଇଁ ଲେଖାଯାଇନାହିଁ। ଯଦିଓ ଏହା ଆମ ଗୃହ-ଶୋଭାବର୍ଦ୍ଧନକାରୀ, କେବଳ ସେଇଥିପାଇଁ ମଧ୍ୟ ଏହାର ସୃଷ୍ଟି ହୋଇନାହିଁ। ଗ୍ରନ୍ଥାଗାର ଗୁଡ଼ିକ ପୁସ୍ତକ ଭଣ୍ଡାରରେ ଯେତେ ସମୃଦ୍ଧଶାଳୀ ହେଲେ ମଧ୍ୟ ତାହାର ପ୍ରକୃତ ଉଦ୍ଦେଶ୍ୟ ଚରିତାର୍ଥ ହୋଇପାରେନାହିଁ। ଆମର ଦୈନନ୍ଦିନ ଜୀବନଶୈଳୀ ଉପରେ ସାହିତ୍ୟର କେତେ ପ୍ରଭାବ ପ୍ରତିଫଳିତ ହେଉଛି, ତାହାରି ଉପରେ ନିର୍ଭର କରେ ଏକ ଜାତିର ସ୍ୱତନ୍ତ୍ର ପରିଚୟ। ଯେଉଁ ଜାତି ଯେତିକି ସାହିତ୍ୟାନୁରକ୍ତ, ସେହି ସମାଜର ମଣିଷମାନଙ୍କ ଚେତନା ସେତିକି ପରିପକ୍ୱ। ସମଗ୍ର ପୃଥିବୀରେ ଉଚ୍ଚକୋଟୀର ସାହିତ୍ୟର ଅଭାବ ନାହିଁ। ମାତ୍ର କ୍ଷୋଭର ବିଷୟ ହେଉଛି ସାହିତ୍ୟ ଅଧ୍ୟୟନ ବିଶେଷ କରି ଶିକ୍ଷାନୁଷ୍ଠାନ ମଧ୍ୟରେ ସୀମିତ। ପୁଣି ଯେଉଁ ଛାତ୍ରଛାତ୍ରୀମାନେ ଏହାକୁ ଅଧ୍ୟୟନ କରନ୍ତି, ସେମାନେ ନିଜ ଜୀବନ ପାଇଁ ଯେତିକି ନୁହେଁ, ପରୀକ୍ଷା ପାଇଁ ହିଁ ତା'ଠୁ ଅଧିକ ସଚେତନ। ଆଉ କିଛି ପାଠକ ଅଛନ୍ତି, ଯେଉଁମାନଙ୍କ ପାଇଁ ଲୋଡ଼ାହୁଏ ମନୋରଂଜନଧର୍ମୀ କିମ୍ବା ଇନ୍ଦ୍ରିୟ ଉତ୍ତେଜନାକାରୀ ରଚନା। ଅତ୍ୟଳ୍ପ ମଣିଷ ନିଜର ଆତ୍ମିକ ବିକାଶ ନିମନ୍ତେ ସାହିତ୍ୟକୁ ଅବଲମ୍ବନ କରିଥିବା ପରିଲକ୍ଷିତ ହୁଏ।

ମାତ୍ର ଏହି ସମସ୍ତ ପ୍ରକାରର ପାଠକ ଗୋଷ୍ଠୀ ନିଜର ଦୈନନ୍ଦିନ ଜୀବନରେ ସାହିତ୍ୟର ପ୍ରୟୋଗ କରିବା ଦ୍ୱାରା କି ପ୍ରକାରର ମହତ୍ ଉପକାର ସାଧିତ ହୁଏ, ତାହା ଉଲ୍ଲେଖଯୋଗ୍ୟ ଭାବରେ କଳ୍ପନା କରିପାରୁନାହାନ୍ତି। ଆମେ ଅନେକ ସମୟରେ ଏକ ଏକ ବଳିଷ୍ଠ ଦୃଷ୍ଟାନ୍ତ ଉପସ୍ଥାପନ କରି ଗୋଟିଏ ଗୋଟିଏ ଗ୍ରନ୍ଥାଧ୍ୟାୟନ ମହାନ ବିଶ୍ୱବିଦିତ ମଣିଷମାନଙ୍କ ଜୀବନକୁ କିପରି ପରିବର୍ତ୍ତିତ କରାଇଦେଇଛି, ତାହା ପ୍ରଦର୍ଶନ କରିବା ସଂଗେ ସଂଗେ ପାଠକମାନଙ୍କୁ ସେ ଦିଗରେ ଅଗ୍ରସର ହେବାପାଇଁ ପ୍ରେରଣା ପ୍ରଦାନ କରୁ। ଯେଉଁମାନଙ୍କର ମାନସିକତାରେ ତୁମୁଳ କ୍ରାନ୍ତିକାରୀ ପରିବର୍ତ୍ତନ ସାଧିତ ହୋଇଛି, ସେମାନଙ୍କ ଉଦାହରଣ ଦେଇ ଆମେ ସାମାଜିକ ଜୀବନ ଉପରେ ସାହିତ୍ୟର ପ୍ରଭାବକୁ

କଳନା କରିବା ଆଦୌ ସମ୍ଭବ ନୁହେଁ। କିଏ କେତେ ପାଣ୍ଡିତ୍ୟ ଅର୍ଜନ କରିଛନ୍ତି, କିଏ କେତେ ଶ୍ଳୋକ ମୁଖସ୍ଥ କରିଛନ୍ତି, ତାହା ଉପରେ ଆଦୌ ନିର୍ଭର କରେ ନାହିଁ ଜୀବନର ସାର୍ଥକତା। ପରମ କାରୁଣିକ ବୁଦ୍ଧଦେବ ଏକ ସ୍ଥଳରେ କହିଥିଲେ ଯେ 'ଯେଉଁ ଗାଈଆଳଟୋକା ଗାଈମାନଙ୍କୁ ନିର୍ଭୁଲ ଭାବରେ ଗଣିପାରେ, ସେ ଉକ୍ତ ଗାଈ ବାଛୁରୀଙ୍କ ମାଲିକ ହୋଇଯାଏ ନାହିଁ।' ସେହିପରି ଯେଉଁମାନେ କାବ୍ୟ କବିତାର କେତେ ନା କେତେ ପଦପଙ୍‌କ୍ତି ନିଜ ଜିଭ ଅଗରେ ରଖି ଗୌରବ ଅନୁଭବ କରୁଥାଆନ୍ତି, ସେମାନେ ଜୀବନର ସମସ୍ୟା କଣ୍ଟକିତ ରାସ୍ତାରେ ଗତି କଲାବେଳେ ଠିକଣା ସ୍ଥାନରେ ତାହାକୁ ବିସ୍ମରି ଯାଆନ୍ତି କାର୍ଯ୍ୟରେ ପ୍ରୟୋଗ କରିବା ପାଇଁ।

ସାହିତ୍ୟକୁ ଯେ ପର୍ଯ୍ୟନ୍ତ ପରୀକ୍ଷା ନିମିତ୍ତ ଉଦ୍ଦିଷ୍ଟ ଶିକ୍ଷାନୁଷ୍ଠାନର ନିର୍ଦ୍ଧାରିତ ବିଷୟ ବୋଲି ଜ୍ଞାନ କରାଯାଉଥିବ, ସେ ପର୍ଯ୍ୟନ୍ତ ଦୈନନ୍ଦିନ ଜୀବନରେ ତାହାର ପ୍ରୟୋଗ ଆମ କଳ୍ପନାର ବାହାରେ ହିଁ ରହିଥିବ। ଏହି କାରଣରୁ ଯେଉଁମାନେ ବିଶ୍ୱବିଦ୍ୟାଳୟରେ ବିଭିନ୍ନ ଭାଷା ଓ ସାହିତ୍ୟ ବିଭାଗରେ ଅଧ୍ୟୟନ କରନ୍ତି, ସେମାନଙ୍କ ମଧ୍ୟରୁ ଅଧିକାଂଶ ଛାତ୍ରଛାତ୍ରୀ ଏହାକୁ ପରୀକ୍ଷାର ବିଷୟ ଭାବରେ ଗ୍ରହଣ କରି ଶୁଷ୍କ ପାଠ ମୁଖସ୍ଥ କଲାପରି ଅତ୍ୟନ୍ତ ଅନାସକ୍ତ ଭାବରେ ରସୋତ୍ତୀର୍ଣ୍ଣ ସାହିତ୍ୟର ଗୌରବ ହ୍ରାସ କରିଥାନ୍ତି। ବିଜ୍ଞ ଅଧ୍ୟାପକମଣ୍ଡଳୀ ସାହିତ୍ୟ ବିଷୟକ ସାଥୀବହି ଓ ସାଥୀବହି ଅନୁରୂପ ସମାଲୋଚନା ପୁସ୍ତକ ପ୍ରଣୟନ କରି ବ୍ୟବସାୟିକ ସଫଳତା ଅର୍ଜନ କରିବା ନିମିତ୍ତ ଏହି ମହାନ ସାହିତ୍ୟ-ସୃଜନ କଳାର ଅମର୍ଯ୍ୟାଦା ନିର୍ବିକାର ଚିତ୍ତରେ କରିଥା'ନ୍ତି। ପିଲାମାନଙ୍କୁ ମଧ୍ୟ ଏହି ପ୍ରକାର ପୁସ୍ତକ ପଠନ ନିମିତ୍ତ ପ୍ରୋତ୍ସାହନ ଦିଆଯାଇଥାଏ। ଏହା ଫଳରେ ସାହିତ୍ୟର ଆତ୍ମା ଉପରେ ଯେଉଁ ଅକଥନୀୟ ଅତ୍ୟାଚାର ହୁଏ, ତାହାର ଅନ୍ତର୍ବେଦନା ଭୋଗ କରନ୍ତି ସ୍ୱୟଂ ବିଦ୍ୟାଦାତ୍ରୀ ବୀଣାପାଣି। ସାହିତ୍ୟର ଛାତ୍ରଛାତ୍ରୀମାନେ ମୂଳ ପାଠ୍ୟ ପୁସ୍ତକ ଅଧ୍ୟୟନ ନକରି କେବଳ ସହାୟକ ଗ୍ରନ୍ଥ ଅବଲମ୍ବନରେ ପରୀକ୍ଷା ପ୍ରସ୍ତୁତି କରୁଥିବା ଯୋଗୁଁ ସେମାନଙ୍କ ହୃଦୟ ମଧ୍ୟରେ ଆଉ ବିଶେଷ କିଛି ଭାବଗର୍ଭକ ଆଲୋଡ଼ନ ସୃଷ୍ଟି ହୋଇପାରେ ନାହିଁ। ତେଣୁ ସାହିତ୍ୟକୁ ଜୀବନରେ କେମିତି ପ୍ରୟୋଗ କରିବେ ସେହି ଅନ୍ତର୍ଦୀକ୍ଷାରୁ ସେମାନେ ଚିର ବଞ୍ଚିତ। ଏ ଲେଖକର ମନେପଡୁଛି ଏକ ସତ୍ୟ ଘଟଣା। ଓଡ଼ିଆ ଅନର୍ସ କ୍ଲାସ୍‌ରେ ପାଠ ପଢୁଥିବା ଜଣେ ନିଷ୍ଠାପର ଛାତ୍ରୀ ମାନସିକ ନିର୍ଯ୍ୟାତନାରେ ଅତିଷ୍ଠ ହୋଇ ଟ୍ରେନ୍ ଚକତଳେ ଜୀବନ ବିସର୍ଜନ କରିଥିଲା। କେବଳ ସେ ନୁହେଁ, ପୃଥିବୀ ଇତିହାସରେ ଦେଖିଲେ ଅନେକ ଲେଖକ ଲେଖିକା ମଧ୍ୟ ଆତ୍ମହତ୍ୟାର ପଥକୁ ବାଛି ନେଇଥିବା ଅତ୍ୟନ୍ତ ହୃଦୟ ବିଦାରକ। ସାହିତ୍ୟ, ଲେଖକ ବା ପାଠକ ଭିତରେ ମାନସିକ ଭାରସାମ୍ୟ ରକ୍ଷା କରିବା ପାଇଁ ଯଦି ପ୍ରେରଣା ଦେଇ ନପାରିଲା, କିମ୍ବା ସାହିତ୍ୟରୁ

ସେହି ପ୍ରେରଣା ଲାଭରେ ପାଠକ ଯଦି ଅସମର୍ଥ ହେଲା, ତା'ହେଲେ ସାହିତ୍ୟ ଅଧ୍ୟୟନ ଯେ ବ୍ୟର୍ଥତାରେ ପର୍ଯ୍ୟବସିତ ହୁଏ-ଏହା କହିବା ବାହୁଲ୍ୟ ମାତ୍ର।

ଆମର ଦୈନନ୍ଦିନ ଜୀବନ-ପ୍ରବାହରେ ଶହ ଶହ ସମସ୍ୟାର ସମ୍ମୁଖୀନ ହେବାକୁ ପଡ଼େ। ଏ ସବୁର ସମାଧାନ ନିର୍ଭର କରେ ନିଜସ୍ୱ ବୃଦ୍ଧି ବୃତ୍ତି, ହାର୍ଦ୍ଦିକତା ଓ ବିବେକାନୁମୋଦିତ ନିଷ୍ପତ୍ତି ଦ୍ୱାରା। ବହୁ ବ୍ୟକ୍ତି କିଂ କର୍ତ୍ତବ୍ୟ ବିମୂଢ଼ ଅବସ୍ଥାରେ ରହିଯାଆନ୍ତି। ମସ୍ତିଷ୍କରେ ଯେଉଁ ତୁମୁଳ ଝଡ଼ ସୃଷ୍ଟିହୁଏ, ତାହାକୁ ଶାନ୍ତ କରିବା ପାଇଁ ଅନ୍ୟମାନଙ୍କର ସହାୟତା ଲୋଡ଼ନ୍ତି। ଏହା ମଧ୍ୟ ଯେ ଅନୁଚିତ, ତାହା କୁହାଯାଇପାରିବ ନାହିଁ। ମାତ୍ର ସବୁକିଛି ଶେଷ ନଷ୍ପତ୍ତି ସବୁବେଳେ ନିର୍ଭର କରିଥାଏ ନିଜ ଉପରେ। ଯଦି ଜଣେ ସାହିତ୍ୟର ମର୍ମଜ୍ଞ ପାଠକ ହୋଇଥିବ ସେ ନିଶ୍ଚୟ ତାହାର ସାହିତ୍ୟ ପଠନର ଉପଲବ୍ଧିକୁ ଏ କ୍ଷେତ୍ରରେ ପ୍ରୟୋଗ କରିପାରିବ ଅତ୍ୟନ୍ତ ନିପୁଣତାର ସହିତ।

ତେବେ ଗୋଟିଏ କଥା ମନେରଖିବା ସର୍ବଦା ଆବଶ୍ୟକ ଯେ, ଜୀବନରେ ଛଳନା, ପ୍ରତାରଣା, ଦୁର୍ନୀତି, ପକ୍ଷପାତିତା କରିବା ପାଇଁ କିମ୍ବା କ୍ରୋଧ ଆଉ ଆକ୍ରୋଶର ବଶବର୍ତ୍ତୀ ହୋଇ ଜୀବନଯାପନ କରିବାପାଇଁ କୌଣସି ଉଚ୍ଚକୋଟୀର ସାହିତ୍ୟ କେବେହେଲେ ପ୍ରେରଣା ଦେଇନଥାଏ। ଇଂରାଜୀରେ କୁହାଯାଇଛି Honesty is the best policy। ବାସ୍ତବରେ ପ୍ରତିଟି କ୍ଷେତ୍ରରେ ସାଧୁତା ରକ୍ଷାଠାରୁ ଆଉ ମହାନ ଉପାୟ ଅନ୍ୟ କିଛି ନାହିଁ। ସେହିପରି ମଣିଷକୁ ବିନୀତ ଓ କୋମଳ ଭାବ ସମ୍ପନ୍ନ କରିବା କ୍ଷେତ୍ରରେ ସାହିତ୍ୟ ନେଇଥାଏ ମୁଖ୍ୟ ଭୂମିକା। ପରିସ୍ଥିତି ଯେତେ ଜଟିଳ ହେଉନା କାହିଁକି ପ୍ରକୃତ ନମ୍ରତା ହେଉଛି ସର୍ବଶ୍ରେଷ୍ଠ ରକ୍ଷାକବଚ। ସମୁଦ୍ର କୂଳରେ ନଇଁ ପଡ଼ିଲେ ମୁଣ୍ଡ ଉପର ଦେଇ ବିରାଟ ବିରାଟ ଜୁଆର ଯେପରି ଅତିକ୍ରମ କରିଯାଏ ଅଥଚ ବେଳାଭୂମିର ମଣିଷ ଥାଏ ସୁରକ୍ଷିତ, ସେପରି ଜୀବନର ବିଭିନ୍ନ କ୍ଷେତ୍ରରେ ସାମାନ୍ୟ ବିନମ୍ରତା ପ୍ରକାଶ କରିଦେଲେ ବହୁ ସମସ୍ୟାରୁ ମଣିଷ ଉତ୍ତୀର୍ଣ୍ଣ ହୋଇଯାଏ। ତେବେ ଯେଉଁ କ୍ଷେତ୍ରରେ ମୁଣ୍ଡ ନୁଆଁଇଦେବା ହୋଇଥାଏ ଭୀରୁତା, ଭୟ ଓ ସ୍ୱାର୍ଥପରତାର ପ୍ରତୀକ, ତା' ଅପେକ୍ଷା ସ୍ପଷ୍ଟବାଦୀ ହୋଇ ଅପ୍ରିୟ ଭାଜନ ହେବା ହେଉଛି ଶ୍ରେୟସ୍କର। ଏହି ଅପ୍ରିୟ ହେବାପାଇଁ ଯେଉଁ ଅନ୍ତର୍ଶକ୍ତିର ଆବଶ୍ୟକତା ରହିଛି, ତାହା ପ୍ରଦାନ କରିଥାଏ ସାହିତ୍ୟ। ପରସ୍ପର ପ୍ରତି ପ୍ରତ୍ୟେକ ମୁହୂର୍ତ୍ତରେ ଉଦାର ଓ ସମ୍ବେଦନଶୀଳ ମନୋଭାବ ପୋଷଣ କରିବା ଦ୍ୱାରା, ଆଉ ସକଳ ପ୍ରକାରର ଭେଦଭାବ ସଂକୀର୍ଣ୍ଣତାର ଊର୍ଦ୍ଧ୍ୱକୁ ଯାଇ ସଶ୍ରଦ୍ଧ ଚିତ୍ତରେ ସମସ୍ତଙ୍କ ଉଦ୍ଦେଶ୍ୟରେ କଲ୍ୟାଣମୂଳକ ଚିନ୍ତନ ପ୍ରକାଶ କରିବା ଦ୍ୱାରା ଆମର ଏହି ସ୍ୱାର୍ଥ ଜଡ଼ିତ ଜୀବନ ନିସ୍ୱାର୍ଥପରତାର ଆବେଗରେ କମନୀୟ ହୋଇଉଠିଥାଏ। ସକାଳୁ ରାତି ପର୍ଯ୍ୟନ୍ତ ବିଭିନ୍ନ ଅବସ୍ଥାରେ ପ୍ରାୟତଃ ମୌନତା ଅବଲମ୍ବନ କରିବା, ଯେତିକି ଆବଶ୍ୟକ

ସେତିକି କଥା କହିବା, ଆନ୍ତରିକତାଯୁକ୍ତ କଣ୍ଠସ୍ୱରରେ ଆପଣାର ଭାବନାକୁ ବ୍ୟକ୍ତ କରିବା ଦ୍ୱାରା ବହୁ ଅର୍ଥହୀନ କୋଳାହଳ, ବାଦପ୍ରତିବାଦ ବା ବାକ୍‌ଯୁଦ୍ଧରୁ ସୁରକ୍ଷା ମିଳିଥାଏ। ଏମିତି ଏକ ଏକ ସମୟ ଆସେ ଯେତେବେଳେ ଆମେ ନ ଚାହିଁଲେ ମଧ୍ୟ ଅନ୍ୟକୁ କଷ୍ଟ ଦେବାପରି ଶବ୍ଦ ଆମ ମୁହଁରୁ ଉଚ୍ଚାରିତ ହୋଇଯାଏ। କହିବା ନିଷ୍ପ୍ରୟୋଜନ ଯେ, ଏଭଳି ଶବ୍ଦୋଚ୍ଚାରଣ ଆମ ହୃଦୟକୁ କରେ କଳୁଷିତ। ସେଥିପାଇଁ ନିଜର ଭୁଲ୍‌କୁ ସ୍ୱୀକାର କରିଯିବା ଦ୍ୱାରା ପ୍ରାଣ-ପୁରୁଷ ହୁଏ ଉଶ୍ୱାସ ଓ ସଂପୂର୍ଣ୍ଣ ଯନ୍ତ୍ରଣାମୁକ୍ତ। ସବୁଠାରୁ ଯାହା ହେଲା ଗୁରୁତ୍ୱପୂର୍ଣ୍ଣ, ତାହା ଏକ କଲ୍ୟାଣ-ମୂଳକ ମନୋଭାବକୁ ନିଜ ଭିତରେ ସୁଦୃଢ କରି ରଖିପାରିବା। ଏହି ଉଦାରତା, ସ୍ନେହଶୀଳତା, ସହାନୁଭୂତି ସମ୍ପନ୍ନତା ରହିଥିଲେ ପ୍ରତ୍ୟେକଙ୍କ ଦୈନନ୍ଦିନ ଜୀବନର ଚାଲିଚଳଣୀରୁ ସେହି ମହତ୍ ଭାବ ସ୍ୱତଃ ବିଚ୍ଛୁରିତ ହୋଇଯିବ ଓ ଅଶାନ୍ତି ମଧ୍ୟରେ ଶାନ୍ତି, ଅବିଶ୍ୱାସ ମଧ୍ୟରେ ବିଶ୍ୱାସ, ହଟ୍ଟଗୋଳ ମଧ୍ୟରେ ନିରବତା, ମିଥ୍ୟା ଭିତରେ ସତ୍ୟ, ଚାତୁର୍ଯ୍ୟ ଭିତରେ ସାଧୁତା, ଆଉ ଅଭଦ୍ରୋଚିତ ଆଚରଣର ବଳୟରେ ଭଦ୍ରୋଚିତ ଜୀବନଯାପନ କରିବାର ଆନ୍ତରିକତା ସ୍ୱତଃ ଫୁଟିଉଠିବ ଅନ୍ତରାତ୍ମାର ସକଳ ସୌନ୍ଦର୍ଯ୍ୟ ନେଇ। ସେତେବେଳେ ଆଉ ସାହିତ୍ୟ ପରୀକ୍ଷାର ବିଷୟ, ଗୃହ ସଜ୍ଜୀକରଣର ଉପାଦାନ ହୋଇ ରହିବ ନାହିଁ କିମ୍ବା ଗ୍ରନ୍ଥାଗାରର ଧୂଳି ଧୂସରିତ ଥାକ ମଧ୍ୟରେ ଦୀର୍ଘଶ୍ୱାସ ପ୍ରକାଶ କରିବ ନାହିଁ। ଆମ ଆଖିର ଆଲୋକରେ, ପ୍ରତିଟି ନିଶ୍ୱାସ ପ୍ରଶ୍ୱାସରେ, ପ୍ରତିଟି ପଦପାତରେ ଓ ଶବ୍ଦ ଉଚ୍ଚାରଣରେ ତାହା ଆମର ଏହି ଦୈନନ୍ଦିନ ଜୀବନ-ଧାରାକୁ ସବୁ ଦୃଷ୍ଟିରୁ କରିପାରିବ ସୁଶୋଭିତ ଆଉ ସୌନ୍ଦର୍ଯ୍ୟସିକ୍ତ।

■

ସାହିତ୍ୟ ଓ ଗଣିତ

ସାହିତ୍ୟ ସହିତ ଗଣିତର ସମ୍ପର୍କ କି ଗଭୀରତର ତାହା ଅନୁଭବ କରିବାରେ ସକ୍ଷମ ହୋଇଛନ୍ତି କ୍ୱଚିତ ବିଜ୍ଞ ବ୍ୟକ୍ତି। ଅନେକଙ୍କ ଧାରଣା ଗଣିତ ଏକ ସୂକ୍ଷ୍ମପାଠ। ସେଥିପାଇଁ ବହୁ ବିଦ୍ୟାର୍ଥୀ ଏହା ପ୍ରତି ହୋଇଥାନ୍ତି ବୀତସ୍ପୃହ। ଏଠାରେ କହି ରଖିବା ପ୍ରୟୋଜନ ଯେ ଆବେଗ-ବିହୀନ ସାହିତ୍ୟ ଶିକ୍ଷାଦାନ ହୋଇପାରେ ପ୍ରାଣହୀନ। ଆଉ ସରସ ଉଦାହରଣ ମାଧ୍ୟମରେ ଗଣିତ ଶିକ୍ଷା ମଧ୍ୟ ହୋଇପାରେ ଅନୁପମ। ଜଣେ ଉଚ୍ଚକୋଟୀର ଗଣିତ ଶିକ୍ଷକ ଯେତେବେଳେ ଶିକ୍ଷାଦାନ କ୍ଷେତ୍ରରେ ଅବତୀର୍ଣ୍ଣ, ତାଙ୍କୁ ଆବଶ୍ୟକ ପଡେ ସାହିତ୍ୟର ଭାବଆହରଣ ଓ ସାହିତ୍ୟିକ-ସ୍ପର୍ଶ ବ୍ୟତୀତ ଗଣିତ କେବେହେଲେ ମର୍ମସ୍ପର୍ଶୀ ହୋଇପାରେନାହିଁ। ସେଥିପାଇଁ ଜଣେ ଜଣେ ସୁଯୋଗ୍ୟ ଗଣିତ ଶିକ୍ଷକ ତାଙ୍କ ଶ୍ରେଣୀ କକ୍ଷରେ ବିଭିନ୍ନ ଉଦାହରଣର ଉପସ୍ଥାପନ କରି ସୃଷ୍ଟି କରିଥାନ୍ତି ସାହିତ୍ୟର ଆବେଦନ। ଏକ ଗଣିତ ପ୍ରଶ୍ନର ଉପଯୁକ୍ତ ସମାଧାନ ସୂତ୍ର ଆବିଷ୍କାର କରିପାରିଲେ ଯେଉଁ ଆନନ୍ଦାନୁଭୂତି ପ୍ରାପ୍ତ ହୁଏ, ତାହା ଗାଣିତିକ ସାହିତ୍ୟାନନ୍ଦ ବୋଲି ଅଭିହିତ କରାଯାଇପାରେ। ସମାଜର ମଙ୍ଗଳ ସାଧନ ନିମିତ୍ତ ଯେମିତି ସାହିତ୍ୟର ସୃଷ୍ଟି; ଗଣିତର ଉଦ୍ଦେଶ୍ୟ ତାହାଠାରୁ ଭିନ୍ନ ନୁହେଁ। ଅନେକତ୍ର ଦେଖାଯାଇଛି ଯେ, ଜଣେ ଜଣେ ବିଶିଷ୍ଟ ଗଣିତଜ୍ଞ ସଫଳ ସାହିତ୍ୟ ସ୍ରଷ୍ଟା ଭାବରେ ଆଦରଣୀୟ। ଓଡ଼ିଶାରେ ସେପରି ଏକ ଉଜ୍ଜ୍ୱଳ ଉଦାହରଣ ହେଉଛନ୍ତି ଶରତ କୁମାର ମହାନ୍ତି। ସେ ଗଣିତର ଅଧ୍ୟାପନା କରୁଥିଲେ ଶ୍ରେଣୀ କକ୍ଷରେ ଓ ସାହିତ୍ୟ-ସର୍ଜନା କରୁଥିଲେ ଆପଣାର ନିଭୃତ ସାଧନା-କକ୍ଷରେ। ସିଏ ଉପଲବ୍ଧି କରିପାରିଥିଲେ ଯେ, ସାହିତ୍ୟ ସହିତ ଗଣିତର ସୂକ୍ଷ୍ମସୂତ୍ର କିପରି ରହିଛି ଅଦୃଶ୍ୟ ଅଥଚ ଅତୁଳନୀୟ ଭାବରେ ସୁଗଭୀର ସ୍ତରରେ।

ଯେଉଁମାନେ ଉଚ୍ଚକୋଟୀର ସାହିତ୍ୟ ଶିଳ୍ପୀ ସେମାନେ ଗଣିତ ଜ୍ଞାନରୁ କେବେହେଲେ ବିଚ୍ୟୁତ ନୁହନ୍ତି। ଯାହାର ଗାଣିତିକ ଚେତନା ଯେତିକି ସମୃଦ୍ଧ ସେହି କବି ବା ଲେଖକର ସୃଷ୍ଟି ସେତିକି ଶୃଙ୍ଖଳାବଦ୍ଧ। ଜଗନ୍ନାଥ ଦାସଙ୍କର ନବାକ୍ଷରୀ ବୃତ୍ତରେ

ରଚିତ 'ଭାଗବତ' ଠାରୁ ଆଉ ଶ୍ରେଷ୍ଠ ଉଦାହରଣ କ'ଣ ଥାଇପାରେ? ସମଗ୍ର 'ଭାଗବତ'କୁ ଏହି ଏକ ହିଁ ବୃତ୍ତରେ ଅକ୍ଷର ଗଣି ଗଣି ଲେଖିବା ଯେତିକି ଆୟାସ ସାଧ୍ୟ ସେତିକି ଆନନ୍ଦପ୍ରଦ ମଧ୍ୟ ଓ ଯେଉଁମାନେ 'ଭାଗବତ'ର ଗାୟକ ସେମାନଙ୍କ କଣ୍ଠସ୍ୱର ଏହି ଗାଣିତିକ ସୌନ୍ଦର୍ଯ୍ୟ ସହିତ କିପରି ସମ୍ବନ୍ଧିତ ତାହା ଲକ୍ଷ୍ୟ କଲେ ଯେ କେହି ହୃଦୟଙ୍ଗମ କରିପାରିବେ ନିଶ୍ଚୟ। ରୀତିଯୁଗୀୟ କାବ୍ୟ କବିତାଠାରୁ ଆରମ୍ଭ କରି ସବୁଜ ଓ ପ୍ରଗତିବାଦୀ ଧାରାର କବିତା ପର୍ଯ୍ୟନ୍ତ ଯେଉଁ ଛନ୍ଦ-ବୈଚିତ୍ର୍ୟ ପରିଲକ୍ଷିତ ହୋଇଥାଏ ତାହା ଗଣିତବିଦ୍ୟାର ଅନ୍ତର୍ନିହିତ ବଳିଷ୍ଠ ପରିଚୟ। ଯେଉଁମାନେ ଗତାନୁଗତିକ ଛନ୍ଦ କବିତା ରଚନାରୁ ଦୂରବର୍ତ୍ତୀ ହୋଇ ଲେଖିଲେ ଗଦ୍ୟ-କବିତା ସେଥିରେ ମଧ୍ୟ ଅଙ୍କର ପ୍ରଭାବ ଅକ୍ଷୁଣ୍ଣ ଓ ଏପରିକି ଗଳ୍ପ, ଉପନ୍ୟାସ, ଭ୍ରମଣ କାହାଣୀ, ଆତ୍ମଜୀବନୀ ଆଦି ଗଦ୍ୟରେ ରଚିତ ସାହିତ୍ୟ ମଧ୍ୟରେ ପ୍ରଚ୍ଛନ୍ନ ହୋଇ ରହିଥାଏ ଗାଣିତିକ ସୌନ୍ଦର୍ଯ୍ୟ-ସୁତ୍ରର ନିବିଡ଼ତମ ଉପଲବ୍ଧି। ଗୋଟିଏ ଲେଖାକୁ କିପରି ସଂହତ, ଶୃଙ୍ଖଳିତ ଓ ପ୍ରଭାବଯୁକ୍ତ କରାଯାଏ ତାହା ଲେଖକ ସଚେତନ ଭାବରେ ହେଉ କିମ୍ବା ନିଜ ଅଜ୍ଞାତସାରରେ ହେଉ ଗାଣିତିକ ମାପକୁ କିପରି ଦୃଷ୍ଟି ସମ୍ମୁଖରେ ରଖିଥାଏ ତାହା ବିଧିବଦ୍ଧଭାବରେ ଏପର୍ଯ୍ୟନ୍ତ ଅନୁଶୀଳନ କରାଯାଇ ପାରି ନାହିଁ। ଶବ୍ଦ ନିର୍ମାଣ, ଉପଯୁକ୍ତ ସ୍ଥାନରେ ତାହାର ସ୍ଥାପନ, ନିର୍ଭୁଲ ଭାବରେ ବାକ୍ୟଗଠନ। ସେହି ଧାରାକୁ ସାବଲୀଳ ରୂପ ପ୍ରଦାନ କରିବାରେ ଯେଉଁ ସଚେତନତା ପ୍ରୟୋଜନ ତାହା ଗାଣିତିକ ଶକ୍ତିର ଯେ ଉତ୍କର୍ଷ ପ୍ରଦର୍ଶନ ହୋଇପାରେ ଏହାକୁ ପ୍ରମାଣିତ କରି ଦେଇଛନ୍ତି ମହର୍ଷି ବାଲ୍ମୀକିଙ୍କ ଠାରୁ ଆରମ୍ଭ କରି ଏ ଯୁଗର ଆଧୁନିକ ମହର୍ଷି ମନୋଜ ଦାସଙ୍କ ପର୍ଯ୍ୟନ୍ତ ସମସ୍ତ ଚେତନାଦୀପ୍ତ ସାରସ୍ୱତ ସ୍ରଷ୍ଟାବୃନ୍ଦ।

ରାମାୟଣ ସାତକାଣ୍ଡରେ ବିଭକ୍ତ ଓ ମହାଭାରତ ଅଠରଟି ପର୍ବରେ ରଚିତ। ଏହା ପ୍ରତିପାଦନ କରିଦିଏ ସେହି ଅନ୍ତର୍ସତ୍ୟକୁ ଯହିଁରେ ବିଦ୍ୟମାନ ରହିଛି ସାହିତ୍ୟ ସ୍ରଷ୍ଟାର ଗଣିତ-ଜ୍ଞାନ। କେବଳ ଏହି ଗାଣିତିକ ସୂତ୍ର ସାହିତ୍ୟର ନିର୍ମାଣ କଳାରେ ଯେ ଅନ୍ତର୍ନିହିତ ସେତିକି ନୁହେଁ। ନିଜସ୍ୱ ଭାବାବେଗକୁ ପ୍ରକାଶ କରିବା ବେଳେ ତାହାରି ମଧ୍ୟରେ ଅନ୍ତଃସ୍ରୋତ ଭାବରେ ପ୍ରବାହିତ ହୋଉଥାଏ ଗାଣିତିକ ତତ୍ତ୍ୱର ଅନେକ ଅନୁଦ୍ଘାଟିତ ସତ୍ୟର ସ୍ୱଚ୍ଛ କିରଣ। ଜୀବନକୁ ଲାଭ କ୍ଷତିର ହିସାବରେ ଯେଉଁମାନେ ମାପନ୍ତି ସେମାନେ ନା ହୋଇ ପାରନ୍ତି ଗଣିତଜ୍ଞ, ନା ହୋଇପାରନ୍ତି ସାହିତ୍ୟାଭିଜ୍ଞ। ସକଳ ପ୍ରକାରର ଲାଭ କ୍ଷତିର ଊର୍ଦ୍ଧ୍ୱକୁ ଯାଇ ଜୀବନକୁ ନିଃସର୍ତ୍ତ ଓ ନିଃସ୍ୱାର୍ଥପର ଭାବରେ ଭଲ ପାଇବା ପାଇଁ ଗଣିତ। ସାହିତ୍ୟ ଉଭୟ ବିଦ୍ୟା ହିଁ ଦେଇଥାନ୍ତି ସାର୍ଥକ ଦିଗ୍ ଦର୍ଶନ। ପଣ୍ଡିତ ଗୋପବନ୍ଧୁ ଦାସ 'ଧର୍ମପଦ' କାବ୍ୟରେ ଲେଖିଲେ –

"ମଣିଷ ଜୀବନ ନୁହଁଇ କେବଳ,
ବର୍ଷ ମାସ ଦିନ ଦଣ୍ଡ
କର୍ମେ ଜୀଏଁ ନର କର୍ମ ଏକା ତା'ର
ଜୀବନର ମାନଦଣ୍ଡ ।"

ଅର୍ଥାତ୍ ଯେଉଁ ମାନଦଣ୍ଡରେ ଜୀବନକୁ ମାପିବାକୁ ହୁଏ ସେହି ଚେତନା ଗୋପବନ୍ଧୁ ସୃଷ୍ଟି କରିଦେଲେ ପାଠକ ଭିତରେ ଓ ଗଙ୍ଗାଧର ସ୍ୱରଚିତ 'ଭକ୍ତି' କବିତାରେ ଲେଖୁଛନ୍ତି–

ସ୍ଥାପିବାକୁ ତୁମ୍ଭ ମୁରତି ମୋ କ୍ଷୁଦ୍ର
ହୃଦୟରେନାହିଁ ସ୍ଥାନ,
ସର୍ଷପ ଗରଭେ ରହି କି ପାରଇ
ହିମାଳୟ ସାନୁମାନ ?

ଭଗବାନଙ୍କ ବିରାଟ ତତ୍ତ୍ୱକୁ ପାଠକକୁ ଜଣାଇ ଦେବା ପାଇଁ ଏହା ଏକ ବିନମ୍ର ନିବେଦନ ଓ ସେଭଳି ସେହି କବିତାରେ ପ୍ରଥମ ପଦଟିରେ ସେ କହୁଛନ୍ତି –

ବିଶ୍ୱ ଜୀବନ ହେ ତୁମ୍ଭଙ୍କୁ କରୁଣା ସିନ୍ଧୁ
ବୋଲିବାକୁ ମନ ବୋଲୁ ନାହିଁ ଯେଣୁ
ସିନ୍ଧୁ ତୁମ୍ଭ କୃପାବିନ୍ଦୁ ।

ଅର୍ଥାତ୍ ଯେଉଁ ମହାସାଗର ଆମ ଆଗରେ ଦୃଶ୍ୟମାନ ତାହା ଭଗବାନଙ୍କ କରୁଣାର ଏକ ବିନ୍ଦୁ ମାତ୍ର ଓ ଅର୍ଥାତ୍ ତାଙ୍କ କରୁଣା ଅକଳନୀୟ । ଏହି ରହସ୍ୟକୁ ସରଳ ଭାବରେ ବୁଝାଇ ଦେବା ପାଇଁ ଗଙ୍ଗାଧର ଗ୍ରହଣ କଲେ ଅଙ୍କର ଆଶ୍ରୟ ।

ମନୋଜ ଦାସଙ୍କ ରଚିତ 'ଲକ୍ଷ୍ମୀର ଅଭିସାର' ଗଳ୍ପରେ ଛୋଟ ଶିଶୁ ଲକ୍ଷ୍ମୀ ଭଗବାନଙ୍କୁ ପ୍ରଥମେ ପ୍ରାର୍ଥନା କରୁଛି ଯେ, ଅଙ୍କ-ବିଷୟଟି ଅତ୍ୟନ୍ତ କଠିନ । ଏହାକୁ ସମସ୍ତେ ଭୁଲିଯାନ୍ତେ ନାହିଁ ? ପୁନଶ୍ଚ ସେ କହୁଛି – "ନା ନା ଠାକୁରେ ତାହା କେବେ ହେଲେ କରିବେ ନାହିଁ । ଅଙ୍କର ନିଶ୍ଚୟ ଭଲ ଗୁଣ ରହିଥିବ । ମୁଁ ତ ଏକ ଛୋଟ ଶିଶୁ ଜାଣିବି ବା କିପରି ।" ମନୋଜ ଦାସ ଏହାରି ମାଧ୍ୟମରେ ପ୍ରତିପାଦନ କରି ଦେଉଛନ୍ତି ଯେ ଅଙ୍କର ମହତ୍ତ୍ୱ ରହିଛି କିପରି ଜୀବନର ବିକାଶ ନିମନ୍ତେ ତାହା ହିଁ ଚିନ୍ତନ କରିବାକୁ । ମଣିଷ ସହିତ ମଣିଷର ସଂପର୍କ ଗଢିଉଠିବା ଅନ୍ତରାଳରେ ମଧ୍ୟ ଏହି କଠିନ ବିଦ୍ୟାର ରହସ୍ୟ ବିଦ୍ୟମାନ । ଏ ପୃଥିବୀରେ ଲକ୍ଷ-ଲକ୍ଷ, କୋଟି-କୋଟି ମଣିଷ ଭିତରେ ବି ଯେଉଁମାନେ ସମାନ ଚିନ୍ତାଧାରା ସମ୍ପନ୍ନ ସେମାନଙ୍କ ପାରସ୍ପରିକ ମିଳନର ରହସ୍ୟ ମଧ୍ୟରେ ଗଣିତର ଯେଉଁ ଅଦୃଶ୍ୟ ଅନାଲୋଚିତ ଅନାବିଷ୍କୃତ ସତ୍ୟ ଉନ୍ମୋଚନ

ହୋଇଯାଏ ତାହାର ବ୍ୟାଖ୍ୟା କରିବା କ'ଣ ଏପର୍ଯ୍ୟନ୍ତ ହୋଇଛି ସମ୍ଭବ ? ଗଣିତରେ ହୋଇଗଲେ ତ୍ରୁଟି ପ୍ରେମ ବିବାହ ପରିଣତ ହୋଇଯାଏ ଛାଡ଼ପତ୍ର ଆଦାନ ପ୍ରଦାନର ବିମର୍ଷକର ସମାପ୍ତିରେ ଉପସ୍ଥିତ। ସବୁ ମାନବିକ ସଂପର୍କ ଗ୍ରଥିତ ହୋଇଛି ଏପରି ଏକ ସୁମହାନ ଗାଣିତିକ ବିଧାନରେ ଯାହା ଏପର୍ଯ୍ୟନ୍ତ ରହିଛି ଗୋପନ।

ସମଗ୍ର ପୃଥିବୀର ବିଶିଷ୍ଟ ଗଣିତଜ୍ଞମାନେ ନିଜସ୍ୱ ଜ୍ଞାନ ଓ ଅନୁଭୂତି ମଧ୍ୟରୁ ଯାହା ବ୍ୟକ୍ତ କରିଛନ୍ତି ତାହା ସାହିତ୍ୟର ସନ୍ନିକଟବର୍ତ୍ତୀ। ଜଣେ ବିଶିଷ୍ଟ ଗଣିତଜ୍ଞ କହନ୍ତି ଯେ – ଗଣିତ ଆମକୁ ନିରାଶା ମଧ୍ୟରେ ଆଶାର ଆଲୋକ ଦେଖାଏ। ଜୀବନର ପ୍ରତିଟି ସମସ୍ୟାର ଯେ ଏକ ସମାଧାନ ରହିଛି ଗାଣିତିକ ଫର୍ମୁଲାରୁ ଏହି ସତ୍ୟ ପ୍ରତିଭାତ ହୁଏ। ଆଉ ଜଣେ ସେପରି ମତବ୍ୟକ୍ତ କରିଛନ୍ତି ଯେ, ସମସ୍ତ ପ୍ରକାରର ନକାରାତ୍ମକତାକୁ ସକାରାତ୍ମକ ରୂପ ଦେବାରେ ଗଣିତ ଜୀବନ ସକାଶେ କଲ୍ୟାଣକାରୀ ବାର୍ତ୍ତା ପ୍ରଦାନ କରିଥାଏ। ପୃଥିବୀ ପ୍ରସିଦ୍ଧ ମହାନ ବୈଜ୍ଞାନିକ ଆଇନ୍ ଷ୍ଟାଇନ୍ କହିଥିଲେ ଯେ "ଗଣିତ ତା'ର ନିଜସ୍ୱ ମାର୍ଗରେ ହେଉଛି ଏକ କବିତା।" ଗଣିତଜ୍ଞମାନଙ୍କ ସାଧନା, ଚିନ୍ତାଧାରା, ବିଭିନ୍ନ ନୂତନ ନୂତନ ଫର୍ମୂଲାର ସୃଜନ ସର୍ବଦା ମଣିଷ ଜାତିକୁ ପ୍ରଦାନ କରିଛି ଜୀବନ ପ୍ରତି ଗଭୀର ଆସ୍ଥାଶୀଳତା। ଭାରତର ସୁପ୍ରସିଦ୍ଧ ଗଣିତଜ୍ଞ ରାମାନୁଜନ ମାତ୍ର ବତିଶ ବୟସରେ ମୃତ୍ୟୁବରଣ କରିଥିଲେ। କିନ୍ତୁ ସମଗ୍ର ଜଗତକୁ ବିସ୍ମିତ କରିଦେବା ଭଳି ଗାଣିତିକ ଜ୍ଞାନର ପ୍ରେରଣା ଲାଭ କରିଥିଲେ ଆଧ୍ୟାତ୍ମିକ ଅନୁଭୂତିରୁ। ସେ ଥିଲେ ସଂପୂର୍ଣ୍ଣ ଶାକାହାରୀ। କାଳିନ୍ଦୀ ଚରଣ ପାଣିଗ୍ରାହୀଙ୍କ 'ମାଂସର ବିଳାପ' ପଢ଼ି ମଧ୍ୟ ଯେଉଁ ସାହିତ୍ୟର ଛାତ୍ର ବା ଶିକ୍ଷକ ମାଂସହାରର ଲାଳସା ତ୍ୟାଗ କରିପାରିନାହାନ୍ତି ସେମାନେ ରାମାନୁଜନଙ୍କ ଜୀବନ ବୃତ୍ତାନ୍ତ ଜାଣିବାର ଆବଶ୍ୟକତା ରହିଛି।

ସମଗ୍ର ଜୀବନ ଗଣିତ ଦ୍ୱାରା ନିୟନ୍ତ୍ରିତ। ସାହିତ୍ୟ ଏହି ଜୀବନର ସମୃଦ୍ଧି ସକାଶେ ସଂପୂର୍ଣ୍ଣ ଭାବରେ ସମର୍ପିତ। ଏହି ଦୁଇ ବିଦ୍ୟା ବାହ୍ୟ ରୂପରେ ଭିନ୍ନ ଭିନ୍ନ ପ୍ରତୀତ ହେଉଥିଲେ ମଧ୍ୟ ତାହାର ଅନ୍ତଃସ୍ପନ୍ଦନରେ ନାହିଁ କୌଣସି ପାର୍ଥକ୍ୟ। ଯେଉଁମାନେ ସାହିତ୍ୟ ଅଧ୍ୟୟନ କରି ମଧ୍ୟ ଲାଭ କ୍ଷତିର ହିସାବ ରଖନ୍ତି ସ୍ଥୂଳ ଦୃଷ୍ଟି ନେଇ ସେମାନେ ସାହିତ୍ୟର ଆତ୍ମା ସହିତ ସମ୍ବନ୍ଧିତ ହୋଇପାରି ନ ଥାନ୍ତି। ଗଣିତ ଓ ସାହିତ୍ୟ ଏହି ଉଭୟ ଜ୍ଞାନ ଚର୍ଚ୍ଚା ମଣିଷକୁ ସକଳ ସଂକୀର୍ଣ୍ଣ ସ୍ୱାର୍ଥରୁ ଊର୍ଦ୍ଧ୍ୱକୁ ଉତ୍ତୋଳିତ କରି ନେଇପାରେ। ସବୁଠାରୁ ବଡ଼ କଥା ହେଲା ଗଣିତରେ ଯେପରି ରହିଛି ଜଟିଳ ପ୍ରଶ୍ନ, ଜୀବନ। ସାହିତ୍ୟର ମଧ୍ୟ ସେହି ସମସ୍ୟା ପରିପୂର୍ଣ୍ଣ। ସମସ୍ୟା ଯଦି ଅଛି ତା ହେଲେ ସମାଧାନର ଉପାୟ ମଧ୍ୟ ନିଶ୍ଚିତ ଭାବରେ ରହିଛି – ଏହି ନିଗୂଢ଼ ସତ୍ୟ ଉପରେ ଗଣିତଜ୍ଞ ଓ ସାହିତ୍ୟିକ ଉଭୟେ ଆସ୍ଥାଶୀଳ। ଜୀବନର ଛନ୍ଦ, ସଙ୍ଗୀତ, ମାଧୁର୍ଯ୍ୟକୁ

ଆବିଷ୍କାର କରିବାରେ ସାହିତ୍ୟ ଯେପରି ଆଲୋକର ପଥ ପ୍ରଦର୍ଶନ କରିଛି ଗଣିତ ମଧ୍ୟ ସେହି ଲକ୍ଷ୍ୟ ନେଇ କ୍ରମ ବିକଶିତ ହୋଇଚାଲିଛି ନିରନ୍ତର । ସାହିତ୍ୟରେ ଶେଷ କଥାଟି କୁହାଯିବା ଯେପରି ଅସମ୍ଭବ ଗଣିତରେ ମଧ୍ୟ ସର୍ବଶେଷ ସମାଧାନରେ ପହଞ୍ଚିବା ସେହିପରି ଅସରନ୍ତି ଅନ୍ୱେଷଣର ଆହ୍ୱାନରେ ଦୀପ୍ତିମନ୍ତ । ସାହିତ୍ୟ ଓ ଗଣିତର ଅନ୍ତର୍ଗତ ସୂକ୍ଷ୍ମତର ସାମଞ୍ଜସ୍ୟ ଆବିଷ୍କାର କରି ପାରିବା ଦ୍ୱାରା ଜୀବନ ଯେ ମଙ୍ଗଳାଭିମୁଖୀ ହୋଇଥାଏ – ଏଥିରେ ସନ୍ଦେହ ନାହିଁ ।

■

ସାହିତ୍ୟ ଓ ସଂଗଠନ

ସାହିତ୍ୟ ସଂପର୍କିତ ସାଂଗଠନିକ କାର୍ଯ୍ୟକୁ ସୃଜନାତ୍ମକ ବୋଲି ଅକୁଣ୍ଠିତ ଭାବରେ ଆଜି ବି ସ୍ୱୀକାର କରାଯାଉନାହିଁ। ଏ କଥା ତ ନିଶ୍ଚିତ ଭାବରେ ସତ୍ୟ ଯେ, ସାହିତ୍ୟ ହେଉଛି ସୃଜନଶୀଳ ପ୍ରତିଭାର ମହତ୍ ସ୍ଫୁରଣ। ତେବେ ଏହି ସାହିତ୍ୟର ପ୍ରଚାର ପ୍ରସାର ନିମିତ୍ତ ଯେଉଁ ସବୁ ଆନୁଷ୍ଠାନିକ ଦାୟିତ୍ୱ ନିର୍ବାହ କରିବାକୁ ପଡେ, ତାହାକୁ ସାହିତ୍ୟଠାରୁ କମ୍ ମହତ୍ତ୍ୱପୂର୍ଣ୍ଣ ବିଷୟ ବୋଲି ମନେ କରିବା ଆମର ଏକ ଭ୍ରାନ୍ତ ଧାରଣା ବୋଲି କହିଲେ ଅତ୍ୟୁକ୍ତି ହେବନାହିଁ। ସାହିତ୍ୟ ସ୍ରଷ୍ଟା ନୀରବ ନିର୍ଜନ ପରିବେଶରେ ଯାହା ସର୍ଜନା କରନ୍ତି ତାହାକୁ ଲୋକଲୋଚନକୁ ଆଣିବା ନିମିତ୍ତ ସାହିତ୍ୟ ସଙ୍ଗଠନମାନଙ୍କ ଭୂମିକା କେତେ ଅପରିହାର୍ଯ୍ୟ ତାହା ବର୍ଣ୍ଣନା କରିବା ସହଜ ନୁହେଁ। ସାହିତ୍ୟ ପୁସ୍ତକର ପ୍ରକାଶନ, ପ୍ରସାରଣ, ସାହିତ୍ୟ ସଭାର ଆୟୋଜନ, ସାହିତ୍ୟ ପତ୍ରିକା ପ୍ରକାଶନ ଓ ସମ୍ପାଦନା ଏ ସମସ୍ତ କାର୍ଯ୍ୟ ଯଦି ସୁଚାରୁ ଭାବରେ ସଂପନ୍ନ ହେଉ ନ ଥାନ୍ତା ତାହାଲେ ସାହିତ୍ୟ, ଅନୁରାଗୀ ପାଠକମାନଙ୍କ ନିକଟତର ହୋଇପାରନ୍ତା କିପରି ? ଅନେକ ସାହିତ୍ୟଶିଳ୍ପୀ ନିଜ ସୃଷ୍ଟି-କର୍ମରେ ଏତେ ନିମଜ୍ଜିତ ଯେ ସେମାନେ ସଙ୍ଗଠନ ସହିତ ସଂପୃକ୍ତ ହେବାକୁ ହୋଇଥାନ୍ତି ଅନିଚ୍ଛୁକ। ଆପଣାର ସାଂଗଠନିକ ଦକ୍ଷତା ଥିବା ସତ୍ତ୍ୱେ ସେହି କାର୍ଯ୍ୟରେ ନିଜକୁ ନିୟୋଜିତ କରିବା ସମୟର ଅପଚୟ ବୋଲି ସେମାନଙ୍କ ଧାରଣା। ଯେଉଁମାନେ ସାଂଗଠନିକ କାର୍ଯ୍ୟ ସଂଶୋଧନ କରିବାରେ ଅକ୍ଷମ ସେମାନଙ୍କ ବିଷୟ ସ୍ୱତନ୍ତ୍ର। କାରଣ ସମସ୍ତଙ୍କ ଦ୍ୱାରା ଉଚ୍ଚକୋଟୀର ସାହିତ୍ୟ ସର୍ଜନା ଯେମିତି ସମ୍ଭବ ନୁହେଁ, ସେମିତି ସମସ୍ତଙ୍କ ପକ୍ଷରେ ସୁଶୃଙ୍ଖଳିତ ସାଂଗଠନିକ କାର୍ଯ୍ୟ ସମ୍ପାଦନ କରିବା ମଧ୍ୟ ଅସମ୍ଭବ।

ସାହିତ୍ୟ ରଚନା ଯେପରି ଏକ ସର୍ଜନାତ୍ମକ କଳା ସେହିପରି ସାଂଗଠନିକ ଦକ୍ଷତା ମଧ୍ୟ ହେଉଛି ସ୍ୱତନ୍ତ୍ର କଳାପ୍ରାଣତାର ପରିଚୟ। ଯେଉଁମାନେ ଏକାଧାରରେ ହୋଇଥାନ୍ତି ସୁସାହିତ୍ୟିକ ଓ ସୁସଂଗଠକ ସେମାନେ ଏହାରି ମଧ୍ୟରେ ଥିବା ପାର୍ଥକ୍ୟକୁ ଯେପରି ବୁଝିପାରନ୍ତି, ଠିକ୍ ସେହିପରି ଉଭୟ କାର୍ଯ୍ୟ ମଧ୍ୟରେ ବିଦ୍ୟମାନ ସୂକ୍ଷ୍ମ ସାମଞ୍ଜସ୍ୟକୁ

ଯଥାର୍ଥ ଭାବରେ ଅନୁଭବ କରିଥାନ୍ତି ନିଶ଼୍ିତ ଭାବରେ। ଏହି ଉଭୟ କଳା ସ୍ୱତନ୍ତ୍ର ସ୍ୱତନ୍ତ୍ର ହୋଇଥିଲେ ମଧ୍ୟ ଗୋଟିଏ ସୃଜନାତ୍ମକ ଏବଂ ଆଉ ଗୋଟିଏ ସୃଜନ କର୍ମର ବାଧକ ବୋଲି ନିର୍ଣ୍ଣୟ କରିବା ସହଜ ସାଧ୍ୟ ନୁହେଁ। ସାଂଗଠନିକ କାର୍ଯ୍ୟରୁ କାହାର ସୃଜନଶୀଳ ଜୀବନ ଆରମ୍ଭ ହୋଇଥାଏ ତ ଆଉ କାହା କ୍ଷେତ୍ରରେ ଲେଖାଲେଖି ପରେ ସଂଗଠନର ସୂତ୍ରରେ ବାନ୍ଧିହେବାର ସୁଯୋଗ ପ୍ରାପ୍ତ ହୁଏ। ଗୋଟିଏ କାର୍ଯ୍ୟକୁ ମହତ୍ତର ଓ ଗୋଟିଏ କାର୍ଯ୍ୟକୁ ନିମ୍ନ ଶ୍ରେଣୀର ବୋଲି ଅଭିହିତ କରାଯାଇପାରିବ ନାହିଁ କେବେହେଲେ। ବରଂ ପରିତାପର ପ୍ରସଙ୍ଗ ହେଉଛି ଏପର୍ଯ୍ୟନ୍ତ ସାଂଗଠନିକ କର୍ମ ସୃଜନାତ୍ମକ ବୋଲି ସମସ୍ତେ ଉପଲବ୍ଧି କରି ନ ପାରିବା।

ଏ ପୃଥିବୀରେ ଏମିତି କୌଣସି ମଧ୍ୟ କାର୍ଯ୍ୟ ନାହିଁ, ଯାହା ସୃଜନଶୀଳ ପ୍ରତିଭାର ଆଲୋକ ବିଚ୍ଛୁରଣ କରିପାରେନାହିଁ। ସାହିତ୍ୟ ରଚନା ବ୍ୟତୀତ ଆଉ ଯେତେ ପ୍ରକାର କଳା ସହିତ ଆମେ ସୁପରିଚିତ ସେ ସବୁ ମଧ୍ୟରେ ସୃଷ୍ଟିଶୀଳ ଆତ୍ମାର ସଙ୍ଗୀତ ଝଙ୍କୃତ। ଏହା ପ୍ରକୃତ ଆନ୍ତରଦୃଷ୍ଟି ସହକାରେ ବିଚାର କଲେ ବୁଝିହୁଏ। ଏପରିକି ଗୃହ ପରିଷ୍କାର ପରିଚ୍ଛନ୍ନ ରଖିବା ସକାଶେ ଝାଡୁ କରିବା ମଧ୍ୟ ସୃଜନ କର୍ମଠାରୁ ବିଚ୍ଛିନ୍ନ ହୋଇ ନ ପାରେ। ଯେଉଁଠି ରହିଛି ଆନ୍ତରିକତାର, ଶ୍ରଦ୍ଧା ଓ ମମତାର ସ୍ପର୍ଶ ସେ ସମସ୍ତ କାର୍ଯ୍ୟ ହେଉଛି ଅନ୍ତପ୍ରେରିତ। ବାସ୍ତବ ଅନ୍ତଃପ୍ରେରଣା ଲାଭକରି ଯେଉଁ ବି କାର୍ଯ୍ୟ ସମ୍ପାଦିତ ହେଉ ତାହା ସତକୁସତ ଭଗବାନଙ୍କ ଉଦ୍ଦେଶ୍ୟରେ ସମର୍ପିତ ହୋଇ ଯାଇପାରେ। ଜାତିର ପିତା ମହାତ୍ମା ଗାନ୍ଧୀ ରିଚାର୍ଡ ବାକ୍ ସଟରଙ୍କ ଏକ କବିତାର ଅଂଶ ଉଦ୍ଧାର କରି ଯାହା ଲେଖିଛନ୍ତି ତାହାର ଓଡ଼ିଆ ଅନୁବାଦ ଏହିପରି :

> 'ଘରଟିକୁ ଝାଡୁ ଦେଇ ସଫା କରେ ଯିଏ
> ଝାଡୁ ଦେବା ତୁମରି ନିୟମ ବୋଲି
> ଯଦି ସିଏ ମନକୁ ତା ନିଏ,
> କାମଟିର ମହତ୍ତ୍ୱ ବଢାଏ - ଆଉ ତାହା କରିପାରେ
> ସୂଚାରୁ ରୂପରେ।'

ଅର୍ଥାତ୍ ଈଶ୍ୱରଙ୍କ ଉପାସନା ମନେ କରି ଯେ କୌଣସି କାର୍ଯ୍ୟ କରାଯାଏ ତାହା ହୋଇଯାଏ ସତକୁ ସତ ଏକ ଏକ ଦିବ୍ୟ କର୍ମ। ଏ ଦୃଷ୍ଟିରୁ ଦେଖିଲେ ସାହିତ୍ୟ ଯାହା ସଙ୍ଗଠନ ମଧ୍ୟ ତାହା ଓ ସାହିତ୍ୟ ସୃଷ୍ଟିର ପରିମାଣ ଦୃଶ୍ୟମାନ। ସାଂଗଠନିକ କାର୍ଯ୍ୟର ସ୍ଥୁଳ ସଜ୍ଜୀକରଣ ଓ ପ୍ରଦର୍ଶନ ଅସମ୍ଭବ। ତେଣୁ ପ୍ରତ୍ୟେକେ ଦେଖନ୍ତି କିଏ କ'ଣ ଲେଖୁଛନ୍ତି। ଯେଉଁମାନେ ଏହି ଲେଖା ଓ ଲେଖକଙ୍କ ଆରାଧନା କରନ୍ତି ଆନୁଷ୍ଠାନିକ ଗୁରୁଦାୟିତ୍ୱ

ବହନ କରି ସେମାନେ ଲୋକଲୋଚନ ଆଢୁଆଳରେ ରହିଯାନ୍ତି ଓ ମଣିଷ ଜାତି ସେମାନଙ୍କୁ ଅଧିକାଂଶ କ୍ଷେତ୍ରରେ ସ୍ମରଣ କରେ ଯେଉଁମାନଙ୍କର କଳାକୃତି ପ୍ରଦର୍ଶିତ। ଆଉ ଯେଉଁମାନେ ନିଜସ୍ୱ ପ୍ରତିଭା ଅନୁଷ୍ଠାନ ପରିଚାଳନାରେ ବ୍ୟୟ କରିଥାନ୍ତି ତାହା ସାମୟିକ ପ୍ରଶଂସା ଓ ଅଭିନନ୍ଦନ ଲାଭ କଲେ ମଧ୍ୟ କାଳ କାଳକୁ ତାହା ସ୍ମରଣୀୟ ହୋଇ ରହିପାରେ ନାହିଁ। ସାଂଗଠନିକ କାର୍ଯ୍ୟରେ ଯେ କେବଳ ପ୍ରଶସ୍ତି ଓ ଶୁଭେଚ୍ଛା ପ୍ରାପ୍ତ ହୁଏ, ତାହାନୁହେଁ ବହୁ ସମୟରେ ନିନ୍ଦିତ ହେବାର ଦୁର୍ଯୋଗକୁ ମଧ୍ୟ ସାମ୍ନା କରିବାକୁ ପଡେ। ତେଣୁ ସଙ୍ଗଠକ ହେଉଛନ୍ତି ନୀଳକଣ୍ଠ। ସକଳ ନିନ୍ଦା ଓ ତୀବ୍ର ସମାଲୋଚନାର ଗରଳ ପାନ କରି ସେମାନେ ଅମୃତ ସହିତ ତୁଳନୀୟ ସାହିତ୍ୟ ସର୍ଜନାର ବିକାଶରେ ନେଇଥାନ୍ତି ସାହସିକ ପଦକ୍ଷେପ।

ଯେଉଁମାନେ ଉଚ୍ଚକୋଟୀର ସାହିତ୍ୟ ସାଧକ ସେମାନେ ସଙ୍ଗଠନମାନଙ୍କ ବନ୍ଦନା ଗାନ କରିପାରନ୍ତି ଉଦାର ଚିତ୍ତରେ। ଅପରପକ୍ଷରେ ଯେଉଁମାନେ ଉଚ୍ଚତର ଚେତନା – ସଂପନ୍ନ ସଙ୍ଗଠକ ସେମାନେ ସାହିତ୍ୟ ଓ ସାହିତ୍ୟିକଙ୍କୁ ସମାଜରେ ସୁପ୍ରତିଷ୍ଠିତ କରିବା ପାଇଁ ଗ୍ରହଣ କରିନିଅନ୍ତି ନିଃସ୍ୱାର୍ଥପର ଭାବରେ ନିଜକୁ ବିପରୀତ କରିଦେବାର କଣ୍ଟକିତ ପଥ। ସାହିତ୍ୟକୁ ଏପର୍ଯ୍ୟନ୍ତ ଯେପରି ଉଚ୍ଚମର୍ଯ୍ୟାଦା ପ୍ରାପ୍ତ ହୋଇଛି, ସଂଗଠନକୁ ସେପରି ସମ୍ମାନ ଅନ୍ତତଃ ସରକାରୀ ସ୍ତରରେ ଆଶାନୁରୂପ ଭାବରେ ପ୍ରଦାନ କରାଯାଇପାରିନାହିଁ। ସାହିତ୍ୟର ବିଭିନ୍ନ ବିଭାଗରେ ଲେଖନୀ ଚାଳନା କରୁଥିବା ସୃଷ୍ଟିକର୍ତ୍ତାଙ୍କୁ ଯେପରି ବିଭିନ୍ନ ପୁରସ୍କାର ପ୍ରଦାନ କରାଯାଇ ଆସୁଛି ଠିକ୍ ସେହିପରି ପତ୍ରିକା ସମ୍ପାଦକଙ୍କ ପାଇଁ ଅଥବା ସଙ୍ଗଠକମାନଙ୍କ ଲାଗି କୌଣସି ସ୍ୱତନ୍ତ୍ର ପୁରସ୍କାର ପ୍ରବର୍ତ୍ତନ କରାଯାଇପାରିନାହିଁ। ଏହା ହେଉଛି ସାଂପ୍ରତିକ ସମାଜର ବାସ୍ତବତା। ଏହା ମଧ୍ୟକୁ ଅସାଧୁ ଲେଖକ ବା ସଙ୍ଗଠକଙ୍କୁ ବିଚାର ପରିସରଭୁକ୍ତ କରାଯାଉନାହିଁ। ଆମର ସାହିତ୍ୟିକ ଉପଲବ୍ଧି ଯେଉଁଦିନ ପ୍ରକୃତ ପରିପକ୍ୱତା ଲାଭକରିବ ସେଦିନ ନିଶ୍ଚୟ ଏହି ଉଭୟ କ୍ଷେତ୍ରରେ ନିଜକୁ ଉତ୍ସର୍ଗ କରିଥିବା ମଣିଷକୁ ଯଥାର୍ଥ ସମ୍ମାନ। ସ୍ୱୀକୃତି ନିଶ୍ଚୟ ମିଳିବ। ତେବେ ଯିଏ ସାଧୁ ସାହିତ୍ୟଶିଳ୍ପୀ ସେ ଯେପରି କୌଣସି ସ୍ୱାର୍ଥ ରଖି ସାଧନାମଗ୍ନ ହୋଇଥାଏ ସେହିପରି ଜଣେ ପ୍ରକୃତ ସଂଗଠକ ମଧ୍ୟ ଆଦୌ ସ୍ୱୀକୃତି କିମ୍ବା ପ୍ରଶଂସାର ଆଶା ତିଳେ ମାତ୍ର ନ ରଖି ନିଜର କର୍ତ୍ତବ୍ୟ କରିଥାଏ ନିସର୍ତ୍ତ ଭାବରେ। ସାହିତ୍ୟର ପ୍ରକାଶନ ପଶ୍ଚାତରେ ଯେଉଁମାନଙ୍କ ଅବଦାନ ଏକାନ୍ତ ଉଲ୍ଲେଖନୀୟ ସେମାନଙ୍କ ନାମ ମଧ୍ୟ କୃତଜ୍ଞତା ପୃଷ୍ଠାରେ ଉଲ୍ଲେଖ କରିବାର ସଂସ୍କୃତି ସଂପନ୍ନ ବିଧି ବ୍ୟବସ୍ଥା ଆମ ସମାଜରେ ଅନୁପସ୍ଥିତ। ଏ କ୍ଷେତ୍ରରେ ଯେ ପୃଥିବୀ ସାହିତ୍ୟର ଇତିହାସରେ ବ୍ୟତିକ୍ରମ ନାହିଁ ତାହା ନୁହେଁ। ବିଶିଷ୍ଟ ଅସ୍ତିତ୍ୱବାଦୀ ଲେଖକ ଓ ଦାର୍ଶନିକ ଆଲବେୟାର କାମ୍ୟୁ ସାଧାରଣ ଲୋକଙ୍କ ସହିତ କିପରି ଆନ୍ତରିକ ଭାବରେ ମିଶୁଥିଲେ ତାହା ତାଙ୍କର ବିୟୋଗ ପରେ ପ୍ରମାଣିତ ହୋଇଗଲା। ତାଙ୍କ ମୃତ୍ୟୁରେ ଯେ

କେବଳ ବିଶିଷ୍ଟ ବ୍ୟକ୍ତିମାନେ ଶ୍ରଦ୍ଧାଞ୍ଜଳି ଅର୍ପଣ କରିଥିଲେ ତାହା ନୁହେଁ ଓ ତାଙ୍କ ସଂପର୍କରେ ଏକ ପୁସ୍ତକ ପ୍ରକାଶିତ ହେଲା, ଯେଉଁଠି ତାଙ୍କ ଲେଖାର ଟାଇପିଷ୍ଟ, ପ୍ରୁଫ୍‌ରିଡର୍ କମ୍ପୋଜିଟର ଓ ଅନ୍ୟମାନେ ଅମାପ ଶ୍ରଦ୍ଧା ଜ୍ଞାପନ କରିଥିଲେ। ଏଭଳି ଏକ ଏକ ଘଟଣା ପ୍ରମାଣ କରିଦିଏ ଯେ ବାସ୍ତବିକ ସାହିତ୍ୟ ଯେପରି ପ୍ରେରଣାଦୀପ୍ତ ତାହାକୁ ଲୋକଲୋଚନକୁ ଆଣୁଥିବା ସଂଗଠକ ଓ କର୍ମୀ ମଧ୍ୟ ସେହିପରି ହେଉଛନ୍ତି ଏ ଜୀବନ ସକାଶେ ଏକ ଏକ ଜ୍ୟୋତିସ୍ତମ୍ଭ। ଏ ଲେଖକ ଏହି ପ୍ରବନ୍ଧଟି ପ୍ରସ୍ତୁତ କଲାବେଳେ ମନେପଡ଼ିଯାଉଛି ଦୁଇଟି ଘଟଣା। ପ୍ରଥମଟି ହେଲା ଏକ ବିଶିଷ୍ଟ ସମ୍ବାଦପତ୍ରର ପ୍ରୁଫ୍ ରିଡର୍ ଫୋନ କରି ଏ ଲେଖକର ଏକ ଲେଖାର ଯେଉଁ ହାର୍ଦ୍ଦିକ ପ୍ରଶଂସା କରିଥିଲେ କୌଣସି ସାହିତ୍ୟିକଙ୍କ ଶ୍ରଦ୍ଧାଶୀଳତାଠାରୁ ତାହା କୌଣସି ଗୁଣରେ କମ୍ ନୁହେଁ। ସେହିପରି ଆଉ ଏକ ପ୍ରତିଷ୍ଠିତ ପ୍ରକାଶନ ସଂସ୍ଥାର ପ୍ରୁଫ ରିଡର୍ ମୋର ସମଗ୍ର ବହିଟିର ପ୍ରୁଫ ରିଡ଼ିଂ କରିସାରି ବ୍ୟକ୍ତ କରିଥିଲେ ତାଙ୍କର ଯେଉଁ ପ୍ରୀତିଭାବ ତାହା ଅତୁଳନୀୟ। ଯାହା ସାହିତ୍ୟ ଆକାରରେ ଲିଖିତ ତାହା ପୁସ୍ତକ ମଧ୍ୟରେ ସୁସଂରକ୍ଷିତ ଆଉ ସାଂଗଠନିକ କାର୍ଯ୍ୟର ହିସାବ ରଖନ୍ତି ସିଏ, ଯିଏ ସଂଗଠକଙ୍କୁ ଜୀବନ ନିବେଦନ କରିବାକୁ ପ୍ରେରଣ କରିଥାନ୍ତି ଏ ପୃଥିବୀକୁ। ସାହିତ୍ୟଶିଳ୍ପୀ ଓ ସଂଗଠକ ଉଭୟେ କିପରି ସର୍ଜନଶୀଳତାର ଉଚ୍ଚକୋଟୀର ଦୃଷ୍ଟାନ୍ତ ତାହା ହୃଦୟଙ୍ଗମ କରିବା ପାଇଁ ଆମ ଅନ୍ତରର ସମସ୍ତ ପଥ ଉନ୍ମୁକ୍ତ ହୋଇଯାଉ ଏହା ହିଁ ହେଉଛି ବିଶ୍ୱ ନିଧାନଙ୍କ ନିକଟରେ ଆନ୍ତରିକ ପ୍ରାର୍ଥନା।

■

BLACK EAGLE BOOKS

www.blackeaglebooks.org
info@blackeaglebooks.org

Black Eagle Books, an independent publisher, was founded as a nonprofit organization in April, 2019. It is our mission to connect and engage the Indian diaspora and the world at large with the best of works of world literature published on a collaborative platform, with special emphasis on foregrounding Contemporary Classics and New Writing.

www.ingramcontent.com/pod-product-compliance
Lightning Source LLC
Chambersburg PA
CBHW020153120726
47903CB00007B/2534

* 9 7 8 1 6 4 5 6 0 4 9 5 2 *